青少年影视讲堂
推荐100部影视片

北京大学影视戏剧研究中心 编

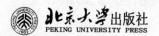

图书在版编目（CIP）数据

青少年影视讲堂：推荐100部影视片／北京大学影视戏剧研究中心编．—北京：北京大学出版社，2014.3

ISBN 978-7-301-23201-9

Ⅰ.①青… Ⅱ.①北… Ⅲ.①电影影片－介绍－中国 ②电视剧－介绍－中国

Ⅳ.① J905.2

中国版本图书馆 CIP 数据核字 (2013) 第 216687 号

书　　　名：	青少年影视讲堂：推荐100部影视片
著作责任者：	北京大学影视戏剧研究中心 编
责 任 编 辑：	姜　贞
标 准 书 号：	ISBN 978-7-301-23201-9/J·0536
出 版 发 行：	北京大学出版社
地　　　址：	北京市海淀区成府路205号　100871
网　　　址：	http://www.pup.cn　新浪官方微博：@北京大学出版社　@培文图书
电 子 信 箱：	zpup@pup.cn
电　　　话：	邮购部 62752015　发行部 62750672　编辑部 62750112　出版部 62754962
印 　刷 　者：	三河市腾飞印务有限公司
经 　销 　者：	新华书店

710毫米×1000毫米　16开本　27印张　446千字

2014年3月第1版　2014年3月第1次印刷

定　　价：45.00元

未经许可，不得以任何方式复制或抄袭本书之部分或全部内容。
版权所有，侵权必究
举报电话：010-62752024　电子信箱：fd@pup.pku.edu.cn

编委会

顾　　问	叶朗　黄会林　温儒敏　曹文轩
	张宏森　陈凯歌　韩三平　张会军
	王丹彦　王一川
总 策 划	王　强　高秀芹
名誉主编	骆　英
主　　编	陈旭光
编　　委	（按姓名笔画为序）
	向　勇　陆　地　陆绍阳　陈　宇
	陈旭光　邱章红　李道新　张颐武
	周庆山　周映辰　高秀芹　顾春芳
	彭吉象　蒋朗朗　韩毓海　戴锦华

推荐专家

北 京 大 学	彭吉象　李道新　陆绍阳　陈旭光
清 华 大 学	尹　鸿
复 旦 大 学	周　斌
浙 江 大 学	范志忠
南 京 大 学	周安华　康　尔
北京师范大学	周　星　张同道
武 汉 大 学	彭万荣
中国人民大学	潘天强
中国传媒大学	何苏六　戴　清　彭文祥　李胜利
北京电影学院	孙立军　吴冠平　陈晓云

中宣部　教育部　共青团中央关于做好向青少年推荐优秀图书和影视片工作的通知

中宣发[2013]16号

各省、自治区、直辖市党委宣传部、教育厅(教委)、团委：

为深入贯彻落实党的十八大精神，在青少年中大力弘扬民族精神和时代精神，激励广大青少年为实现中华民族伟大复兴中国梦而奋斗，中央宣传部、教育部、共青团中央决定向全国青少年推荐100种优秀图书、100部优秀影视片。现将有关事项通知如下：

一、做好向青少年推荐图书和影视片工作，对帮助青少年践行社会主义核心价值体系，陶冶情操、增长知识、健康成长，具有重要意义。这次推荐的100种图书、100部影视片，汇集了新中国成立以来各地出版播映的优秀作品，涵盖面广，知识性、思想性、艺术性强。宣传、教育部门和共青团组织要重视做好推荐工作，结合当地实际，认真组织开展阅读观看活动，更好发挥推荐作品的引导教育作用。

二、各地教育行政部门要将推荐图书和影视片作为中小学生课外常备阅读和观看作品，组织开展读书看片活动，使小学、初中和高中各年级学生都能阅读观看到相应年龄段的图书和影视片。要通过学生喜闻乐见的故事会、朗诵会以及书评、影评、演讲等方式，吸引学生广泛参加形式多样的阅读观看活动。有条件的学校可开设阅读课、欣赏课。

三、各地宣传部门要协调各类媒体做好宣传报道，介绍这些优秀图书和影视片，宣传组织开展阅读观看推荐活动的好做法好经验，进一步扩大推荐作品的社会影响。要协调出版制作单位做好推荐图书和影视片的出版发行工作，保证作品质量，满足购买需要。

四、共青团、少先队组织要配合教育行政部门与中小学校，开展丰富多彩的课外专题活动,将阅读观看推荐作品与校、班会和团、队活动相结合,使阅读观看活动收到实效。

五、各有关部门要将推荐图书和影视片光盘列入全国公共图书馆、中小学图书馆、农家书屋、社区书屋必备书目或更新书目。从今年暑期开始,有关部门将开展推荐图书和影视片展销展映展播活动。中央电视台电影频道、少儿频道和有关频道以及各地少儿频道要集中播放向青少年推荐的影视片。全国省会城市大型书城和新华书店要设立专区专柜,集中展销推荐图书和影视片光盘。学生购买推荐图书和影视片光盘要坚持自愿原则,防止硬性摊派。

附:向青少年推荐的100部优秀影视片目录

一、电影(50部)

序号	片 名	年份
1	祖国的花朵	1955年
2	董存瑞	1955年
3	铁道游击队	1956年
4	李时珍	1956年
5	上甘岭	1956年
6	女篮五号	1957年
7	红孩子	1958年
8	青春之歌	1959年
9	甲午风云	1962年
10	花儿朵朵	1962年
11	小兵张嘎	1963年
12	宝葫芦的秘密	1963年
13	雷锋	1964年
14	英雄儿女	1964年
15	大浪淘沙	1966年
16	闪闪的红星	1974年
17	沙鸥	1981年
18	青春万岁	1983年

序号	片名	年份
19	城南旧事	1983年
20	红衣少女	1985年
21	开国大典	1989年
22	豆蔻年华	1989年
23	我的九月	1990年
24	焦裕禄	1990年
25	烛光里的微笑	1991年
26	周恩来	1992年
27	远山姐弟	1992年
28	天堂回信	1992年
29	孙文少年行	1995年
30	男生贾里	1996年
31	滑板梦之队	1996年
32	鸦片战争	1997年
33	花季雨季	1997年
34	背起爸爸上学	1998年
35	横空出世	1999年
36	一个都不能少	1999年
37	无声的河	2000年
38	六月男孩	2001年
39	哈罗，同学	2002年
40	张思德	2004年
41	网络少年	2006年
42	东京审判	2006年
43	快乐时光	2007年
44	隐形的翅膀	2007年
45	冯志远	2007年
46	买买提的2008	2008年
47	建国大业	2009年
48	海洋天堂	2010年
49	建党伟业	2011年
50	歼十出击	2011年

二、电视剧（23部）

序号	片 名	年份
1	西游记（25集）	1986年
2	十六岁的花季（12集）	1990年
3	校园先锋（18集）	1996年
4	十七岁不哭（10集）	1997年
5	红十字方队（14集）	1997年
6	双筒望远镜（20集）	1997年
7	长征（24集）	2001年
8	青春抛物线（20集）	2003年
9	延安颂（40集）	2003年
10	阳光雨季（20集）	2005年
11	八路军（25集）	2005年
12	亮剑（30集）	2005年
13	士兵突击（30集）	2006年
14	井冈山（36集）	2007年
15	恰同学少年（23集）	2007年
16	解放（50集）	2009年
17	我的青春谁做主（32集）	2009年
18	红色摇篮（29集）	2010年
19	毛岸英（34集）	2010年
20	江姐（30集）	2010年
21	小小飞虎队（28集）	2011年
22	国防生（28集）	2011年
23	我们的法兰西岁月（31集）	2012年

三、动画片（15部）

序号	片 名	年份
1	骄傲的将军（动画电影）	1956年
2	猪八戒吃西瓜（动画电影）	1958年
3	没头脑和不高兴（动画电影）	1962年
4	大闹天宫（动画电影）	1964年
5	哪吒闹海（动画电影）	1979年

序号	片　名	年份
6	黑猫警长（5集电视动画片）	1984年
7	葫芦兄弟（13集电视动画片）	1986年
8	自古英雄出少年（100集电视动画片）	1995年
9	大头儿子和小头爸爸（156集电视动画片）	1995年
10	十二生肖的故事（13集电视动画片）	1995年
11	小鲤鱼历险记（52集电视动画片）	2007年
12	小牛向前冲（52集电视动画片）	2009年
13	五子说（50集电视动画片）	2010年
14	兔侠传奇（动画电影）	2011年
15	少年阿凡提（104集电视动画片）	2011年

四、纪录片（12部）

序号	片　名	年份
1	毛泽东（12集电视纪录片）	1993年
2	邓小平（12集电视纪录片）	1997年
3	周恩来外交风云（电影纪录片）	1998年
4	越过太平洋—江泽民主席97访美纪行（电影纪录片）	1998年
5	故宫（12集电视纪录片）	2005年
6	郑和下西洋（8集电视纪录片）	2005年
7	再说长江（33集电视纪录片）	2006年
8	圆明园（电影纪录片）	2006年
9	美丽中国（6集电视纪录片）	2008年
10	人民至上（电影纪录片）	2009年
11	仰望星空（电影纪录片）	2012年
12	超级工程（5集电视纪录片）	2012年

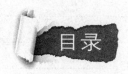

电 影

《祖国的花朵》：如花的笑颜与欢乐的歌声 3
《董存瑞》：一部真实的英雄成长史 8
《铁道游击队》：类型片的红色经典 12
《李时珍》：身如逆流船，心比铁石坚 16
《上甘岭》：流淌在民族血脉中的绝唱 20
《女篮五号》：天涯有情终相逢 25
《红孩子》：战斗硝烟里的红色少年 29
《青春之歌》：革命年代的浪漫叙事 34
《甲午风云》：爱国魂不止的脉搏 39
《花儿朵朵》：颗颗红心向太阳 43
《小兵张嘎》：雕琢磨炼成英杰 47
《宝葫芦的秘密》：黄粱一梦知奋进 51
《雷锋》：平凡岗位上的优秀战士 55
《英雄儿女》：英雄的祭典 59
《大浪淘沙》：淘尽千古英雄 64
《闪闪的红星》：小英雄的革命神话 68
《沙鸥》：学习女排，振兴中华 72
《青春万岁》：所有的日子都来吧 76

《城南旧事》：最难相聚易离别 ... 80
《红衣少女》：用自己的眼睛去发现世界 ... 85
《开国大典》：艺术地再现历史 ... 89
《豆蔻年华》：更美好的风景 ... 93
《我的九月》："傻"得纯真才最美 ... 97
《焦裕禄》：一曲深沉的赞歌 ... 102
《烛光里的微笑》：蜡炬成灰泪始干 ... 106
《周恩来》：一个时代的准稳刻度 ... 110
《远山姐弟》：为你搭建希望之路 ... 114
《天堂回信》：祖孙情不了,润心寂无声 ... 118
《孙文少年行》：国父的叛逆童年 ... 122
《男生贾里》：愿为豪情成志气 ... 126
《滑板梦之队》：时过境迁的时尚元素 ... 130
《鸦片战争》：史诗情怀和人文关怀 ... 134
《花季·雨季》：与深圳同龄的成长记忆 ... 138
《背起爸爸上学》：残酷生活中的父子温情 ... 141
《横空出世》：安得倚天抽宝剑 ... 144
《一个都不能少》：城市与乡村的双层寓言 ... 148
《无声的河》：无声的交换 ... 152
《六月男孩》：在青春追逐中走向成熟 ... 156
《哈罗,同学》：爱是人类最美好的语言 ... 160
《张思德》：平凡中的不平凡 ... 163
《网络少年》：有关成长、爱与平等的温情故事 ... 167
《东京审判》：通往正义之路 ... 171
《快乐时光》：阳光灿烂的童年 ... 175
《隐形的翅膀》：现实主义的神话叙事 ... 178
《冯志远》：沙漠中的红烛 ... 182
《买买提的2008》：梦想照进现实 ... 186

《建国大业》：商业化的主旋律电影 190
《海洋天堂》：孤独海洋与父爱天堂 195
《建党伟业》：国家意识形态的仪式化叙事 199
《歼十出击》：忠诚的蓝天卫士 203

电视剧

《西游记》：绚丽多彩的神魔世界 209
《十六岁的花季》：最美的时光 214
《校园先锋》：教育改革的现实关照 218
《十七岁不哭》：雨季的青春成长 222
《红十字方队》：相逢是一首歌 226
《双筒望远镜》：孩子的智慧和力量 230
《长征》：红军不怕远征难 234
《青春抛物线》：青春的焦虑与成长 239
《延安颂》：重铸中华民族魂 243
《阳光雨季》：阳光洒满青春路 247
《八路军》：再塑共产党抗战的历史画卷 251
《亮剑》：狭路相逢勇者胜 256
《士兵突击》：草根青年的励志故事 260
《井冈山》：星星之火，可以燎原，革命精神，代代相传 265
《恰同学少年》：理想照进现实 269
《解放》：人民战争的最终胜利 273
《我的青春谁做主》：成长的梦想与现实 277
《红色摇篮》：共和国"红色摇篮"的历史命运 281
《毛岸英》：在亲切平易中展现精神亮色 285
《江姐》：以当代精神视野重塑英雄 289
《小小飞虎队》：普通孩子的"英雄梦" 293

《国防生》：我有我的军旅梦 297
《我们的法兰西岁月》：用信仰锻造火红的青春 301

动画片

《骄傲的将军》："探民族风格之路" 307
《猪八戒吃西瓜》：中国第一部剪纸动画片 311
《没头脑和不高兴》：漫画的诙谐风格 315
《大闹天宫》："中国学派的里程碑" 318
《哪吒闹海》：动画电影化 322
《黑猫警长》：警匪、科幻与正义 326
《葫芦兄弟》：信念、救赎与牺牲 330
《自古英雄出少年》：民族文化与童心童趣的结合彰显 334
《大头儿子和小头爸爸》：让儿童释放纯真想象力 338
《十二生肖的故事》：生肖文化的动画演绎 341
《小鲤鱼历险记》：励志成才的现代启示 344
《小牛向前冲》：勇敢智慧的冒险之旅 347
《五子说》：深入浅出学习国学知识 350
《兔侠传奇》：演绎中国大师真功 354
《少年阿凡提》：机智幽默的少年 358

纪录片

《毛泽东》：历史与现实的交织 363
《邓小平》：中国人民的儿子 367
《周恩来外交风云》：通过纪录抵达历史真实 371
《越过太平洋——江泽民主席97访美纪行》：跨越时空的握手 375

《故宫》：一场历史文化的盛宴 379
《郑和下西洋》：再现中国的海洋传奇 384
《再说长江》：流淌的记忆 388
《圆明园》：万园之园的美丽重现 392
《美丽中国》：江山如此多娇 396
《人民至上》：为人民服务 400
《仰望星空》：九天揽月从头始 404
《超级工程》：超级国际 超级温暖 408

《祖国的花朵》：如花的笑颜与欢乐的歌声

长春电影制片厂，1955年上映

导演：严恭　　**编剧**：林兰

摄影：连城　　**作曲**：刘炽

作词：乔羽

主演：赵维勤、李锡祥、张筠英、张圆、郭允泰

片长：75分钟

获奖：全国第2届少年儿童文艺创作一等奖

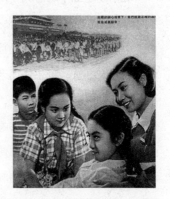

专家推荐

　　《祖国的花朵》是新中国第一部表现校园生活的儿童片，产生了较大影响，获得了多方好评。该片通过北京小学五年级甲班在争当模范班的过程中帮助两个有缺点的同学加入少先队的故事，真实、生动地反映了1950年代初期被称为"祖国花朵"的少年儿童淳朴快乐、蓬勃向上、热爱集体、团结互助的精神面貌。这种精神面貌也从一个侧面展示了当时的时代精神和社会风尚。影片通过一系列有特色的校园生活细节，并运用对比的手法，较鲜明地塑造了梁惠明、江林、杨永丽等几个颇具个性的儿童银幕形象，给观众留下了较深刻的印象。

　　由于导演严恭善于从生活出发去组织戏剧矛盾，并从中揭示孩子们的内心情绪和心理活动，故使影片既具有浓郁的生活气息，又充满了童心和童趣。该片插曲《让我们荡起双桨》优美动听、意味深长，不仅在抒发人物情感、表现影片主旨等方面发挥了很好的作用，而且成为流传至今的经典歌曲。

复旦大学中文系教授　周斌

剧情简介

北京小学五甲班有四十多个天真聪颖、活泼伶俐的同学，其中只有调皮捣蛋、不好好学习的江林和骄傲而不合群、不愿关心帮助别人的杨永丽还没有戴上红领巾。中队长梁惠明努力帮助他们，却屡屡碰壁，同学们也都觉得对江林、杨永丽这两个人没有办法。班主任冯老师了解到孩子们的困难和心情，教育他们凡事不要性急，应该多看到别人的长处，真诚地对待同学。孩子们豁然开朗，他们找江林来做氧气试验，引起他学习的兴趣，再慢慢帮助他培养学习习惯。他们去探望脚被烫伤的杨永丽，帮助她补功课，使她能如愿参加考试。同学们的真诚感动了杨永丽和江林，他们开始转变，最终顺利入队。新学年开始的时候，全班同学决心更加团结，好好学习，做新中国的好学生。

影片解读

《祖国的花朵》是新中国第一部正面反映校园生活的儿童片，影片通过一个小学五年级班级的学生之间共同进步的故事，塑造了不乏缺点却同样可爱的儿童形象，展示了50年代人与人之间的团结友爱和无私奉献的精神。它是新时代小主人幸福生活的画卷，更是社会主义新中国道德风貌的颂歌，全片洋溢着那个时期特有的纯朴与活力，至今仍令人看后心潮澎湃。

这种纯朴与活力，首先体现在孩子们和各行各业的劳动者毫不利己、专门利人的集体主义精神。班级同学的目标，是像杨志平叔叔所说的一样，"好好学习、互相帮助，争取做一个最好的模范班。"集体与自身休戚相关，每一个人的泪与笑都不仅仅关乎自己：中队长梁惠明的哭泣是因为真心帮助杨永丽却遭到她的不理解和大吼大叫，杨永丽在卧榻上的破涕为笑是因为得到了集体真诚的关心和帮助，志愿军叔叔收到信时的喜出望外是出于江林和杨永丽被批准入队以及一个集体的团结和进步……在这个个体主义不断被张扬的年代，影片中的集体主义精神如同涓涓细流沁入我们的心田，如此纯洁美好，滋润净化着我们的灵魂。

其次，这种纯朴与活力体现在影片的演员造型、表演以及电影节奏的把握上。这是一部打上了浓重时代印记的黑白片，没有丰富的色彩、精致的妆容，演员表演也略带话剧式的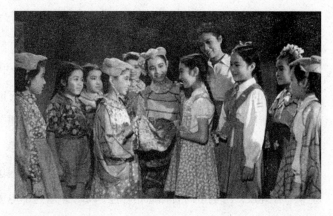夸张，但是却彰显了那个时代的精神风貌：女教师简单干练的齐脖短发，凸显的是当时人们辛勤劳动、朴实无华的精神面貌，小女生发辫乌黑、眼眸凝注的样子，与"祖国花朵"欣欣向荣的青春美感颇为呼应，卖力的握手、庄严的宣誓、欢快的舞蹈与游戏都把我们拉进那个阳光灿烂的时代——既是共和国发展初期的一段历史时代，也是我们每个人心中怀揣着最初梦想的童年时代，在这个时代里，人们干劲十足，齐心协力，生活得有滋有味。影片的节奏张弛有度，有困难失落的阴云笼罩，但总被温暖明媚的阳光驱散，交织着成长的悲欢。孩子们有安静的课堂，也有丰富多彩、快节奏的课余生活，动静相宜，欢乐洋溢。在那个物质生活尚且贫乏、现代传媒尚未起步的年代，电影中塑造的课余生活并不单调，集体劳动、钓鱼、划船、歌舞，这些看似平常却非常快乐的生活，仿佛已与如今的孩子们渐行渐远。影片中令人印象最为深刻的便是孩子们泛舟湖上如花的笑颜与歌声，纯净甜美，积极向上，不受任何世俗名利的纷扰，令人怀念与振奋。习惯了被电脑网络包围的现代生活，看惯了精致制作的现代影片，或许我们会觉得老电影是那么的纯净而新鲜，令人耳目一新，心生向往。

第三，最彰显共和国花朵的纯朴与活力，也最为人所熟知的当属片中的主题曲《让我们荡起双桨》。这是一首优美抒情的童声合唱，它描绘了新中国的花朵们在洒满阳光的湖面上，划着小船尽情游玩，愉快歌唱的欢乐景象。此歌曲至今传唱不衰，家喻户晓。我们甚至可见一群群两鬓斑白的中年人，聚会泛舟，却像孩子一般齐唱这首歌，带着清澈的笑颜——可能有着坎坷人生的一代代前辈，却同样有着无忧无虑的童年时光。这明快而朗朗上口的旋律，已融入几代人生命的律动，这如花的笑颜与歌声，纯净到永远不被侵染，青春到永远不会苍老，经典到永远不会过时。

年华渺渺，回忆绵绵，笑容潇潇，余音袅袅。近一甲子过去，当年的小演员们都早已成为各个领域的佼佼者：扮演"中队长梁惠明"的赵维勤已是中科院高能物理研究所的研究员、博士生导师；扮演"后进生杨永丽"的张筠英现在是中央戏剧学院的教授；扮演"小队长刘菊"的吕大渝成为我国第一代电视播音员，1978年随邓小平访日，以一袭全白的西服和皮鞋风靡日本，为国争光……他们的人生都像花朵一样绽放，与电影的名称遥相呼应。如今重看这部电影，我们仍可以有许多感悟，是电影，是时代，是人生，是那如花的笑颜与歌声。

经典记忆

电影主题歌《让我们荡起双桨》歌词（节选）

让我们荡起双桨，小船儿推开波浪。

海面倒映着美丽的白塔，四周环绕着绿树红墙。

小船儿轻轻，飘荡在水中，迎面吹来了凉爽的风。

红领巾迎着太阳，阳光洒在海面上。

水中鱼儿望着我们，悄悄地听我们愉快歌唱。

小船儿轻轻，飘荡在水中，迎面吹来了凉爽的风。

《让我们荡起双桨》作词乔羽，作曲刘炽。作为新中国第一部儿童电影的主题曲，它成为新中国最受儿童喜爱的歌曲之一。电影公映后，这首优美轻快的儿童歌曲就传遍全国。不久还流传到国外，后又编入中小学音乐教材，并获得了各种奖励。

刘炽曾在《〈让我们荡起双桨〉是怎样写成的》一文中谈及这首歌的创作，当时他和《祖国的花朵》摄制组的小演员们一起泛舟河上，愉快嬉戏，触发了其创作的灵感，歌曲的旋律自然地从他的脑海中流淌而出。他在歌曲里融入了许多民族音乐的元素，也适时加入了少年儿童这个年龄特有的活泼和朝气。而词作家乔羽顺着刘炽的旋律意境填上的"推开波浪"和"阳光洒在海面上"，更让美好的意境具象化，跃然纸上、近在眼前。与此同时，歌词中设置了"谁给我们安排幸福的生活"这样的"悬念"，又将现实生活的平静安宁，以及小朋友的欢乐幸福，与英雄先烈的前仆后继联系在一起，寓教于乐又乐以载道，呈现出一幅新中国各年龄段人们团结一致、互为联系的美好图景。

相关链接

1. 《让我们荡起双桨》曾作为诗歌被收录在小学语文课本中。诗歌由少年儿童荡起双桨泛舟北海写起，先写北海的迷人美景，然后写荡舟湖上的喜悦心情，抒发了少年儿童热爱生活、热爱党、热爱社会主义祖国的真挚感情。

2. 严恭，长春电影制片厂著名导演，长于儿童片创作，善于童心童趣的拿捏和塑造儿童形象；多部优秀影片专注于社会主义的影像表达，影响了几代少年儿童的成长。他在艺术创作的道路上非常重视深入生活，许多影片拍摄前都曾亲自体验生活。他曾说过："我坚持一条：没有生活的戏，我不拍；要拍不熟悉的生活，就一定要去熟悉。"代表影片《三毛流浪记》、《卫国保家》、《祖国的花朵》、《朝霞》、《满意不满意》、《月到中秋》等。

（王宇洁）

《董存瑞》：一部真实的英雄成长史

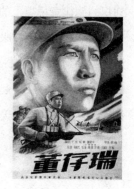

长春电影制片厂，1955年上映

导演：郭维　　**编剧**：丁洪、赵寰、董晓华

摄影：包杰　　**作曲**：雷振邦

主演：张良

片长：100分钟

获奖：1949—1955年中国文化部优秀影片一等奖

> **专家推荐**
>
> 　　《董存瑞》是一部英模人物传记片，是依据解放战争中涌现出来的战斗英雄董存瑞的生平经历和英勇献身的动人事迹拍摄的。影片真实、生动地描绘了董存瑞在部队的革命熔炉里、在艰苦的战斗环境中，如何从一个懵懂莽撞的青年民兵成长为一名勇敢坚强的革命英雄，从一个普通战士成长为一名优秀共产党员的人生历程。
>
> 　　编导通过一系列经过艺术提炼的情节和细节，不仅很好地表现了他的成长过程，而且从各个侧面和角度展示了其性格特征和内心世界，他的"蘑菇"劲和"犟"劲就使其个性鲜明。同时，影片从平视的角度，既描写了董存瑞的高尚情操和"舍身炸碉堡"的英雄壮举，也没有回避他成长中的一些缺点，从而使银幕上的董存瑞成为一个真实感人的活生生的英雄人物，让观众感到可亲而可敬。
>
> 　　熟悉部队生活的导演郭维，此前曾编导过战争惊险片《智取华山》，积累了一定的经验；故在战争场面展示和人物形象刻画等方面已驾轻就熟，其镜头运用十分圆熟，节奏把握非常准确。演员张良也结合自己部队生活的经历，以质朴无华而充满激情的表演，成功地塑造了董存瑞的银幕形象，使之成为新中国电影人物画廊里独具特色和魅力的艺术形象。该片在新中国电影史上是一部精品佳作，堪称英模人物传记片的经典影片。
>
> 复旦大学中文系教授　周斌

剧情简介

1945年，董存瑞只有16岁，还是村里的民兵，他和好朋友郅振标都渴望参军，但区书记王平和部队的赵连长因为他俩年龄太小，没有同意。在一次"反扫荡"战斗中，董存瑞目睹了王平为掩护乡亲转移而牺牲的情景，很受震动。战斗结束后，他带着王平牺牲前让他向党组织转交的党费，和郅振标一起找到部队，参加了八路军。在屡次战斗中，他经受了磨炼，逐渐成长为一名真正的革命战士，并加入了中国共产党。1948年5月，在解放热河隆化的战斗中，为了争取时间，减少战友的伤亡，保证整个战斗的胜利，他不顾生命危险，以自己的身体作支架托起炸药包，拉开了引线，炸毁了敌人的桥型暗堡，英勇地献出了自己年轻而又宝贵的生命。

影片解读

董存瑞在解放战争中"舍身炸碉堡"的事迹在中国已是家喻户晓，他是人们心目中最伟大的英雄人物之一。拍摄于1955年的《董存瑞》便是以他为原型，详细而生动地讲述了他从一位普通民兵成长为革命英雄的历程。影片的经典意义在于，它打破了之前电影创作的公式化、概念化倾向，紧紧围绕"成长"这一叙事主线，通过一系列的细节事件和人物关系突出了主人公鲜明的性格特征，将此类战争片对英雄人物形象的塑造推向了一个新的高度。

以往的战争片也有表现英雄成长的，但是往往显得突兀和单一，《董存瑞》的可贵之处在于，它细腻地刻画了董存瑞在一系列事件中的心理状态和思想变化，从肤浅到深刻，从幼稚到成熟，使得"成长"这一过程更加真实生动。影片中，董存瑞经历了三次重要的成长事件：第一次，董存瑞最初想要参军的目的是"枪

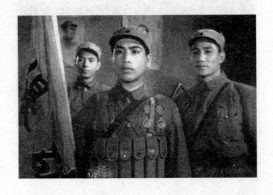

炮子弹、大打大干、走南闯北、东游西转,又光荣又体面",王平教育他革命是要为人民服务,而不是自我炫耀;第二次,董存瑞在行军途中发现自己的子弹发得不足,情绪非常激愤,不顾行军纪律,急着去找连长告状,最后才发现是一场误会;第三次,董存瑞在战斗中只顾着打枪痛快,很快把子弹用完了,但一个敌人也没消灭。他为此很惭愧,从而开始刻苦练习军事技能。影片正是通过这些具体而典型的事件,突出了董存瑞执著、倔强、不服输的性格特征,他有着嫉恶如仇的个性,又因为鲁莽冲动而显得不成熟。他在这些事件过程中的内心矛盾和所受启发,成为促使他成长的内在动力。

经历了几次犯错和改错的过程,董存瑞逐渐完成了从一个普通少年到合格战士的转变。之后,影片又用了两个事件来表现董存瑞的成熟:一是他在一次战斗中,冒着受处分甚至影响入党的压力,主动带兵出击,保证了全局的胜利;二是在战前誓师会上,他宣布与自己有矛盾的王海山担任支援组组长。这两件事情体现了董存瑞无论是在实战经验上还是思想意识上,都有了很大的提高。正因为如此,在最后战斗的关键时刻,董存瑞勇敢地冲到桥下,准备炸掉敌人的碉堡,但是桥下没有可以放炸药包的地方,此时冲锋号已经响了,他毅然决定用自己的生命换取战斗的胜利。有了之前的一系列铺垫,此时的英雄行为便显得真实可信和顺理成章,同时又体现了英雄并不是天生的,而是在生活实践中锤炼出来的。

除了生动讲述董存瑞的成长历程外,影片的成功之处还在于塑造了其他一系列个性鲜明的人物形象,如区委书记王平、董存瑞所在连的连长、指导员以及战士郅振标、王海山、牛玉合等。董存瑞与他们之间都或多或少发生过一些矛盾,有些是思想观点上的分歧,有些是行为方式上的冲突。但是通过这些矛盾的激化和解决,一方面真实地展现了部队生活的面貌,一方面也成为促进董存瑞成长的外部因素。

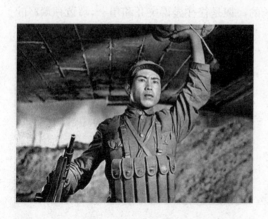

由此可见,《董存瑞》是一部有血有肉、个性鲜明、饱满立体的作品,为银幕贡献了一个鲜活的英雄

形象，丰富了战争片在塑造人物方面的表现手段，堪称革命战争题材影片划阶段的代表作。时至今日，我们仍然能够从影片中感受到那股为了新中国而奋斗的强烈的革命意识，更从董存瑞的身上看到了先辈们勇于奉献、不惜牺牲的光辉品格。

经典记忆

"为了新中国，前进！"

在解放隆化的战役中，董存瑞被任命为爆破队长，为了配合总攻，他们接连炸毁敌人的碉堡群。这时，总攻冲锋号已经吹响，突然他们发现迎面的桥身却是一座经过伪装的暗堡，从里面扫射出来的子弹阻挡了解放军的前进道路。为了减少战友伤亡，在找不到炸药支撑点的情况下，董存瑞毅然手托炸药包，高喊出"为了新中国，前进！"拉响了导火索。冲锋的部队跟着高喊"前进！"冲向了敌人，董存瑞的形象永远定格在人们的心头。

相关链接

1. 创作背景：1954年，在董存瑞牺牲六年之后，原中央电影局副局长陈荒煤把根据董存瑞真实事迹改编的电影剧本交给了刚刚拍摄完《智取华山》的电影导演郭维。郭维在董存瑞的故事里，发现了典型人物、个体英雄的创作空间，通过对董存瑞烈士的事迹和生前战友进行细致的调查与走访，并结合自己的从军经历与见闻，经过创作与拍摄，一个真实的、摆脱公式化束缚的人物形象树立在银幕上。
2. 为纪念董存瑞，人们把他的出生地所在的乡改为存瑞乡（现在的河北省怀来县存瑞镇），隆化中学也改成存瑞中学。

（陈　鹏）

《铁道游击队》：类型片的红色经典

上海电影制片厂，1956年上映

导演：赵明

原著：刘知侠

编剧：刘知侠

摄影：冯四知

主演：曹会渠、秦怡

片长：80分钟

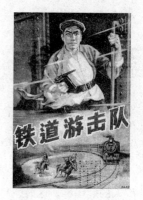

专家推荐

　　《铁道游击队》的独特之处在于，即使放到现在，本片也仍然是一部精彩好看的作品。导演极为流畅地将对红色英雄人物的弘扬同特定的场景融合在一起，用电影本身的魅力打动了观众。从一开始的小事件引出大事件，剧情也慢慢升温，到敌我双方的激烈斗争，一切都围绕着铁道展开，叙事也因此简洁而明了。从这一点看，《铁道游击队》与好莱坞经典的叙事策略是天然一致的，将铁道斗争作为故事的背景，用局部细致的战争体现抗战的整体风貌，以小见大，大大提升了影片的奇观性与趣味性。

　　影片的结尾也深得好莱坞"一分钟大营救"的精髓，几条叙事线路相互平行交叉，使得故事的节奏在紧张的气氛中逐渐达到高潮。本片最值得称赞之处就在于此，导演用深厚的叙事功力打造了一部紧张刺激、高潮迭起的红色电影。

武汉大学艺术学系教授　彭万荣

剧情简介

抗日战争时期的1940年，在山东枣庄附近的铁道线活跃着一支游击队，他们专门打击日军的铁道交通，牵制敌军的计划与行动。大队长刘洪与政委李正组织游击队员开设炭厂为掩护，先后几次袭击火车，截得敌军的武器来武装自己，并且供应了军区，令敌人闻风丧胆，被老百姓称之为飞虎队。敌军小林部队从满洲调来狡猾狠毒的岗村掌管特务队，企图消灭飞虎队，但飞虎队在老百姓群众的帮助下，敌军计划一次次失败。岗村索性与国民党反动派勾结，围攻游击队，刘洪被国民党反动派击中负伤，送至芳林嫂的家中养伤，芳林嫂的丈夫本是铁道工人，被日军加害，芳林嫂的细心照顾，使得两人之间产生了充满敬意的爱情。岗村带队多次袭击，游击队则次次化险为夷。太平洋战争爆发后，日军铁道运输繁忙，刘洪则带领部队多次打击，小林部队不得不集结部队，进攻微山湖，企图全歼飞虎队，芳林嫂也因冒险侦查被捕，在此险峻情形下，飞虎队巧妙化装为日军，正面遭遇岗村，并全歼敌人，击毙岗村。1945年，日军战败，为迫使小林部队向我军投降，飞虎队又一次铁道狙击小林乘坐的火车，活捉小林；同时阻截国民党军队，救出芳林嫂。铁道游击队更为壮大了。

影片解读

电影《铁道游击队》是新中国最早的一批经典红色电影之一，改编自刘知侠1954年的同名小说，刘知侠担任影片的编剧。

与同期很多红色电影对比，《铁道游击队》是与众不同的：不仅具有美国好莱坞

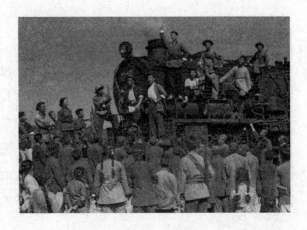

式的经典叙事结构,而且在人物塑造上也颇有独到之处。更重要的是,《铁道游击队》可称之为一部红色类型片经典,整部戏都是围绕着打击敌军的铁道线进行的,铁道成了不可忽视的场景,一而再、再而三地出现在观众的视野中,使得整部影片形成一种完整而统一的叙事内容。这部以铁道为背景,具有深深类型风格的电影,不失为当时建国早期电影人的神来之笔。一方面紧抓战争的局部,使得人物与故事更加生动,同时又塑造出战争的奇观性,电影告诉观众,原来抗战还可以这样打,抗战不仅存在于前线的两军对垒,还存在于与敌军周旋的多个方面。就当时把电影作为一种主要的宣传工具而言,《铁道游击队》已经做到了集宣传性、教育性、趣味性三者的完美结合。

电影用一次扒火车的小行动作为开场,使得故事循序渐进,这与好莱坞的经典叙事方式是一致的。而影片最后游击队救出芳林嫂,活捉小林,也深得美国好莱坞"一分钟大营救"的精髓。在叙事上,《铁道游击队》是极为简洁精炼的,从成熟的行动到变成武装力量,从与敌军的次次周旋到最终的大决战,故事的主角刘洪与芳林嫂也同样经历了身处险境到化险为夷。而两人之间的朦胧的感情也耐人寻味,在电影尚处于革命宣传工具时期,主人公之间的感情也须得排在崇高的革命理想之后,所用笔墨也是点到即止。芳林嫂和刘洪的感情是显而易见的,但是在革命的故事背景下,显得非常的轻微含蓄,也许在芳林嫂初见刘洪时,睁大了眼睛说:"这就是大队长呀!"再到二人假扮夫妻,到最后芳林嫂被营救时倒在刘洪的胸膛上,这些点滴的描写就足以反映创作人员的用意了,"意在象外",正是革命人的爱情在电影里的处境。

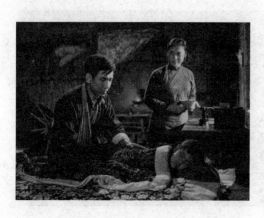

影片还有许多可圈可点之处,如对日军的塑造相对来说是客观的,没有过分丑化和脸谱化,这也为影片增色不少,冈村的狠毒也同时彰显了游击队员工作的危险与不易,更能获得观众的认同。电影中多次出现了土琵琶的意象,则渲染了游击队员们苦中作乐,斗志昂扬

的精神面貌。而插曲《弹起我心爱的土琵琶》也成了一代人的经典记忆，就连八零后出生的人也能辨出这熟悉的旋律。

《铁道游击队》并不是一部气魄宏大的史诗，却是一部四两拨千斤的精巧之作。即使放到现在，影片的叙事水准也丝毫没有落伍。换言之，《铁道游击队》的魅力在于它的故事是如此精彩，即使是半个世纪过去了，它的精彩依然能够打动观众。

经典记忆

电影插曲《弹起我心爱的土琵琶》歌词（节选）

西边的太阳快要落山了，微山湖上静悄悄。

弹起我心爱的土琵琶，唱起那动人的歌谣。

爬上飞快的火车，像骑上奔驰的骏马。

车站和铁道线上，是我们杀敌的好战场。

我们爬飞车那个搞机枪，闯火车那个炸桥梁。

就像把钢刀插入敌胸膛，打得鬼子魂飞胆丧！

西边的太阳就要落山了，鬼子的末日就要来到。

弹起我心爱的土琵琶，唱起那动人的歌谣。

哎嗨……

相关链接

电影对原小说进行了提炼，删去了原小说中"进山整训"、"血染洋行"等情节，一切故事围绕铁道展开，使得影片更为简洁，"铁道游击"的特点也更加鲜明。

（王雪璞）

《李时珍》：身如逆流船，心比铁石坚

上海电影制片厂，1956年上映

导演：沈浮

编剧：张慧剑

摄影：罗从周

主演：赵丹

片长：104分钟

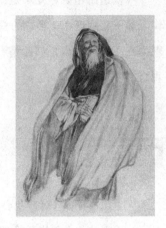

专家推荐

  沈浮执导的《李时珍》，描述了闻名遐迩的明代医药学家李时珍克服艰难、用一生来完成《本草纲目》撰写的经历。

  《李时珍》在塑造李时珍这一人物时，始终贯穿的乃是李时珍"身如逆流船，心比铁石坚"的精神。影片开始，李时珍决心从医，父亲指着远处的小船，告诫李时珍从医者就如同逆水前行的小船。李时珍在重修《本草纲目》时克服了来自自然和人为的双重阻碍。当终于修完《本草》后，年事已高的李时珍又一次来到江边，看到逆水而行的船只，回忆这一生，虽说路途坎坷，但终得以完成一项有意义的事业，逆水行舟固然艰辛，但伴随着坚韧的内心终会完成伟大的航行。

  另外，电影中李时珍形象的塑造得益于表演艺术家赵丹，尤其是他对步入晚年之后的李时珍的演绎，将老年人身体的行动不便和李时珍性格中的活泼、执著、乐观有层次地表演出来，赵丹的表演功力可见一斑。

北京电影学院电影学系教授   陈晓云

剧情简介

李时珍立志从事医学研究，治学严谨，因对包乡绅的《本草书》中的谬误之处有所批评而得罪包乡绅，但心中对本草的修改的决心已定。后来，楚王子身患怪疾，不喜饮食，四处寻访名医终不得治愈，后来李时珍妙手回春，将其治愈。其父为报答李时珍，愿封他官爵，但李时珍不求功名利禄，只愿重修本草。后来，李时珍被安置在太医院，多次上奏本草之事，均被一一驳回。

李时珍便辞去职务，回到家乡，但重修本草之事依然没有放弃。李时珍带领着徒弟，踏遍万水千山，后来遇到魏郎中，三人同心协力，研究百草。一次，他们遇到了一群道士，将他们的笔记抢去烧毁，魏郎中为了抢救笔记不慎跌落山崖。李时珍悲恸不已，但仍不气馁，重新修书。李时珍呕心沥血三十载，不分酷暑严寒，此书方成！

影片解读

这部影片讲述李时珍如何倾尽一生，坚持要重修本草的故事。李时珍是我国明朝时期的医者，他编写的《本草纲目》图文并茂地总结了一千多种中药物，是植物学和药物学的珍贵遗产，已被翻译成日、德、英、法、俄等文字在世界各国传播。影片中，李时珍向父亲表明自己不愿意学习八股，愿意投身医学，父亲指着远处拉船的纤夫，来比喻学习医学的困难就如逆水行舟。影片还通过在修本草的过程中如何一次次地面对的困难，展现了李时珍对行医用药的严谨态度和对理想的坚定，体现了他"身如逆流船，心比铁石坚"的从业精神。

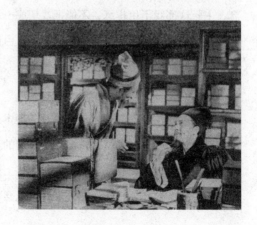

不同于沈浮导演的以城市空间为主体的都市类电影，《李时珍》的空间拓展到自然界中，影片在黄山、富春江等地风景名胜取景，摄影的风格也

使影片的画面颇有中国水墨画的色彩,时而是巍峨险峻的山峦,时而是颇有淡雅气质的江河,画面的构图也与中国传统绘画所讲究的散点透视、"计白当黑"等特点相照应。导演不仅讲究画面,还在几场重要的段落将叙事和外景地的景观相结合,寓情于景。例如,在影片开始处李时珍决心行医时看到的"逆水行舟"的景象,导演就将这个情节点与情志高雅的水墨画式的景观结合;再有李时珍黄山遇险的戏,故事的惊险与山崖的陡峭险恶的景致相呼应。

另外,影片在时空转换上也颇有电影性。影片结尾采用平行蒙太奇的手法,表现了李时珍与他的学生和儿子一起编写本草的过程。将填写四幅草药图画名称的画面,与在山野中寻找比对并确认它们的画面交叉剪辑,并且以一年四季的轮回手法表现时光的流逝,例如在寒冬的烁烁火光下奋笔疾书,又如在夏日三伏的书桌前挥汗如雨,同时又穿插一本本被编集成册的画面,显示了编纂工作漫长而有序的进行。

在表演方面,从青年到老年,赵丹所饰演的李时珍年龄跨度巨大,这对演员来说是演技的大考验。赵丹完成了这一任务,尤其是对老年时的李时珍的刻画,可谓生动可信、入木三分。就一个细节来说,当李时珍花了三十多年的时间完成了五十多卷的《本草纲目》时,他想给大家一个惊喜,却又装作若无其事,但激动欢愉的心情实在无法平复。这时赵丹表演的李时珍拿起完成的书稿假装若无其事行走,但在没有人在旁侧之时又突然雀跃了几步。通过这一个小动作,赵丹就将李时珍难以抑制的激动心情表露了出来,仿佛要通过那几步雀跃才能将多余的力量宣泄出来,否则就难以保持平静了一般。在表演《李时珍》时,赵丹还提出了崭新的表演理念,主张这部戏不用排练,不能把戏切成一块一块,因为这样拍成的作品最终会成为舞台纪录片,而是要强调即兴表演、自由创作的重要性。在赵丹的坚持下,这部戏给演员提供了自由的创作空间,他坦言,这部戏是"那几年拍戏中最舒畅、最自由,也是最能发挥艺术特长的一部电影"。

除了赵丹精湛的演技之外,影片的美术造型、服装、化妆也在很大程度上丰满了李时珍这一人物形象。在扮演老年时期的李时珍时,化妆师用棉花加上皮纸做成脸部的填充物,用乳胶捏出皱纹。在服装上弃用绸缎改用粗布面料,符合人物的个性和影片的主题。赵丹建议演员平日里也穿着这套衣服体验角色,"变戏服为我的衣服，真正做到为我所用"。"古风"也真的渗透到演员的表演中，使得影片最后的表演令人动容。

　　沈浮与赵丹在拍摄之前，还对李时珍的人物塑造和剧本创作多次交流沟通。影片中李时珍的徒弟这一角色就是他们研读剧本之后，发现叙事过于单一时决定增添的人物。沈浮与赵丹花费了大量的心血，最终完成了《李时珍》这部优秀的传记电影。在沈浮、赵丹等电影艺术家的通力合作下，影片完成了主题的表达，成为新中国电影史上的又一个经典。

相关链接

1. 平行蒙太奇是一种电影剪辑手法，可将揭示一个主题的同时同地的或不同时空的动作剪辑在一起，增加信息量，加强电影的节奏，有时可以起到概括集中的效果。

2. 电影《李时珍》比同名课文多了李时珍寻找曼陀罗花，魏郎中为抢救本草掉入山崖，李时珍为坚持出版不删减的《本草纲目》与包乡绅斗争等情节。李时珍重写《本草纲目》的阻力也不仅仅局限于自然条件的恶劣，更多了一重人为的阻碍。故事的复杂性增强的同时，也使李时珍的人物形象变得更有层次。

3. 扮演李时珍的是中国老一辈优秀表演艺术家赵丹，他所主演的许多电影都已成为中国电影史上的经典之作，如《马路天使》、《十字街头》、《乌鸦与麻雀》等。1949年以后，他主演了不少传记片，如《聂耳》、《林则徐》及《李时珍》等等，塑造了一系列精彩难忘的银幕形象。

4. 沈浮，1905年生于天津的一个码头工人的家庭，1933年来到上海，在联华公司、昆仑公司等电影公司担任编剧、导演。新中国成立前，他拍摄了《狼山喋血记》、《联华交响曲》、《万家灯火》、《希望在人间》、《乌鸦与麻雀》等优秀的电影作品；新中国成立以后，则有《老兵新传》、《曙光》等作品。其中，《李时珍》也是一部新中国成立后拍摄的作品，被誉为当代的中国传记片中的上乘之作。

（缪　贝）

《上甘岭》：流淌在民族血脉中的绝唱

长春电影制片厂，1956年上映

导演：沙蒙、林杉

编剧：沙蒙、林杉、曹欣、肖矛

摄影：周达明

军事顾问：赵毛臣

美术设计：刘学尧

主演：高保成、徐林格、刘玉茹、张亮、田烈

片长：124分钟

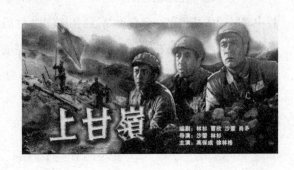

专家推荐

在一代又一代年轻人的心目中，《上甘岭》意味着什么？《上甘岭》是对战争残酷的真实再现，是对爱国情怀的集中展示，是对英雄主义的热情讴歌。

《上甘岭》不是一般意义上的枪战片、战争片，而是当之无愧的红色经典。《上甘岭》中，既有视死如归的血性男儿，也有刚柔相济的军中百灵；既有大无畏的时代精神，也有眷念家乡、思念亲人的游子情结。半个多世纪过去了，《上甘岭》的主题歌，依然在帮助人们尽情抒发爱家乡、爱祖国、爱和平的情怀；《上甘岭》中鲜活的人物，依然在激励人们克服困难、勇往直前；《上甘岭》所表现的主题，依然在触动人们深刻反思正义、战争及世界和平问题。

《上甘岭》的艺术风格，来自于革命的现实主义与革命的浪漫主义相结合的创作方法。这种曾经拥有主流地位的艺术创作方法，虽然已经远去，但它在电影史、艺术史中的意义与价值，依然值得研究。

人的心灵构成复杂，常常需要净化；人的情感偏爱平静，往往需要激活。如果，你想净化一下心灵、激活一下情感，建议你去看看《上甘岭》。

南京大学艺术学院教授　康尔

剧情简介

1952年秋,朝鲜战争进入最后的关键阶段。美国侵略者竟在板门店谈判休会期间,调动六万多兵力,在"三八线"附近发动了大规模进攻,企图夺取上甘岭阵地,用武力获得他们在谈判桌上得不到的东西。坚守上甘岭阵地的中国人民志愿军某部八连,在连长张忠发的率领下,与敌人浴血奋战,打退了敌人二十多次的疯狂进攻。此后,他们又根据上级指示,退入坑道坚守阵地,拖住敌人,使之无法前进一步。在坑道里,他们与外界的联系被敌人切断,缺水缺粮,生存艰难。但为了祖国、为了朝鲜人民,他们以惊人的毅力,坚守了二十四天,赢得了时间,使中朝军队取得了大反攻的胜利。美国侵略者被迫重新坐下来谈判,无奈地在停战协定上签了字,朝鲜人民得到了和平。

影片解读

《上甘岭》是第一部表现抗美援朝战争的影片,取材于著名的上甘岭战役。毛主席在了解到上甘岭的英雄事迹后,当即指示有关方面将上甘岭战役拍成电影。擅长军事题材片拍摄的长春电影制片厂承担了这一光荣的任务,并立即组成了创作班子,由沙蒙、林杉任导演,曹欣、沙蒙、肖矛、林杉负责剧本的写作。班子组建起来后,沙蒙便率摄制组前往朝鲜对上甘岭战役进行实地考察,采访了一百多位当年参加上甘岭战役的志愿军战士,记录下来的材料达数十万字。在此基础上,编导对战役进程、战斗故事进行了精心的剪裁和表现,对这次战役进行了高度艺术概括。他们没有全景式地反映这场战争,而是把视点投向一条坑道和一个连队,采用"以小见大"的手法来再现那场惊心动魄的战役,展现我志愿军战士一往无前的大无畏品质,塑造了一群英勇善战、不怕牺牲的志愿军英雄形象。

影片《上甘岭》主要表现人,多用富于个性特征的动作、语言和生动感人的细节刻画人物,展示志愿军官兵的精神面貌。本片在人物塑造上下了很大工夫,不仅主要人物浓墨重彩、精雕细刻,次要人物也精心勾勒、各具特色。编导首先定下"一人(连长)、一事(坚守阵地)"的"故事核心",主角被定为英雄连长张忠发,陪衬人物则根据剧情需要包含了部队的各个方面。在塑造的众多性格鲜明的人物中,八连长张忠发是最富有艺术光彩的形象。他既是一位骁勇善战的基层指挥员,又是一个具有孩子般童真与任性的普通人,被认为是当时军事题材影片中创造的"最好的一个"基层指挥员形象。通讯员杨德才是以舍身堵枪眼的英雄黄继光为原型创作的银幕形象。

电影中有这样一个镜头:杨德才堵枪眼之前回过头看连长并高喊了一声"连长"。这个镜头显然是对黄继光事迹的艺术创作,他最后看连长一眼,就是为了告诉连长,他冲上去了,他做到了。最后这句话也是为了不辜负连长的信任而从心底呐喊出来的,无疑让观众产生了强烈的共鸣。卫生员王兰是电影中唯一的女性角色,原型来自于当时参加上甘岭战役的女护士王清珍。王清珍在上甘岭战斗中,一直坚守在战场的第一线。王兰就是根据这位女护士创作出来的一个清纯而又富有革命激情的女性形象。艺术表现上的朴质与细腻,赢得了观众的感动与敬佩。

影片《上甘岭》除了艺术形象塑造非常成功外,在节奏的把握、场面的调度、结构的安排上亦颇具特色。影片的节奏处理独具匠心,全片主要矛盾是敌我双方的斗争,贯串动作被定位于"我们一定要坚守阵地",分成"接、撤、留、转、出、熬、反"七个动作来完成。整部影片既有紧张激烈的战斗场景,也有舒缓深沉的抒情段落,二者完美地交织在一起,引人入胜。环境气氛和物件细节的创造性运用,更增添了影片的真实感和生动性。正是有了战争场面的真实化、艺术化,才有了《上甘岭》震撼人心、催人泪下的艺术力量。

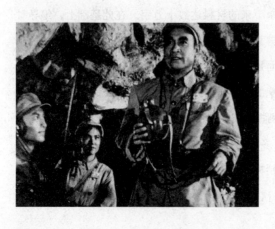

本片插曲《我的祖国》在渲染气氛、表现主题上起到了重要作用。"一条大河波浪宽,风吹稻花香两岸,我家就在岸上住,听惯了艄公的号子,看惯了船上的白帆……"歌曲唱出了志愿军战士对祖国、对家乡无限热爱的感情和英雄主义的气概。前半部的主部曲调委婉动听,三段歌是三幅美丽的图画,引人入胜。主部由女声反复领唱,曲调极其优美、婉转、亲切感人。后半部是副歌,混声合唱与前面形成鲜明对比,仿佛山洪喷涌而一泻千里,尽情地抒发战士们的激情。整首歌曲歌词亲切感人、慷慨激昂。第一段歌词带有沉思的意境,表现志愿军战士对祖国和故乡的怀念。接下去是副歌,由合唱队伴唱,它的曲调宏伟,壮丽,但又不失轻快,与主部形成对比;再经过一个小过门,第二段开始了,表现战士们在回忆,歌词仍然充满幸福感,但带有浪漫色彩。接下去又是副歌,但歌词略有变动,副歌词是顺着前面的思路发展的;第三段词后半部分从回忆联系到现实,用比喻的手法,把志愿军战士热爱祖国和保卫和平的意愿,十分强烈地表达了出来。如今,这首歌早已乘着电影《上甘岭》的翅膀响遍了全国,流传了整整半个世纪,成为各类文艺演出的必唱曲目。

五十多年前,再现上甘岭战役的影片《上甘岭》感动了亿万中国观众;五十多年后,"一条大河波浪宽……"的旋律依然流淌在中华儿女的血脉中。每当这熟悉的音乐响起,人们都会想起那段激情岁月,勾起满腔的爱国热情。《上甘岭》这部以鲜活的生命与昂扬的激情铸就的英雄史诗巨作,以其恢弘的气势、严峻的史实,永远留驻在我们中华民族子孙万代的红色记忆之中。

经典记忆

电影主题歌《我的祖国》歌词(节选)

(独唱)一条大河波浪宽,风吹稻花香两岸,
　　　　我家就在岸上住,听惯了艄公的号子,看惯了船上的白帆。
(合唱)这是美丽的祖国,是我生长的地方,
　　　　在这片辽阔的土地上,到处都有明媚的风光。
(独唱)姑娘好像花儿一样,小伙儿心胸多宽广,
　　　　为了开辟新天地,唤醒了沉睡的高山,让那河流改变了模样。
(合唱)这是英雄的祖国,是我生长的地方,
　　　　在这片古老的土地上,到处都有青春的力量。

这首歌诞生于1956年夏，乔羽作词，刘炽作曲，片中原唱为著名歌唱家郭兰英，新影乐团合唱队伴唱。这首经典插曲的诞生，有着一番曲折的创作过程。当《上甘岭》拍完之后，影片的插曲还没着落。经人推荐，导演沙蒙邀请乔羽为《上甘岭》的插曲写词。导演沙蒙对插曲的要求是："随着时间的流逝，当这部电影被人遗忘的时候，这首插曲依然在流传。"这样的要求让乔羽倍感压力。十来天过去了，他依然没有写出中意的歌词来。突然有一天，苦恼的他在散步时看到一群孩子在河里嬉戏，灵感翩然而至，首句"长江万里波浪宽"诞生了。有了首句之后，下面的歌词很快就完成了。后来，主创人员商议决定不写长江。虽然"万里长江"气势够大，但长江流域毕竟不能涵盖全国，不能让所有人产生亲切感。而不管你是哪里人，家门口总会有一条河，河水寄托着你的喜怒哀乐。只要一想起家，就会想起这条河，因为每个人心中都有自己的家乡和心中的母亲河，所以改成了现在的"一条大河波浪宽"。于是，经过乔羽作词、刘炽作曲、郭兰英演唱的"一条大河"终于达到了导演所想要的效果，红遍全国，并流传至今。

相关链接

1. 乔羽，原名乔庆宝，中国著名词作家，全国第一届金唱片奖获得者，有"词坛泰斗"之称。著有电影文学剧本《刘三姐》、《红孩子》，歌词《我的祖国》、《牡丹之歌》、《人说山西好风光》、《让我们荡起双桨》、《心中的玫瑰》、《难忘今宵》、《思念》、《说聊斋》、《巫山神女》、《夕阳红》、《爱我中华》、《祖国颂》等。其作品广泛流传，多数成为人们传唱的经典之作。
2. 凝聚了沙蒙、林杉、曹欣、肖矛四位编剧共同心血的电影剧本完成后，曾以《二十四天》之名发表于1956年3月号《人民文学》上，开拍时正式改名《上甘岭》。

（周　沁）

《女篮五号》：天涯有情终相逢

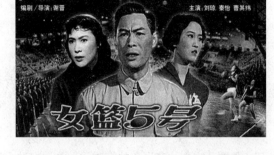

上海电影制片厂，1957年上映

导演：谢晋　　**编剧**：谢晋

摄影：黄绍芬、沈西林

剪辑：韦纯葆

主演：刘琼、秦怡、曹其纬

片长：85分钟

获奖：1957年第6届世界青年联欢节举办的国际电影节银质奖章；1960年墨西哥国际电影节银帽奖

> **专家推荐**
>
> 《女篮五号》堪称一部青春洋溢的叙事散文诗。导演谢晋拍摄本片时年仅30岁，年轻的锐气与成熟在本片中表露无遗，这部影片也几乎定下了谢晋电影人生的基调：将家国社会的变迁与个人命运沉浮相结合的艺术特性。
>
> 影片构思精巧，叙事简洁而干净，几乎没有一个多余的镜头，无论是对精彩球赛的展现，或是对人物内心活动的描绘，导演都掌握得恰到好处，毫无偏颇。本片不仅是一部好看的体育电影，也是一部直面人心的家国史诗。
>
> 在影片的表演上，秦怡和刘琼的表演堪称完美。剧中人物的命运跨度十八年，二人不仅演出了不同年龄上的区别，更演出了岁月对于角色的影响与变迁。两人间直接的对手戏不多，更多的时候导演采用特写的手法，捕捉人物细微的表情与动作的变化，寥寥数笔，就将二人之间的"离愁别绪"呈现出来。在处理二人的感情时，导演则引入林小洁这个人物，使得全片显出一种"意在他处"的内在之韵。
>
> 武汉大学艺术学系教授　彭万荣

剧情简介

新中国成立前,田振华是上海东华队的一名篮球运动员,在一次与外国水兵队的比赛中,球队老板收受贿赂,迫使球员输球。田振华无法承受这种侮辱,带队打赢了比赛,老板事后买通流氓打伤了田振华,并迫使自己的女儿、也是田振华情人的林洁嫁给了一个有钱人。

十八年过去了,田振华从西北回到上海,并执教了上海女子篮球队。年轻的女队员林小洁引起了他的注意,林小洁不是别人,正是其挚爱林洁的女儿。在与林小洁的相处中,田振华处处给予帮助,慢慢扭转了林小洁对于献身篮球运动的犹豫心理,帮助其成为一名出色的篮球运动员。在林小洁一次比赛中的意外受伤后,田振华和林洁终于相逢在医院里,两人解开了之前沉积了十八年的郁闷与误会,重修旧好。林小洁也入选了国家队,幸福光明的生活等着他们。

影片解读

《女篮五号》是新中国第一部彩色体育电影,也是好几代人共有的宝贵回忆。

跟随着欢快激昂的片头曲,影片的基调也由此奠定了,故事也在阳光明媚的画面中展开——导演谢晋从一开始就牢牢掌控着影片自身的情绪,试图传达给观众一种青春积极的力量。故事的主人公田振华重回上海,受命担当上海女篮队的主教练,而女队员林小洁则引起了他的注意,当田振华第一次从名单上读到林小洁的名字时,导演刻意地进行了强调,渲染了田振华此刻复杂的心情,暗示着二人之间似乎有着某种渊源。田振华在与林小洁的交流中,总是似有所虑,林小洁则是大大咧咧,毫无心事。导演谢晋让两人进行浅浅的交

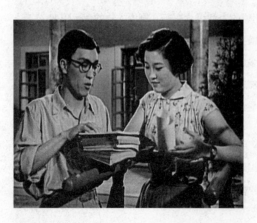

流,同时从两人的交流中捕捉田振华情绪的细微变化。

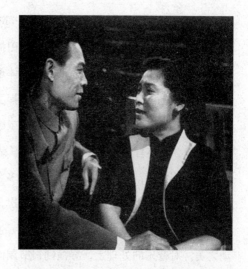

影片的结构简洁而精巧,导演用插叙的手法交代了田振华的心结所在,田振华心中真正的痛苦也体现在观众的眼里,与旧爱林洁分别的痛才是田振华的心结所在。而对二人分别的设计上,导演则直指1949年前旧社会丑恶颓废的社会现实。在二人的分别上,田振华和林洁都是无辜的受害者,可他们却承担着这份沉痛的命运。导演谢晋善于将个人命运与时代背景进行融合的特点已经得到呈现。

田振华和林洁的命运是随着新时代的到来而得到改变的,导演为了避免俗套,并未让二人直接相遇,而是引入了林小洁作为两人之间的纽带,重点来描写田振华对于林小洁的帮助与塑造,用对林小洁的塑造来弥补自己年轻时的遗憾——既是未能继续篮球运动员生涯的遗憾,也是痛失爱人林洁的遗憾。而林洁则并不希望林小洁从事篮球运动,何尝又没有因为旧日的伤痛?林小洁在影片中面临着考大学和打球之间的选择矛盾,正是田振华和林洁对于篮球理解的矛盾,也是二人解除误会的关键。

林小洁的个人成长过程,也照应着田振华与林洁相逢的进程。换句话说,观众可以从林小洁的个人变化上,窥测到田振华与林洁未来的命运。初入队时,林小洁是个任性而充满个人英雄主义的球员。田振华则全力给予她帮助,晓之以情,动之以理,并以自己为例子触动了林小洁。田振华说出了自己的心结,也同时使得林小洁理解了篮球运动真正的意义。虽然林小洁是田振华与林洁之间的纽带,但导演并未仅仅将其作为一个符号,而是尽力去描绘了一个完整丰满的年轻形象。不仅花笔墨交代了她与队友的矛盾,她与男友之间的感情与分歧,更是将这些都纳入剧情的进程中,使得人物与剧情密不可分。

"误会"在影片中出现了两次:田振华与林洁分别的误会,林小洁没赶上球赛被田振华批评的误会;剧中人的命运始终离不开"误会"。"误会"使得剧情波澜起伏,环环相扣。全片的进程也即是一部"解除误会"的进程。"误会"不仅仅是剧情的需要,也直指当时的社会背景:田振华与林洁的误会是因为旧社会唯利是图的本性;而林小洁与田振华的误会,则体现着新中国建国后对于体育运动理解的不同,田振华是一个将篮球运动当做生命捍卫的人,而林小洁之前并没有意识到篮球运动真正的意义,她的母亲与男友也希望她做一名工程师。这也与当时新中国重视工程建设、对体育运动有偏见的情况是紧贴的。

  影片剧情简洁干净,几乎没有一个多余的镜头,人物、故事、时代三者完美地融合在一起,具有极强的艺术张力。其次,对于篮球运动本身的美感,导演也毫不吝惜镜头,几场球赛的激烈,绝杀球的喜悦,导演用画面本身表现了篮球应有的运动之美。对音乐的处理上,导演则很节制而含蓄,多在剧情有重大转折、悬念被揭开时使用强力的音效,其余大多数时间,导演则让剧情自然进行。种种匠心独运的处理,使得《女篮五号》成为一部难得的经典之作。

相关链接

1. 《女篮五号》是新中国第一部体育类型的彩色电影,新中国第一部彩色故事片是1956年桑弧导演的《祝福》,中国历史上最早的彩色电影则是1948年费穆导演的《生死恨》,是一部戏曲片。

2. 谢晋,中国著名的第三代导演,作品往往能将个人命运与人物所处的时代相融合,具有一种史诗般的气魄。谢晋是一位具有强烈主流政治意识,同时也极具人文关怀和理想主义的导演。代表作《女篮五号》、《天云山传奇》、《芙蓉镇》等。

(王雪璞)

《红孩子》：战斗硝烟里的红色少年

长春电影制片厂，1958年上映

导演：苏里　　**编剧**：时佑平、乔羽

摄影：李光惠　　**作曲**：张棣昌

主演：陈克然、宁和、王和永、陆贞冀、关敬熙

片长：106分钟

获奖：全国第2届少年儿童文艺创作二等奖

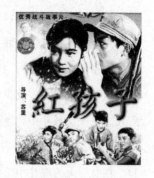

专家推荐

　　《红孩子》是一部叙述第二次国内革命战争时期江西中央苏区一支红色少年游击队如何展开对敌斗争的儿童片，它以生动的故事情节、朴素的影像风格，既描绘了苏保、虎崽、细妹等孩子在红军北上抗日、苏区赤卫队上山打游击后，如何自发组织了红色少年游击队与敌人靖卫团进行了机智勇敢的斗争，又通过一系列细节刻画，较成功地塑造了几位少年英雄形象，表现了他们在严酷的斗争中磨炼成长的过程。战争本该让儿童走开，但为了保卫家乡、保卫苏维埃红色政权，为了人民大众的翻身解放，这些孩子不仅主动参与了战争，并以自己的聪明才智在战争中学会了战争；而且经历了战火的洗礼和考验，在战争中迅速成长和成熟起来，成为坚强的革命接班人。

　　导演苏里此前曾担任过《祖国的花朵》的副导演，在指导儿童演员方面有一定的经验；几位主要儿童演员在拍摄前曾到江西老区体验了一段时间的生活，故其表演质朴自然，具有较浓郁的生活气息。当年毛泽东主席在视察长春电影制片厂时曾到摄影棚参观《红孩子》的拍摄，并亲切接见了主创人员和儿童演员。毛主席和细妹合影的照片在报刊上刊登后，成为影片最好的宣传。该片上映后颇受欢迎和好评，其主题歌《共产主义儿童团团歌》也曾传唱一时，产生了很大影响。

复旦大学中文系教授　周斌

剧情简介

1934年，中国工农红军离开江西革命根据地北上抗日。李家坳的赤卫队也在县苏维埃李主席的领导下，上山打游击。李主席的儿子苏保及其小伙伴虎崽、细妹、水生、金根、冬伢子等晚上悄悄离家去找红军，被李公公找回。不久，靖卫团团长黄静波带着白军焚烧了李家坳，屠杀了全村的老百姓。为了讨还血债，替亲人报仇，孩子们组成了一支少年游击队。他们勇敢机智地夺枪支、贴标语，消灭了不少敌人。在一次战斗中，李主席不幸被捕。孩子们在李公公的领导下，混入靖卫团，巧妙地救出了李主席，并打死了团长黄静波。严酷的斗争使他们经受了锻炼和考验，在血与火的洗礼中茁壮成长起来。

影片解读

《红孩子》是一部带着深刻时代烙印的作品。在茂密的山林中，一群"红孩子"，排着纵队，一路高歌着："准备好了吗？时刻准备着！我们都是共产儿童团……"那高昂的曲调，回荡在硝烟四起的战场；那清脆的童声，带着某种坚定的力量。电影里的这段影像可以说是一代人心中永恒的银幕经典。

作为一部反映战争中儿童的电影，《红孩子》的表现手法带有某种革命的浪漫主义。影片通过"孩子"这个特殊的视角，展现革命战争的艰苦和残酷。通过"战争"这个大背景，将孩子们的机智和勇敢表现得淋漓尽致。电影中的少年英雄：苏保、虎崽、细妹、水生、金根、冬伢子的形象都是立体鲜活而饱满的。他们身上既有作为小战士的大无畏精神，又有作为一个普通孩子的可爱、天真。

战争中的孩子，这原本是一个十分沉重的话题。但是，本片并没有将苏区儿童的童年刻画得悲惨而灰暗，相反，荧幕上呈现出的"红孩子"的生活，是充满了朝气和活力的。这些手持红缨枪穿梭在密林中，与敌人作艰苦的斗争的"红孩子"已成为一个时代的经典符号。

在人物的塑造上，导演苏里尤其注重每一个孩子性格上的不同。苏保作为"孩子王",表现得有勇有谋,在许多问题的处理上也比其他的孩子更为成熟,当小伙伴们不知所措时,苏保总是临危不乱,是大家的主心骨;虎崽则是一个"急先锋"式的人物,勇敢而冲动,做事不经太多考虑,他那虎头虎脑的形象和憨憨的傻笑尤为深入人心;细妹作为其中

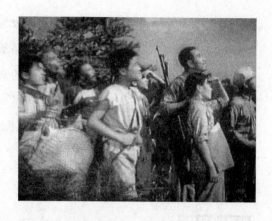

唯一的女孩子,表现得较为细腻矜持;金根虽然出场台词不太多,但是总是有好点子。苏里在谈《红孩子》的创作时谈到,这群孩子形象上的塑造,借鉴了古典名著《三国演义》和《水浒传》,虎崽的形象里有张飞和李逵的成分,金根的形象里则有诸葛亮和"智多星"吴用的影子。

在故事情节的设置上,影片显得张弛有度,合情合理。当孩子们俘虏了白狗子的大队长时,一方面,孩子们义正词严地对俘虏进行了审判;另一方面,孩子毕竟是孩子,没有注意到敌人在花言巧语的同时试图逃跑的动作,险些让白狗子脱逃。最终,红军及时赶到制服了敌人。这个场景的设置,既符合每个人物应有的个性,又使得剧情的发展达到了很好的戏剧性效果。同时在处理"孩子的童真"和"革命斗争的残酷性"这组矛盾上,达到了某种平衡。

另一个值得探讨的场景是冬伢子的牺牲。冬伢子在影片中是年纪最小的一个孩子。在影片的开头,冬伢子的梦想就是得到一把真正的枪,而在影片的最后虎崽真的抢来一把枪时,冬伢子却已经奄奄一息。这个细节的设置,制造了强烈的悲剧色彩,冬伢子临死前抱着枪的场景,让人看完之后,不禁潸然泪下。长春电影制片厂曾经建议将情节改为:冬伢子牺牲之后虎崽才抢到枪,从而增加悲剧的效果,但又似乎和影片的整体风格不符合,最终没有被采纳。

《红孩子》是一部精雕细刻的作品,影片的主创人员全部亲赴故事的发生地江西瑞金苏区进行了实地考察。他们采访了老红军,采访了经历过白色恐怖的村民,和当地的老百姓共同生活,最终提炼出这部不朽的经典之作。1958年,毛主席还到剧组观看了拍摄,并且和扮演细妹的宁和留下了合影。

对于今天的青少年朋友而言,那个战火纷飞的年代已经远去,已经成为了爷爷奶奶口中遥远的故事。但是这部电影作品却让我们能够更好地体会到:今天的生活是多么的幸福,幸福的生活又是多么的来之不易。对于战争中的孩子而言,和平生活本身便是一种奢求。正是因为有了那些手持红缨枪穿梭在密林中与敌人作艰苦斗争的"红孩子",正是有了他们的不怕牺牲、默默奉献,才有了今天的幸福生活。

经典记忆

电影主题歌《共产主义儿童团团歌》歌词

准备好了么?时刻准备着,我们都是共产儿童团,

将来的主人,必定是我们。嘀嘀嗒嘀嗒嘀嘀嗒嘀嗒。

小兄弟们呀,小姊妹们呀!我们的将来是无穷的呀,

牵着手前进,时刻准备着。嘀嘀嗒嘀嗒嘀嘀嗒嘀嗒。

帝国主义者,地主和军阀,我们的精神使他们害怕,

快团结起来,时刻准备着。嘀嘀嗒嘀嗒嘀嘀嗒嘀嗒。

红色的儿童,时刻准备着!拿起刀枪参加红军。

打倒军阀地主,保卫苏维埃。嘀嘀嗒嘀嗒嘀嘀嗒嘀嗒。

《共产主义儿童团团歌》是第二次国内革命战争时期,中国共产党共产主义儿童团的团歌,在革命战争年代激励了一代少年儿童的成长。歌曲的曲调源于前苏联少年先锋队队歌《燃烧吧,营火》,具有奥地利梯罗耳族民歌的风格。1957年,《共产主义儿童团团歌》作为影片《红孩子》的主题歌传遍了中国大地。中国少年先锋队的誓言:"准备着,为共产主义事业而奋斗!时刻准备着!"就来源于这首歌。

相关链接

1. 《红孩子》最初的剧本,来自时佑平的作品《苏区小司令》。而后,时佑平和乔羽一起将剧本改编为《红色少年行》,即为电影的基本蓝本。电影拍摄时正逢1958年大跃进,时佑平为了保证电影的艺术性,不愿意在电影中反映"路线斗争"的问题,因而被取消了在电影片头署名的权利。直到1999年9月(电影公映四十一年之后),国家广电总局才恢复了他在电影片头的署名。

2. 苏里,原名夏传尧,安徽当涂人。1937年参军,1938年加入中国共产党。同年入延安抗大学习。后任抗大文工团戏剧队队长、指导员、副团长。1947年在四平攻坚战中立大功一次。后任武汉军政大学文工团副团长,东北电影制片厂演员、副导演。新中国成立后,历任长春电影制片厂导演、副厂长,中国文联第四届委员,中国影协第三至五届理事。导演的影片有《我们村里的年轻人》、《红孩子》、《刘三姐》,与武兆堤合导《平原游击队》等。

(王宇洁)

《青春之歌》：革命年代的浪漫叙事

北京电影制片厂，1959年上映

导演：陈怀皑、崔嵬

原著：杨沫　　**编剧**：杨沫

摄影：聂晶

主演：谢芳、于洋、康泰、于是之

片长：157分钟

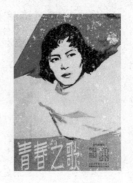

> **专家推荐**
>
> 　　一年一度大学校园中的"一二·九"活动所纪念的学生爱国运动，在电影《青春之歌》结尾一幕得到了经典重现。这是一部那个时代青年人的青春之歌。一个一个青年男女，走出家庭，反抗专制，进入社会，独闯天涯。一次一次"呐喊"和"彷徨"，正如影片中林道静一样，走投无路，甚至试图以跳海自杀来结束自己的抗争。但是，最终他们却在一群有理想有抱负有信念的共产党人感召和引导下，经磨历劫、百炼成钢，走上了"只有解放全人类才能最后解放无产阶级自己"的道路，最终成为走在时代前列的弄潮儿。
>
> 　　影片导演崔嵬、陈怀皑都是中国著名导演，后者还是第五代著名导演陈凯歌的父亲。影片的几位主演，均为中国1950—1960年代最光彩照人的电影明星。林道静的扮演者谢芳，善于塑造青年女知识分子形象；康泰扮演的卢嘉川、于洋扮演的江华、秦怡扮演的林虹则是银幕上塑造得最成功的一组共产党人形象。
>
> 　　这部影片既是中国1930年代的时代记录，也是一代中国青年人的心路历程，同时还是中国红色电影的经典代表作。影片从故事到风格，从青年成长的主题到各种红色道具的应用，都体现了中国革命电影的美学范式。虽然影片中多少还有一些概念化痕迹，但世态变迁之后仍然可以从影片中看到青春的美丽。对于今天的观众来说，了解父辈，甚至爷爷奶奶辈的青春岁月，就是了解我们来自哪里，帮助我们思考走向何方。
>
> 清华大学新闻与传播学院教授　尹鸿

剧情简介

"九·一八"前夕,地主之女林道静为逃避后母逼婚欲投河自尽,后被北大学生余永泽救起。获救后的林道静诉说自己身世之苦,余永泽给予安慰和庇护,二人很快相恋。时值日军侵华,东北战事告急,林道静目睹国家危亡痛心疾首,受革命青年卢嘉川点醒后大胆向学生宣传抗日,却因激怒校长而辞职跑到北平投奔余永泽。林、余二人在北平完婚,但是婚姻的无聊让年轻的林道静无法忍受,林道静结识了白丽萍等一帮革命学生,并在卢嘉川的热情鼓励下参与到革命事业之中。受革命思想感染,林道静愈发不能接受余永泽的市侩哲学和小知识分子思想,二人最终因理想不合分手。

摆脱婚姻桎梏的林道静继续从事革命活动,屡次被捕,屡次被革命战友营救出狱。经过血雨腥风的洗礼,林道静渐渐提高了思想觉悟,她像一个孩子一样在革命斗争过程中不断成长,最终成长为一名合格的中国共产党党员,继续在波澜壮阔的"一二·九"运动中带领学生冲破封锁,高举红旗前进。

影片解读

本片是1959年庆祝新中国成立十周年的"献礼片"之一,由女作家杨沫的同名长篇小说改编而成,也是一部正面表现知识分子走上革命之路的影片。该片描写了特定年代(从"九·一八"事变到"一二·九"运动)一位具有资产阶级背景的小知识女青年的革命成长史,这个过程通过主人公林道静经历的一系列爱情、理想等人生波折展现。林道静所走的道路成为那个时期进步青年知识分子所经历的曲折历程的缩影,而主人公的女性身份更为影片增添了亮点,谢芳所塑造的林道静角色深入人心,她也因此成为当时最受欢迎的女明星之一。该片经过导演崔嵬、陈怀恺,编剧杨沫等人的精心打造和大胆有益的探索,最终成为中国电影史上的一部经典之作。

"人在历史中成长"是影片所要表达的核心主题。十七年电影时期,中国拍

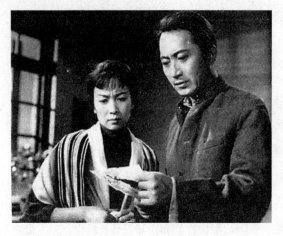

摄了一大批此类题材的影片，其中《青春之歌》以独特的叙述方式和内容特征征服了一代又一代人，小说本身就洋溢着青春朝气和浪漫热情，电影化的呈现进一步使故事摆脱了枯燥无味的政治标语式宣传，转而用一个活生生的人如何经过革命洗礼蜕变成为成熟的有自我觉悟的革命者的历程来引发人们的思考。少女林道静的成长是和历史的共同成长，表面上影片讲述的是一个女人通过和三个不同男性的接触而获得价值观、人生观的相应改变，即从余永泽的"资产阶级人道主义"向着卢嘉川代表的"理论马克思主义"和江华代表的"中国化马克思主义"一步步迈进，实际上影片呈现了中国知识分子整体的觉悟历程并对其历史境遇进行了细化描摹。浪漫化的表达以及女性身份的特殊性让这个严肃的主题充满了艺术感染力，这恰恰是影片成功的重要原因。

《青春之歌》无处不体现着浪漫主义抒情化的表达方式，从影片叙事来看它并不追求客观的写实，而是"毫不掩饰地表明影片有一个激情充沛的叙事者在场"，第一人称叙事大大方便了情感表露。从镜头语言来看，影片参照当时电影的镜头语言表达习惯，对卢嘉川等正面角色给予仰拍，展现人物精神的伟大，使用高光影调突出林道静入党时的肃穆和神圣，构图简单、突出主体，对余永泽等负面人物的表现则采用大量阴影和侧光暗示人物内心的阴暗。比兴手法也在影片中屡屡出现，这种源自中国古典诗词的表现手法在影片中转化为各种环境效果营造和具体物件的寓意，每一种都透露着韵味和深情，让观众在观影中不知不觉被打动和感染。

"青春"题材影片是一个永恒的话题，每个国家、每个时代都会有相应的一大批以"青春"为主要表现对象的艺术作品问世，一旦贴上"青春"的标签，也就是定义了一部影片的感情基调，或伤感、或激昂，抑或二者兼备，而不管怎样，都会触动每个有过青春经历的人。《青春之歌》站在时代的洪流之上描写我们父辈之父辈们的青春往事,让没有经历过战争和革命年代的人融入影像,真切体会当时的社会环境和青年人的心路历程,影片所弘扬的对理想的执著、对爱情的选择、对革命的信仰等都对当代青少年有着启迪意义。

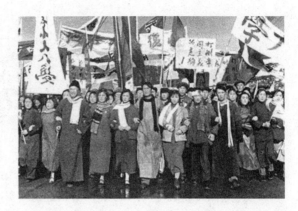

经典记忆

新中国成立初期拍摄的主旋律电影大多以军人、工人或农民为主角,很少有涉及知识分子的作品。《青春之歌》可谓开创风气之先,但也因此遭受巨大的压力。该片曾被批判为美化歌颂小资产阶级知识分子的影片,在审定和拍片中经历了一系列波折。但是,影片上映后大受欢迎,外表纤弱、内心坚强的"林道静"成为当时众多年轻影迷心中的偶像,谢芳一举成名,成为那个时代最受欢迎的女明星之一。

谢芳在片中的形象清新亮丽,一袭青袍红毛衣外加一条白围巾成为她的标志性装束。片中她领导学生进行游行抗议,奋不顾身爬上行进中的车子挥手呐喊已经成为人们心中的经典,后世表现革命青年学运斗争的影视剧中总能看到对《青春之歌》中的人物形象的模仿和再创造。

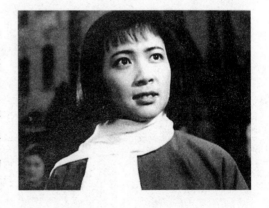

相关链接

1. 电影改编自杨沫的小说《青春之歌》——中国革命红色经典著作，情节真实感人，文笔流畅优美，时代色彩浓郁，人物形象栩栩如生，是一部长盛不衰的优秀青年读物。

2. 崔嵬，中国第二代电影导演、演员，原名崔景文，主演的影片有《宋景诗》、《老兵新传》、《红旗谱》，1962年获第1届中国大众电影百花奖最佳电影男演员奖。与陈怀皑合导的影片有《青春之歌》等。

3. 陈怀皑，中国第二代电影导演，原名郑衍贤。代表作有《平原作战》、《海霞》、《青春之歌》等。拍片中注重民族艺术传统，着重于塑造人物，强调意境，主张形式为内容服务，不追求新颖、花哨。除《青春之歌》外，他还和崔嵬合导的影片包括《北大荒人》、《野猪林》、《穆桂英大战洪州》、《平原作战》。1960年与崔嵬执导的京剧艺术片《杨门女将》获第1届大众电影百花奖最佳戏曲片奖。

（李国馨）

《甲午风云》：爱国魂不止的脉搏

长春电影制片厂，1962年上映

导演：林农　　**编剧**：希侬、叶楠、陈颖、李雄飞、杜梨

摄影：王启民　　**剪辑**：周莹箴

主演：李默然、浦克、王秋颖、李颉、庞学勤、周文彬

片长：95分钟

获奖：1983年第12届菲格拉达福兹国际电影节评委奖

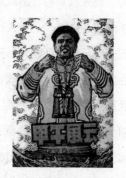

> 专家推荐
>
> 甲午海战是中国近代历史上具有里程碑意义的事件，拉开了鸦片战争的大幕，也开始了中国走向半封建半殖民地深渊的历史。这部影片全景展现了清代后期洋务运动大背景下，中日甲午海战的全过程。影片用当时号称亚洲吨位第一、全部军舰来自进口的北洋水师的惨败，说明洋枪洋炮救不了中国，只有先进的制度、先进的文化才能救中华民族。落后就要挨打，指的不仅是枪炮、经济的落后，更是制度、文化、社会的落后。尽管影片所表现的历史受到当时政治理念的影响未必完全符合史实，但这一主题即便放到今天，仍然具有深刻的现实意义。
>
> 影片表现了晚清时期，第一代向西方学习的中国军人飒爽英姿的形象。李默涵所扮演的邓世昌，成为中华民族虽死犹荣的英雄典范。代表了广大官兵和普通民众的爱国情怀，与清朝廷上下的腐败昏庸形成鲜明对比，体现了民族矛盾与阶级冲突相互交织的历史观念。影片最后，弹尽粮绝的"致远"号冲向日军旗舰"吉野"号，誓与敌人鱼死网破的气概，场面悲壮，令人唏嘘感怀。
>
> 影片在1960年代，堪称"大片"级作品。大量海战场面，惊险曲折、波澜壮阔，也体现了当时电影特技的最高水平。大场面与小细节的融合也处理得丝丝入扣。一些海军作战战法也引起了许多军事爱好者的关注和讨论。这既是一部优秀的历史片，也是一部优秀的海军题材的军事片。
>
> 清华大学新闻与传播学院教授　尹鸿

剧情简介

鸦片战争后，清政府摇摇欲坠。1894年，蓄谋侵华已久的日本帝国主义在中国领海肆意挑衅。北洋大臣李鸿章及亲信"济远"号管带方伯谦等极力主和。日寇击沉中国商船，百姓无辜受难，以"致远"号管带邓世昌为代表的爱国官兵和威海百姓坚决要求与日寇开战，但邓两次请战均遭李拒绝，并因揭露方伯谦而被革职。日寇不宣而战，民愤四起，李鸿章被迫起用邓世昌。在海战中，北洋水师右翼总兵刘步蟾贪生怕死，故意打错旗号（与历史不符），旗舰被日击沉。邓世昌率领"致远"号代替旗舰指挥出战，全舰官兵英勇作战，击中日军旗舰"吉野"号。战事愈发激烈，最后因弹绝作战形势非常不利，邓世昌决定撞沉敌舰"吉野"号，但不幸遭遇鱼雷，全舰官兵以身殉国。

影片解读

邓世昌"撞沉吉野！"的豪言壮语激荡了整整半个多世纪，响彻了大江南北，曾经让几代国人热血沸腾。而将此壮志情怀传递给人们的正是作为中国电影史上最杰出的经典之一的《甲午风云》。在这场以甲午海战为素材的气势恢弘的历史悲剧中，人民群众和爱国官兵反侵略、反投降的英勇斗争共同镌刻出了不折不挠的英雄群像，一曲气势磅礴的爱国主义颂歌直抵人心。

影片以历史事件甲午海战为素材，我们耳熟能详的邓世昌、李鸿章等历史人物与丰岛海战、黄海海战等历史事件均在影片中栩栩再现。彼时清政府的摇摇欲坠，日本帝国主义的蠢蠢欲动，李鸿章、方伯谦等求和派的软弱无能，邓世昌等爱国官兵与百姓的威武不屈……通过艺术的加工和创造，我们在课本中看到的文字和图片转化为具体、生动、可感的艺术形象。在这样一部历史片中，历史的横断面——它的一角一棱都跃然于银幕之上。

历史片所要承载的不止是历史的横断面，更是历史的厚度——驾于国族记忆之上的情感共鸣与精神诉求。电影创作作为一种对视听语言的综合运用,在其雕刻的时光之中、构造的虚无却实在可感的空间里,处处都镌刻着某种价值观与情感的烙印。《甲午风云》中这烙印

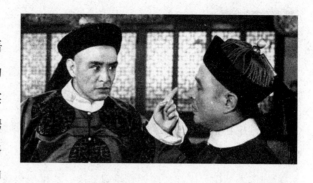

的纹纹细细亦是通过感染力极强的视听语言去打造的。影片开头悲壮激昂的音乐就将观者引入了一场气势恢弘的历史悲剧中,大到战争场面与历史情境的呈现,小到历史洪流中小人物的刻画,有张有驰,尽是历史的"真实"。影片中也不乏可奉为经典的精彩片段,比如在邓世昌遭到贬斥后弹拨琵琶曲《十面埋伏》抒发胸臆,恰到好处地把人物的深沉悲愤表达得淋漓尽致。片中演员表演纯熟而富有激情,台词字字入耳,铿锵有力,表演风格与影片情绪、基调完满契合——共同成就了影片明快、凝练的节奏与浓烈、深沉的艺术气质,浮刻出警示国耻与爱国豪情并重的历史厚度,锻造出历久弥新的浩然正气与悲壮力量。

影片中最让人印象深刻、有着巨大思想和艺术价值的是民族英雄邓世昌的形象。影片中邓世昌愿为百姓代写代奏万民折,义不容辞地主动请缨;海战中邓世昌率领"致远"号英勇作战;而在千钧一发的最后时刻,邓世昌毫不犹豫地撞沉敌舰以死报国,英雄业绩气壮山河。优秀话剧演员李默然的表演成功塑造了英雄邓世昌,敦厚伟岸的外形、刚毅深沉的气质、铿锵有力的表演使这位历史上杰出的爱国志士形象耸立于银幕之上。

这是一段被外敌蹂躏践踏的关于伤痕的时空记忆,当甲午之战将清政府与"天朝上国"的迷梦割裂开来,历史的宿命与时代的选择隐没于荡气回肠的悲剧长叹之中。这也更是一段可以带着永恒的乡愁去走近的壮怀岁月,人民群众与爱国官兵反侵略、反投降的爱国精神,不屈不挠的民族精神,这些化作不止的脉搏与翻腾的热血,让这个民族在不管平坦与颠簸的日子里,都生生不息。

经典记忆

"撞沉吉野！"

影片中作为一位民族英雄的形象的邓世昌主动请缨、英勇善战、气壮山河的英雄业绩是影片表现的重点。这句广为传颂的台词——"撞沉吉野！"配合以死报国等一系列行为动作，让观者深切感受到了这一英雄形象巨大的艺术价值与思想价值。

优秀话剧演员李默然成功地塑造了英雄邓世昌，使得邓世昌这一人物形象成为银幕经典与几代人的共同回忆。李鸿章的扮演者王秋颖曾在弥留之际，通过家人说要见李默然一眼。医院的过道是落地的透明窗户，王先生说了两句话"我走了"、"替我照顾家人"之后不久，就辞世了。家人随后跟李默然说，王先生在看到他走在过道的时候，说了句台词："谁在二堂喧哗？"李先生隔世把未完台词续："标下邓世昌。"2012年11月8日，李默然也离开了，"甲午风云仍激荡，可惜默然已远行"，"撞沉吉野！"的豪情将永远留在银幕之上，激励一代又一代国人。

相关链接

1. 因电影制作年代政治气氛的影响，影片多处虚构，诸多情节严重偏离事实。如刘步蟾并非贪生怕死之辈，实为民族英雄，1980年代之后史学界逐渐为其平反；与电影里西洋各国跟日本沆瀣一气的情节不同，事实上西洋各国并无偏袒日本等等——可通过查阅史料核实历史真相。

2. 李默然是著名的电影表演艺术家和话剧演员，他在话剧舞台上奉献了六十多部作品，《市委书记》、《报春花》曾给观众留下深刻的印象，又先后出演过七部电影，代表作有《甲午风云》、《兵临城下》、《走在战争前面》、《花园街五号》等。1986年，他被中国戏剧家协会授予话剧终身荣誉奖，曾任十五大代表，第六至九届全国政协委员、中国文学艺术联合委员会第五届理事、中国戏剧家协会名誉主席。

（金慧妍）

《花儿朵朵》：颗颗红心向太阳

北京电影制片厂，1962年上映

导演：谢添、陈方千

编剧：谢添、陈方千

摄影：李文化、陈国梁

剪辑：朱小勤

主演：刘沛、王人美

片长：80分钟

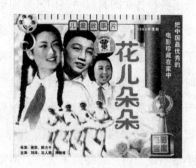

专家推荐

  《花儿朵朵》是一部经典儿童故事片，以一场儿童联欢会为主线，将小主人公的生活故事穿插其间，有条不紊。丰富多彩的文艺节目和儿童生活故事相结合，使影片气氛欢悦，既表现了他们出众的艺术才华，又表现了他们优秀的思想品质。

  导演谢添、陈方千对演员和儿童节目的选择颇为恰当。说话不紧不慢、从容平和的小舞台监督；憨厚的小舞台主任；慈眉善目的饲养员爷爷；小华清脆响亮的声音和明亮纯洁的眼神。富有情趣的木偶记、意境悠远的古筝表演、机趣的双簧表演等等，既能体现他们的演出水平，又富有儿童情趣。

  谢添曾说过，"我喜欢孩子，孩子们也喜欢我"。的确，该影片对广大儿童观众有很强的艺术感染力。他们积极、乐观、活泼、热情、乐于助人的优秀品质和热爱党、爱集体、爱祖国的思想觉悟，激发和鼓励中国当下青少年健康茁长成长，达到了"寓教于乐"的效果，是一部不可多得的优秀儿童电影。

南京大学戏剧影视艺术系教授　周安华

剧情简介

为了庆祝"六一"国际儿童节,孩子们自己组织、自己参演了一场联欢会,邀请了各行各业的叔叔阿姨们来参加他们的活动。方小华一早就去郊区公社接饲养员爷爷了。联欢会开幕的第一个节目就是由小华领唱的大合唱,由于他的未归,打乱了所有的节目安排。机智冷静的小舞台监督重新安排节目顺序。当小华即将回来的时候,节目已演完,小舞台监督急中生智,和小舞台主任上台临时垫了一个风趣的节目,使演出顺利进行。小华和饲养员爷爷回来了,饲养员爷爷即兴编了一首歌,把他们在途中遇到的事情唱了出来。原来一辆货车倒在铁道上,火车即将通过,小华不顾一切,最终拦下火车,避免了事故的发生。大家为小华的英勇行为热烈鼓掌,最后由小华领唱大合唱结束。

影片解读

《花儿朵朵》作为一部优秀的儿童影片,在半个世纪后的今天,仍时常为人所忆起。片中主题曲《花儿朵朵向太阳》,至今仍伴随着孩子们的成长。这首歌旋律优美,歌词健康向上,热情洋溢。影片拍摄于1962年,当时中国正值三年自然灾难时期,国家出现严重的经济困难和物质短缺。影片反映的是在这样一个特殊困难时期祖国的"花朵"是如何昂扬向前度过磨难,展现了他们积极奋发向上的精神状态。

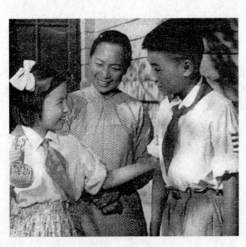

谢添认为,只有爱孩子才能想办法教育孩子,他常常怀着一颗赤子之心,热爱着代表"明天"的孩子们。他深感孩子们可看的东西太少了,决心要用电影来为小朋友们服务;并常常以同辈人的身份去熟悉他们,观

察他们，表现他们。他熟悉儿童，掌握了儿童的心理特点。同时也喜欢各种艺术形式，经常观摩杂技、木偶戏、双簧等等，这些艺术形式为他创作该片提供了丰富的素材和灵感。所以，该影片才能深入浅出，引人入胜，富有童趣，为广大观众所喜闻乐见。

该片是一部寓教于乐的儿童故事片，影片别出心裁，生动活泼，轻快明朗。节目的编排烘托了影片热情洋溢的氛围：吉庆有余的喜庆景象，优雅的体操表演，身怀绝技的杂技表演，天籁般的笛子独奏，京剧《闹龙宫》，民乐合奏《金蛇狂舞》，优美和谐的多声部童声合唱。此外，片中儿童节目的编排也很有教育意义。学龄前儿童上演的《乘客之家》反映出尊老爱幼的优秀品质和尽职尽责的职业道德；木偶记——自作聪明的小猫等节目，让小观众在酣畅的笑声中受到启发和教育。最后，小华的英勇事迹感动了大家。他站在合唱队中精神焕发地领唱着《花儿朵朵向太阳》。

这首经典儿童歌曲在影片中出现了两次，一次是在影片开头，小华正在练习合唱歌曲，一次是在片尾，小华领唱大合唱："朵朵花儿向太阳，颗颗红心向着党，红色少年的心头，长上了红色的翅膀，准备着，准备着，时刻准备着！奔向那祖国需要的地方……"歌词更进一步表现了孩子们从小立大志，为党、为祖国、为共产主义奉献一切力量的坚定决心。导演非常注重对细节的把握，其中，让人印象最深刻的一个细节就是小华的弟弟将吃完的红色和蓝色糖纸放在眼前，看到舞台上的体操演员变成红色和蓝色的，让人感触颇深，因为几乎所有的孩子儿时都曾有过这样的经历。

孩提时代的他们，伴随着新中国的成长，曲折而艰辛。时光荏苒，岁月如梭，如今他们有的或许已经逝世，或许年逾花甲。但他们都曾经是祖国怒放的花朵，在新中国最艰难的时期乐观坚强地面对困难。相比他们，我们现在更应该向他们学习，学习他们健康向上的生活态度和积极进取的人生追求。

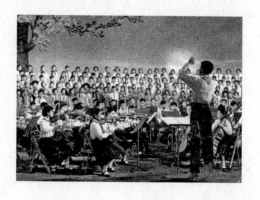

经典记忆

电影主题歌《花儿朵朵向太阳》歌词（节选）

你看那，万里东风浩浩荡荡，万里东风浩浩荡荡；

你看那，漫山遍野处处春光，漫山遍野处处春光，青山点头，河水笑，万紫千红百花齐放。

春风吹，春雨洒，娇艳的鲜花吐着芬芳；抬起头，挺起腰，张开笑脸迎太阳。

花儿离不开土壤，啊……鱼儿离不开海洋，啊……少年儿童千千万，离不开亲爱的领袖，离不开亲爱的党。

朵朵花儿向太阳，颗颗红心向着党。红色少年的心头，长上了红色的翅膀。

准备着，准备着，时刻准备着！奔向那祖国需要的地方。

相关链接

谢添，中国著名演员、导演。他的影片既有新奇独到之处，又能为广大观众所喜闻乐见。经常吸收和借鉴多种艺术形式，其作品风格多样，感情真挚，富于幽默感。1962年以来，谢添与陈方千合作编导了三部儿童片《花儿朵朵》、《小铃铛》和《三朵小红花》。此外，还有代表影片《水上春秋》、《七品芝麻官》、《茶馆》等。

（尚 艳）

《小兵张嘎》：雕琢磨炼成英杰

北京电影制片厂，1963年上映

导演：崔嵬、欧阳红樱

原著：徐光耀　**编剧**：徐光耀

摄影：聂晶　**剪辑**：傅正义

主演：安吉斯、张莹、葛存壮、吴克勤

片长：101分钟

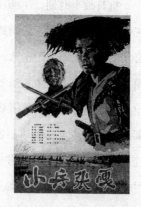

专家推荐

　　《小兵张嘎》既是一首意蕴悠长的诗歌，也是一部个性分明的人物自传，更是一次令人回味无穷的故事旅程。导演崔嵬选择演员是精准的，嘎子的扮演者安吉斯生动精准地传达了人物性格的精髓，葛存壮、张莹等一批老艺术家的表演也同样无懈可击。不同于其他红色电影注重叙述紧张复杂剧情的特点，《小兵张嘎》更多地关注剧中人物的性格本身，情节的设计是为了凸显"嘎子"性格的发展。毕竟，这部影片的本质是一部塑造人物的电影。

　　关注人物，并非不关注剧情的发展，导演在处理剧情与人物的关系时，采用了"以事载人，以人行事"的表现手法。用"得到一只手枪"作为全片的主线索贯穿始终，人物的转变与"得到一只手枪"的进程相互照应，互为隐喻。"枪"是嘎子的性格替代物，嘎子也同时是"枪"的叙述推动者。

　　导演在片中的美学探索也是耐人寻味的，对白洋淀风情的长镜头描写，对葛存壮饰演的鬼子面部夸张变形的特写，对军民之间其乐融融的感情的体现……无不显示出导演对于影片的精雕细琢，也正是因此，《小兵张嘎》成为一部经久不衰的经典，"嘎子"生动顽皮却又坚强不屈的形象流传至今。

武汉大学艺术学系教授　彭万荣

剧情简介

抗日战争时期,生活在白洋淀的少年张嘎一家掩护八路军侦察连钟连长养伤,鬼子扫荡村庄,嘎子的奶奶因掩护八路军被鬼子杀害,钟连长也被鬼子抓走,报仇心切的嘎子想加入游击队,他急切地想搞到一把枪去报仇。为了搞到一把真枪,他错把游击队排长罗金宝当做汉奸,却深得罗金宝赏识。嘎子缴获了鬼子翻译官的手枪,却因争取翻译官的需要不得不归还,因此嘎子受了委屈,闹了情绪,同伙伴打架,闹了不少出格的事。在一次战斗中,嘎子缴获了一把真枪,却因此负伤只能在老乡家养伤。为了保住这把枪,他偷偷地把枪藏进树上的老鸹窝里。攻打敌军时,他偷偷从后方跑进城侦查,却因此被捕。面对鬼子的审问,嘎子坚强不屈,并设法逃出,配合游击队拔掉岗楼,救出钟连长。嘎子将手枪上交,区队长也正式接收他为游击队侦察员,并把这把枪奖励给他使用。

影片解读

《小兵张嘎》是一部独特的电影,至少在那个年代是独特的。导演崔嵬在完成一次电影宣传教育任务的同时,也完成了一次自己的美学探索。"白洋淀"与"手枪",是影片中出现的最值得寻味的两个意象。

电影开始的字幕部分配合的影像正是白洋淀的自然风光,全片的基调也因此奠定了。白洋淀的自然风光赋予影片"自由"、"光明"、"广阔"的特性,这种特性与影片的内容是一致的,也与主人公"嘎子"的个人性格以及人生成长是一致的。

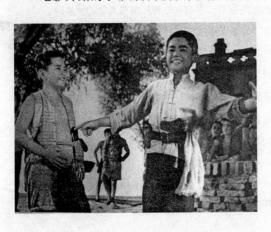

说到主人公"嘎子",不得不佩服导演崔嵬的匠心独运。电影的情节是曲折有趣的,但归根结底,

这是一部写"人"的电影，是在特殊时代下对人性的挖掘。电影中主人公"嘎子"的故事和经历，也正是一部嘎子的"心智成长史"。"嘎子"的命运轨迹和他的心智特点紧紧相随、相互呼应。奶奶被杀时，他是个只知道报仇、一腔热血的小莽夫；命他归还翻译官的手枪时，他是一个不识大局的倔强鬼；他也绝不是省油的灯，和伙伴打架，堵伙伴家的烟囱。这些情节不仅增添了电影本身的趣味，也对嘎子的个性做了全方面的描写，暗中告诉观众："他是个渴望参加战斗的好少年，可他的心智还是毛躁而不成熟的。"

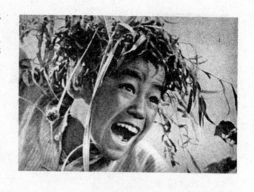

"枪"是电影中另外一个核心意象。嘎子的一切行动都是围绕着"要搞到一把枪"进行的。枪在电影中不仅是故事进行的重要线索，也和嘎子的成长互为"隐喻"，枪实则隐喻着"一名合格的游击队员"。在嘎子没有正式地拥有一把枪时，他实际上也就不是一名真正合格的游击队员。嘎子在对"枪"的追逐过程中，完成了自己的历练，也重新认识了"枪"对于自己的意义。嘎子最终虽然将"枪"上交给了组织，但实际上"枪"的真正意义已经收获了。导演最终也不愿委屈了这位倔强的少年，仍然把"枪"交给他使用。

"枪"究竟代表了什么，是"个人英雄主义"还是"游击队员的标志"？这都是值得观众去思索的。由于"枪"作为一个主要的意象与线索，全片既显得"意外有意"又"干净利索"。在完成一次革命成长的故事叙述之时，也完成了一次对人格心智的思索，一个经久不衰的经典人物"嘎子"的塑造。人、枪、故事三者间的配合堪称完美。

从电影的美学风格看，崔嵬仍然延续了其一贯的创作风格。全片的线条是浓郁粗犷的，但是对人物内心的关怀丝毫不少；全片给人的感受是直接而真诚的，无论是翻译官的台词"老子在城里吃馆子都不交钱……"，或是嘎子与敌人在水中扭打的直接描写，无不反映出导演崔嵬激情洋溢、真诚鲜活的创作态度。正因如此，《小兵张嘎》才成为一部让不同时代观众都产生共鸣的经典之作。

经典记忆

翻译官:"甭说吃你几个破西瓜,老子在城里吃馆子都不交钱。"

嘎子:"别看今天闹得欢,就怕以后拉清单。"

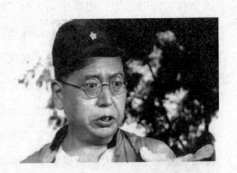

相关链接

电影改编自徐光耀的同名小说,同时被崔嵬与欧阳红樱两位导演看中,最终两人决定合拍。徐光耀是当代著名作家,曾以小说《平原烈火》、《小兵张嘎》等享誉文坛。1957年,他被打成右派,下放到河北保定一个农场接受劳动改造,过着相当郁闷的日子。但也正是在保定,《小兵张嘎》诞生了。

(王雪璞)

《宝葫芦的秘密》：黄粱一梦知奋进

上海天马电影制片厂，1963年上映

导演：杨小仲

原著：张天翼

编剧：杨小仲、殷子、蒋天流

摄影：石凤歧

美术：王月白

剪辑：周国柱

主演：徐方、茂路、张宁、温和

片长：68分钟

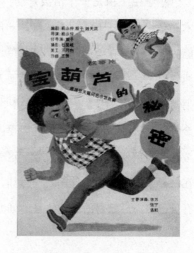

专家推荐

　　这是中国的"匹诺曹"的故事，但主角不是那个鼻子会长长的木头人，而是好强、马虎、喜欢踢足球的小学生王葆。这也是中国五十年前拍摄的"魔法电影"，但王葆可不是骑扫把的哈利·波特，宝葫芦也不是神奇的魔法棒，而更像是可恶的"伏地魔"。影片用寓言故事的结构和元素，讲述了发生在淘气包王葆梦中的魔幻故事。

　　作品巧妙地使用了梦来结构影片，让影片中不可能在真实生活中出现的情景，变得自然而合理。其实，王葆期望不劳而获的美梦在现实生活中也是许多同学脑子里的想法。擅长拍儿童片的杨小仲导演把这个具有普遍性的心理活动，通过主人公的梦境展现出来，既有现实意义，也具有生动的教育意义。在拍摄上，摄影师利用多次曝光、停机再拍等特技摄影的手法创造出葫芦变老头的魔幻情景，把宝葫芦的形象人物化，通过真人与动画形象的互动演出创造出既新奇又真实的银幕世界。

北京电影学院电影学系教授　吴冠平

剧情简介

小学生王葆是一个活泼好动、富于幻想的儿童，经常受奶奶照顾，讨厌做算术，喜欢逞强，干活却不认真。一日在学校受挫后，他祈祷自己能够既不费力气又能优秀，于是在湖边钓到了宝葫芦。变成了老仙人的宝葫芦说可以将王葆想要的东西变出来，代价是不可以告诉其他人。得到葫芦后，王葆虽然得到了想要的鱼、图书馆的《科学画报》、精细的模型，但是，随之而来的是小伙伴们对于湖里为何有金鱼、丢失的《科学画报》在哪里、模型为何没法重新装起来的质疑。最后在数学考试时葫芦变来了别人的试卷，这时王葆才发现宝葫芦只能将已有的东西变过来。在抛弃了宝葫芦后，伴随一声爆炸，王葆惊醒，原来只是一场梦。王葆认识到，只有自己努力后获得的成就才是最可贵的。

影片解读

诞生于1963年的儿童电影《宝葫芦的秘密》伴随了几代人的成长。影片改编自儿童文学家张天翼的同名小说。主人公王葆突破了时代的束缚，将几代人儿时的幻想活灵活现地呈现在了大银幕上，将孩子希望获得成功但是又不想努力的心态表现了出来。

拥有一件可以实现一切愿望的宝贝在各国的传说中都有出现。例如，《天方夜谭》中阿拉丁与神灯的故事，神灯中的灯神可以实现任意愿望；神笔马良可以靠一根毛笔画出想要的东西；歌德所著的文学经典《浮士德》中，浮士德博士甚至不惜将灵魂交予魔鬼来获得满足一切需求的能力。这反映出了人类对于幸福的渴求，也反映出了人性根本的懒惰——想不努力便获得成功，轻轻松松过上好日子。

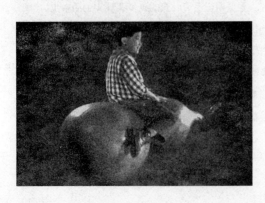

原作者张天翼曾说过，儿童文学作品"要让孩子们看了能够得到一些益处，例如使孩子们能在思想方面和情操方面受到好的影响和教育，在他们的行为和习惯方面或是性格品质的发展和形成方面受到好的影响和教育等等"[1]。创作于1956年的《宝葫芦的秘密》是张天翼最后一部中篇童话作品，也是他儿童文学创作的巅峰之作。对于这部作品，他说"我正是要批判那种总想不劳而获的错误思想"[2]。他将这种思想具象化为宝葫芦的形象，并以其带来的糟糕结局说明了不劳而获是没有好下场的。

片中，宝葫芦最早出现在奶奶跟妹妹讲的故事中，如何让一个幻想形象出现在现实中是一个问题。影片中，采用了类似"黄粱一梦"的结构，将宝葫芦的故事嵌入主人公王葆的梦中。剔除掉梦境部分，剧情便是王葆做数学题时睡着，醒来后决定跟小伙伴们一起去做功课。葫芦的故事发生在梦中，也从侧面反映了这是王葆最初的愿望，而愿望的破裂也让王葆认识到了努力的重要性。

与王葆个人成长相伴的是故事的另一条线，即何为友情。王葆一开始以为只有自己比别人优秀，其他人才会看得起他，才能实现自己的价值。但是之后发现，大伙会因为他肚子疼而关心他，会在他被误会偷人试卷的时候说"我们不相信你会做这样的事，只要说清楚就好了"。醒来后，大伙一起来到他家，要和他一起温习数学课，此时将最喜欢吃的糖糕分给大家的王葆认识到，互相帮助才是友情的真谛。

这部只有68分钟的电影，在今天看来时间略微有些短。但是，影片精湛的叙事技巧使人丝毫不觉故事有讲述得不清楚的地方。小演员们出色的表演更是引人注目。王葆一上来大喊"我来了，你们别再想踢进一个球"时虽然充满自信，但眉目间却有一丝犹豫。大伙凑一起时讨论王葆脾气大，周围几位同学的表情各具特色，有的愁心、有的埋怨、有的戏谑、有的乐观，不同的性格特征使得同学的形象活灵活现起来。演员们自然的表演即使放在今日看，依旧具有强大的吸引力。

作为1963年的电影，片中的特效场景达到了当时的领先水平。采用了许多叠化（两个不同的画面相叠）、动画、模型特技的技巧表现宝葫芦的法力和王葆的幻想。比如，王葆在看数学题时，几个数字跳来跳去的动画，就是手绘后又与实拍（摄影机拍摄）画面叠化的；宝葫芦的形象也是通过数字"8"的变形首次出现在

---

[1] 转引自朱立芳：《〈宝葫芦的秘密〉主题得失谈》，《电影文学》2012年08期。
[2] 同上。

观众的眼前；湖中一股水柱将葫芦推出水面的特技更是被2007年的同名翻拍电影借鉴，成为经典。

经典记忆

　　我要走在他们前头，我要胜过大家。语文优秀，算术争五分，我要为集体干很多事，做个光荣的人。最好不要费力气。

这句台词出现在王葆获得宝葫芦之前。短短几句话体现了一个小孩子最纯真的愿望，不希望比别人差、希望学习优秀，但同时也希望对集体有贡献，做一个光荣的、受大家爱戴的人。而最后一句"最好不要费力气"则将小孩子稚嫩的渴望表现得淋漓尽致，也为之后王葆的成长留下了伏笔与空间。

相关链接

1. 电影于2007年被改编为同名电影。受到迪斯尼公司的注资，"07版"的《宝葫芦的秘密》加入了许多电脑特效。剧中的宝葫芦更具有人性，与王葆的关系也变得偏向于朋友。最终，王葆依旧是离开了宝葫芦的帮助，靠自己的努力取得了游泳大赛的冠军。
2. 杨小仲，原名杨保泰，艺名羼提生，中国最早的电影编导之一。1920年他为中国影戏研究社改编的剧本、次年由商务印书馆活动影戏部摄成的影片《阎瑞生》，是中国最早的一部长故事片。1925年开始独立拍片，执导的第一部影片是《醉乡遗恨》。代表作《孙悟空三打白骨精》与俞仲英合作导演，充分发挥电影艺术的特长，使影片出神入化地表现了人妖变幻、神鬼斗法的神话情节，塑造了一个机智勇敢、善辨真伪、顽强乐观的孙悟空（六龄童饰）的神话英雄形象。影片上映后受到观众的热烈欢迎和周恩来总理的赞扬。《宝葫芦的秘密》是其生平最后一部电影。

（高　原）

《雷锋》：平凡岗位上的优秀战士

八一电影制片厂，1964年上映

导演：董兆琪

编剧：丁洪、陆柱国、崔家骏、冯毅夫

摄影：李尔康

剪辑：薛蕴华

主演：董金棠、杨贵发、党同义、于纯棉

片长：77分钟

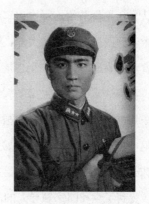

专家推荐

　　《雷锋》是新中国电影创作中第一部以当代人物的真人、真事和真名拍摄的英模人物传记片，故具有特殊的意义。自1963年毛泽东主席题词"向雷锋同志学习"后，雷锋便成为全国人民的学习榜样；而拍摄这部传记片就是为了更广泛地传播雷锋的先进事迹，弘扬雷锋精神。由于雷锋没有轰轰烈烈的英雄壮举，其先进事迹都体现在日常平凡的生活小事上；而传记片拍摄又不能随意虚构，所以创作的难度较大。影片选择了几件雷锋助人为乐的"好人好事"作为基本的故事情节，并以他学习毛主席著作后不断提高思想觉悟，决心一辈子全心全意为人民服务作为表现人物成长的内在线索。同时，编导在叙事中又通过一系列动人的生活细节，从多方面描写了雷锋纯真善良、积极上进、善于思考、无私奉献的精神品格，由此展现了其独特的人格魅力。尽管影片带有当时的时代印痕，但雷锋这一银幕形象仍具有较强的艺术感染力。

复旦大学中文系教授　周斌

剧情简介

20世纪50年代末,雷锋从"鞍钢"入伍,成为沈阳军区某部一名汽车兵。他工作认真,勤俭节约,每次出车都要带回一些在外面拾到的废弃零件。一次,他从广播中听到国民党要反攻大陆,于是急忙去找指导员请战。指导员却用毛主席的文章教育他,在平凡的岗位上也能为人民服务,并送给他一套《毛泽东选集》。从此之后,雷锋认真学习毛主席的教导,从身边的小事做起,不为名利、不计个人得失,把一切出发点都围绕在党和国家、人民的利益上。他利用周末去工地做义务劳动、风雨中护送老大娘回家、参加少年队员的义务植树活动、替战友为家里寄钱、自己的袜子补了又补却把全部积蓄捐给灾区……在一次意外的事故中,雷锋不幸殉职牺牲,受到了党和国家领导人的高度评价。

影片解读

1963年3月5日,毛泽东主席向全国人民发出了"向雷锋同志学习"的号召,并亲自题词。不久之后,八一电影制片厂根据雷锋事迹拍摄的电影《雷锋》公映,在全国引起了热烈的响应,他乐于助人、毫不利己的精神成为影响一代代中国人的思想火炬。雷锋同志有很多感人事迹为人们所熟悉,电影选取了其中几个有代表性的片段,通过朴素地再现,对他的形象进行了近距离的生动写照,从而产生了极具感染力的艺术效果。

在影片中,观众可以看出雷锋同志做好事的动力主要来源于两个方面:一是他的穷苦出身。电影以插叙的方式,通过雷锋向少先队员讲故事的情节,回忆了他悲惨的童年生活:父母和兄弟都在旧社会死去,他成了孤儿,是新中国给了他一个新的家。所以,他要把全部的心血都投入到新中国的建设中去。二是学习毛主席著作给他带来的力量。毛主席为张思德写的《为人民服务》的文章使雷锋深刻认识到在平凡的岗位上也能做出伟大的成绩。所以,他从一点一滴做起,从身边事做起,养成了乐于助人的习惯。通过这一内一外两个事件,人们可以清晰地认识到雷锋是在新中国的条件下和毛主席思想感召下成长起来的英模人物。时代改变了个人的命运,而个人的努力也对时代的发展作出了贡献。

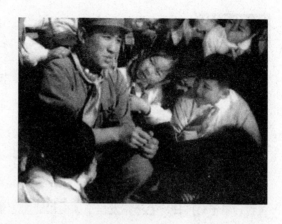

电影在表现雷锋做好事的行为的时候,着重通过"毫不利己"和"专门利人"两个方面的对比,使人物的高尚品质更加突出。一方面,雷锋自己的生活非常勤俭,他从来不花钱买饮料喝,一双袜子补了又补,都成了千层底了,也舍不得换新的。在别人看来,这是"小气"的表现,但是他毫不在意。在另外一方面,他对别人的困难却总是热情帮助、慷慨解囊,周末时间带病去工地义务劳动,大雨天送老大娘回家,替同班战士给家里寄钱,将所有的积蓄捐献给灾区……与此同时,电影还着重刻画了雷锋在做好事时"不留名"的特点,无数人都认识他的身影,却不知道他的名字。电影正是用生活中一个个具有鲜明对比性的细节事件,烘托出了雷锋同志平凡生活中不平凡的品格。

电影在从正面塑造雷锋形象的同时,还善于从侧面描写,通过其他人的行为特点和思想变化来强调雷锋精神的伟大。其中一个重要人物便是同班战士王大力,最初他的性格是爱玩耍、乱花钱、做事只为自己着想,但是看到雷锋常常做好事,他的思想意识也开始发生了转变,在周末为全班战士洗衣服,还送给雷锋一双新袜子。到了故事结尾处,影片没有直接表现雷锋牺牲时的情景,而是通过王大力英勇抗洪和帮助他人的行为,从侧面表现了雷锋精神的影响力:他虽然死去,但是他的精神永存,并被一代代人弘扬。

由此可见,电影《雷锋》善于从细处入手,运用对比和侧面烘托的手法,塑造了雷锋同志普通而又伟大的形象,再加上抒情性浓厚的音乐,与雷锋发自内心做的一系列好事相配合,营造了极为感人的氛围。时至今日,我们仍然能够从影片中看到那个时代人们积极向上的精神面貌和雷锋同志的人格魅力。

经典记忆

电影片尾曲《学习雷锋好榜样》歌词（节选）
学习雷锋好榜样，忠于革命忠于党，
爱憎分明不忘本，立场坚定斗志强，
立场坚定斗志强。

1963年3月5日，毛泽东发出了"向雷锋同志学习"的号召，当天各大报纸的头版都进行了刊登。当晚在天安门前还有一个游行活动，战友文工团的同志们认为在游行时需要一首歌曲。于是，便由作曲家生茂和词作家洪源二人负责，利用一个中午的时间便创作出来，并迅速成为全国人民热烈传唱的歌曲。这首歌也被用在电影《雷锋》的结尾处，对雷锋精神进行了升华。

相关链接

1. 雷锋，原名雷正兴，1940年出生在湖南省长沙市望城区一个贫苦农民家庭，7岁时沦为孤儿。1949年8月，湖南长沙望城解放，雷锋结束了痛苦的生活，他参加儿童团，进小学读书，并第一批加入了中国共产主义少年先锋队。1956年，雷锋小学毕业后参加了工作，先后在乡政府当通讯员和中共望城县委当公务员。1958年11月，到鞍钢参加工业建设。1960年1月8日，雷锋应征入伍，同年11月加入中国共产党。1962年8月15日，因公殉职，年仅22岁。
2. 毛泽东同志于1963年3月5日亲笔题词"向雷锋同志学习"，周恩来把雷锋精神概括为"憎爱分明的阶级立场，言行一致的革命精神，公而忘私的共产主义风格，奋不顾身的无产阶级斗志"。我国把3月5日定为"学雷锋纪念日"。

（陈　鹏）

《英雄儿女》：英雄的祭典

长春电影制片厂，1964年上映

导演：武兆堤

原著：巴金

编剧：毛烽、武兆堤

摄影：舒笑言

剪辑：祖述志

主演：刘世龙、刘尚娴、田方

片长：110分钟

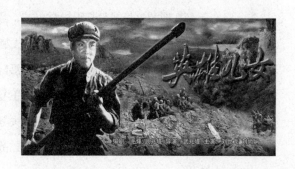

专家推荐

  《英雄儿女》是英雄的赞歌，也是英雄的祭典。志愿军战士王成铁骨柔情，对战友和朝鲜人民爱护有加，而作战的时候却勇猛顽强，哪怕战场上只剩下自己一个人，依然毫不畏惧，最后选择了与敌人同归于尽。如果说王成的故事展现了一种远远超出普通人之上的无畏精神和崇高信念，电影的后半部分则毫无保留地歌颂了这种向死而生的英雄气概。大段的歌唱和抒情的段落，结合着硝烟弥漫的战场和肃穆的人群，使整部电影成为一个盛大的仪式，向英雄表达崇拜和赞美之情。其主题曲《英雄赞歌》的庄严和优美，极具感染力。这部电影和这首歌一起成为一个时代的经典。

  或许这部电影所宣扬的军人的牺牲精神离和平时代里的普通人已经相当遥远，但是不畏牺牲的悲壮情怀依然能够打动我们。而其他人物，如父亲一般慈爱的王政委、天真活泼的王芳、一门心思上战场杀敌的小刘等等，也都各有特色，他们之间温暖的情感，为这部战争题材的电影增加了不少人情味，颇能打动人心。

北京大学艺术学院教授　李道新

剧情简介

志愿军战士王成伤未痊愈就回到了前线，不顾团长的反对，坚决要求马上投入战斗。坚守无名高地的这场战役打得异常艰苦，敌人炮火猛烈、援军无法到达，王成高喊着"向我开炮"，与敌人同归于尽。王成牺牲之后，王芳将他的事迹改编成歌词，在全军中传唱。王芳自己在一次深入前沿阵地的宣传中英勇负伤。祖国人民慰问团来到了朝鲜，其中就有王成兄妹的父亲王复标。王东政委这时候终于道出了实情，原来，王芳正是他在上海做地下工作时失散多年的女儿。两位父亲都鼓励王芳向王成学习。此时，王成的精神鼓舞了全军，战士们举着"王成排"的旗帜，忘我地投入了战斗。

影片解读

"烽烟滚滚唱英雄……"只要听到前奏和开头，相信很多上了年纪的人都能动情地哼唱出接下来的词曲。以其为主题曲的电影《英雄儿女》，虽然"文革"中一度成为禁片，但是在很长的时间里，它依然作为人们可以接触到的不多的精神文化产品之一，被反复播放和欣赏，已经成为凝缩了时代精神的经典，深深地融入了一代人的记忆之中。

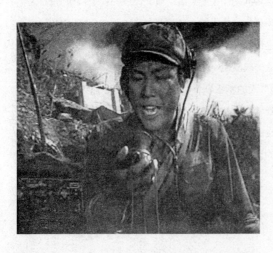

这部电影不光讲述了一个英雄的故事，还讲述了一个祭奠英雄、塑造英雄和崇拜英雄的故事。主人公王成是一个近乎完美的人物，他出身贫苦工人家庭，爱护同志和家人，关心朝鲜平民，在美军轰炸时忘我地保护他们隐蔽。更重要的是，作为一名光荣的志愿军战士，他作战英勇，即使是受了伤，心里依然念念不忘前线的战斗，伤未痊愈就迫不及待地请求上战场，最后高喊着"为了胜利，立即向我开炮"，与敌人同归于尽。王成毫不吝惜地贡献出了年轻的生命，面对死亡，没有一丝一毫的犹豫。这样的精神，是生活在和平环境中的我们无法想象和无法体会的。但是在当时，像王成这样的战士的确不在少数。在巴金的原著中，王成并不是主要人物，为了使这个角色更加丰满，这部电影的编剧毛烽，从战地报道《志愿军一日》的真人真事中获得了灵感，于是王成这个人物在融合了不同人物原型之后诞生了。

20世纪50至60年代，中国电影中出现了很多像王成这样的革命英雄。他们对共产主义有着坚定的信仰，为了这一信念，连普通人最为恐惧的死亡，对于他们来说，也并不意味着生命的终结，而是必要的牺牲，能够为全中国、全世界现在的和未来的人们带来最终的福祉；而且个人作为革命事业中的一员，是和其他人密切相连的，所以个人生命的消失并不可怕，个人的精神、理想能够通过其他人延续下去。王成所体现的，正是英雄主义的精髓——全心全意地相信一个崇高目标，并愿意为此付出最宝贵的生命。英雄似乎就是为了一个崇高的目标而诞生的，没有了高于生命的崇高目标，一个人只能成为普通人，而不是英雄。

但是，这部电影并不仅仅讲述王成的英雄故事，而是更多地表现了王成牺牲之后，战友们对他的赞美和歌颂。得知哥哥壮烈牺牲，王芳流下了伤心的眼泪，但她很快便擦干眼泪，饱含着深情谱写了赞美王成的歌曲《英雄赞歌》。慷慨激昂的演唱，配合着王成牺牲时刻的滚滚硝烟，以及静静聆听的肃穆人群，更让人感受到王成牺牲之壮烈。随后，全军之中展开了向王成学习的运动。王芳与文工团的战友一起深入前线，用多种多样的文艺方式慰问紧张杀敌的战士们，在一次演出中，她为了掩护战友而英勇负伤。王政委的警卫员小刘也决心向王成学习，在他的请求之下，王政委终于同

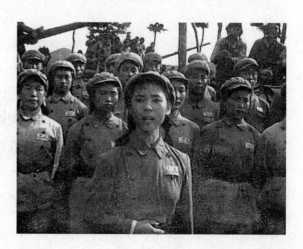

意他奔赴前线，在冲锋的时候，小刘冲在最前面，让战友们踏着自己的肩膀越过铁丝网，实现了向王成学习的决心。最后，战士们高举着"王成排"的旗帜，赢得了胜利，并把这面旗帜插到了敌人的阵地上。这些事实表明，王成虽然已经牺牲，但他已经被他的战友们深深铭记；他的精神，也在他的战友中得到了继承和延续。所以，这部电影不仅是英雄的传说，更是英雄的祭奠。虽然英雄王成在电影开始不久就英勇牺牲了，但他以另一种方式获得了永生。大段的抒情和歌唱，使这部电影成为一个盛大的仪式，向王成所代表的英雄主义表达了崇敬之情。

这种以牺牲生命为最高表现形式的英雄主义，今天已经离我们相当遥远——有人说今天是一个没有英雄的时代。实际上，每个社会都需要自己的英雄。当今的英雄是商业巨子和科技英才，他们通过自己的努力获得了成功，掌握着对于现代社会来说至关重要的财富和技术，不仅为自己带来了名利，也造福社会，因此成为当代青年人的精神导师和偶像。今天人们依然在崇拜英雄。

经典记忆

电影主题歌《英雄赞歌》歌词（节选）

烽烟滚滚唱英雄，四面青山侧耳听，侧耳听。

青天响雷敲金鼓，大海扬波作和声；

人民战士驱虎豹，舍生忘死保和平。

为什么战旗美如画，英雄的鲜血染红了她；

为什么大地春常在，英雄的生命开鲜花。

《英雄赞歌》由著名诗人公木作词，作曲家刘炽作曲。由于词曲优美而富有感染力，在以后的几十年中一直流传于大众口中，我们的父辈人当中，几乎没有人不会唱这首歌。这首歌的曲调庄严、缓慢，歌词也十分优美，尤其是合唱部分，十分富有感染力，与电影画面和情节融合在一起，更能产生激动人心的力量，至今仍然是老一辈人难以忘怀的红色记忆。

"为了胜利,向我开炮!"

王成在牺牲之前大喊:"为了胜利,向我开炮!"这句台词在那个崇拜英雄的年代里不知感染了多少人,而这一情节是有现实原型的。正是在战地报道《志愿军一日》中,电影制作者发现了蒋庆泉、于树昌等真实的"王成",只不过蒋庆泉并没有牺牲,而是被俘。回到祖国后,他默默地在辽西乡村生活了半个多世纪,谁也不知道,他正是家喻户晓的英雄王成的原型之一。

相关链接

1. 这部电影是根据巴金的小说《团圆》改编的。1952年,巴金和其他16名作家奔赴朝鲜,一路观察、采访,深为志愿军英勇奋战的无畏精神所感动。1961年,经过长期酝酿,巴金写出了小说《团圆》,时任文化部副部长夏衍读后深为感动,责成长春电影制片厂将其改编为电影。

2. 扮演王政委的田方,1931年就开始了电影生涯,在《红羊豪侠传》、《壮志凌云》等著名影片中担任主要演员。抗战爆发后奔赴延安,出演多部话剧。1945年和1949年,先后参加东北电影制片厂和北京电影制片厂筹建工作。新中国成立后,在担任艺术领导工作之余,先后出演了《革命家庭》、《风从东方来》和《英雄儿女》,以娴熟的演技塑造了多个各具特色的银幕形象。他的妻子于蓝同样是著名电影演员,他们的儿子田壮壮则是1980年代以后第五代导演的中坚人物。

(张隽隽)

《大浪淘沙》：淘尽千古英雄

珠海电影制片厂，1966年上映

导演：伊琳

编剧：朱道南、于炳坤、伊琳

摄影：刘锦棠

剪辑：谭庆龙

主演：于洋、简瑞超、杜熊文、刘冠雄、史进、王蓓、林岚

片长：120分钟

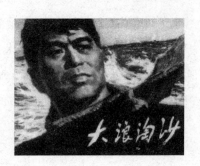

专家推荐

"文革"之后，人们憧憬着新的充满希望的生活，亟须一部让人耳目一新的作品。于是，这部遭雪藏十多年的《大浪淘沙》，终于被淘成了金。该片在1977年全国公映时，立即成为当时最卖座的电影之一。这是一部关于理想、选择和坚持的故事，故事里有彷徨，有绝望，更有希望。里面有着各种各样性格的青年：愤懑决绝的靳恭绶，淳朴包容的顾达明，伤感多才的杨如宽，纯情热烈的刘芬，甚至是为名卖友的余宏奎。他们都不同，他们都相同，不同的是人生理想，相同的是他们都不安于现状，都在求变。

人生是不断的选择，更重要的是，人生只有一次。如何过才更有意义，这是每个人都应该思考的问题。那时的青年面临的是大革命洪流中自己的人生该往何处去，当今的我们面临的是，在和平年代里纷繁的世界中如何找到自己的人生目标和信念。没有了硝烟，不代表不需要战斗。时代变了，但不变的是我们无时无刻不一样面临着选择。对于未来的人生，你，准备好了么？如果还没有，不妨看看革命中的青年是如何选择的。

南京大学戏剧影视艺术系教授　周安华

剧情简介

1925年，顾达明、靳恭绶、余宏奎、杨如宽四位青年萍水相逢，结为兄弟，并相约到济南第一师范学校求学。在共产党员赵锦章和国民党参议薛健白的影响下，开始接触革命活动。北伐高潮到来，顾、靳、余、杨和女同学谢辉、刘芬前往武昌。余投靠了薛健白，杨报名参加了北伐宣传队，顾、靳、谢、刘报考了中央军事政治学校，跟随赵锦章。自此，兄弟四人分道扬镳。1927年"四·一二"反革命政变后，薛健白、余宏奎到长沙策反，在阴谋逮捕共产党员的行动中，余开枪杀害了赵锦章，靳和顾成功出逃，找到了党组织；杨如宽则在北伐失败后梦碎，回了山东老家。共产党革命力量向农村转移时，薛、余又试图拦截，靳、顾亲手将余击毙，跟随革命队伍加入了秋收起义的行列。

影片解读

这部改编自朱道南回忆录《在大革命的洪流中》的影片，成功展现了1925年到1927年间中国动荡的社会现实以及当时年轻人面临的各种人生选择。全片看来如大江巨浪，荡气回肠。

在一个动荡的年代，我们该何去何从？这是影片主要探讨的问题。在黑夜里，我们总是朝着有光的地方行走，因为人类天生有着寻求光明的本能。对于靳恭绶、顾达明，这道光便是共产主义，因为他们认为共产主义的世界里，劳苦大众是主人，穷孩子能上学，不再有卖儿卖女。为了这样的世界，他们甘为垫脚石和拓荒者。然而，片中薛健白一句话说得好——"年轻人最容易盲从"。余宏奎为拒绝包办婚姻出了乡关，又因信奉"宁可闯过虎口成大器，决不默默无闻混一生"的箴言投在薛健白麾下。他的理想在于升官发财，这本是无可厚非的事情，不过错就错在为人切不可忘恩负义，等到功名来了，人却迷失了。正如废墟之上的繁华难免看着伤感，众叛亲离而得的功名又怎会不让人心寒。

理想主义的梦碎了之后，便是现实的梦醒，而在这梦碎梦醒之间，人总是要

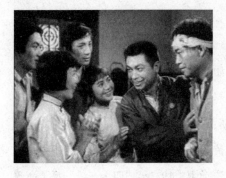
经历些心灵的挣扎和痛苦,这个过程中,有人坚持,有人退缩。谢辉一开始崇拜薛健白,在经历了一系列的事情之后,逐渐认清了自己之前信奉的薛老师是被贴了金的,等到拨开虚伪的光环,她看到了一颗残忍的灵魂,于是毅然决然地从国民党投向了共产党;杨如宽只身奔赴北伐前线,不料理想的船触在了礁石上,心灰意冷之后便黯然离场,回到家独自悲伤。

影片的一大魅力便是这几位性格鲜明,又颇具典型性的年轻人。四兄弟,两姐妹有团结有分裂,有共历患难也有针锋相对,但是他们都有着不甘于沉默和寂寞的灵魂,青春可以犯错,但是青春需要无悔;生活可以潇洒,但态度一定要认真。雨中挺立之花更娇艳,逆境中不懈奋斗者更让人着迷。他们,便是这样一群奋斗者。

艺术上,该片至少有两大特色:精炼的情节和出色的蒙太奇手法的运用。先是影片的画面——干净利落,充满着阳刚之气。片子重在表现动荡的社会中年轻人的抉择,儿女情愈长,英雄气必短,所以即使靳恭绶和余宏奎都喜欢谢辉,但是几人的爱情纠葛在片中并没有太多的铺展;再有,靳恭绶回忆父亲死的那一情节,没有台词,只有凄怆的音乐伴随着地主的逼债、父亲的无助、儿子跪地、愤懑而悲伤的哭泣,几个简单的场景就勾勒出了不堪回首的往事。

另外值得一提的是该片对蒙太奇手法的恰当运用。当不同的镜头组接在一起时,往往会产生各个镜头单独存在时所不具有的含义。一切景语皆情语,看似单纯的风景,在不同的情节中却可以表达不同的情绪。片子第一个镜头是江边高大的枯树,乌云满天,山雨欲来,压抑,动荡,不安,预示着要有大事发生;去武昌时,船下大江澎湃,激荡东流,船上年轻人倚栏杆,指点江山,这是年轻人扬起了理想的风帆;到了"四·一二"反革命政变爆发,便是"黑云压城城欲摧",漫天的乌云疾走,遍地的鬼哭狼嚎,满是紧张、急迫的氛围;而赵锦章被杀害的那一晚,大雨滂沱,电闪雷鸣,苍天抚面,悲愤而伤感。这些场景极好地与情节融为一体,在最合适的时候表达出了最相应的情绪,让人印象深刻。

经典记忆

在去武昌的船上，刘芬送给杨如宽的诗：

> 若我战死在沙场，切莫为我而悲伤。
> 今朝慨歌洒鲜血，他日红花遍地香。

女子为诗，能有曹植《白马篇》里"捐躯赴国难，视死忽如归"的气概，又有毛泽东"埋骨无须桑梓地，人生何处不青山"的豪情，是难能可贵的。男儿可以为寻求光明背井离乡，女子为何不能为理想剪短长发？舍弃的，必是旧的枷锁；迎来的，将是新的曙光。"人生自古谁无死，留取丹心照汗青"，文天祥是牢狱中的视死如归，刘芬则是大革命洪流中的倾洒热血，男女有别，但豪气共聚。

相关链接

1. 国民革命军北伐，是由中国国民党领导下的国民政府以国民革命军为主力于1926年至1928年间发动的统一战争，目标是中国各自为政的军阀势力，因其战争过程由南向北进行，故称为北伐。在国民革命军连克长沙、武汉、南京、上海等地以后，国民政府内部因对中国共产党的不同态度而一度分裂，北伐陷于停顿。宁汉复合后，国民革命军继续北伐，到1928年，张学良改旗易帜，国民革命军北伐完成，中国实现了形式上的统一。
2. 伊琳，中国著名电影编剧、导演，原名许崇琪，曾用名林其，1915年4月出生，1979年11月27日去世。1948年，由他创作的小型电影文学剧本并任导演的《留下他打老蒋》，被认为是新中国第一部短故事片。1950年，他和吕班合作导演了北京电影制片厂第一部故事片《吕梁英雄》，其他代表作有《慧眼丹心》、《刘巧儿》、《扑不灭的火焰》、《保卫胜利果实》等。

（王亚超）

《闪闪的红星》：小英雄的革命神话

八一电影制片厂，1974年上映

导演：李俊、李昂

原著：李心田　　**编剧**：王愿坚、陆柱国

摄影：蔡继渭、曹进云

主演：祝新运、刘江、赵汝平、李雪红、薄贯君、高宝成、刘继忠

片长：120分钟

获奖：1980年第2次"全国少年儿童文艺创作奖"二等奖

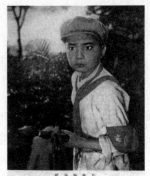

专家推荐

这部在"文革"后期生产的儿童故事片，虽然用"三突出"的手法塑造了一个少年英雄的形象，但是在李俊导演的指导下，用浪漫主义的情怀冲淡了"三突出"手法的刻板印象。影片利用电影手段，将许多画面点染成深远的意境，比如，用红军帽上的红星，象征革命和希望，寄托了少年主人公对红军父亲的思念和追随革命的信念。影片有着浓郁的抒情气息，清新而不失凝重。

《闪闪的红星》的主体内容是由一种舒缓轻快的调子来展现的，大量的风景镜头，带出了满山青竹，遍野映山红，小小竹排游江上，声声鸟鸣乱山林……清新优美的景色给观众以美的享受，这也是《闪闪的红星》中最为出彩的地方之一。其中，给观众印象最深的莫过于宋大爹与潘冬子乘竹筏顺江而下的那段美景：清澈的江水、时而疾进时而缓行的竹排、两岸的巍巍青山、翱翔高空的雄鹰，组成了一幅天人合一的生动场景。片中插曲格调昂扬向上，节奏鲜明，有力地烘托了影片主题。由李双江演唱的影片的主题曲"红星照我去战斗"也成了当时家喻户晓的流行歌曲，成为一代人的红色记忆。

中国人民大学文学院电影学教授　潘天强

剧情简介

故事发生在20世纪30年代中国革命的红色摇篮江西,一个叫柳溪的山村里。潘冬子7岁那年,父亲潘行义迎接红军解放柳溪,斗倒了土豪胡汉三。潘冬子参加儿童团,发现胡汉三潜逃,没能拦住。又目睹父亲在手术中主动将麻药让给阶级兄弟的行为,深受教育。后来,父亲随红军主力长征,行前给潘冬子留下一颗闪闪的红星。不久,胡汉三率还乡团杀回柳溪,清算革命群众。冬子妈被游击队长吴修竹发展成党员,但为掩护群众转移,被搜山的还乡团烧死。母亲的牺牲,使潘冬子变得更加坚强。他砍开吊桥,切断敌人退路;把盐化成水,躲过敌人盘查;卧底米店,收集情报,并用柴刀砍死胡汉三,配合游击队打下了姚湾镇。抗战爆发,延安派潘行义接江南红军游击队开赴抗日前线。潘冬子戴上那颗闪闪的红星,也加入了抗日队伍。

影片解读

《闪闪的红星》拍摄于"文革"后期。无论在当时,还是在现在,这部影片都具有鲜明的独特性。"文革"进行到1974年,"八亿人看八个样板戏"的局面早已无法满足人民群众的精神需求。1972年,毛泽东主席在一次谈话中对戏剧作品太少的状况提出批评,并说"百花齐放"没有了,提出要繁荣创作。1973年,主持中央日常工作的周恩来总理根据群众反映电影太少的意见,着手改变文化界只有几个"样板戏"的状况,一举打破了"七年不生产故事片"的闷局。《闪闪的红星》在这一背景下应运而生,虽然本片也是一部应召趋时的政治片,"儿童团斗倒还乡团"的核心命题也发挥过鼓舞人心、增强凝聚力的政治功用,但其结构手法、艺术效果等方面仍然表现出了不俗的特点。

影片按照"三突出"的原则,把"潘冬子"塑造成小英雄,全片所有情节全都围绕"潘冬子"展开。潘冬子的饰演者、9岁祝新运浓眉大眼、充满精气神的可爱形象,也恰到好处地成为全片的矛盾中心和情节中心,并广受好评。此外,影片

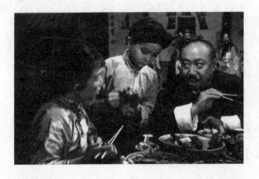
特地用北上抗日红军帽上的红星,象征革命和希望,寄托了少年潘冬子对红军父亲的思念和追随革命的信念。更加难能可贵的是,影片还充分利用电影手段,营造了浓郁的抒情气息。随着人物成长和剧情的发展,不少段落由情绪、节奏和画面构成情景交融的意境。"这在当时的一片浑浊中,透出一点清新的生气。"因此赢得了观众的热情欢迎。

时过境迁,当历史落幕、热情褪去,《闪闪的红星》的另一层意义逐渐被观众所知晓。影片讲述的是20世纪30年代一个少年英雄在党和前辈的教育帮助下,逐渐成熟起来的故事。然而,影片除了刻画潘冬子爱憎分明、不畏艰险、机智勇敢、纯洁质朴的性格特征之外,还以一种革命浪漫主义的传奇手法,展现了革命斗争的激烈与残酷。

那时的电影用光简单,却能给人一种温暖干净的感觉。镜头爱用近景特写,配音优美而洪亮,情感表达单纯而执著,非常具有感染力。

经典记忆

电影插曲《红星照我去战斗》歌词(节选)
小小竹排江中游,巍巍青山两岸走;
雄鹰展翅飞,哪怕风雨骤。
革命重担挑肩上,党的教导记心头,
党的教导记心头,党的教导记心头。

这首歌曲是作曲傅庚辰当年为李双江量身定做的,是李双江的代表作之一。这是整部电影里最舒缓的节奏。歌词清新简略,意境也非常好:小小的竹排,两岸的青山,被砸碎的万恶旧世界,披锦绣的万里江山,还有一颗闪闪的红星。这也曾是几代人的经典,那个年代的电影歌曲与电影的结合达到了当下电影难以企及的地步。即使在那种美丽的景色之中,小小的冬子心里想的却是战斗,然后再在万里江山之上披上更美丽的锦绣,这种歌曲与人物思想、画面景色的和谐无疑大大地提升了电影的思想教育性。

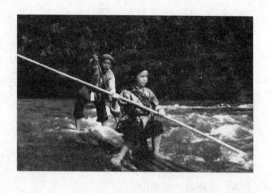

相关链接

1. 1964年,作家李心田将自己三年前的小说《两个小八路》修改为《战斗的童年》。故事围绕着江西根据地的一个红色家庭展开。红军父亲在长征前给家中留下一顶写有自己名字的红星军帽,后来儿子拿着帽子找到了他。1970年,人民文学出版社恢复出版工作后,将《战斗的童年》出版,并更名为《闪闪的红星》。1973年9月,八一厂把小说《闪闪的红星》改编成电影剧本,并赴江西拍摄外景。1974年,电影《闪闪的红星》正式上映。

2. 《闪闪的红星》是一部家喻户晓的红色题材的优秀儿童片,除了电影版,还有小说版、电视剧版、动画片版等一系列版本,不管哪个版本都令人印象深刻。

(符 辉)

《沙鸥》：学习女排，振兴中华

北京电影学院青年电影制片厂，1981年上映

导演：张暖忻　　**编剧**：张暖忻、李陀

摄影：鲍萧然　　**剪辑**：张兰芳

主演：常珊珊、郭碧川

片长：90分钟

获奖：1981年中国文化部优秀影片奖；1982年第2届中国电影金鸡奖最佳录音、导演特别奖

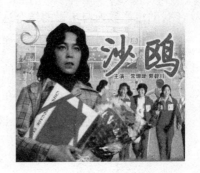

专家推荐

　　《沙鸥》是著名女导演张暖忻的代表作。这部改革开放初期的电影带有鲜明的时代特色，通过讲述女排国手沙鸥的故事，从一个小的切入点探讨了个人与集体、个人与国家的关系，展现了1980年代初期中国青年奋勇拼搏、为国争光的精神风貌。这种精神境界在今天看来依然具有很强的现实意义，振兴中华、报效祖国应当是每一代中国青年所必须肩负的使命。同时，影片也对十年浩劫进行了反思，沙鸥所经历的苦难，不仅仅是她个人的苦难，也是一个民族、一个国家的巨大创伤，只有在正确认识历史的前提下放下历史的包袱，振奋精神，开拓进取，才有可能实现国家和民族的昌盛富强。

　　张暖忻导演在这部影片中进行了大胆的探索，选用非职业演员担任主要角色，大量使用无人为干预的实景拍摄，并运用长镜头展现故事和环境，从而形成了一种真诚、朴素、生动的风格，具有很强的写实感和生活气息。同时，导演通过使用"声画对位"的方式，扩展了影视作品的表现空间，让画面和声音打破了简单的依附关系，形成了既相互独立又彼此呼应的表现效果，这在中国电影史上是一次具有突破意义的实践。

北京大学艺术学院教授　彭吉象

剧情简介

女排国手沙鸥在"文革"期间受到了不公正的待遇，失去了参加国际比赛的机会。"文革"结束后，新一届国家女排开始备战国际比赛，沙鸥和她的队友们立志要打败日本女排，夺取世界冠军。队医却告诉沙鸥，她的腰伤非常严重，如果不及时治疗，极有可能瘫痪。沙鸥的母亲坚决反对她继续训练，但是她的未婚夫、登山队员沈大威却鼓励她坚持自己的梦想。面对事业与身体的两难选择，沙鸥选择了前者。在国际赛场上，中国女排顽强拼搏，却在决赛中憾负日本队。回国后，决定回归家庭的沙鸥又迎来噩耗，未婚夫遭遇雪崩，不幸遇难。经历了一系列打击的她没有放弃，而是开始做教练。最终，双腿瘫痪的沙鸥在电视机前目睹了她的弟子登上了世界冠军的领奖台。

影片解读

1981年11月16日，中国女排以七战全胜的战绩夺得了第三届世界杯排球赛的冠军，这是中国三大球项目夺取的首个世界冠军。第二天，《人民日报》就在头版头条刊登了这则新闻，同时还配发了评论员文章：《学习女排，振兴中华——中国赢了》。文中写道："用中国女排的这种精神去搞现代化建设，何愁现代化不能实现？"从那之后，中国女排又连续四次在世界大赛中夺冠，"女排精神"也成为激励一代又一代中国青年努力拼搏、为国争光的精神指南。

《沙鸥》这部电影的主人公，正是一位女排国手，虽然在影片上映的时候，中国女排还没有破茧成蝶，夺得世界冠军，但是导演通过对中国女排姑娘的深入了解，已经在影片的结尾做出了明确的预言。这说明，中国女排的崛起绝不是一次偶然，在沙鸥和她的伙伴们身上，浓缩了那个时代的中国年轻人展现出来的优秀品质：在经历了巨大的苦难之后仍然坚持梦想、力争上游，以国家和民族的复兴为己任，将个人利益与国家利益统一起来，最终在为国争光的同时完成个人价值的塑造。

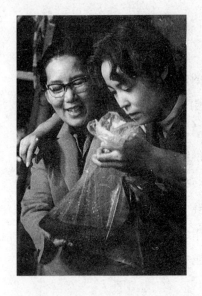

在20世纪80年代以前的中国电影中，要表现女排姑娘"努力拼搏、为国争光"的主题，惯用的方式是塑造一个"高、大、全"的女排英雄形象，但是，本片导演张暖忻作为"文革"的亲历者，对以往刻意的宣传模式进行了选择性的回避，转而采取一种更加写实的方式来讲述故事。影片的第一女主角竟然是个非职业演员，这在当时的中国电影界绝对称得上是开风气之先，而非职业演员所呈现出来的朴素、自然的状态，也给观众留下了深刻的印象。同时，在剧本创作方面，作为女排国手的沙鸥并不是一个完美的人，这在以往也是不可想象的。影片通过表现她在面对困难和挑战的时候激烈的心理斗争，让这个人物形象显得更加真实可信，最终，沙鸥虽然双腿瘫痪，却欣慰地看到了她的弟子赢得了世界冠军。这样的处理，对于沙鸥本人虽然算不上是最完美的结局，却实现了对女排姑娘"努力拼搏、为国争光"这一主题的升华：只有通过一代又一代人前赴后继的不断努力，才能最终实现振兴中华的目标。这部影片充分说明了，一味地拔高和渲染有时并不一定是最为有效的方式，欲扬先抑、娓娓道来反而更能引起观众的共鸣。

除了人物塑造和剧本创作方面的特色，张暖忻在《沙鸥》中所使用的表现手段也很具有突破性。电影中的很多镜头是在真实的生活场景中拍摄的，演员们离开了摄影棚，走在了人来人往的大街上，极大地拉近了影片和观众的距离。大量长镜头的使用，让人物和环境融为一体，也让观众产生一种置身其中的真实感。同时，"声画对位"技巧的使用，也给观众留下了深刻的印象。所谓"声画对位"，就是指同一镜头中画面与声音的对列，它们各自表达不同的内容，又在各自独立发展的基础上有机结合起来，最终形成单是画面或单是声音所不能完成的整体效果。这种手法在今天的影视作品中早已经司空见惯，但是在20世纪80年代初期，却足以产生震撼性的效果。这也是本片能够长久地被人们记住的一个重要的原因。

经典记忆

"声画对位"片段:女排姑娘们在训练扣球,手掌接触排球时发出"啪、啪"的击打声,这时,于教练对沙鸥说:"这球不行啊,你今天不完成20个好球,没完!"这句话说完后,画面切换到了一个力量训练房里,登山运动员正在进行训练,但是声音仍然停留在排球训练场上——观众看到的是男运动员在练习器械,听到的却是沙鸥扣球时发出的声音。

这个段落运用"声画对位"的方式,在同一个时间段落内表现了两个不同的空间,将排球训练和登山训练有机地结合了起来,一方面表现了体育训练的艰苦和枯燥,另一方面也表现了运动员为了取得优异的成绩而付出的巨大努力。视觉与听觉的分立对应,带给观众的却是更为全面的认知与感悟。

相关链接

1. "女排精神"。自1981年夺得世界杯排球赛的冠军后,中国女排在各项国际大赛中连续五次获得冠军,辉煌的战绩极大地提升了国人的民族自信心和自豪感,从那以后,女排姑娘们永不服输、顽强拼搏的精神感染了一代又一代的中国人,直到今天,"女排精神"依然是激发当代年轻人积极进取、奋发向上的重要精神动力。

2. 张暖忻,中国著名女导演。1962年毕业于北京电影学院导演系,并留校任教。从"文革"后到90年代中期,她先后拍摄了《青春祭》、《沙鸥》、《东归英雄传》、《北京你早》等多部具有广泛影响力的优秀作品,并在国际、国内影展中多次获奖。1994年因癌症病逝于北京。张暖忻的电影作品具有鲜明的个人特征,从女性的视角来审视民族、国家等宏大主题。同时,她也是纪实美学的实践者,在电影美学上的不懈探索,为中国电影的发展做出了重要贡献。

(王 琦)

《青春万岁》：所有的日子都来吧

上海电影制片厂，1983年上映

导演：黄蜀芹

原著：王蒙

编剧：张弦

摄影：单联国

剪辑：韦纯葆、王汉昌

主演：任冶湘、张闽、梁彦、施天音、秦岭

片长：94分钟

获奖：1984年苏联塔什干国际电影节纪念奖

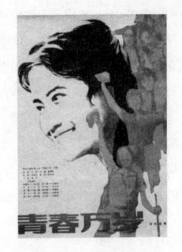

专家推荐

　　《青春万岁》改编自作家王蒙的同名小说，真切生动地展现了1950年代的中国青年的风采。那是一个万象更新、朝气蓬勃的年代，人们对美好而光明的未来满怀期待，年轻人更是积极进取、力争上游，用自己的青春和热血去革除一切旧的、腐朽的东西，去建设一个新的、不一样的中国。影片成功塑造了一群性格各异、优点与缺点并存，但都十分真诚、可爱的女中学生形象，其中的很多人物多年来始终深受观众的喜爱。

　　这部电影上映于1983年，那是中国历史的又一个新的起点，在改革开放之初回看新中国刚刚成立时的情境，很容易引发观众对过去、现在与未来的思考。因此，这部电影在当时产生了轰动效应，唤起了新一代中国青年的激情和热情。在21世纪的今天，这部电影依旧具有很强的现实意义，虽然影片表现的年代已经有些遥远，但是影片主人公们身上所展现出来的昂扬之气和奋发之情，依然值得今天的中国青年人去学习、去继承。

北京大学艺术学院教授　彭吉象

剧情简介

本片主要讲述了北京女七中一群女高中生在1952年到1953年之间发生的故事。女主角杨蔷云和郑波是学校里的积极分子，杨蔷云在夏令营的篝火晚会上的诗朗诵得到了大家的称赞。在新的学期里，杨蔷云、郑波、李春、袁新枝、吴长福等同学在班级里一起刻苦学习，争取好成绩，可是因为优秀奖章的分配问题，同学之间闹了矛盾。杨蔷云想帮助苏宁改掉旧社会的小姐习气，却总感觉到苏家人对她的疏远。郑波想帮助呼玛丽摆脱教会嬷嬷的束缚，却总是得不到呼玛丽的信任。在经历了一系列的事情之后，大家终于了解到了所有的真相，所有的矛盾都化解了，同学们一起快乐地进行团日活动，共同拥抱美好的青春。

影片解读

《青春万岁》的原著小说初稿始于1953年，是作家王蒙早期的代表作。1983年，著名电影导演黄蜀芹将这部小说搬上了大银幕，上映之后获得了广泛的好评。三十年过去了，1953年的年轻人们所展现出来的青春激情，和1983年的时代气息却又是如此的契合，这一方面说明了伟大的作品可以拥有跨越时空的永恒魅力，另一方面也说明了，无论遭遇怎样的苦难，年轻人在面临新的机遇与挑战的时候，永远都是锐意进取、勇往直前的。这也正如影片的主题所昭示的：青春无悔，青春万岁，"所有的日子都来吧，让我们编织你们，用青春的金线"。

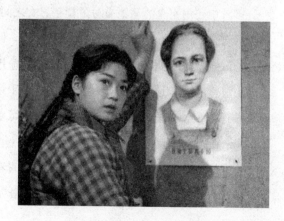

50年代初的中国，旧的制度刚刚被推翻，新的人民共和国刚刚建立，百废待兴之中，却焕发着一种欣欣向荣的朝气。这个时代的年轻人，尽管经历过旧社会的苦难，却并没有被苦难击垮，

《青春万岁》：所有的日子都来吧

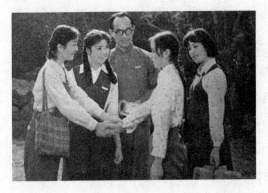
新的中国赋予了他们新的使命,扫尽旧制度的残渣余孽,建设一个光明而美好的新中国,是那一代年轻人发自心底的呼声。电影的故事就是在这一时代背景下展开的,所以整部影片从始至终是在一种明快清新的氛围中行进的。影片中的主人公——北京女七中的高中生们,虽然身份不同,性格各异,却从整体上展现着乐观欢快的精神状态。

每一个年轻人,都是在经历磨难的过程中不断成长的,影片中的高中生们也不例外。以杨蔷云、郑波为代表的一批先进分子,尽管对周围的一切都充满了热情,但是有时候却又过于急躁,结果常常导致事倍功半,不仅没能带领全班取得进步,还引起了其他同学的不满。以李春为代表的一些学习尖子,只专注于自己的学业,却对班集体和其他同学漠不关心,这种过于个人主义的思想,最终也阻碍了他们取得更好的成绩。以苏宁、呼玛丽为代表的同学,在旧社会中是被欺压、被侮辱的对象,历史的伤痛带给了他们深深的阴影,使得他们很难敞开心扉,拥抱新的生活。然而,对于年轻人来说,缺点并不可怕,只要得到正确的引导和帮助,就可以实现人生的飞跃。当这些女孩子们在老师的指引下,用真诚的心面对彼此的时候,一切的矛盾和不愉快全都成了过眼云烟,最终,在影片的结尾处,大家终于登上了同一辆卡车,向着美丽的风景出发了。

影片中还用不少的笔墨描写了青年男女之间朦胧的爱情。郑波与田林之间,杨蔷云与张世群之间,都有着互相倾慕的情愫,但是,所有的这些情感都发乎情止乎礼,最终,年轻人们还是选择了将有限的生命投入到更有意义的事情之中,让个人的小情感,暂时让位于祖国建设的大业。对于今天的年轻人而言,这种人生态度也是很有借鉴意义的,最美好的感情,应该是可以帮助两个人共同成长、共同进步的,无论在哪个时代,这都是颠扑不破的真理。

青春是宝贵的,因为它太短暂,在短暂的青春里,去实现人生的价值,去做最有意义的事情,这就是《青春万岁》留给后人最宝贵的财富。

经典记忆

电影开篇，女主角杨蔷云的诗朗诵《青春万岁》（节选）

所有的日子，所有的日子都来吧，

让我们编织你们，用青春的金线，和幸福的璎珞，编织你们。

有那小船上的歌笑，月下校园的欢舞，细雨蒙蒙里踏青，初雪的早晨行军，

还有热烈的争论，跃动的、温暖的心……

是转眼过去的日子，也是充满遐想的日子。

这首放在影片开始处的诗，为全篇奠定了感情基调。作者王蒙用热烈的感情描绘了青春的激情与畅想，电影演员任冶湘的表演也为这首诗增色不少。今天，这首诗已经成为歌颂青春的经典作品。

相关链接

1. 王蒙，著名作家，学者。从1950年代起开始发表作品，是中国当代创作力最为旺盛的作家之一。他的作品从一个侧面反映了中国社会几十年来的变迁，代表作有长篇小说《青春万岁》、《恋爱的季节》、《狂欢的季节》、《失态的季节》、《青狐》，短篇小说《组织部来了年轻人》、《冬雨》、《蝴蝶》，散文《橘黄色的梦》、《我的喝酒》，诗集《旋转的秋千》、《西藏的遐想》，自传《王蒙自传》等。

2. 黄蜀芹，中国著名女导演，1964年毕业于北京电影学院导演系，后任上海电影制片厂导演，曾获中国电影金鸡奖、大众电视金鹰奖和中国电视剧飞天奖。她追求平易近人的叙事风格，作品贴近中国普通人的生活，用女性独特的视角来审视人生。代表作还有《人·鬼·情》、《我也有爸爸》、《围城》、《孽债》等。

（王　琦）

《城南旧事》：最难相聚易离别

上海电影制片厂，1983年上映

导演：吴贻弓

原著：林海音　　**编剧**：伊明

摄影：曹威业、唐时宝　　**剪辑**：蓝为洁

主演：沈洁、张丰毅、张闽、郑振瑶、严翔

片长：91分钟

获奖：1982年菲律宾第2届马尼拉国际电影节最佳影片金鹰奖；1983年第3届中国电影金鸡奖最佳导演、最佳女配角和最佳音乐；1984年第14届南斯拉夫贝尔格莱德国际儿童电影节最佳影片思想奖

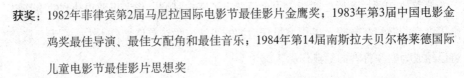

专家推荐

　　《城南旧事》是一首通过优美的电影画面、纯净的儿童视角、几个独立而不复杂的电影故事书写的"电影诗"！其意味隽永，其意境悠远，有着独特的、中国人容易共鸣的民族美感和东方情愫。

　　影片中吴贻弓导演对演员的选择和使用颇为得当。英子那双明亮、纯真、迷人、探索的眼睛足以使语言逊色；宋妈的朴实、含蓄、精湛的表演，把人们带入那个痛苦的年代。其实，影片只表达了两个字"离别"——一个个人物在生活的历程中偶然相遇了，熟识了，但最后都一一离去了，秀贞和妞儿、小偷、宋妈，最后连父亲也永远离去了。

　　影片最后的五分钟里，没有一句对话，画面以静为主，没有大动作，也没有情节，只是用色彩（大片的红叶）、用画面的节奏（一组快速的、运动方向相悖的红叶特写镜头）、用恰如其分的音乐，以及在此时此刻能造成惆怅感的叠化技巧等等，充分地传达人物的情绪，构成一个情绪的高潮。这个"高潮"并不是导演直接给予观众的，而是在观众心中自然形成的。

北京大学艺术学院教授　陈旭光

剧情简介

20世纪20年代末，6岁的小姑娘林英子与家人一起住在北京城南的一条小胡同里。在好奇心的驱使下，英子与"疯"女人秀贞建立了深深的友情，牵引出了她丈夫的死因与失散的孩子妞儿。搬家后，英子在附近的荒原认识了小偷，他并不是好偷而是为了生存，为了弟弟的学费。家中佣人宋妈对英子和她弟弟如亲人般的照顾，但是，天有不测风云，宋妈的儿子死了，女儿则被送人而生死未卜。英子的爸爸因肺病去世，宋妈也被她丈夫用小毛驴接走。英子随家人乘上远行的马车，带着种种疑惑告别了童年。

影片解读

作为经典电影之一，《城南旧事》可谓是伴随"80后"一代长大的。彼时，他们还是懵懂少年，仅仅将其作为一部优秀的儿童影片来观看，通过小主人公英子纯真的"眼睛"，来观看一个有关老北京的故事。或许有情感敏锐者，还能若有似无地感受到一股"挥之不去"的惆怅。

导演吴贻弓本人则将这一情绪总结为"淡淡的哀愁，沉沉的相思"，这一总结也切中了原著者——台湾女作家林海音1960年出版的同名小说的精神意境：对故土、对童年、对一个个永远逝去、不可再现的生命的追忆。影片一开始就让观众陷入对往昔岁月的深沉的回忆中："不思量，自难忘。半个多世纪过去了，我是多么想念住在北京城南的那些景色和人物啊。而今或许已物是人非了，可是，随着岁月的荡涤，在我，一个远方游子的心头却日渐清晰起来……"衰草连天的飒飒秋日、苍茫辽远的莽莽长城、慢慢行走的驼队、叮叮当当的驼铃声、汩汩流淌的井窝子水……伴随低沉而舒缓的画外旁白，一下子把人们带回20世纪20年代的旧日时光。

从小说到电影，该片处处体现了尊重原著的原则：叙事角度上，透过小主人公英子的"眼睛"，展示了20世纪20年代北京南城的社会风貌，带领人们重温了当年

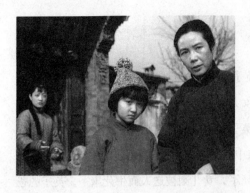

笼罩着愁云惨雾的生活;结构上,排除了由开端、发展、高潮、结尾所组成的情节线索,采用串珠式的方式,串联起三个无因果关系的故事。

看似相对独立的故事,影片却没有因此而杂乱无章,是因为故事彼此之间有着密切的内在联系与生活逻辑。首先,三个故事里反复出现相同的人物与场景。爸爸、妈妈、弟弟与朝夕相伴的乳母宋妈,她家的四合院,上学的课堂。这也是小英子的童年成长环境。其次,三个故事是按照时间顺序进展的。先是认识了会馆门前的"疯女"秀贞与遍体鞭痕的小伙伴妞儿,搬到新帘子胡同后才认识了出没在荒草丛中的小偷,宋妈丈夫的到来才让小英子知道了乳母宋妈的悲惨遭遇。最后,也是最重要的一点,每个故事都按照"相聚→离别"的方式展开。秀贞、妞儿、小偷、宋妈,甚至最后病逝的父亲,都曾和小英子玩过、谈笑过,一同生活过,音容笑貌犹在,却都在不经意间一一离去,让不谙事理的英子深深思索却不得其解。于是,离别的哀愁,贯穿整部影片,使整部影片就如同一篇散文,形散而神不散。因此,《城南旧事》在中国电影史上亦有"散文电影"之誉。

影片选择了由李叔同先生填词的著名学堂《送别》歌曲(也叫《骊歌》)作为全片主题音乐,通过不同形式的变奏,在片头、片中与片尾共出现了七次,贯穿着与妞儿、小偷、宋妈、父亲的离别,也缓缓诉说主人公英子追忆往事时细微的情感变化,透露出"天之涯,地之角,知交半零落"的萧瑟意味。第一次在影片开头的旁白结束后,随着寺庙屋檐下缓缓晃动的小钟响起,把观众带入对往事的追忆中。与秀贞母女分别后,英子和父母搬了家,坐在马车上的小英子想念着即将离去的地方:驼队、小胡同、秀贞、妞儿、西厢房……主题曲伴随着小英子的回忆,飞扬在小小的胡同里。在与小偷的故事里,主题曲出现在小偷弟弟的毕业典礼上,也是全片唯一的完整展示,既参与了剧情发展,又体现了影片的时代特点。英子和父母,以及其他同学,在送别的歌声中告别了一拨人的童年时光。小偷被抓后,小英子在课堂上,周边的老师和同学都高唱着优美的旋律,她却神情黯然。影片结尾时,在长达四分钟的乐曲声中，小英子送别了父亲，送走了宋妈，在满山遍野的红叶中与母亲告别了故土家乡……

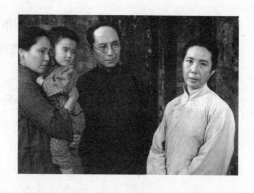

离别，是小英子成长告别童年的方式，朋友的离别，至亲的离别，直至最爱的父亲的长眠。伴随离别而来的，还有对成人世界的不解，为什么妞儿的养父老是打她？小偷为了让弟弟念书去偷东西，到底是好人还是坏人？为什么宋妈不照顾她的儿女，却来照顾自己的家人？影片并没有直接展现命运的残酷，而是采取含蓄的表达方式，将一切沉重都推到幕后。影片继承原作中的儿童视角来叙述故事，通过深邃、富有诗意的意境来表现人生的艰难曲折、命运的多灾多难和深深的离愁别恨，更揭示了当时贫病的社会现实。

经典记忆

电影主题歌《送别》歌词（节选）

长亭外，古道边，芳草碧连天。
晚风拂柳笛声残，夕阳山外山。
天之涯，地之角，知交半零落。
一觚浊酒尽余欢，今宵别梦寒。
长亭外，古道边，芳草碧连天。
问君此去几时来，来时莫徘徊。
天之涯，海之角，知交半零落。
人生难得是欢聚，惟有别离多。

《送别》曲调取自约翰·奥德威作曲的美国歌曲《梦见家和母亲》。日本歌词作家犬童球溪采用《梦见家和母亲》的旋律填写了一首名为《旅愁》的歌词。李叔同在日本留学时为表达与上海友人分别的情感而重新填词,取调于犬童球溪的《旅愁》。《送别》最初收入李叔同高足丰子恺与裘梦痕合编的《中文名歌五十曲》,但在林海音的小说中已有不同。

电影版《送别》并没有被林海音版所限,实际是把丰子恺版和林海音版合二为一,但有个别差异。文字的最大特点是把丰子恺版和林海音版中的"地之角"变为"海之角",不知是否有所依据。

相关链接

1. 电影改编自林海音同名小说的三个故事:"惠安馆传奇"、"我们看海去"、"爸爸的花儿落了"。
2. 吴贻弓,中国第四代导演之一,能够和谐地运用电影艺术语言,深入细腻地刻画人物的思想情感,塑造了富有特色的人物形象,影片洋溢着浓郁的生活气息和历史的真实感,饱含着丰富的人生哲理,有着独特的创作构思和抒情诗般的艺术风格和精巧、细腻的艺术构思。代表影片《巴山夜雨》、《少爷的磨难》、《流亡大学》、《月随人归》及《阙里人家》等。

(姜 贞)

《红衣少女》：用自己的眼睛去发现世界

峨眉电影制片厂，1985年上映

导演：陆小雅

原著：铁凝　　**编剧**：陆小雅、铁凝

摄影：谢二祥

主演：邹倚天、罗燕、朱旭、王频、李岚

片长：100分钟

获奖：1984年中国文化部优秀影片一等奖；1985年第5届中国电影金鸡奖最佳故事片；1985年第8届大众电影百花奖最佳故事片

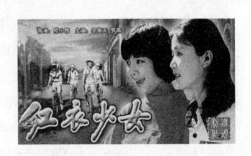

> **专家推荐**
>
> 　　影片不单单是塑造了安然这个形象，而是通过安然这个人物，折射出社会的图景，并不是所有人都能因为变革轻而易举地获得幸福，相反，影片真切地描绘了变革时期人们遭遇到的种种"不适"。妈妈一再抱怨生活的不公平、画家父亲的不得志、中途辍学的米晓玲、父母离异的刘冬虎，从这些人物身上看到了这个社会的真实状况，这些最普通的民众正承受着生活的考验，有些是因为停留在惯性思维中，有些是因为适应能力差，有些是因为个性的原因。连一向清高的姐姐也为了安然能够评上三好生，而向世俗生活妥协，主动给班主任送电影票，利用当编辑的便利，刊登她幼稚的诗作。这些人物和情节设置恰恰是编导尊重生活、洞察人性的高明之处，既高声为纯真和善良讴歌，又直面了传统和惯性的阻力。
>
> 　　影片从讲究情节冲突的电影中突围出来，通过散文化的方式，描绘出一个家庭的温暖和不如意，以及这个社会在前进过程中的磕磕绊绊。这是影片编导追求的风格，不靠外部冲突吸引人，而是靠人物内心的丰富和情感的纯粹来感化人。
>
> 北京大学新闻与传播学院教授　陆绍阳

剧情简介

20世纪80年代，活泼开朗的高中生安然已告别童年，步入青年，她最喜欢的衣服，就是姐姐安静送她的那件没有纽扣的红衬衫。真实、率真的安然在课堂上指出韦老师读错了字，并揭穿班长的虚伪，也由此担心自己期末评不上三好学生。安静出于对妹妹的袒护，以公谋私，贿赂曾是老同学的韦老师。安然得知后，毅然退出三好学生的评选。安然以自己的实际行动帮助同学刘东虎改正贪小便宜的错误思想，并对同学米晓玲因家境困难而退学的事情痛惜不已。安静爱上了一位离异并带着孩子的男人，这让一向谨小慎微的母亲恍然无措，连平时开通豁达的父亲也公然反对。安然虽对姐姐的行为不甚理解，但她还是送姐姐去车站，二人带着各自的思考走向未来的人生路程。

影片解读

一件没有纽扣的红衬衫，既是女主人公安然生活中的普通着装，又是她热情、赤诚的性格象征。影片中描述的安然所处的特定而又平常的生活境遇，孕育了她纯真、明净的气质和无拘无束的心灵。一位16岁少女对生活是那样的真诚，以自己的眼睛去观察、发现周围的世界，以自己的心灵去感受、思考现实中的是非美丑。正如导演陆小雅说过的："我深深地体会和理解到生活是美好的，同时也是沉重的。这也正是影片中女主人公安然的感受，是人生给予她的最初的思考。"

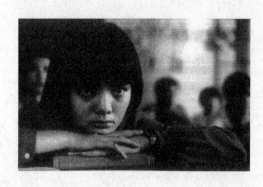

影片改编自铁凝的现实主义小说《没有纽扣的红衬衫》，本片的导演兼编剧陆小雅从小说中找到强烈的共振，她结合自身的生活体验与思考，产生了再创作的激情。难能可贵的是，陆小雅没有将小说中现成的文学形象机械地移植到银幕上，而是采

取一种非戏剧式的生活化的开放性结构,将真实的纪实性场景和凝练的抒情性场景和谐交融,使银幕充满着真切的诗情。

整部影片的叙事结构放在一个近似生活真实的时间框架里,开头交代了安然童年生活的一些片段,之后的故事就发生在安然的高一生活临近期末的十一天里。在一天天平常、散漫的学校和家庭生活的片段中,安然执著于真诚的性格力量与周围人悖于或怯于真诚的冲突,并没有呈现为强烈的戏剧化效果,而是通过不同处境中人物的言行心态自然流露出来,无论是生活情景的再现、人物形象的刻画,还是电影语言的运用,都显示出质朴清新的艺术风格。

在由期末评选三好生风波引出的一场真诚与虚伪、坦荡与世故的矛盾纠葛中,影片始终把焦点对准安然那时而思考、时而忧虑、时而愤懑、时而困惑的目光,并从中折射出对世俗观念的挑战。安然每天上学放学路经的白杨树林荫道,是扩展人物内在心灵空间的主要场景,粗大的树干上不同形态的斑疤与安然明澈晶莹的大眼睛构成巧妙的隐喻。通过蒙太奇的快速切换,白杨树上的斑疤像各式各样的眼睛闪动着,并与安然眼睛的特写互相交流,成为影片独特的镜像。

片尾曲《闪光的珍珠》在片中的多次运用也使人物的内心世界得到含蓄有力的烘托。例如,安然看着同学米晓玲退学的那场戏,镜头缓缓滑过一排排实验桌、课桌,和墙上一幅幅科学家的画像,空荡荡的教室,只有她们俩,米晓玲默默地把几张邮票递给安然,之后她擦去黑板上"值日栏"里自己的名字,忍不住低声哭泣。没有一句台词,背景的声音是同学们在走廊上练唱《闪光的珍珠》的歌声,二人用心灵在诉说着纯正的友情、诚挚的祝愿和无限的不舍与感伤。

红衣少女安然的扮演者邹倚天,是导演陆小雅在北京八中合唱团里找到的一名业余小演员,她身上那种纯真、自然的素质与角色非常靠近,加上那件独具特色的红上衣,使这一人物成为散发着思想解放时代光芒的银幕新人形象,给观众留下了深刻而美好的记忆。

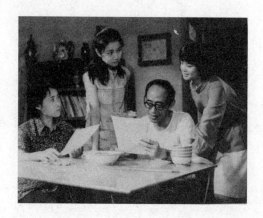

经典记忆

电影片尾曲《闪光的珍珠》歌词（节选）

我们踏上了原野的小路，看见小树上有许多新芽吐出，

虽然是匆匆，匆匆而过，却总愿回头，再看看每棵小树，

一个新芽就是一个梦呀，一个新芽就是一颗闪光的珍珠。

我们遥望着神秘的夜幕，看见夜幕上有无数星星闪烁，

虽然是悠闲，悠闲而过，却总愿把繁星，把繁星数了又数，

一颗星星就是一个梦呀，一颗星星就是一颗闪光的珍珠。

这首歌曲由编剧导演陆小雅作词，王酩作曲，歌词十分隽永、优美。它生动地刻画了中学生纯真、善良的品质，也显示出中学生对未知世界、对人生、对未来的向往与思考，是一首洋溢着高尚情操和高洁质地的优秀歌曲。

女主人公安然的一袭红衣和她那双清澈晶莹的大眼睛，是这一人物性格画龙点睛的一个象征，安然的真诚和独立思考意识，在影片中已被赋予了广泛的社会意义。

（李雨谦）

《开国大典》：艺术地再现历史

长春电影制片厂，1989年上映

导演：李前宽、肖桂云

编剧：张天民、张笑天等人

摄影：李力、王小列、钟文明

主演：古月、孙飞虎等　　**片长**：180分钟

获奖：1989年—1990年广播电影电视部优秀影片；1990年第10届中国电影金鸡奖最佳故事片；1990年第13届大众电影百花奖最佳故事片

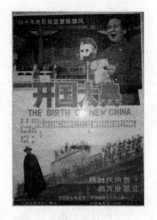

专家推荐

　　《开国大典》的成功，首先要归功于艺术家将"史"与"诗"有机地结合在一起。对一部文艺作品来说，无论多么深邃的思想，都不能脱离人物形象单独存在，没有生动感人的形象——"诗"，也就无法触摸到真正的"史"。《开国大典》不仅用史实直呈的方式把新中国诞生前惊心动魄的较量、瞬息万变的局势和开国大典雄浑庄严的瞬间艺术地再现于银幕，更重要的是塑造出了活动在那个历史舞台上的"人"，并通过典型的艺术形象，以及丰富的思想感情高度地概括了时代特征。

　　影片涉及130多个历史人物，不可能都详写，创作者把毛泽东和蒋介石两个贯穿性人物比作是"两棵并生的大树"，作为影片的结构主干，把他们周围的重要人物当作粗细不等的支干，形成众星托月的效果。影片把笔墨集中在毛泽东和蒋介石两个人物的决策和内心世界的揭示上，运用大量近景和特写镜头使得主体更加突出、清晰。

　　本片在尊重史实的基础上，改变了传统的我主敌辅的叙事框架，以我观敌的带有明显倾向性的叙事视点，更没有用脸谱化的方式故意贬低、丑化对立面，而是采用了全景式展示的叙事技巧，娴熟地运用对比、交叉呈现、铺排与省略、纪实与表现相结合的艺术手法，在银幕上抒写了大气磅礴的历史画卷。

北京大学新闻与传播学院教授　陆绍阳

剧情简介

电影选取1948年底到1949年10月的中国历史阶段，突出表现中国共产党与国民党在历史关键转折点上各自不同的面貌。以毛泽东为领导核心的、代表社会进步力量的中国共产党在三大战役胜利后，召开西柏坡会议，并通过渡江战役解放南京，从而在1949年10月1日宣告共和国成立。以蒋介石为领导核心的国民党则连连受挫，迫于形势压力只得离开大陆。

影片解读

《开国大典》表现的是新中国成立前后一年之内的重大历史事件：七届二中全会、三大战役、渡江战役、西柏坡会议等等。在这些重大历史事件里，不仅出场历史人物众多，而且事件之间的复杂联系都对篇幅有限的影片创作带来一定困难。然而电影的主创们却牢牢把握住创作整体的中心、主题，以史学家的经验总结出一种认识，即民心民意决定着革命的成功与否。为了表达这样的认识，影片并没有一味地灌输或者说教，而是结合两党领袖人物的命运，融理于情于景，如毛泽东在缅怀先辈时对毛岸英说："千古兴亡，也只有一条规律，得民心，顺民意者得天下。"相反蒋介石则在海峡远眺故国时对蒋经国说："国父说过，天下大事，顺之者昌，逆之者亡。"这样的处理一方面展现出两位时代风云人物的心境殊异，另一方面则强调"英雄所见略同"的历史见解。

纵观《开国大典》全片，突出两党领袖人物对比、乃至两党境遇交错成为电影最重要的表达方式。因此，人们看到毛泽东与蒋介石、共产党与国民党、解放区与国统区、西柏坡与南京、革命队伍与国民官兵等等方面的鲜明对比，从而强烈地感到温暖欢乐与悲观沮丧、进取与失落的叙事张力与气氛冲突，在刻画人物、烘托情境的基础上加深人们对电影主题的理解与认识。叙事上使用的对比手法，是配合着电影蒙太奇手法进行的。其中，平行蒙太奇与对比蒙太奇的交互使用充分发掘出电影的艺术特性。作为中国历史的关键节点,毛泽东与蒋介石在史实中是无法面对面展开对抗与交锋的,正是蒙太奇手法的运用,让人们看到这边毛泽东走入群众欢庆,那边蒋介石宣读《新年文告》;这边毛泽东指挥三

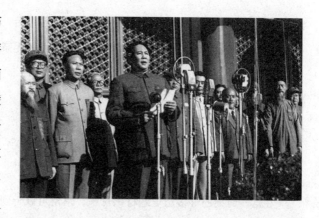

大战役,那边蒋介石让位李宗仁等等。如此生动的对比向人们展示了两位领导人的处境、心态与结局。

除此之外,《开国大典》在电影语言运用上的另一个特点是运用大量的资料片作为创作元素参与创作,再现了当时的真人真事。这样的影像资料真实地记下了当时的情景,给人们一种强烈的历史感。尤其是当导演将真实的历史时空与电影里的假定时空结合在一起,把史料中的人物的真实情绪和电影演员的情感体验结合在一起时,40年前的历史和40年后的现实仿佛浑然一体,让观众们在纪实与写意中感受到电影的朴素、庄重,从而升华为一种大气度的史诗情怀。

《开国大典》除了再现出宏大的历史史实与场面外,同时也细致地刻画了其中的人物细节,让人们很好地从宏观与微观交错层面进入这一特殊历史阶段。正如导演李前宽所言:"在微观上,我们在人物的塑造特别是毛泽东、蒋介石心态的揭示上下了较大的笔墨。我们一改过去对领袖人物不全面的、概念化的描写,试图将'毛主席'从神拉回到人间,让他既成为一个伟大的人,也是个有血有肉的普通人。我们要求古月抹掉在过去的表演中那个一手叉腰一手挥动的动作,在生活细节中演出过去毛泽东形象中没有的东西。"[1] 因此,人们看到毛泽东在庞大车队开进北京城的空镜头中与儿子的对话,也看到七届二中全会后他要求毛岸英下农村劳动的决定,还看到他未经中央同意上街看各种小吃,以及请警卫员为自己梳40分钟的

---

[1] 《艺术地再现历史——长影导演李前宽谈〈开国大典〉》,《电影评介》1989年11月27号。

头等等。而对于蒋介石，我们也看到他的矛盾与痛苦，特别是逃离大陆前的心境。当他拜别蒋母墓地时，面对历史命运和现实情境的无奈，处处体现出一种末路英雄的悲情与落寞。

经典记忆

在这一时期的许多历史题材影片中，常常可以听到共产党领袖们的特色方言，甚至是国民党总裁蒋介石也是一口地道的浙江普通话，这是力求通过语言方式来活灵活现地再现历史人物。《开国大典》里的许多典型历史人物，都是标准的地方方言。这些在语言使用上的考虑，一方面使得观众在理解历史人物时更具有"现实感"与"亲切感"，另一方面也突出了历史面貌的一份听觉信息，让人们可以模仿与欣赏。其中，最著名的莫过于古月所扮演的主席用"湘音"发表新中国成立的宣告，以及朱德总司令在检阅军队时所说的"同志们辛苦了"。

相关链接

电影《建国大业》是与《开国大典》相似的一部当代商业化的主旋律电影，两部电影在一定程度上具有极高的相似性，也有各自的不同。

（李雨谏）

《豆蔻年华》：更美好的风景

中国儿童电影制片厂、南京电影制片厂，1989年上映
导演：邱中义、徐耿
原著：程玮　　**编剧**：徐耿、程玮
摄影：单兴良、吴云　　**剪辑**：黄文平
主演：张晞、苗苗、蔡向亮、周征波　　**片长**：96分钟
获奖：1990年第10届中国电影金鸡奖最佳儿童片；1989—1990年广播电影电视部优秀影片

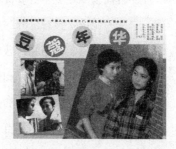

专家推荐

　　《豆蔻年华》，多么富有诗意的片名！豆蔻者，花色淡雅、果实含香的一种草本植物。古人常以豆蔻喻少女。"娉娉袅袅十三余，豆蔻梢头二月初。"唐代诗人杜牧千古流传的佳句，将这一比喻镶嵌于吟诵中，传播至万千家。

　　影片《豆蔻年华》中的主人公，大多为亭亭玉立、含苞欲放的妙龄少女。作为中学生的她们，有七彩的梦想、斑斓的憧憬、执著的追求，也有青春的迷茫与挥之不去的烦恼。她们依据自己的理解，在激烈的竞争中融入了关爱与友谊，在单调的生活中注入了欢乐与温馨。她们是从稚嫩走向成熟的一群女生。在她们的言行举止乃至发型、服饰中，积淀着1980年代的精神风貌与审美取向。

　　清新、淳朴、阳光，并有一丝淡淡的焦虑，是这部作品的总体风格。该片问世之后，受到了那个年代少男少女的追捧。如何度过人生中最美好、最珍贵的年华，是当年的青少年观众普遍思考的问题。

　　在同类题材的作品中，《豆蔻年华》无疑是一部精品力作，今天依然值得一看。因为，影片营造的青春气息，依然在校园中荡漾；影片揭示的问题，依然没有得到令人满意的解决。

南京大学艺术学院教授　康尔

剧情简介

一群面临激烈竞争的女高中生相聚在省重点高中龙城中学里。热情、开朗、活泼、自信的城市女孩曹咪咪与来自边远农村、既自尊又自卑但富于进取精神的姚小禾成为好友。因父母不和,曹咪咪离家出走,后被小流氓刺伤。落榜无业青年盖平将她及时送往医院。姚小禾和同学们忙着应付考试,没有注意到曹咪咪不寻常的情况。青年教师夏雨讲出了他的失望使同学们很受触动,姚小禾更是悔愧万分。海外归国的物理学家严琼女士在百年校庆之际来到龙城中学,与同学们彻夜长谈,令大家很受启示。后来,严琼又特意给准备国际中学生数学大赛的同学们寄了参考书。学校想推荐姚小禾参赛,却被她拒绝,她要求参与公平竞争。大赛开始,曹咪咪以及理解小禾的同学们都向她伸出了热情的手。夏雨也由此认识到自己的教育理念过于理想化。盖平最终决定结束漂泊,回到故乡教书。

影片解读

《豆蔻年华》是一部反映、表现中学校园生活的优秀影片。该片角度新、立意高、主题开掘有深度,在同类题材的影片中堪称佼佼者。《豆蔻年华》的多位主创,如徐耿、程玮等,均毕业于南京大学。扎实的理论功底与丰厚的人文素养,为该片的创作奠定了坚实的基础。该片对20世纪80年代中学校园的总体风貌把握准确,所讲述的故事温馨、感人、富有真实感,所揭示的问题也是深刻的。主创以直面人生的热情和责任感,以严肃甚至严峻的态度,开掘出了触及人的灵魂的大主题。

《豆蔻年华》的情节并不复杂,讲述的都是中学校园里经常发生和可能发生的事。主创没有刻意去编造一波三折、大喜大悲、惊心动魄的离奇故事。该片的风格营造、主题呈现等主要依靠人物塑造,并在塑造人物的过程中,传递时代精神、展示社会风貌。

该片的人物设置,巧妙,恰当,具有典型意义。该片的形象塑造,细腻,丰满,为该片增色不少。曹咪咪、姚小禾、夏雨、盖平以及大李老师、章奶奶、司机师傅等人物，鲜活，生动，个性鲜明，将一个个关于成长的事件演绎得栩栩如生，也将该片试图探讨的问题、希望表达的主题展现得淋漓尽致。

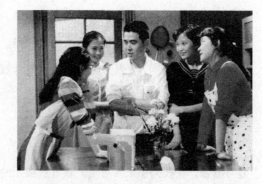

曹咪咪是一个性格开朗、见多识广、情感丰富、乐于助人的城市女孩。这一形象在城市中学里具有普遍性。但是，曹咪咪又是具有典型意义的"这一个"。她生活得并不快乐。父母之间的长期不和，给曹咪咪的少女生活蒙上了一层阴影，甚至让她焦虑不堪。影片通过曹咪咪这一人物形象的塑造，揭示了家庭、父母在青少年成长的过程中应该承担的义务和不可推卸的责任。

姚小禾来自边远、贫瘠的农村，敏感，内向，既自尊又自卑。为了实现她的人生梦想，她比别人更勤奋、更刻苦、更富有进取精神。她相信，知识能够改变命运，也只有知识能够帮她走出宿命。"考不上大学怎么办？那就一无所有！那我就去死！"姚小禾的这个想法，非常真实，符合她的年龄特征。姚小禾这个人物形象，显然属于励志型、奋斗型。但是，透过这个人物形象，也传达了主创的焦虑与无奈：处于社会底层的孩子向上发展的渠道非常狭窄，千军万马抢过独木桥的现象将长期存在。

夏雨是一位执著地呼唤社会良知的青年教师。他性格突兀，特立独行，追求人格独立。为了教育学生树立正确的人生观、世界观，为了帮助他们创造高尚、美好的人生，他将自己以巨大的痛苦为代价得来的生活教训，毫无保留地告诉了他的学生。在他的身上，传统的教书匠的气息荡然无存，取而代之的是开拓与奉献的精神。

盖平这个人物的塑造，匠心独具，意味深长。盖平的生活状态，与中学生枯燥、乏味的校园生活形成了鲜明的对比。一边是无休无止的复习、做题、考试、竞争、苦读万卷书；一边是高考失利的学子，背起了行囊、告别了校园、踏入了征程、苦行万里路。主创借助盖平这个人物形象在向中国教育发问：读万卷书，行万里路，什么时候才能实现有机的统一？

大李老师和章奶奶，还有司机师傅都是出镜次数不多的配角，但给观众留下的印象却十分深刻。他们都是平凡的人，干的都是琐碎的事。为了教育事业，为了学生成长,他们兢兢业业、默默无闻地工作着。中学里的孩子们,为了分数、为了名次、为了高考,从不关心他们身边的人和事。在推荐名人校友的时候,大李老师、章奶奶、司机师傅等平凡的教职员工自然都被学生们忽略了、遗忘了。这个细节发人深省:我们的中学教育,培养的不是德才兼备、全面发展的人,而是冷漠无情的考试机器!

斗转星移,光阴如梭。二十多年过去了,影片《豆蔻年华》中展现的友谊、关爱与温馨,在校园里依然可见。该片所揭示的困惑、焦虑与无奈,也还在校园里存在,甚至比以前更严峻、更尖锐、更残酷了。教育界的许多问题,确实值得人们做进一步的反思。

经典记忆

电影片头曲《话说青春》歌词(节选)

总听人们话说青春,说酸甜苦辣滋味难分。我的青春纯如一滴水,在太阳下发出五彩缤纷;我的青春就像一阵风,朦朦胧胧就像在梦中。噢,噢,我一天天长大成人,噢,噢,也许长大又失去纯真,噢,噢,也许追求的只是一场梦,噢,噢,也许美梦又变成真。

相关链接

电影改编自女作家程玮的同名小说《豆蔻年华》。程玮是中国著名的儿童文学作家。1970年代末开始在《少年文艺》发表儿童文学作品,如《我和足球》、《淡绿色的小草》等,深受小读者喜爱,被评论界喻为"80年代最有才情的少儿文学作家之一"。中篇小说《来自异国的孩子》、长篇小说《少女的红发卡》分别获得第一、第二届全国优秀儿童文学奖。

(桑 耘)

《我的九月》:"傻"得纯真才最美

中国儿童电影制片厂,1990年上映

导演: 尹力　　**原著:** 罗辰生　　**编剧:** 杜小鸥、罗辰生

摄影: 李建国　　**剪辑:** 战强

主演: 张萌、张晨、范东生、张国立、陶泽如、沈丹萍、邢丹丹

片长: 88分钟

获奖: 1991年第11届中国电影金鸡奖最佳儿童片;1989—1990年广播电影电视部优秀影片奖

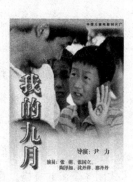

专家推荐

　　《我的九月》是一部富有探索精神的优秀的艺术电影,洒脱而内涵丰富,充满浓烈的生活气息和对纪实美的强烈追求,是极具生活化的儿童故事片。把人们对亚运会的热情融在普通的市井生活之中,"以小见大"继而"小题大做",看似无序实则有序,真实、自然而崇高,具有中国传统的"家国"情怀。

　　影片拍摄十分精细,风格清新,擅长用镜头语言叙事。以小主人公的心理变动为中心,表现了少年儿童的精神风貌,揭示出不同孩子的个性差异的家教和社会影响,通过他们的成长轨迹,呈现了那个年代人们的精神风貌,带有民族自强的气息。

　　导演尹力善于把握生活的细节,避免了"成人化"表演,最大化还原了儿童的观察视角,以儿童的角度"发现儿童",有着普世化的主题倾向。影片塑造了各具特点的儿童形象,瘦小的安建军、老实、内向、有股"傻"气,无助的小眼睛里有着善良的纯真;能说会道的刘庆来,闪闪的大眼睛处处透着精明;仗义憨厚的雷振山、聪明可爱的小妹,他们相互映衬,交织成纯真的童年时代,把人们带回曾经拥有的美好时光。

南京大学戏剧影视艺术系教授　周安华

剧情简介

1990年，北京亚运会前夕，大榆树小学四年级学生安建军，因动作总是不规范被取消参加开幕式武术团体操表演的资格。在刘庆来的怂恿下，安建军和几个同学到训练场捣乱，引得新任班主任高老师到建军家家访，两人因此成了好朋友，不善言辞的建军感到从未有过的理解和温暖。不久，建军购买的彩票中奖并捐赠给了亚运会，荣誉却被刘庆来占为己有，建军被误认为吹牛而受到同学的嘲笑。受了委屈的建军在高老师的鼓励下，奋发图强，偷偷地坚持练功。亚运会即将举行的前两天，一个入选的同学崴了脚，建军通过在比赛中的出色表演，获得参加亚运会开幕式团体表演的资格。在难忘的九月，亚运会开幕式隆重举行，安建军与其他同学一起进行武术操表演，动作准确到位。

影片解读

儿童故事片《我的九月》，是一部为了反映第11届北京亚运会准备活动而拍摄的电影，带有明显的时代烙印。四合院、游戏机、彩票、汽水……成为20世纪90年代初记忆的符号，而亚运会的一曲《亚洲雄风》依然回荡在人们的心头，成为共同回忆的话题。那时的人们友爱互助、简单朴素、热情爱国，虽有小摩擦但能和睦相处，具有很强的集体荣誉感，又带有股"傻"气。

片中人物性格鲜明，主、配角设置得井井有条。主角是人称"安大傻子"的小学生安建军。他生性内向，长得瘦弱娇小，总是被人捉弄。他傻里傻气，却率真自然，遇到了与他一样泛着"傻"劲的班主任高老师后，逐步克服了性格缺陷，完成了自身成长的蜕变。在收获的九月，用最简单、最纯真的方

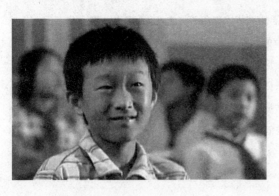

式收获了自信与他人的尊重，别人眼里最不可能成功的他，成为令人刮目相看的孩子。安建军的"傻"，其实是一种可爱，是一种儿童纯真心灵的表现，一种最善良的孩子气。在配角设置上，人小鬼大、人见人爱的刘庆来成为反面，多次捉弄"安大傻子"，让人对安建军的"傻"有了全面认识；而胆大仗义的雷振山不断把事情真相公布，推动了情节的发展；纯真可爱的小妹默默支持着哥哥，为他打抱不平，使主人公的成长和转变有了很好的过渡；高老师因材施教的指引，使得人物更加丰满。各种人物关系自然地融合在故事的叙述中，更好地突出了主角在成长过程中一步步的变化，给人最真切的感觉。影片的最后，刘庆来托小妹送来饮料，并目送建军离去，说明他的善良并未泯灭，而这段孩子间的"误会"也以建军的微笑结束。其实，那只是最率真、最淳朴的孩子间才有的一幕。整部影片没有体制化，也看不见教条主义，感觉很是轻松，结尾瘦小的安建军在运动场上挥舞拳脚，水到渠成。

　　影片以儿童励志为主题，导演巧妙捕捉到了儿童的想法，以孩子的视角诠释发生的故事。电影从儿童的心理特征出发，满足了真正儿童电影的要求——"快乐"与"人文关怀"。在拍摄技巧方面，电影多采用仰视角度，暗合了儿童看世界的方式。因为儿童身心尚未发育完全，所看到的成人世界就会带有仰视感，影片在展现孩子面对成人世界的对话、心理活动等内容时，都遵循这一拍摄原则。比如，主角安建军看向张国立扮演的班主任时，镜头一直都是以仰视的角度去拍摄。以儿童视角拍摄的手法，把观众放在一个"儿童"的视角上去观赏电影，从而对儿童的行为及心理既有理解又感亲切，同时成人观众也会自然地以儿童的身份去回忆、解读影片叙述的故事。而在拍摄儿童与儿童时，电影则采用平视拍摄办法，如在影片的高潮，安建军比武，将身边的几个同学一一打败，摄像机仰视，拍摄周围同学和老师惊讶和兴奋的表情，而当镜头停留在刘庆来的面部时，对他面部表情的特写采用平视拍摄，告诉观众他们还只是孩子。这种拍摄方法，使得儿童世界与成人世界对比鲜明，更多展现的是儿童间的童趣。

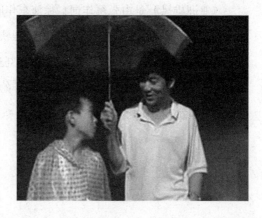

本片是第五代导演尹力执导的第一部电影,带有深厚的中国传统文化色彩,拥有地道的"京味",面对生活,拥抱生活,有感而发。电影中的镜头一次次对准了老北京的四合院,好几户人家住在一个大院里边,院里有花草树木,有个公用水龙头,房顶有鸽子和猫,屋里有热带鱼,拥挤而温暖,乡亲邻里间有摩擦却善良。他们中没有高官,全是普通大众,兢兢业业地做着本职工作,安身立命、乐于天道、知足常乐。也许在不久的将来,讷于言而敏于行的"安大傻子"们,也会迈进他们的行列,成为社会的支柱。导演以平民视角介入普通人的生活,寄托了对人物的深厚情感,并通过人物把情感传递给观众。

经典记忆

电影歌曲《亚洲雄风》歌词(节选)

我们亚洲,山是高昂的头;

我们亚洲,河像热血流;

我们亚洲,树都根连根;

我们亚洲,云也手握手;

莽原缠玉带,田野织彩绸,

亚洲风乍起,亚洲雄风震天吼。

《亚洲雄风》是由张藜作词、徐沛东作曲、韦唯、刘欢合唱的一首歌曲,参加当年北京亚运会主题歌的竞选失败,却很快流传开来,被称为1990年北京亚运会"不是会歌的会歌",从那时开始,韦唯、刘欢的歌唱事业达到了一个巅峰。《亚洲雄风》的歌词用了反复、拟人、比喻、回环的修辞格,朗朗上口,荡气回肠,唱出了国人迈上发展道路的壮志豪气。

相关链接

1. 亚运会系亚洲运动会的简称,是亚洲地区规模最大的综合性运动会,每四年举办一届,与奥林匹克运动会相间举行。最初由亚洲运动会联合会主办,1982年后由亚洲奥林匹克理事会主办。自1951年第1届始,迄今共举办了16届。根据亚奥理事会2009年7月的决议,原2018年的亚运会推迟到2019年举行,以后仍每四年一届。中国已经成功举办了两届亚运会,分别是1990年在北京举行的第11届亚运会和2010年在广州举办的第16届亚运会。

2. 尹力,中国第五代导演之一。1982年毕业于北京电影学院美术系。"尽精微,致广大"是其创作原则,作品具有反映普通百姓的"平民意识",以写实的风格,提炼出人类生活最本质的精华。代表作有影片《我的九月》、《张思德》、《云水谣》及电视剧《好爸爸·坏爸爸》、《无悔追踪》等。

(于 雷)

《焦裕禄》：一曲深沉的赞歌

峨眉电影制片厂，1990年上映

编剧：方义华

导演：王冀邢

主演：李雪健、李仁堂、周宗印、梁音、张英、田园、卢珊

片长：100分钟

获奖：1991年第11届中国电影金鸡奖最佳故事片、最佳男主角；1991年第14届大众电影百花奖最佳故事片、最佳男演员；1989—1990年广播电影电视部优秀影片

专家推荐

中国不少观众对"高大全"的英雄形象已经有了道德和审美疲劳，而这部根据真人真事改编的电影《焦裕禄》却一改过去高举高打、器宇轩昂的电影风格，塑造了一个朴实、敦厚、忠诚的基层领导干部形象。

焦裕禄低调务实，吃苦在前，宁愿委屈自己也绝不委屈他人，不是当父母官而是以父老乡亲的福祉为做官准则，即便肝癌后期仍然忍着剧痛坚持工作，直到生命最后一刻。影片结束前，无数兰考乡亲自发簇拥着焦裕禄的担架，用默默的泪水传达人民对这样一位"好官"的敬仰和热爱。片尾一幕当时曾令许多观众涕泪沾襟。虽然当时有人批评影片表现出某种民众对清官敬仰的所谓传统观念，但是这部影片在伦理和美学上仍然有鲜明的感染力。

整部影片叙事风格平和舒缓，视听语言也没有任何花哨技巧，高度重视细节的传达，追求生活气息的真实，将纪实风格与戏剧性虚构结合在一起，成为后来众多英雄模范题材影片的仿效和学习对象，也成为后来众多主旋律电影的"样板"。

清华大学新闻与传播学院教授　尹鸿

剧情简介

1962年冬天的河南兰考县一片凋敝。新任县委第二书记一下火车,就被饥饿的孩子们团团围住。大雪纷飞的火车站台上,挤满了逃荒的群众。面对这些景象,他感到十分痛心。他敦促县委尽快发放救灾物资,并深入各个村庄详细考察,制订了对抗自然灾害的有效方法。他的举动引起原县委书记吴荣先的不满,却得到了全县百姓的景仰。焦裕禄患有肝痛的慢性病,但是为了工作,他总是不肯去医院,终于有一天倒在了工作岗位上。随后被诊断为肝癌晚期,虽经全力救治,但不久之后依然离开了人世。按照遗愿,焦裕禄于1966年迁葬于兰考,长眠在他付出了全部心血的土地上。

影片解读

很多到电影院的观众,恐怕都不怎么愿意去看一部板着脸说教的主旋律电影,更愿意选择一部好看好玩的爆米花电影,尤其是好莱坞拍摄的视听效果一流的超级大片。其实,这些超级大片何尝不是美国的主旋律电影,它们浑身上下每一个毛孔都洋溢出个人求胜的美国精神。而中国的主旋律电影,也渐渐开始摆脱了直白的宣传方式,变得越来越有人情,也越来越好看了。如果说这种转变以1990年拍摄的《焦裕禄》为起点,似乎并不为过。

作为一部主旋律电影,这部电影的主角是一心为民的清官和好人焦裕禄。古往今来的小说、戏文中,清官的形象并不在少数,然而,这些清官虽然高大、正义,却总是少了那么一丝人间烟火气息,仿佛斩几个贪官、除几个恶霸,就能成为救万民于水火的神灵一样的角色。焦裕禄却不是什么高官,也未曾与恶人有什么惊魂动魄的斗争,甚至衣着、相貌都只能淹没在众人之中,毫不起眼。电影的情节,也都是由一件件琐碎的小事构成的,这些小事很难被讲述成精彩纷呈的故事,但从小处说,却关乎个人生存;往大了说,则关乎国计民生,是最忽视不得的小事。焦裕禄的全部工作内容,就是由这些小事构成的。

从上任的第一天起,他就没有安心在办公室待过。他到沙漠上探查风口,从林

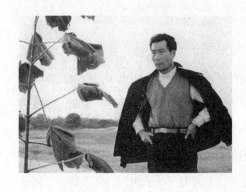

场的老场长那里学习治理风沙的办法；他趟着齐腰的洪水察看洪水流势，并且当天晚上就带领众人排干农田里的水，救回了一茬庄稼，也挽救了庄稼人一年的生计；他访贫问苦，登门为群众送救济粮款，感动得卧病多年的老大爷热泪盈眶……他的足迹遍及兰考的每一个角落，他与普通农民同吃同住同劳动，深入到普通民众的日常生活中。他广泛吸取了民间智慧，寻找到治理兰考县自然灾害的有效方法。尽管他在兰考仅有短短的一年零三个月，但是却办下了一桩又一桩的实事。庄稼人是实在的，焦裕禄为他们做的事也是实在的。所以，当焦裕禄因病离职的时候，那么多人自发前去送行。很多人看到这里的时候，往往会留下感动的泪水。影片感动观众，靠的不是言语，而是真实细腻的感情。焦裕禄没有什么标语、口号，他说的都是接地气、通人情的日常话语，这些才是人们最想听、最需要的。

　　如果说这部电影中有什么反派人物的话，那就是原县委书记吴荣先。在受灾民众拖家带口、准备逃荒的时候，他却任由救灾物资堆放在火车站，迟迟不肯发放。在他看来，饿死几个人不算什么——要从长远角度看问题嘛！所以，在焦裕禄成为第一书记而他却被降职的时候，他不仅工作消极，甚至偷偷告状，惊动了上级派人调查。但是，吴荣先最多算一个小人，却未必称得上是坏人。焦裕禄取消了干部的特殊待遇，把吴荣先送来的大米给了南方来的小魏，把工资花在给别人看病上面，结果最心爱的小儿子想吃一顿肉也不行……这些在吴荣先看来，都有作秀的成分，向下是收买人心，向上是邀功请赏，直到在焦裕禄的葬礼上，吴荣先的表情中，才有了那么一点悔恨的意味。以小人之心度君子之腹，并不能降低君子本身的人格魅力。小人的卑琐，才更加衬托了君子的高尚。

　　焦裕禄的确践行了"先天下之忧而忧、后天下之乐而乐"的儒家知识分子传统。一个人所能做的或许是有限的，但是他的精神确实能够在人间激荡起深远的回响。

经典记忆

影片的一开始,就是一片黄沙的几棵枯树,树上停满了象征着不祥的乌鸦。突然,好像被什么惊动了一样,乌鸦扑啦啦地飞了起来,在天空中哀鸣、盘旋。太阳照耀下的黄河故道,壮阔而荒凉,黄沙中稀稀疏疏散布着矮草。随着字幕一同出现的,还有悲凉的唢呐声。不远处的地平线上,无数的白幡涌入眼帘,随着镜头的拉近,哀哀的痛哭声也传了过来,白幡丛中,"永垂不朽"、"英明永存"的横幅不时闪现,一个孩子抱着焦裕禄的遗像走在队伍中间,走在后面的,是一脸沉痛的县委干部们。一位老乡一边漫天撒着纸钱,一边呼唤:"焦书记,回来吧!"

相关链接

1. 焦裕禄1922年生于山东的一个贫苦家庭,曾在辽宁的日本煤矿做过苦工,在江苏做过长工,1945年抗战胜利后,回乡成为民兵,1946年加入中国共产党,曾在山东渤海、河南尉氏县、陈留、郑州等地工作,1962年被调到河南省兰考县担任县委书记。时值该县遭受严重的内涝、风沙、盐碱三害,他同全县干部和群众一起,与深重的自然灾害进行顽强斗争,努力改变兰考面貌。他身患肝癌,依旧忍着剧痛,坚持工作,被誉为"党的好干部"、"人民的好公仆",直到1964年被强行送入医院才停止了工作。1964年5月14日,焦裕禄被肝癌夺去了生命,年仅42岁。1966年,焦裕禄的遗体按照他生前的遗愿,安葬在兰考县黄河故道的沙地上。
2. 饰演焦裕禄的李雪健,因这部影片而成名。李雪健对此颇为自谦,"苦和累都让一个大好人焦裕禄受了,名和利都让一个傻小子得了"。李雪健后来多次成功饰演这种朴实的好人形象,出演了《杨善洲》中的杨善洲、《一九四二》中的李培基等。

(张隽隽)

《烛光里的微笑》：蜡炬成灰泪始干

上海电影制片厂，1991年上映

导演：吴天忍

编剧：陆寿钧、郭兵艺、吴天忍

摄影：俞士善

主演：宋晓英、丁嘉元、杨津

片长：100分钟

获奖：1992年第12届中国电影金鸡奖最佳儿童片、最佳女演员

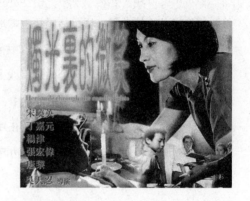

专家推荐

教师是个庞大的群体。依据最新统计数据，全国教师人数高达一千四百多万。可是长期以来，反映教师生活、展现教师情怀的影片却寥若晨星，《烛光里的微笑》无疑是个中最亮、最美的一颗。

该片的主人公，是一位小学女教师以及几个调皮孩子、"问题少年"。影片讲述了这位女教师为了孩子们的成长呕心沥血、殚精竭虑、竭尽全力撑起一片湛蓝天空的故事，讴歌了女教师为了孩子们的成长甘当"两头燃烧的蜡烛"的高尚情怀。观后令人动容、唏嘘、感慨万千。同时，主创借助丰富的电影语言，讨论了教书与育人、言传与身教、赏识与批评、封堵与引导、平凡与伟大等许多值得深思的问题。

在儿童的心目中，老师都是超人，其形象远比官员、父母高大。其实，老师也有烦恼、困惑与痛苦，只是从来不向儿童倾诉而已。因此，即便是为了偷窥一下老师的内心世界，这部影片也值得一看。

南京大学艺术学院教授　康尔

剧情简介

身体羸弱的王双铃是潘家弄小学的教师，最近她接手一个全校有名的乱班。"足球小子"路明常常带头搅乱班级秩序；周丽萍因遭父亲遗弃，承揽了全部家务活的她常因迟到而遭同学嘲讽；李小朋出身富有，却沾上不少坏习气。丈夫大刘非常担心双铃的身体，但双铃有决心改变班级面貌。后来小朋的父母因违法被判刑，双铃怕他走歧路领回自己家中暂住。路明的腿被校车轧断，双铃找到他最爱的球员写信鼓励他恢复。丽萍因家暴出走，双铃冒雨连夜寻找，她的无疆爱心深深感动了孩子和家长。在随后的全班郊游中，双铃却因过度劳累去世。孩子们在王双铃最爱的烛光里向她告别，仿佛看到了老师的微笑，也终于体会到了长大的滋味。

影片解读

影片《烛光里的微笑》在1991年上映之时引起了一阵观影热潮，每位观众都为电影中无私奉献的王老师而感动落泪。当时的领导人江泽民总书记也给予影片高度评价，提到他3岁的小孙女看完之后哭着说，王老师一定会回来的。王双铃只是一位平凡的人民教师，却用她的爱与责任为孩子们撑起一片成长的天空。李商隐的相思之句"春蚕到死丝方尽，蜡炬成灰泪始干"成了对双铃精神的最好诠释，也成为对默默奉献的教育工作者伤感的颂词。这种平凡人书写的伟大诗篇，即使今日再去回顾，也必然为之动容。

这部影片由剧本《天国之门》中的一节扩展而来，影片中学生的故事看似独立，却被一种气息所包围，那就是老师妥帖的关怀与育人的理想。双铃崇尚的教育理想，就是陶行知先生所说的：千教万教教人学真，千学万学学做真人。她一生都在践行着这样的理想：从小朋的爸爸到小朋，一代代的学生都在她的关怀下成长。她教小朋正直，也教小朋妈妈从善；她教丽萍勇敢，也教丽萍妈妈坚强。一名优秀的教师不仅是孩子成长的标杆，也是社会道德的楷模。王双铃如同她最爱的蜡烛，燃烧自己洁白无华的生命，用温暖的光照亮成人被蒙蔽的心灵，指引孩子成

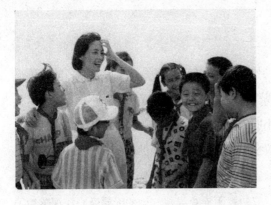

长的道路。

王老师的故事发生在上海棚户区，影片中的场景典型地呈现了当地人真实的生活，也契合了故事的背景与精神。一切景语皆情语。棚户区滋养出了有特色的人际关系与生活氛围，那是其他场景不可替代、不能承载的。导演对于真实感的追求，增强了影片的感染力。当火车警铃响起，镜头伴随着火车轰鸣而缓缓升起，为我们展示小学一天的开始，也仿佛王老师在天堂守护着孩子们的成长。

大爱源于小处，最打动人心的往往是细节。《烛光里的微笑》中许多细节的刻画让影片更具真实性和感染力。小朋两次买通四眼让他代为做题的细节，不仅使小明这一人物形象更加立体丰满、展示了同学间的人物关系，还使剧情的推进自然真实。丽萍为母亲尝药显示她的细心懂事，就连准备出走前还忍泪尝药，可见她对母亲的深爱之心与自己的委屈之意。王老师每次去教室前都会在镜前认真整理仪容，一个梳理头发的动作足以表明她对孩子的尊重以及对教师职业的热爱，堪称神来之笔。正如她告诉大刘的：在学生的眼里，老师永远都是重要的老师。这一细节在影片结尾处有所呼应，空荡荡的镜子和班级牌，再没有王老师的身影，而她的灵魂在天国仿佛还惦记着学校里的学生们，依然会走一遍这些熟悉的路，带着最好的微笑去给学生上课。

成长，是每个人都要面对的过程，甚至是人生永恒的主题。这部影片所讨论的最重要的问题就是："我"怎样长大？班里的同学们提供了许多答案，不管是努力踢球、好好赚钱还是五讲四美，都不是长大的完美途径。因为成长没有标准答案。如电影主题歌里唱的："不怕风沙，不怕雨打，越过春夏秋冬，这样就会长大。"成长是一个过程，必定要经历风雨。不管以什么方式度过成长的时间，只有一次次地尝试才能让稚嫩的羽翼在风雨中更饱满。如果说家是我们生命中温暖的港湾，老师就是成长航程的灯塔，为我们在暴风雨中指引方向，坚定信念。

电影主题歌《我怎样长大》歌词（节选）

小树问蓝天，我怎样才能长大，

蓝天笑吟吟，她轻轻来回答：

不怕风沙，不怕雨打，

越过春夏秋冬，这样就会长大。

这首主题曲《我怎样长大》是由徐景新作曲、主演宋晓英演唱的。这首歌在片中共出现过两次，一次是片头，带观众进入电影的氛围；另一次是王双铃在讲解作文题目《我怎样长大》时。第二次演唱非常应景，也巧妙地点出了影片成长教育的主题，强调了成长的精髓：经历风雨，等待漫长的时间。除了演唱之外，以这首歌的旋律作为背景音在影片中出现多次。悠扬中带着激进的旋律盘旋在潘家弄小学的上空，也回荡在每位同学的心里，更流传于每位观众的耳边。这首广受欢迎的电影歌曲流传多年，经久不衰，成为学生表达自我成长与感谢师恩的代表曲目，伴随着一代代少年的成长。

相关链接

"春蚕到死丝方尽，蜡炬成灰泪始干"取自唐代诗人李商隐《无题》。原本形容情人间的相思如春蚕吐丝，至死方尽，相思的眼泪如同蜡泪，烛尽泪干。后来取蜡烛牺牲自己照亮别人的意象，用来比喻教师无私奉献的精神。

（徐 鹤）

《周恩来》：一个时代的准稳刻度

广西电影制片厂、中国电影发行放映公司联合摄制，1992年上映

导演：丁荫楠　**编剧**：宋家玲、丁荫楠、刘斯民
摄影：于小群、雷甲铬　**剪辑**：杨幸媛、陈穗生
主演：王铁成、郑小娟、张云立、王希钟、郭法曾
片长：164分钟
获奖：1992年第12届中国电影金鸡奖故事片特别奖、最佳男主角、最佳化妆；1992年第15届大众电影百花奖最佳故事片、最佳男演员

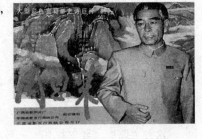

专家推荐

　　作为新时期以来首部革命领袖人物传记片，丁荫楠导演立志要拍出一个"人民心中的周恩来"，把人民的记忆再次重现，重温艰苦岁月中的真情。影片《周恩来》（上、下）当年的拷贝发行总数超过900个，掀起了一股观影热潮，王铁成扮演的"人民的总理"的形象已经深入人心。编导不满足于重现若干重大历史事件的过程，而是要写人，只有真正把历史中的人凸显出来，重大历史才能获得艺术上的再现。要使这类伟人题材的影片有力量，使伟人的形象有血有肉、真实可信，关键在于写出他们在处理大事时也是活生生的人，不让生活琐事淹没他们的伟大人格和情操。

　　写好人物最有效的途径就是从人物关系入手，影片写周恩来和他周围人的特定历史关系，包括回忆段落，也是着重表现在重要历史关头周恩来与战友们的战斗情谊，探寻作为领袖和政治家的主人公的内心情感和精神活动；有意地淡化事件和情节，着力渲染周恩来在一次次身心遭受冲击时的坚持、胆略、担当和无奈，大胆地把人物的情绪和情感作为结构影片的支撑点和依据，这也使得影片既有史的厚重与庄严感，又留存了一种悠然的感伤和抒情色彩，让人生出绵延的感喟。

北京大学新闻与传播学院教授　陆绍阳

剧情简介

一场史无前例的政治风暴席卷华夏大地,坐在车上的周恩来望着那些大标语、大字报,忧心忡忡。他制止"鞍钢"停产,竭力保护一代英才,保证国家机器的正常运转。震惊世界的"九·一三"事件发生了,林彪反革命集团叛逃国外,周恩来在毛泽东的支持下力挽狂澜、稳定局势。周恩来主持中央工作,经济秩序逐渐恢复。中美建交,周恩来卓越的外交胆识受到世人广泛赞誉。周恩来不幸罹患癌症,"四人帮"却趁机作乱。73岁高龄的周恩来抱病飞赴长沙,与毛主席商谈"四届人大"人选,并强忍病痛做"政府工作报告"。病危时,周恩来还惦念着台湾回归祖国……十里长街,数万人民怀着无限的哀思与怀念,自发走上街头,目送一代伟人灵柩远去。

影片解读

《电影世界》杂志在2009年新中国成立六十周年之际推出的"建国60年神来之笔"专题文章中,对影片《周恩来》给出了这样的注解:"在邢台大地震的现场,当总理的直升飞机降落在一片废墟之上,潮水般涌来的群众,仿佛在寻求保护的小鸟,赖他那个已然病弱的翅膀。他们在灾难中高喊着'毛主席万岁!'他也缓缓举起了那只著名的伤臂……"正如这段文字所描述的,这部被誉为是中国传记电影中的一座高峰的影片围绕周恩来总理晚年的政治生活展开,将周总理生命中的最后十年"镶嵌"于"文革"浩劫中,更是把他的鞠躬尽瘁、忍辱负重、崇高的精神境界推向了极致,叠交出了最平实却最光芒万丈的《周恩来》。

影片开头,周总理坐在缓缓行驶的红旗轿车内不安而关切地观望着这一场历史浩劫。跟随这个主观镜头,我们一同见证了历史上的许多重大事件,也一同走进了这位老人的精神世界。都说历史有时是一番太为主观的书写,而人物的命运又常常担负着历史最殷切的嘱托。周恩来,一个为波折的历史所牵动的人物,在颠沛流离的心路历程中承载了关于一个时代最准稳的刻度。正值中国社会发生着剧烈演变的复杂时期,处于险恶的政治斗争漩涡中心的周总理,他带着病痛俯首审视着这一片慌乱,也挺起腰杆在华夏大地上撑起了一片蓝天。导演独特的人物传记创作手法在于,通过对总理一生中最接近极致的一段时光的雕刻映射出了他浩瀚的一生,最是多灾多难处,更显一代英杰的足智多谋与崇高境界。

影片采用了过去时的编年与现在时的叙事相结合的结构。影片中保护贺龙、陈毅批斗大会、孔维世之死、毛主席南巡、"九·一三"事件、尼克松访华、国庆宴会、四届人大召开等众多历史事件,完整地展现了历史背景,且最大限度地保持了冷静客观。周总理的主观情绪串起这些历史片段,搭建起丰盈而完满的人物内心世界。虚实交加、有张有弛的多元化结构中编年与叙事相得益彰,使历史更宏阔,人物更厚重。

《周恩来》在视听语言运用上给人耳目一新之感。中央文献研究室与中央电视台发挥各自的优势,配合默契,在真实地揭示历史的前提下,注意影像视听表现技法的运用,采取时空交错、景物对比、岁月更迭、纪实写真等多种手法来营造时代氛围,表达思想内涵,使历史与现实有机地结合起来,增加了影片《周恩来》的感染力。

作为人物传记片,《周恩来》最大的成就是开掘出了人物丰满血肉之上的人格魅力和精神气质。"文革"中身为总理的他既要顾全大局又要与"四人帮"斗智斗勇;希望制止盲目的群众运动而心有余,欲保护革命战友而力不足,最后只得为力不从心而愤恨负疚;在察看军乐团迎接尼克松访华准备后,他轻和着《美丽的阿美利加》的节拍摆动时的喜悦……周总理忧国忧民的痛苦心境中所掺杂的层次丰富的人格魅力的星星点点,以及从中映现出的大人物的历史使命感与重情重义的传统文化精神的斑影,使本片人物形象成为艺术经典。

影片最后,直到生命的最后一息,周总理双眸仍然炯炯有神地望着前方,宽阔的额头与苍苍银发充满银幕,此时深远通透的童声唱起。那些历史的责任和情感的重压间分隔出的人前瑰丽与人后沧桑,一代叱咤风云的伟人的传说在无尽的人墙间散漫开来,令人唏嘘不已。

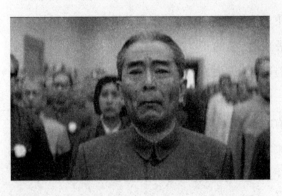

经典记忆

《周恩来》全片在人民大会堂、中南海西花厅、钓鱼台国宾馆、305医院等地实景拍摄,给观众一个流畅完整的历史场面,具有强烈的历史真实感。当时影片在中南海周恩来原住处拍摄,一切用品几乎都是使用周总理生前用过的。包括"游泳池"毛主席住处,甚至主席的睡衣都是张玉凤亲自拿出来借给剧组的。周总理参加贺龙元帅追悼会的场景,为了真实再现当时凝重的气氛,剧组在拍摄现场使用了真的贺龙将军的骨灰。每一个演员也都把自己融入到真正发生过的历史中,其情其景,真实感人。

相关链接

1. 影片的采访对象和文献资料极具权威性。在长达两年多的采访拍摄过程中,摄制组赴美、英、日、瑞士、俄和国内的南京、上海、南昌、武汉、云南、广东、浙江等几十个省市,采访了江泽民、李鹏、钱其琛、荣毅仁等党和国家领导人,薄一波、宋平、杨尚昆、袁宝华、谷牧、钱正英、黄华、熊向晖、吕正操、李德生、阿沛·阿旺晋美、赛福鼎等老同志,还采访了长期在周总理身边工作过的李琦、罗青长、童小鹏、顾明、周家鼎、吴阶平、张佐良、冀朝铸、林丽韫,以及一批外国政治家和国际友人基辛格、清水正夫、二阶堂进、韩素音等,作为当事人的他们怀着深切的缅怀之情,所讲的故事渗透着真挚的感情,生动、真实、细腻,具有临场感,这一切使一代伟人周恩来的形象更加丰满、传神。

2. 丁荫楠是我国第四代著名导演,1966年从电影学院毕业,其传记电影创作手法尤其娴熟而富有新意。代表影片有1982年拍摄的《逆光》、1986年拍摄的《孙中山》等。1991年,他经过多年的准备拍摄了《周恩来》,技法纯熟,影像精致,气势宏大,人物塑造真实生动,得到各界人士的一致赞赏。

(金慧妍)

《远山姐弟》：为你搭建希望之路

河北电影制片厂、长春电影制片厂，1992年上映

导演：陈力、马树超　　**编剧**：申晓义、马沉

主演：周鸣晗、陈思、吴若甫、李蕴杰、于文仲、谢兰

片长：95分钟

获奖：1993年精神文明建设"五个一工程奖"；1993年中国电影童牛奖优秀儿童少年故事片；1994年在日本亚广联（亚洲及太平洋地区广播电视联盟）第31届年会上，荣获电视大奖以及为庆祝亚广联成立三十周年而特设的亚广联"京都奖"

专家推荐

儿童电影的直感动人是基本要求，而创造独特意境则是影片难得的追求，此片悠远惆怅的情调，温暖人心的情味，让《远山姐弟》充满了令人怀想动心的情怀。世界原本是需要公平的，但人的处境和生活背景差异导致了读书也成为难题，这是不少偏远农村的现实，在影片中这一矛盾凸显在一个贫寒山区家庭的女孩身上，具有典型性。这一开始就激发起人们对不幸的同情怜悯，孩子难以遏制的读书渴望再一次动荡起我们的共振心怀。孩子们发自内心的向上期望在偷偷学习的画面中让我们揪心动情，而渴望学习的收获，在似乎不合法的替代答卷作业中得到出色评价，让观众获得极大的心理认同。

社会给予的情感暖意是正向激励的要素，其实，父爱的难以替代、老师的操劳悉心爱抚等等，都是这个社会美好的希冀所在，而秀秀的求学上进之路一定会得到社会的理解。最终，美好战胜了环境的阻碍，爱心的感染力得到大人们的回报，我们期望的聪慧可爱的孩子获得社会的支持，理想得以实现。我们说这其实是人性美好必须得到认可、人性本善的精神应该完满实现的影像结果。陈力导演的温馨情感、赞誉孩子的美好，在如画一般的诗意镜头，透现着对于人间爱意的情节表现中得到细致的表现。

北京师范大学艺术与传媒学院教授　周星

剧情简介

在一个偏远的山村，生活着一对名叫秀秀和旦旦的小姐弟，他们的父亲曾是一位为人厚道、受人敬仰的知识青年，但过早的离世使这个家庭的生活陷入了困苦的局面。秀秀娘含辛茹苦将姐弟俩带大，由于生活窘迫、只供得起一个孩子上学，因此母亲将读书机会留给了弟弟，而内心对书本充满渴望的姐姐则不得不扛起繁重的家务。在偶然的机会下，秀秀走进旦旦的课堂，开始像其他孩子一样享受学习的乐趣，还在解放爷爷的帮助下不断努力自学。一次，秀秀迫不得已代替旦旦考试，居然得到满分，但秘密被揭穿时，秀秀却不得不面对母亲的失望。后来，老师将写满秀秀心事的日记在报上发表，母亲才真正理解到女儿的求学之心，也感动了全村人，大家集资建学，为像秀秀、旦旦一样的孩子搭建起希望的学校。

影片解读

1992年，女导演陈力在乡村采风，一个偶然的机会听到老乡讲述了一对深山姐弟的真实故事：家境贫寒的姐弟俩不得不面对两个只能有一个去上学的宿命，最后在传统"重男轻女"观念的引导下，弟弟被送去学校读书，而依旧年幼的姐姐则被迫辍学在家，用幼小的肩膀承担起生活的重担。"女童失学"在当时的广大农村并非偶然事件，而是一种已然无法回避的社会现实。当陈力导演终于找到这个被很多老乡形容为"懂事"、"能干"的好女孩时，惊讶地发现，小姑娘已经安心接受了残酷的命运安排，她烧火做饭、持家护地，麻木地承受着生活的不公。正是这样一段经历激发了陈力导演的创作欲望，她曾在一次采访中回忆当时的心境："决不能让这个姐姐这样稀里糊涂地磨灭了希望，要帮助她，帮助更多像她一样的女孩！"这个颇为热血激情的想法成为电影《远山姐弟》的创作起点，也构成了整部电影的基本故事构架，而创作人员的真诚态度也保证了电影的优秀品质与高贵品格。

《远山姐弟》的故事来源于社会事件，是当时"女童失学"状况的现实缩影，主创人员在故事改编上却更加精准凝练，为令人唏嘘的悲剧情境提供了更为温暖

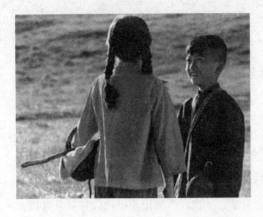

的元素以及可供参考的"解决方案"。首先,电影中的姐姐秀秀相比原型人物更多了一份改变自我命运的勇气与耐力,当被迫放弃上学机会时,秀秀并没有自怨自艾,而是依旧抱持着"知识改变命运"的期待,勉励弟弟珍惜学习机会、也不断激励自己自学进步——对姐姐性格的改编体现出电影主创们的理想主义情怀,也是创作者对现实时空中失学儿童的一种"正能量"引导;其次,《远山姐弟》的可贵之处还在于,电影主创们不仅发现了"女童失学"这一社会问题,而且试图在电影中给出解决方案,即通过民间集资办学的方式为更多遭受同样命运的孩子搭建起"希望之路",因此,影片的最后秀秀和旦旦有了自己的学校,他们不用再经受命运残酷的抉择,可以公平快乐地享受读书学习的乐趣,这样一个充满阳光温暖的结局打破了故事原型的悲剧设定,使整部电影成为一份可供参考借鉴、推动社会改革的文化样本。《远山姐弟》一经推出便感动了无数观众,也在一定程度上迎合了当时整个社会不断掀起的对"希望工程"的关注,更重要的是阐明了改变这一社会问题必须通过"真诚积极的社会资助"方能解决关乎"教育公平"的社会难题。

1994年,《远山姐弟》在日本东京获得了第31届亚广联"京都奖",当时来自亚洲各地的评委们普遍认为这部影片:"提出了一个关于男女学童平等接受教育的十分重要的和普遍存在的问题,该剧形象展示了中国农村为扫除文盲所做的巨大努力……这部剧能够为促进各国之间的相互了解,推动各民族文化和传统感情的交流作出积极的贡献。"可以说,《远山姐弟》的价值已经远远超出了电影本身,而成为一个社会文化进步的指标,体现并证明着中国教育公平化的努力与发展大方向——为所有学童搭建起改变命运的希望之路。

经典记忆

吴若甫在《远山姐弟》中扮演的父亲形象深入人心。吴若甫，黑龙江齐齐哈尔市人，生于1962年5月，1979年考入解放军艺术学院戏剧系，1983年9月毕业分配至总政话剧团，1998年2月调入中央实验话剧院。现为中国电影家协会会员，中国电影表演艺术学会会员。曾获得第19届中国电视金鹰奖优秀男主角奖、第17届中国电视剧飞天奖优秀男演员奖及2000年首届中央电视台我最喜欢的优秀男演员奖等。

相关链接

希望工程是团中央、中国青少年发展基金会以救助贫困地区失学少年儿童为目的，于1989年发起的一项公益事业。其宗旨是资助贫困地区失学儿童重返校园，建设希望小学，改善农村办学条件。援建希望小学与资助贫困学生是希望工程实施的两大主要公益项目。希望工程的实施，改变了一大批失学儿童的命运，改善了贫困地区的办学条件，唤起了全社会的重教意识，促进了基础教育的发展；弘扬了扶贫济困、助人为乐的优良传统，推动了社会主义精神文明建设。

（任晟姝）

《天堂回信》：祖孙情不了，润心寂无声

北京电影制片厂，1992年上映

导演：王君正　　**编剧**：贺国甫　　**摄影**：颜军生

主演：李丁、石晨、肖雄、刘舒

片长：88分钟

获奖：1993年中国电影童牛奖优秀儿童少年故事片；1993年德国第43届柏林国际电影节国际青少年儿童影视中心奖；1993年美国第10届芝加哥儿童国际电影节最佳影片；1993年荷兰第7届儿童电影节最佳影片；1993年伊朗第25届伊斯法罕儿童电影节最佳导演金蝴蝶奖

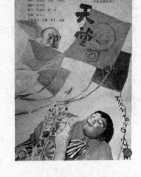

专家推荐

在儿童电影的习惯中，教化儿童是天经地义的，但其实儿童电影的职责应当是表现童真至情，让孩子的天性美好得到真诚的体现，是判别儿童电影的创作成功与否的一个重要标志。

《天堂回信》的朴质真诚的创作动机，描画祖孙情谊的真挚内核，不仅对于电影的表现极为重要，对于证明人间至情是如何具有向上的感染力都是一个证明。浓烈的跨代情谊，却建立在沟通和理解的生活流程中，影片与其说是表现爷爷对孩子的抚爱和护佑，不如说是表现孩子增长了对人世情感真谛的理解，和对爷爷的童真保护与亲昵的动人情感。创作者把握孩童心理的能力和掌控老人对于孩子悉心爱抚的微细一样出色，细节设计尤其动人，难以割裂的祖孙亲情在影像叙事和自然得体的设计中得到动人体现。

满铸着一湾深情的创作，让孩子纯真的心地、老人无私爱护的人类情感得以完满体现，随着风筝的悠扬、孩子对老人的思念心声，我们的内心也随着不可遏制地升腾起美丽的情感，爱哪里有生死挈阔的差异？只要充满对美好事物的无私投入，都会得到相应的美丽回报！

北京师范大学艺术与传媒学院教授　周星

剧情简介

北京冬日的暖阳里，聪明乖巧的晨晨和曾经是邮递员的爷爷快乐无忧地享受着放风筝的祖孙时光。晨晨的爸妈常年在国外工作，从小衣食起居都是和爷爷相依为命，他们一起饲养荷兰猪、一起爬15层送信……这些共同经历的点滴往事在祖孙间搭建起浓厚的情感依恋。然而，晨晨的妈妈突然回国打破了原本的平静生活。晨晨妈一方面希望以更现代的教育方法约束晨晨，强迫他学英文、学钢琴，另一方面晨晨妈也意识到自己无法真正地融入晨晨生活、代替爷爷。因此，爷爷主动搬回老家，为母子俩制造相处空间。爷爷过生日那天晨晨买来音乐生日卡，又一起和爷爷放风筝，回到家中疲惫的爷爷永远地"睡去"了。晨晨把生日卡放在风筝上送上天空，等待着天堂的回信。

影片解读

冬日里、北京城，一对相依为命的祖孙分享着生活中的点滴幸福，尽管远在海外的父母没有陪伴成长，但来自爷爷的无微不至的亲情之爱盈满了他童年的记忆。当爷爷离开时，留给他的不仅是浓厚深情的思念，还有一份洋溢着乐观、希望与向善信念的"天堂期待"，这就是《天堂回信》勾画的一个纯真世界。

这部拍摄于1992年的电影，由北京电影制片厂著名女导演王君正执导，在此之前王君正导演一直以拍摄儿童电影著称，代表作品包括《苗苗》、《应声阿哥》等。《天堂回信》延续了王导对儿童世界的一贯关注，以其温婉细腻的风格讲述了一段"祖孙情难了"的感人故事。这部影片获得了诸多好评，在世界范围获得了多座电影奖项，一举刷新了中国儿童电影的海外获奖纪录。

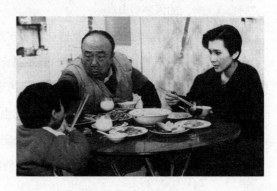

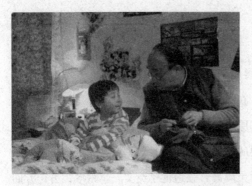

在许多"80后"、"90后"的记忆中,《天堂回信》是一部催人泪下的电影,而这份感动并未随着时光的流逝而改变,每当重新忆起影片中的桥段依然会被打动,因此,这部电影的重要美学特色就在于其对"祖孙情"的细节刻画:第一,贯穿整部影片的"风筝"意象,风筝在这部影片中是一个重要的道具,它承载着剧情的发展,也是人物情感抒发的重要纽带,爷爷带小孙子共同放风筝的经历是祖孙俩共同经历的童年生活,爷爷不断给小孙子制作新的风筝表现了爷爷对孙辈的情感传递,而影片最后晨晨将寄托思念的生日卡借助风筝传递天空也正是小孙子开始回馈祖辈恩情、逐渐长大的重要标志,因此"风筝"成为影片中的"叙事线索"勾连推动情节的发展,也作为故事的"情感脉络"促成了全片的感情升华;第二,《天堂回信》中有许多感人至深的台词,不断推进影片的情绪发展,例如懂事的小孙子不断提醒生病的爷爷"您要是不舒服了,记得吃药,左上衣口袋,急救盒,舌下含服一片",一句看似无心童真的台词在影片中反复出现多次,在言语间体现着孙儿对爷爷浓厚的关怀与依恋,也使爷爷的付出显得更加弥足珍贵,因为在爷爷"爱的教育"下,晨晨成为一个知道感恩、懂得回报的好孩子。除此之外,影片中还有许多令人印象深刻的细节,例如,晨晨经常要求骑自行车送爷爷去"幼儿园",这虽然仅是玩笑话,但也体现了晨晨对爷爷辛苦的体谅和分担。诸如此类饱含爱意的细节还有很多,共同构建起这部电影的感人泪点。整体而言,《天堂回信》并不是一部复杂的电影,其可贵之处也正是在平淡之处"润心寂无声"的深厚功力。

《天堂回信》是一部值得反复回味、多次观看的电影,因为每一个孩子的童年记忆中都一定有这样一位和蔼慈祥、陪伴成长的老人,他们用包容与温暖滋润着稚嫩生活的无知与顽劣、教会他们体验生活中无数的"第一次",这些关于老人的记忆也许会不断被冲淡、那些甜蜜的童年时光也势必会渐行渐远,但每当重新回味《天堂回信》这部电影,其中的感人细节就一定能够再次唤醒观众类似的记忆,提醒那些已经长大的孩子去感恩与铭记,并更好地回报家人的恩情。

经典记忆

李丁通过在《天堂回信》中扮演爷爷一角获得加拿大第12届里墨斯基电影节最佳男演员奖。李丁，中国儿童艺术剧院资深演员，原名李守海，山东省济宁人。1946年从艺，1956年毕业于中央戏剧学院导演干部训练班。曾出演电影《刘胡兰》、电视剧《皇城根儿》等，导演作品包括《求婚》、《否定之否定》、《有这样一个小院儿》、《姑娘跟我走》、《我要当冠军》、《和月亮交谈的六个晚上》等。2009年7月29日，李丁在北京逝世，享年82岁。李丁生前在《康熙微服私访记》中饰演的纳岚、在《宰相刘罗锅》中饰演的六王爷等都是中国电视史上令人印象深刻的经典角色，他出演的"盖中盖"广告"一口气上5楼一点儿不费劲"、"高钙片，水果味"也给观众留下了深刻印象。

相关链接

1. 《天堂回信》中小主人公晨晨的扮演者石晨晨来自于表演世家，其祖父石羽早在20世纪40年代已是著名演员，曾出演过费穆导演的经典影片《小城之春》；其父亲石小满也是著名童星出身，20世纪60年代开始参演电影，先后出演过《革命家庭》、《南海潮》、《大李、小李和老李》、《小叮当》等影片。

2. 风筝寓意：在《天堂回信》中，爷爷将逝者的信通过风筝传递到天堂，以寄哀思。其实，风筝在中国文化中的传情寓意源远流长。相传墨翟以木头制成木鸟，研制三年而成，是人类最早的风筝起源，后来鲁班用竹子，改进墨翟的风筝材质，进而演进成为今日多线风筝。古人发明风筝的缘起主要是为了怀念故去的亲友，所以在清明节将慰问故人的情意寄托在风筝上，传送给死去的亲友。

（任晟姝）

《孙文少年行》：国父的叛逆童年

中国儿童电影制片厂，1995年上映

导演：萧锋　　**编剧**：卢刚

摄影：孟卫兵、彭巍　　**剪辑**：战海虹

主演：余善波、蒯樾、李长璐、李宗华

片长：90分钟

获奖：1995年中国电影华表奖优秀儿童片；1996年第16届中国电影金鸡奖最佳儿童片；1997年第7届中国电影童牛奖特别奖

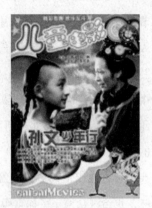

专家推荐

　　为纪念孙中山先生诞辰一百三十周年，中国儿童电影制片厂拍了彩色故事影片《孙文少年行》。影片以平实的历史叙述方式，讲述了主人公在故乡翠亨村和赴夏威夷求学的生活经历。刻画了孙中山先生自幼就富于同情心和正义感，勤劳勇敢，刻苦学习、乐于助人，敢于反对封建迷信的优秀品格；展示了孙中山先生富于人格魅力的少年往事。

　　这部影片无论是还原历史、塑造人物还是教育民众，所有的主题和电影元素都显示，导演保有对中山先生的敬意。

中国人民大学文学院电影学教授　潘天强

剧情简介

在家乡翠亨村，年幼的孙文和同村的小伙伴一样没钱念书，一样上山砍柴下地干活，长到12岁都没穿过一双鞋。孙文不忍猫仔受富家子弟的欺侮，出拳相救。"太平天国"成了他心驰神往的理想，"洪秀全"是他心目中的大英雄，他梦想成为洪秀全第二。孙文的哥哥孙眉出洋归来，带回衣物银两，孙文一家的生活得以好转。孙文终于进入私塾念书。1878年，12岁的孙文随母亲和哥哥前往美国檀香山，受到平等博爱精神的影响，产生了寻求真理改良祖国的愿望。四年的夏威夷生活，孙文接受了许多闻所未闻的知识。回到家乡后，他立志要以一己微薄之力拯救乡亲。年少气盛的孙文与伙伴一起推翻庙宇中的供台，砸毁了殿堂，却引来了杀身之祸，乡绅们将孙文逐出村门。孙文从此告别故乡，决心一生都将为谋求民主独立、民生幸福、民主自由而奋斗！

影片解读

《孙文少年行》是1996年广播电影电视部重点影片，导演萧锋在非常困难的条件下完成了拍摄。影片表现了孙文12岁至17岁的生活历程和心理发展轨迹，再现了清末年间民不聊生的生活情景。

孙文的成长主要受到三个人的帮助：第一个人是私塾先生，他是孙文的启蒙老师，让孙文学会了读书识字。第二个人是他的哥哥孙眉，他的接济让孙文有了上私塾的机会，还有了去檀香山接受西式教育的机会。第三个人是檀香山英籍校长韦礼士，在他平等无私的指导下，孙文的西学成绩突飞猛进，获得了全校第二名。私塾先生让孙文有了认识世界的基本能力，哥哥孙眉让孙文有了开眼看世界的宝贵机会，英籍校长韦礼士让孙文接触进步的西方文明，促使孙文有了改变故国的高远追求。

孙文的成长主要表现为三件"离经叛道"的事情：第一件是为猫仔抱不平，拒绝乡正陆大爷赏赐的大金鲤鱼灯。猫仔是海盗梁阿大的儿子，被视为贱民，虽然抢到了头彩，却无法领到奖品。孙文为此愤愤不平。第二件是在檀香山扯下哥哥家

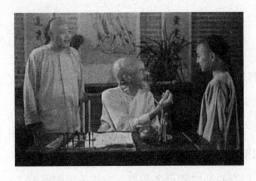

的关公像。哥哥孙眉不让根仔回家探母,根仔只好寄望于关公的保佑。孙文拆穿了众人的迷信和懦弱,一把扯下了关公像,结果被哥哥孙眉赶回了国内。第三件是大闹"北极殿",掀翻了"北帝圣君"的供桌。梁阿大自尽,儿子猫仔失踪,猫仔的母亲把一切的希望都寄托在北帝爷的身上。孙文痛感国人的愚昧迷信,于是拒当北帝爷的"契儿",大闹了一场,结果触犯众怒,被逐出村门。这三件离经叛道的事情,其实是一脉相承的。孙文骨子里信奉的并不是泥塑木雕的神像,而是独立、自尊、自信、平等的人。孙文为猫仔抱不平,甚至公然顶撞乡正陆大爷,除了兄弟意气之外,更主要的是由于孙文内心深处人人平等的观念。此后,无论是扯下关公像,还是掀翻北帝爷的供桌,都是对拜偶迷信的破除和反抗。在孙文看来,要改变命运,就必须依靠人自己的力量,打破封建神权的桎梏,彻底解放出来。

孙文的成长主要有三个阶段:第一个阶段是效法太平天国,"练好武功打清妖",做"洪秀全第二"。孙文目睹清王朝的腐败和民生的艰难,小小年纪便萌生了推翻清朝统治的志向。他进入私塾,学会读书识字之后,对封建正统看不上眼,却对反抗清廷的"太平天国运动"特别着迷,并阴差阳错地加入了"洪门",练习拳脚,立志做"洪秀全第二"。第二个阶段是效法檀香山的制度,在家乡翠亨村组建"夜巡团",设路灯,治安防匪。孙文从檀香山返国,在关卡上遭到清廷官员一拨又一拨的敲诈勒索,深感吏治腐败、社会动荡之苦,于是热心乡政,企图把家乡建设成"檀香山第二"。第三个阶段是与旧社会彻底决裂,不做泥偶木像的"契儿",出走外地,继续探索救国救民、自由平等之路。孙文在参与乡政改良之后,发现村民依旧是愚昧迷信,自动臣服于封建势力的淫威之下,不思反抗,不想改变,于是大闹"北极殿",被逐出村,走上新的道路。这三个阶段,体现了孙文从旧式农民起义,到资产阶级改良,再到暴力革命的转变。这也是孙文革命人生的真正起点。

虽然少年孙文的很多做法显得过于冲动和幼稚,但他的本意和出发点却是为国为民的。他从一开始便为唤醒沉睡的祖国和愚昧的民众而英勇奋斗。这种兼济天下的伟人情怀，是值得我们学习的。

经典记忆

"阿弟阿妹哟，借力啰！"这句"咒语"成了片中最温柔、最深情的符号。孙文在地里干活，觉得累了，姐姐便教给他一个"保准不累"的方法。姐姐对孙文说，这是太白金星下凡教给穷人的好办法，老人们都知道，只要大声喊"阿弟阿妹哟，借力啰！"保管身上有劲儿。从此，这句话便成了孙文排遣苦闷、重新振作起来的秘诀。孙文要离开家乡去檀香山。他的两个小伙伴在海边同他道别，孙文便把姐姐告诉他的秘诀教给了两个小伙伴，三人一起朝着海面大喊。后来，但凡他们遇到不顺心的事情，感到灰心、沮丧了，便会一起大喊"阿弟阿妹哟，借力啰！"这句灵验的"咒语"。

孙文一生致力于破除封建迷信，但唯独对这一条来自"太白金星"的"咒语"例外。因为与"北帝圣君"、"关圣帝君"等封建统治者所加封的泥塑木雕不同，这句"咒语"是太白金星专门"教给穷人"的好办法。这是劳苦大众的经验总结，是与人民群众保持血肉联系的精神纽带。在全片激烈抗争、大胆叛逆的基调之下，这一句大喊，被衬托得格外温柔、动人，充满了力量。

相关链接

中学语文课本与历史课本都曾描述了孙中山先生的生平与伟绩。孙中山先生是中国近代民主主义革命先驱，中华民国和中国国民党创始人，三民主义的倡导者。早年受基督教会教育，认识西方世界较深，通晓粤语、官话、英语、日语。首举彻底反封建的旗帜"起共和而终帝制"。中国共产党尊其为"近代民主革命的伟大先行者"。

（符　辉）

《男生贾里》：愿为豪情成志气

中国儿童电影制片厂，1996年上映

导演：张郁强

编剧：秦文君

摄影：葛利生

剪辑：其其格

主演：陈江南、何倩、常兰天

片长：90分钟

专家推荐

影片生动幽默地塑造了一个不起眼的中学生贾里的银幕形象。为了让这个人物鲜活有趣，影片的导演让贾里戴上了一副厚厚的近视眼镜，头发有点乱，衣服总是宽宽大大有点邋遢，并且还在剧中设置了黄倪这样一个长相端正、成熟稳重的形象和他作对比；在情节设计上也让贾里干了许多不太靠谱的事情。但是，影片的编导并没有把这些看上去有点出格的恶作剧，单纯作为一种反面事件来处理，而是在这些事件中突出了贾里独立思考、有责任感的性格特点。这正是贾里这个银幕形象可爱而又有突破的地方。他不再是只会听命于师长的好学生，而是有自己独立思想和判断的男子汉。

影片结尾，贾里在最终获得参选"最佳男生"的机会时说："我想证明，凡是想成为最佳的人，都有可能争当最佳！"这句台词说出了"80后"少年们的自信与豁达。与此同时，影片还刻画了与以往不同的几位老师和家长的形象。只有在一种新型的师生关系、父母与子女的关系中，才能培养出有独立人格的新一代。这正是影片立意深刻的地方。

北京电影学院电影学系教授　吴冠平

剧情简介

贾里是个不起眼的初一学生,想争当初中的"最佳男生",妹妹参加了校艺术团,贾里帮助妹妹出了个馊主意,使妹妹在校庆演出时大出洋相。他帮助好朋友鲁智胜戒烟,用的方法却差点儿吓掉朋友的魂。他给女生洪裳起外号,受到老师批评,他不服偷拿了老师的教案,没想到老师没有教案仍将课讲得很精彩。学校开了一家电器商店,吵得同学们无法学习,贾里一气之下,拔了商店老板自行车的气门芯,挨了校长的批评,贾里写了一篇关于噪音的文章登在校报上,引起全校的轰动。最佳男生竞选开始了,贾里默默地转身要离开会场,这时广播喇叭里传来校长的声音,她宣布关闭商店,并表示贾里可以参加竞选。同学们欢呼起来,鲁智胜模仿记者向贾里提问:"你为什么要参加最佳男生的竞选?"他自豪地大声说:"我想证明,凡是想成为最佳的人,都有可能争当最佳!"

影片解读

《男生贾里》改编自著名儿童文学作家秦文君脍炙人口的系列小说《男生贾里》、《女生贾梅》等,这些小说在20世纪90年代曾引起了极大的反响,可以说影响了整整一代的"80后"成长。在当时,这部电影的改编是有着极大的意义的,不仅仅因为小说的畅销,同时也因为小说所反映出来的90年代青少年的生存状态、心理成长、对人和世界的态度想法较为切合当时的青少年的状态,并包含着更多的励志、道德等教育的因素。时至今日回头来看这部1996年的影片,可以感觉到这部电影的电影语言相对较为刻板,以固定镜头为主,景别的变化也较多地隐藏在焦点的变化之中,使电影的动态感相对弱化;同时,也可以看出当年中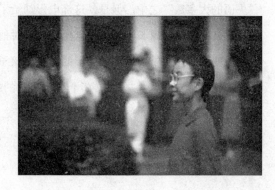

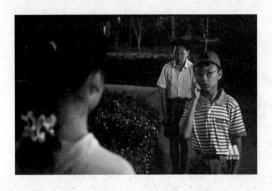
国电影界的制作水准、胶片质量等方面的不足，表演方法也相对比较老套僵化。

但是，这部电影依然是一部值得观看的电影，从影片的整体叙事上来讲，这部电影由五个主要事件构成——贾梅校庆演出、给女生起外号、偷拿教案、写文章批判校办商店以及参加最佳男生竞选活动。事实上，这五个事件在小说中是五个独立的篇章，但是，电影的叙事让这五个事件几乎天衣无缝地衔接在了"竞选最佳男生"的故事主线里，让"竞选最佳男生"这个故事超越了其本身的意义，在其他故事的发展和结束过程当中不断地跌宕起伏，充满了悬念。而导演选择这五个事件也不是随意而为，"贾梅校庆演出"事件是为了突出贾里作为哥哥的责任感和自作聪明的成长期特质；"给女生起外号"是为了表现一种真实的在中学生中普遍存在的行为，以及这种行为给同学造成的影响，也是为了塑造贾里作为一名普通的中学生恶作剧的形象；"偷拿教案"则是对新型师生关系的诉说，是一次对青春期男生自以为是、调皮捣蛋、喜欢恶作剧的行为的教化。但是，几个事件当中，导演将最多的笔墨放在了最后的"批判校办商店"上，这个事件一波三折并最终确立了贾里的正面形象。

这部电影较为难能可贵之处在于，它的核心并不仅仅在于教化青少年，而是将笔墨也落在了大人身上。事实上，大人与孩子之间也存在一种权力关系，在家庭、学校的权力关系当中，孩子是弱小的，是被驯化的，是被领导的，可以说也落入了"失语的大多数"之中。但是，这部电影却给了孩子一个话语空间，在影片中，贾里一次又一次地让家长、老师，甚至是校长对他产生新的认识，并真正通过自己的行动改变了一些事情，这就以电影的方式让孩子有了一个表达自己的渠道。所以，一部真正优秀的儿童片不仅仅在于它对儿童的意义，更重要的是，它对于整个教育，对于家长与孩子的关系，对于教师与孩子之间的关系的意义。

经典记忆

贾里给漂亮的女生洪裳起外号为"卡门",洪裳很不开心,哭了很久。之后洪裳转学,由于知道贾里的住址,洪裳没有告诉贾里新住址,贾里以为洪裳还在生他的气。老师让大家欢送洪裳,合影的时候贾里笑不出来,老师说"嘴咧开,嘴角上扬,眼睛睁大",结果贾里做的表情反而把大家都逗乐了。

相关链接

1. 秦文君,当代儿童文学作家。1981年创作出了第一部中篇小说《闪亮的萤火虫》,1982年开始其文学创作。其作品往往从儿童视角出发,展现儿童的所思所行,语言风趣幽默,且不乏感人之外,非常富于感染力。代表作有《男生贾里》、《女生贾梅》、《小鬼鲁智胜》、《小丫林晓梅》,先后四十余次获各种文学奖,其中《男生贾里全传》、《宝贝当家》、《孤女俱乐部》等作品分别获国家精神文明"五个一工程"奖、国家图书奖提名奖、冰心儿童文学奖及上海第3届文学艺术优秀成果奖、中国作家协会第3、4届全国优秀儿童文学奖、第3届全国优秀少儿读物一等奖、2002年获得"国际安徒生奖",并多次在由读者投票产生的"知音奖"、"好作品奖"中获奖。

2. 电影中提到贾里写的《告全校师生书》有"柳宗元"的风格。柳宗元,字子厚,唐代河东(今山西运城)人,杰出诗人、哲学家、儒学家乃至成就卓著的政治家,唐宋八大家之一。著名作品有《永州八记》等六百多篇文章,经后人辑为三十卷,名为《柳河东集》。因为他是河东人,人称柳河东,又因终于柳州刺史任上,又称柳柳州。柳宗元与韩愈同为中唐古文运动的领导人物,并称"韩柳"。在中国文化史上,其诗、文成就均极为杰出,可谓一时难分轩轾。

(高 原)

《滑板梦之队》：时过境迁的时尚元素

中国儿童电影制片厂、宁夏电影制片厂，1996年上映

导演：萧锋　　**编剧**：李乐、陆亮

摄影：张朝阳　　**剪辑**：战海虹

主演：范晶男、李宗华、王长林

片长：89分钟

获奖：1996年第7届中国电影童牛奖最佳影片、最佳编剧；1997年第3届中国电影华表奖最佳儿童片

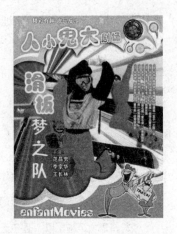

专家推荐

　　这是一部表现初中阶段半成熟少年的影片，而且是一部表现滑板运动的"动作片"，拍摄这一类影片有一定的难度。影片以速度、技巧和冲动为主来表现这个年龄段男孩子的懵懂、幼稚和冲撞。围绕着滑板这一项新的运动，孩子们与家长和教练产生了一些冲突。传统的学习好就是好学生的观念与品学兼优、运动促进学习这两种观念之间也产生了矛盾。三个稚嫩少年不断用自己的行动改变家长和学校的看法，在教练的帮助下，克服挫折，战胜困难，建立自信，改正错误，最后赢得了家长和学校的认可。

　　影片的创意不错，滑板作为一项青少年的新兴运动在这一类少儿影片中也是一个亮点。但是，由于作者受到主题大于形象的限制，在叙事中过多加入了一些观念的元素，使得本来幼稚可爱的少年形象受到损害，情节设置也有牵强之嫌。不过，作为最早表现滑板运动的电影，还是值得一看。

中国人民大学文学院电影学教授　潘天强

剧情简介

齐萌、苏伟、马大宝是三个出身背景不同但都喜爱滑板运动的中学生。三人自行组织了"滑板梦之队",希望能与市体校滑板队一决高下。齐萌的父亲是画家,只关心齐萌的学习成绩,不支持他玩滑板,齐萌在国外的母亲却一直支持他发展个人兴趣。苏伟早年丧父,家境贫寒,如果成绩不够好,母亲就不让他读高中;为了给爷爷买药治病,苏伟甚至偷偷打工赚钱。马大宝的父亲是一个唯利是图的商人,给马大宝600元,租了一个滑板场,却要求马大宝向小伙伴们收门票钱。三人在训练撞人、考试泄题、勇斗劫匪等事件中逐渐成长,赢得了家长、老师和同学们的谅解与支持,更在钟教练父亲的直接训练下,与市体校滑板队进行了一次精彩的对抗赛。

影片解读

《滑板梦之队》是继《我给爸爸加颗星》、《孙文少年行》之后,萧锋连续导演的第三部儿童片。这种对儿童片的执著,在当时的电影界是非常罕见的。

事实上,《滑板梦之队》在今天看来,无论是滑板动作的技术水平、视觉效果,还是影片本身的叙事风格、艺术质量等,都已显得严重落伍和过时。但是,在影片拍摄的那个年代,中国的改革开放才初见成效,滑板也是作为一种新鲜事物而进入国人的视野。在当时来说,《滑板梦之队》无疑是一部前卫的、时尚的现代儿童片。

第一,影片的命名便是非常洋气的。"梦之队"的句式,很明显是受到了日本动漫的影响,带有很明显的日文中译的构词特点。影片中,齐萌、苏伟、马大宝三人讨论滑板队的命名。齐萌提出以"梦之队"为名,苏伟当即反驳:"那为什么?咱们又不是打篮球的。"显然,早在"滑板梦之队"之前,已经有了"篮球梦之队"。

第二,影片以"滑板运动"为主题,但作为一项新鲜洋气的贵族运动,滑板并不是对所有人都开放。就齐萌、苏伟、马大宝三人而言,家庭经济条件的好坏便直接影响到玩滑板的资格问题。齐萌的父亲是画家,母亲在国外,生活宽裕,不愁

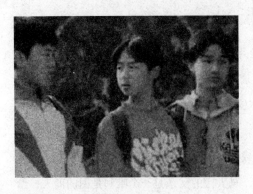

吃穿。马大宝有一个大款父亲,上学都是打车过来,经济条件比齐萌还要好。这两个学生都有玩滑板的条件。而苏伟则不然,他家境贫寒,父亲早逝,与母亲、爷爷相依为命。别说浪费时间玩滑板了,就是继续在学校读书都很成问题。为了给爷爷买药,苏伟甚至不得不挤出时间打零工赚钱。因此,毫无疑问,苏伟经常缺席滑板训练。在反映社会问题上,本片也是前卫的。

作为经典电影之一,《滑板梦之队》保留了一代人所特有的记忆,这是最令人回味的。齐萌、苏伟、马大宝三人一开始模仿港台偶像"小虎队"的发型。李老师在课上却说这是以前的"汉奸头",教育他们遵守学校规章制度,理标准的"学生头"。齐萌的母亲定期从国外寄回的"录音带",也是如今罕见的古董了。现在清一色的液晶宽屏墙面电视,在当时也只发展到黑黑丑丑的老式电视机的水平。把《滑板梦之队》当作一部"历史文物片"来看,倒也不错。

经典记忆

电影主题歌《快乐的风》歌词(节选)

放下做不完的作业,舒展开心的笑容,
我们像风一样热情,让快乐随滑板滑动。
走出那紧张的教室,扑进开阔的天空,
我们像风一样自由,让梦想随滑板滑动。
嗨,阳光你好你好!嗨,小草你好!
小鸟点头向着我们笑。
嗨,天空你好你好!嗨,白云你好!
成功总有一天会来到。

《快乐的风》是由秦逸作词，吴旋作曲并指挥，飞鸢乐团演奏、梦之队演唱组演唱。在影片中，这段歌曲是与齐萌玩滑板的一组镜头相搭配的。滑板动作特有的速度和节奏，与歌曲本身的旋律相互呼应，构成了图文并茂、情景交融的意境。

相关链接

滑板项目可谓是极限运动历史的鼻祖，许多极限运动项目均由滑板项目延伸而来。20世纪50年代末60年代初由冲浪运动演变而成的滑板运动，而今已成为地球上最"酷"的运动。滑板运动以滑行为特色，崇尚自由的运动方式，体验与创造超重力的感受，给滑者带来成功和创造的喜悦。滑板运动不同于传统运动项目，不拘泥于固定的模式，需要滑手自由发挥想象力，重新强调在运动中完善人性、回归自然的本质，在繁华都市中潜藏着一股回归自然、融于自然、挑战自我的暗潮。在欧美各国及各发展中国家，参加极限运动已经成为都市青年最流行、最持久的时尚，参加极限运动会已经成为广大都市青年梦寐以求的愿望。

世界上两个重要的滑板国际组织：国际滑板商协会与世界杯滑板赛。

（符 辉）

《鸦片战争》：史诗情怀和人文关怀

峨眉电影制片厂、成都汇通合作银行、中华民族文化促进会、上海谢晋—恒通影视有限公司、上海精文投资有限公司联合摄制，1997年上映

导演：谢晋

编剧：宗福先、朱苏进、倪震、麦天枢

摄影：侯咏　　**剪辑**：胡大为（加拿大）、钱丽丽、张龙根、侯佩珍

主演：鲍国安、林连昆、葛香亭、Bob Peck、Simon Williams

获奖：1997年第17届中国电影金鸡奖最佳故事片、最佳摄影、最佳录音、最佳道具、最佳男配角；1997年中国电影华表奖优秀故事片；上海影评人奖永乐杯1997年十佳影片；1997年加拿大蒙特利尔国家电影节美洲特别大奖；1998年第21届大众电影百花奖最佳影片

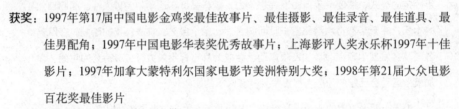

专家推荐

《鸦片战争》是一部不多见的具有史诗气质的中国电影。这部电影场景、人物众多，全景式地展现了一百多年前那场标志着中国近代史开端的战争。这部电影中没有鲜明的善恶忠奸的对立，没有脸谱化的英雄、败类和侵略者，牵涉战争当中的中英双方，从皇帝、高官到平民百姓，都得到了正面展示，不多的台词和动作，展现了他们内心的情感和观念。作为开眼看世界的第一人，电影并没有把林则徐塑造得高大完美，而是表现了他面对着千年未有之变局的种种迷惑、忧虑和思考，以及力图突破一己局限扭转民族命运的种种努力。导演谢晋希望通过这样的方式，在香港回归前夕重述其沦为殖民地的历史，超越展现屈辱、控诉恶人的惯常模式，从一个更高的高度上反思民族的历史和现状。《鸦片战争》的创作历时两年，单是剧本就十一易其稿，场景、服装、道具及人物的语言、思想都力求真实，从最大限度上客观、真实地还原特定历史场景中的个人，这也是导演谢晋在自己的作品中一贯的追求。

北京大学艺术学院教授　李道新

剧情简介

1838年，由于鸦片走私造成白银外流、国民孱弱，两广总督林则徐上疏道光皇帝请求禁烟。道光皇帝召见林则徐，并处置了吸食鸦片的老臣吕子方表达了禁烟的决心。林则徐随即奔赴广州。他以铁腕手段处置了大批烟贩，强迫英商交出非法携带的鸦片并予以销毁。商人颠地回国鼓动议会发动战争，经过激烈争论，议会终于以微弱多数通过了对华战争拨款。英国军舰的强大力量让道光皇帝恐慌，他罢免了林则徐，任用主张求和的琦善，希望能够安抚英国人。但又无法接受割让领土的条款，经过一番激战，将军关天培壮烈殉国。由于不敌英国船坚炮利，清政府最终还是被迫签订了屈辱合约。琦善以欺君卖国罪被押解回京，林则徐则被发配边疆。

影片解读

谢晋导演的《鸦片战争》于1997年香港回归前夕正式上映，它的投资达1亿元人民币——这在今天听起来或许并不意味着什么，但在中国电影陷入低谷的20世纪90年代，却不啻于一个天文数字。不仅投资的规模前所未有，电影拍摄也创下了当时中国电影的若干纪录——分布于浙江、广东、英国伦敦等地的两百多处场景、两万多套服装和道具、五万人次的中国群众演员和三千多人次的外籍群众演员、颇具实力的两岸三地演员及外籍演员……这些数字足以让当时的中国电影人瞠目结舌，即使放在今天，也算得上是国际化的大制作。与同样投资巨大、场面宏大的好莱坞电影不同，导演谢晋之所以如此，不是为了绚丽的视觉效果和强烈的感官刺激，而是出于对历史、民族的深切思考和融于潜意识中的人文情怀。在宏大的历史时空中，谢晋更关注的是历史中的人物及其内心世界。

有郑君里导演、赵丹主演的《林则徐》在前，谢晋的《鸦片战争》总是很容易被拿来与前者进行对比。如果说《林则徐》把这位民族英雄表现得正气凛然、高大完美，进而将之树立为万神殿中的偶像，谢晋的《鸦片战争》则将其拉下神坛，还原为一个有血有肉、真实可触的历史人物。

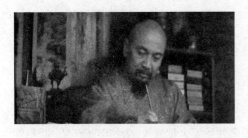

　　这部电影中的林则徐，虽然一身正气，却也不乏为官为吏者的机巧乃至圆滑。他上疏禁烟言辞激烈，被皇帝召见的时候却小心翼翼，到了京城，先拜访了恩师吕子安，从侧面探听皇帝的态度；当皇帝委以禁烟重任的时候，也没有立即表示接受，直到皇帝打消了他的顾虑，表示了禁烟的决心的时候，他才接受了任务。林则徐固然是近代中国"开眼看世界"的第一人，但他对外部世界的了解也是有限的，所以会错误估计形势，认为英国人不会与中国开战。言辞之间，他还偶尔会流露出天朝上国的盲目的优越感。直到清政府战败求和，他才真正看清了当时的中国与世界上最为先进的英国之间的差距。

　　同样，道光皇帝和琦善，虽然签订了不平等条约，在这部电影中也没有被表现为厚颜无耻、一味卖国的民族败类。琦善的力主求和，并不完全是置民族利益于不顾，所以才会屡次悲叹"大清的灾星到了"、哀叹自己失足成千古恨，当了民族的罪人；道光皇帝在合约签订之后，对着创下了大清基业的列祖列宗三跪九叩、伏地痛哭，心中的苦楚也是不言而喻。甚至出场不多的英国侵略者，电影也通过不多的台词和场景表现了他们之间的个性差别和不同的利益诉求。颠地的贪婪与固执、义律的机变和谋略、年轻的维多利亚女王作为世界上最强大国家的统治者的不凡气度和眼界，都给人留下了深刻的印象。

　　本片中多侧面、立体化地表现人物的情感和内心，在此前的中国电影中是不多见的。影片对牵涉到这一历史事件中的中外双方的各色人物都给予了全面的展示和刻画。导演谢晋站在后见之明的立场上，在一个宏大的历史时空中，通过不同个人的感受和反应，展现了作为中国屈辱的近代史开端的鸦片战争。电影开头，谢晋就通过字幕表明了自己对这一历史事件的态度："只有当一个民族真正站起来的时候，才能正视和反思她曾经屈辱的历史。"不是控诉，不掩饰或者美化，而是冷静地反思。

　　这种态度是冷静的，同时也是炽热的，或者说，冷静正是出于对民族历史的思考和现状的关注。电影没有将这一悲剧性的事件归咎于道德败坏者的阴谋诡计，而是力图客观、公正地展现每一个力图突破一己局限而有所作为的历史人物。正是这样的态度，使这部电影超越了狭隘的民族主义情感和意识形态限制，流溢着人文关怀，从而也具有宏阔、超然的史诗气质。

经典记忆

1. 《南京条约》签订之后，道光皇帝带着众皇子们来到宗庙，面对着列祖列宗的画像三跪九叩、伏地痛哭。虽没有一句台词，但其中的屈辱和无奈是不难体会的。跟在他身后的皇子们一个比一个年幼，而最后一个跪垫上、襁褓中的婴儿正在酣睡，似乎暗示了在接下来的近百年中，中国面对环伺的强敌每况愈下的处境。

2. 林则徐和琦善一被流放，一被押解回京，两人在广州城外见面了。琦善沉痛地说："少穆啊！你我虽都遭惨败，可你，虽败犹荣，或能名垂千古；我琦善呢，身败名裂，永背骂名！"林则徐却表示，早已将个人的祸福置之度外，委托琦善将地球仪带给皇帝，希望皇帝从此以后能够明白，世界已是强国林立，中国不可再闭目塞听了。在对比之中，琦善这一"卖国贼"的形象不再是脸谱化的，而林则徐的境界和眼界则凸显出来。

相关链接

作为中国近代史的开端，关于鸦片战争的历史描述毫无疑问地出现在《中国近代史》（上册，人民教育出版社）第一章"清朝晚期中国沦为半殖民地半封建社会"第一节。本片将历史课本上的文字通过镜头呈现在银幕上，让大家"目睹""体验"这段重要的中国历史："闭关锁国"后的中国逐步落后于世界大潮，但是在外贸中，中国一直处于出超地位。为了扭转对华贸易逆差，英国开始向中国走私鸦片，来获取暴利。1839年6月林则徐前往广州开展禁烟运动，打击了英国走私贩的嚣张气焰，同时影响到了英国的利益。为了打开中国市场大门，英国借口虎门销烟而发动了侵略战争。战争前期中国军民奋起抵抗，沉重地打击了英国侵略者，但是腐朽的封建制度抵抗不住英国的侵略，道光帝派直隶总督琦善与英国议和，签订了中国历史上第一个不平等条约《南京条约》。中国开始向外国割地、赔款、商定关税，严重危害中国主权。鸦片战争使中国开始沦为半殖民地半封建社会，并促进了自然经济的解体，同时也揭开了近代中国人民反抗外来侵略的历史新篇章。

（张隽隽）

《花季·雨季》：与深圳同龄的成长记忆

深圳影业公司、深圳市委宣传部联合摄制，
1997年上映

导演：戚健　　**原著**：郁秀　　**编剧**：丛容

摄影：赵小丁、林彬　　**录音**：关健、丁建东

剪辑：鲍晓辉　　**主演**：颜丹晨、张超

片长：82分钟

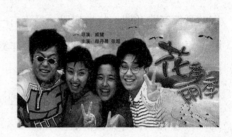

获奖：1997年第4届中国电影华表奖优秀儿童片、电影新人奖；1999年第8届中国电影童牛奖荣誉奖、优秀成人演员

专家推荐

在女孩子的成长经历中，16岁是花季，象征着青春少女烂漫时代的开始；17岁是雨季，表达了少女多愁善感情绪的启动。影片就是以这个年龄段的孩子为切入口，描绘了改革开放的前沿城市深圳，讲述了在这个年轻的城市中一群年轻人的青春成长的历程。新的学期开始了，谢欣然、陈明等几个同学升入了高一，新来的班主任江楠也以自己独特的方式赢得了同学们的喜爱。从无忧无虑的16岁花季走向敏感、多思的17岁雨季，一系列成长的烦恼在这群高中生的心里渐渐地弥漫着，一系列来自于家庭、社会的各方面困扰和难题在他们的心里泛起波澜……

影片题材新颖，形象清新，人物与事件贴近现实生活。矛盾冲突与情节纠葛非常真实。场景和镜头能使观众感受到90年代深圳特区的真实环境和时代气息。尽管影片仍有不少处理过于程式化的场景，主题先行的痕迹也比较明显，但总体上是值得肯定的。新时代的青春记忆在改革开放的历史上留下了难以磨灭的印痕。

中国人民大学文学院电影学教授　潘天强

剧情简介

20世纪90年代改革开放的前沿城市深圳一所重点中学里，以班长谢欣然为代表的同学们在班主任江老师的带领下，一次次经受了生活的洗礼，走出了一个又一个感情的旋涡，不断走向成熟。影片以谢欣然、陈明之间评选"特优生"的竞争为基本线索，把花季少年的人际矛盾、早恋情结、竞争压力、家庭关系等连缀起来，同时也有针对性地揭示了深圳移民学生的户口歧视问题。

影片解读

《花季·雨季》这部影片曾经红极一时。当然，这与郁秀原著小说的成功是分不开的。郁秀凭借小说《花季·雨季》获得"五个一工程奖"和"国家图书奖"。以一部青春小说而得到政府奖励，即便现在也是不多见的。

《花季·雨季》在改编为电影的过程中，删除了几个人物，情节也做了较大的改动。谢欣然暗恋的男班长"萧遥"、崇拜班主任江老师的"林晓旭"等极具个人魅力的人物戏份，都被删除了。其他几个人物的形象也都做了一些删减处理。

《花季·雨季》能够风行一时，与其在电影艺术上的成功密不可分。改编之后的影片，保留了郁秀的观察视角，把一群特区高中生的心灵成长过程描写得极真实、极细腻。很多观众的童年记忆都与这部影片紧紧地黏在了一起，无论何时回想起来，总会感觉到一丝甜蜜。既有青涩校园的典型呈现，又有特区社会的现实关照。影片在展现深圳的高速发展之余，也让花季少年们开始认识到社会现实的复杂性。在老师、家长们的耐心沟通与引导之下，懵懂的少年逐渐认识到，生活中除了阳光还有泥泞，应正确地把握人生，处理好人与人之间的关系。因此，说郁

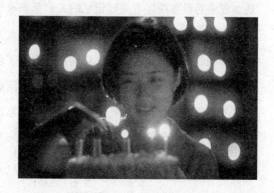

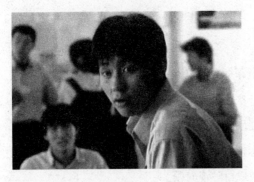

秀开创了校园小说并不为过,说这部影片引领了一个时代的风潮,也不为过。身为深圳人、移民家庭、移民学生、户口问题、花季雨季……影片中的这些应景的话题,以及纯洁无瑕的真情实感,让很多人感同身受,并对青春有了崭新的认识和美好的憧憬。

青春很美,也很残酷。正如影片开头所说:"十六岁的城市,真美!可十六岁的人生,除了美丽的花季,还有泥泞的雨季。"

经典记忆

电影片尾曲《我们和太阳在一起》歌词(节选)
青春的花季,希望的雨季,奉献给世界一个个惊喜。
欢快的脚步,多彩的旋律,阳光下走来我和你。
我们将春天留给大地,幸福的花蕾饱含露滴。
我们是花季,我们是雨季,我们和太阳在一起。
梦里腾起太阳火焰,拥抱灿烂的世纪,闪光年华瑰丽,永远年轻。

这首歌是由单协和、郑兴文、邹航作词,叶小纲、邹航作曲,中央音乐学院选送。很多对青春期怀有美好记忆的人,都很喜欢片尾的这首歌。那种清新芳烈的朝气、元气淋漓的生命力,深深地感染了一代人,影响了一代人。走过花季、走出雨季,年轻的生命不再迷茫,热切的渴念融入了理想。尽管视频网站的观影效果和电视效果相差甚远,尽管有些台词都有点听不清楚,但是重看这部影片,除了再次感动之外,我们还看到了一些之前没有看到的东西。那种充满存在感的青春岁月,注定是我们人生中最迷人的记忆。

(符 辉)

《背起爸爸上学》：残酷生活中的父子温情

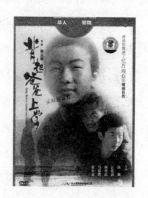

北京紫禁城影业公司，1998年上映

导演：周友朝　　**编剧**：王浙滨

摄影：杨轮、林壮　　**剪辑**：李京中

作曲：赵季平、赵麟

主演：赵强、于芮、江化霖、颜丹晨、马恩然、张小童

片长：82分钟

获奖：1998年第5届北京大学生电影节评委会特别奖；1999年第29届瑞士吉福尼国际电影节铜神鹰奖；1999年第8届中国电影童牛奖优秀成人演员

专家推荐

　　这是一部感人的励志电影，作者用真实的画面记录了中国当代边远乡村地区农民子弟和其家庭的生存现状。沿着小主人公石娃的成长经历，观众既可以看到农村世俗重男轻女、父道尊严的传统观念，更真实地了解了物质生活极度贫乏下人类生存的艰难。

　　这部影片的主题触及的是中国社会最敏感的伦理话题：家族、父子、男女、城乡和贫富。石娃他爹用旋转铜勺的方法决定了石娃和他姐姐的命运。以牺牲姐姐读书的机会获得了改变命运可能的石娃，其实也担起了整个家庭的重任，这一切都要在他今后的日子一一进行回报：他必须获得好的成绩，也必须在父亲重病后担负起照顾父亲的重任，义无反顾地背起爸爸上学。所有这一切都是讲述中国式的伦理和责任，石娃的孝心是中国式伦理的典范。

　　影片纪录片风格的影像和人物造型形成强烈的真实感和沧桑感。那条不断出现的马莲河始终伴随着石娃的成长和他一家人命运的发展。结尾处石娃背着爸爸在朝阳的霞光里缓缓地趟过马莲河，使观众的心情得以升华。

中国人民大学文学院电影学教授　潘天强

剧情简介

影片由甘肃庆阳中学生李勇的真实事迹改编而成，主要讲述了农村孩子石娃自小丧母、与父亲和姐姐相依为命的故事。石娃7岁，该上小学；姐姐12岁，升入初中。家境贫寒，只够一个人的学费。父亲便用转铜勺的方法做决定，结果弟弟石娃上学，姐姐辍学养家。石娃在汛期过河，亲眼目睹同班小女生被洪水淹死，吓得三天不敢过河上学。父亲背他过河，石娃感到安慰，从此刻苦读书，在高老师的指导下，参加全国奥林匹克化学竞赛获得甘肃赛区一等奖，并考取省城师范学校。这时父亲却中风偏瘫、半身不遂。父亲既不想连累出嫁的女儿，又不想拖累儿子去城里求学，于是投井自杀。石娃在心痛之余，决定勇敢承担，背起爸爸上学。

影片解读

《背起爸爸上学》曾经在很多学校集体放映，成为典型的校园励志片。影片根据真人真事改编而成。片头有一段说明文字："石娃的原型李勇，现已十八岁，为甘肃庆阳师范学校三年级学生。一九九七年一月，被'联合国开发计划署'和'中国青少年发展基金会'授予'国际青少年消除贫困奖'。"当年的很多学校组织全校学生集体观影的目的自然是以一个山区孩子在逆境中刻苦求学的精神，对本校学生进行一场"现实主义教育"，勉励学生珍惜现有的良好学习条件，少发牢骚多努力，积极奋斗，不断进步。

诚然，这部影片非常感人。当年的很多人都看得泪流满面。在银幕上，从一个不敢过河、调皮捣蛋的小孩儿，到一个坚强独立、背起爸爸上学的小伙子，石娃的转变不可谓不大。在这一转变的过程中，有三件事对石娃产生了重大影响：一是父亲用来决定姐弟二人命运的"铜勺"。父亲一直背负着姐弟二人，然而，父亲的背变窄了，他无力背负两个人的时候，有一个人就得出局了。姐姐辍学，冥冥中，石娃明白命运在这个家庭做了选择。二是同班小女孩之死。石娃几乎是看着那个小女孩淹没在洪水里的。小小年纪的他在惊吓之余，逃了三天学。那是他第一次

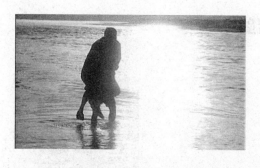

近距离接触死亡。童年的梦幻开始破灭了。三是姐姐的出嫁。姐姐接替父亲来背负石娃。石娃的抗拒和成长，几乎是一瞬间的事情。无论是出于男子汉的尊严，还是激于现实的残酷，在姐姐出嫁以后，背负起这个家庭、保护这个家里的老人和女人，便成了石娃不可推卸的责任。

"慈如河海，孝若涓尘。"在人情冷漠的时代，还能有如此坚韧的孝心孝行，实在是难能可贵！石娃长大了，父亲放心了，一句"我听石娃的"，意味着他终于卸下了父亲坚强的重任。过河前，父亲松开拐杖的一刹那，观众的眼泪也奔涌而出。我们很惊喜地看到，在残酷的现实背景下，真情依旧非常难得地保持了它的坚强和温暖。在影片最后，石娃背着父亲，迎着朝阳缓慢过河的场景，让无数人都为之动容。一个山区的苦孩子，以他瘦弱的身躯背起的不仅仅是一个生病的父亲，他背负的是一个沉重而又充满希望的未来。

经典记忆

石娃胆怯地走进马莲河，到河中央时，想起小女孩被洪水淹没的场景，吓得大哭不止。父亲石大心有不忍，便背起石娃过河，告诉石娃："河水有涨有落，学是要天天上的，男孩做啥事都要有个结果。"这是儿子依靠父亲的阶段。

后来，儿子考上城里的师范学校了，父亲却中风，生活不能自理。儿子坚决不让父亲吃"五保户"，也阻止了父亲投井自杀，终于劝得父亲回心转意，安然接受儿子的照料。村里人不解："你到城里读书了，那你爸咋办？"石娃回答得很干脆，"我背着我爸去上学！"村里人又问石娃的父亲，"老石，你真让石娃背你上学？"父亲只是平静地回答一句，"我都听石娃的。"这是父亲依靠儿子的阶段。

（符　辉）

《横空出世》：安得倚天抽宝剑

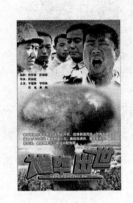

上海电影制片厂，1999年上映

导演：陈国星

编剧：陈怀国、彭继超

摄影：张黎、池小宁

剪辑：周新霞

主演：李雪健、李幼斌、高明

片长：110分钟

获奖：2000年第20届中国电影金鸡奖最佳故事片、最佳导演、最佳女配角、最佳摄影、最佳美术、最佳音乐、最佳录音

专家推荐

　　《横空出世》的片名就具有一种宏大的气魄，影片全景式地展现了新中国创造第一颗原子弹的过程。

　　影片采用"分—总"的叙事结构，从军人冯石与科学家陆光达两个角度来体现创造第一颗原子弹的全过程，导演有意地赋予冯陆二人不同的性格与经历，形成巨大的审美反差，从而代表为创造原子弹奉献汗水的所有劳动者。

　　影片的人物塑造、剧本以及画面音乐都属精良之作，人物的性格与特性与背景画面音乐相互映照，既有苍茫昏黄的大漠风情，也有狭小封闭的室内景象。全片大多数时间都是无背景音乐的画面描绘，正因此，几次背景音乐的响起都起到了画龙点睛的妙用。全片有两处背景音乐使用格外令人感动，一次是陆光达与妻子在水中相遇时，另一次则是影片的高潮——原子弹试爆成功，所有人在一起欢呼鼓舞。导演在此刻意放慢了镜头，配合着慷慨激昂的背景音乐，观众彻底地融入剧中人的情感，同影片一起走向高潮。

武汉大学艺术学系教授　彭万荣

剧情简介

抗美援朝战争结束后，战功赫赫的将军冯石被委派一项特殊任务，国外新闻报道：一支部队在沙漠中神秘消失。与此同时，科学家陆光达也匆匆与妻子分别，并被告知为了这个任务他必须隐姓埋名，各个科研机构与大学正紧张地选拔人才，奔赴西北大漠。在罗布泊，一项震惊世界的使命即将诞生：建设新中国的原子弹发射基地。在此时，困难也接踵而至，苏联背信弃义地撤走了所有的专家，带走了所有的图纸，而现实环境的简陋，使得中国的科学家只能使用算盘来演算，三年自然灾害，物资极度匮乏……凭借着一颗爱国之心，这些默默无闻的科学家与一线战士展现出强大的民族凝聚力，终于建设出原子弹发射基地，成功试爆中国第一颗原子弹，东方巨响震惊世界。

影片解读

作为新中国成立五十周年的献礼电影，电影《横空出世》也许并不为大多数观众知晓，而电影中讲述新中国成立后创造出第一颗原子弹的曲折历程，其中的神秘与隐忍也同样罕为人知，这段历史本身的光芒也随着这部电影为世人知晓。

影片一开始就简明干脆地交代了故事背景，20世纪50年代的新中国，正处内忧外患之中，美国为主导的国际社会对新中国政权充满敌意；与此同时，国家的内部状况也极为艰难。"建造属于自己的原子弹"作为故事的主线则具备了应有的张力，原子弹不仅仅是一种超级武器，更是新中国能否得到喘息、建立国际地位的一张王牌。这份紧张与紧迫感自此就已凸显出来，并由此抛给观众一个疑问：新中国该怎样去造这颗原子弹？

故事的主体部分由此展开，并从空间的角度上分为两条线索。一条是功勋将领冯石临危受命，亲率部队走进西北，负责原子弹工程的整个基础建设工作。而另一条线索则是科学家陆光达从美国回归祖国，负责整个原子弹工程的核心技术研究。两条线索互相照应，一边是茫茫的大漠，战士们辛勤苦干，另一边则是宁静的首都北京，科学家们正在进行紧张的演算。导演在此蓄意使用了大量的对比，开阔的大漠风情对应着封闭的科研场景，冯石军人习气的粗狂犷豪情对应着陆光达学者般的严谨与隐忍。平行对比的手法也预兆着二人之间的命运即将交汇为一体。

　　故事本身的最终结果大家都能猜到，这也并不是导演最终的目的，否则这部电影也就仅仅具有记录的功能。换句话说，"横空出世"的结果并不是最重要的，更重要的是体现"横空出世"蕴含的气魄与精神。到底是什么样的精神呢？作为军人的冯石深入被誉为"死亡之海"的罗布泊，面临着缺少物资、缺少水源的现实情况；作为科学家的陆光达则受时间的考验，身处简陋的现实待遇。如果说这只是展现那代人不畏艰险的大无畏精神，那么具体到两人的个人经历，我们一样能够感同身受。冯石被美国俘虏当面羞辱，而陆光达也曾和日本同学较劲，这份心结使得两人的精神是一致的，尽管一个是未受教育的军人，而另一个是饱受教育的科学家，但是两人间却惺惺相惜，相互理解与包容。

　　相对于冯石，陆光达这个角色的塑造则更为丰满立体，更能为当前社会所理解，他学成归来却出身不好，妻子的父亲更是资产阶级的典型，从一开始他就被告知，他并不能因为完成这份任务而得到应有的回报与荣誉。从家庭生活上看，他也并不如意，他和妻子聚少离多，更因为出身的缘故，两人之间的交流是缺失的，即使两人都拥有极高的文化素养。陆光达的身上体现着当时社会现实和个人选择之间的明显矛盾，这也使得整个人物的塑造更加真实可信。

　　影片的重点是塑造"人"，有了可信的人，也就有了可信的故事，"横空出世"的精神也因此而可信。人物身处的环境以及人物的性格与文化，成为故事叙述的内在逻辑。陆光达是位知识分子，因此他面对冯石雪中送炭的一双布鞋，表达感谢的方式是含蓄的；另一方面，冯石却因陆光达被意外曝光在报纸上，亲自回北京向领导求情，这份直接与冲动也正符合军人的特性。

　　影片的一些小细节上也体现了这种逻辑，譬如冯石与苏联专家的交流是通过翻译进行的，而陆光达则直接用俄语。冯石与陆光达第一次直接冲突时，冯石考虑的是军人的尊严，陆光达考虑的则是科学的严谨，这也是相互辉映的。导演通过对比的方式，达到"异中求同"的最终目的，从不同的角度诠释了"横空出世"的内在精神，而两人所经历的不同的磨难，也使"横空出世"的精神价值得以完美体现。"横空出世"的不仅是成功研造原子弹的喜悦，也同样是对那段历史的缅怀，对于为"两弹一星"奉献一生的英雄的理解与敬仰。

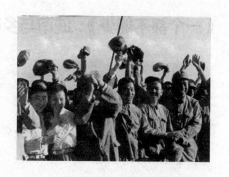

影片镜头间的配合流畅而富有变化，画面的色彩处理上也往往遵循着人物性格的内在逻辑。陆光达出场时的画面往往偏暗灰的冷色调，冯石出场时则往往是昏黄的暖色调。值得一提的是背景音乐上的处理，导演仅在全片几个高潮处使用了背景音乐，却达到了使积攒的情绪得到爆发的效果，也使全片主次分明，层次感更为立体。

经典记忆

影片带给人们最经典的记忆莫过于结尾处原子弹试爆的段落。这一段落没有任何人物对白，荡气回肠的背景音乐配合原子弹安装的整个过程。随即音乐停止，影片的氛围开始变得紧张，此刻除了背景音效，只有倒计时的声音，观众身临其境一般感受原子弹的爆破。原子弹爆破成功后，音乐再一次响起，导演放慢了画面，剧中人喜悦兴奋的心情展现在观众眼前，观众的情绪同影片一起达到高潮。

相关链接

1. 《横空出世》一名出自毛泽东诗词《念奴娇·昆仑》，全词具有豪迈的浪漫主义气息："横空出世，莽昆仑，阅尽人间春色。"
2. 李雪健扮演的冯石原型是上将张蕴钰；陆光达的原型主要为钱三强与邓稼先。如陆光达的爱人王茹慧也是原子弹的科研工作者，与钱三强和爱人何泽慧的原型是相符的。剧中陆光达与夏世忠相遇的桥段，则参考了邓稼先和杨振宁的故事。

（王雪璞）

《一个都不能少》：城市与乡村的双层寓言

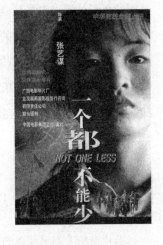

广西电影制片厂、北京新画面影视发行咨询有限责任公司联合摄制，1999年上映

导演：张艺谋

原著：施祥生

编剧：施样生

摄影：侯咏　　**剪辑**：翟茹

艺术指导：曹久平　　**配乐**：三宝

主演：魏敏芝

片长：106分钟

获奖：1998年北京大学生电影节最佳故事片；1999年第56届意大利威尼斯国际电影节金狮奖；1999年联合国儿童基金会奖；1999年天主教影评人"儿童与电影"最佳影片；1999年联合国教科文组织最佳影片；1999年意大利《电影》杂志最佳影片；1999年美国国际青年文化中心青年电影协会"青年与梦想"最佳影片；1999年第5届中国电影华表奖优秀故事片和最佳导演；1999年第19届中国电影金鸡奖最佳导演；1999年第22届大众电影百花奖最佳故事片；1999年第23届巴西圣保罗国际电影节观众评选最佳影片；2000年美国"青少年艺术家奖"电影组织1999年最佳国际电影、最佳表演；《日本电影旬报》读者评选2000年世界十大最佳影片第二名；2001年伊朗第16届国际青少年电影节最佳影片、最佳女主角、儿童教育三等奖

专家推荐

这部电影，清新而质朴，是风格多变的张艺谋导演的一部力作。影片以独特的角度反映了中国农村教育的现状，表现了贫困地区农村教育中存在的问题，诸如失学儿童、艰苦的教学条件等。影片中孩子们求学的艰难和执著令人感动，小老师魏敏芝恪守"一个都不能少"的承诺，为找回张慧科历尽艰辛的"一根筋"式的执著精神颇有励志性意义。

影片中的演员全部是非职业演员，都从来没有拍过电影，这与伊朗新电影似有异曲同工之妙。片中人物都与其生活中的身份一致，小学生、村长、电视台工作人员。所以，影片有一种明显的纪录片式的美学风格：非职业演员的"无表演的表演"、纪实性的拍摄手法、真实而贫困的山村小学、朴实善良可爱的农村孩子们……电影追求真实感，很具感染力。其中，魏敏芝教学生唱歌的镜头，据说导演没有过多提示和要求，就是让魏敏芝反复面对这些学生，拍了很多次，终于拍出了一种既幽默又让人心酸的效果。

整部影片沉稳朴实，波澜不惊，就像生活本身那样顺序展开。当然，影片最后把所有问题的解决归结为一次电视寻人节目的播出，使得纪实性的整体风格最后变成了戏剧性的圆满解决，就未免有点简单化了。

北京大学艺术学院教授　陈旭光

剧情简介

当代北方山区里有一个交通不便的水泉小学，唯一的教师因故要请一个月的假，便找来了邻村的一个13岁、小学刚毕业的孩子魏敏芝代课。临走时，高老师反复叮嘱魏敏芝，要将班里仅剩的28个学生看住，一个都不能少。魏敏芝每天用仅有的一根粉笔将课文抄写在黑板上，偶尔也教学生唱歌，还带领班里的学生去砖厂搬砖挣了一点钱。但是，班里还是有一个调皮的男生张慧科因家中欠债辍学进城打工挣钱，魏敏芝为了"一个都不能少"的承诺，徒步进城寻找张慧科。在大城市里迷茫寻找无果之后，最终在电视台的帮助下，魏敏芝不仅找回了张慧科，还为孩子们带来了社会捐赠的新校舍。

《一个都不能少》：城市与乡村的双层寓言

影片解读

作为第五代导演的代表人物,进入20世纪90年代后的张艺谋并没有停止对电影美学的思考和创新。从《红高粱》的神话叙事到《秋菊打官司》的现实主义影像风格,从《大红灯笼高高挂》的几何式构图到《有话好好说》的新现实主义美学,90年代的张艺谋始终走在一条突破和自我突破的道路上,不断地在学习和化用、解构与建构。但是,这种知识分子的创新精神、社会思考和美学突破并没有为他带来超越80年代《红高粱》的市场成功和国际声誉。

《一个都不能少》依旧秉承了张艺谋在90年代一以贯之的实验性。在《秋菊打官司》的"偷拍"写实与《有话好好说》的手执机晃动镜头的写实之后,《一个都不能少》呈现出张艺谋对电影写实美学的新思考。在本片中,导演摈弃了一切源自于艺术的雕琢,不仅以完全的非职业演员、实景作为写实的基础,更是将话语的权力和身份的塑造交付给了演员本身——这一切通过一种无剧本的形式进行创作,演员没有固定的台词并出演自身(村长的饰演者在现实生活中是村长,每一个人物与现实生活的身份基本相同并保留了自己的姓名)——就让"创作"这个事件、这个行为本身在内部"活"了起来。张艺谋的这种实验性,并不仅仅在于电影所呈现的写实美学本身,更不仅仅在于因此而获得的更具戏剧性的对白与人物的自然性,而是一次对艺术创作的革新——他将"提取生活"变为"引入生活",将"再现"变为"对话",将"艺术行为"变为"行为艺术"。

这种实验性在当年引发了学界、创作界的巨大关注和争议。而这部电影能够勇夺威尼斯国际电影节金狮奖的核心在于其在文化、现实、社会几重叙事上的思考。电影以一个小女孩为了一个承诺而不屈不挠的故事,刻画出了中国的世纪末的

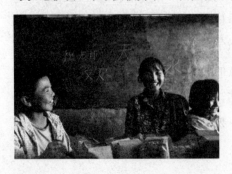

一个现实:城乡在经济、教育和媒介等方面的巨大深刻差异。观众看到的是一间挤着不同年级的学生的乡村土教室和不断因贫困辍学而减少的农村学生群体,以及同时肩负双重身份的魏敏芝——这群学生的老师和同样辍学的学生。这就让故事在这

个身份的夹缝中产生了新的意义和指向,这就让所有在这个夹缝中发生的喜剧与悲剧都具备了一种荒诞性的讽刺。

然而,张艺谋并没有止步于一种社会层面的思考,他巧妙地从农村和城市之间的裂隙提取出一种更深的批判,而这种批判来源于在电影当中重要的"物"——粉笔与电视。那一根根要使用到最后的珍贵粉笔头所揭示和举起的正是导演所着力刻画的一个隐性的对象,即"知识"。在这部电影中,"知识"即是那个通往未来、通往各种可能性的根本所在,它身上维系的是农村与城市之间的裂隙的弥合,是孩子与成人之间的一种承诺,是塔建在现实与理想之间的桥梁。而"电视"正与知识形成一种相互对抗的力量,它向这种朴素的理想主义和坚定信念中引入了一个最为现实也最为彻底的力量,即金钱。尽管魏敏芝通过电视这一大众传媒的方式取得了最终的成功,但是在皆大欢喜中却深深地透露着创作者的忧虑——传媒让一切失语的人得到话语的权力,却未必每一个人都有进入传媒的门槛——无疑,导演给了魏敏芝这种幸运,也更加深刻地提出了大众传媒与现实之间的隔阂与勾连。

经典记忆

经典台词,魏敏芝对同学们说:"太阳不照到那个钉子,谁也不许走。"魏敏芝所在的乡村小学没有钟表,粉笔有具体的数量,每一个粉笔头都不能丢。导演用这种方式告诉大家中国乡村学校简陋落后的条件,以写实性的镜头不断地冲击着观众们对偏远地区的孩子和教师的同情心。

相关链接

1. 电影改编自施祥生的小说《天上有个太阳》。
2. 《一个都不能少》在社会上的影响很大,也让很多人关注到希望工程,成为希望工程的经典电影。

(赵立诺)

《无声的河》：无声的交换

中国儿童电影制片厂，2000年出品

导演：宁敬武

编剧：宁敬武

摄影：许斌

剪辑：张晓麟

主演：贾一平

片长：89分钟

获奖：2000年度中国电影华表奖优秀影片、导演新人；2001年第9届中国电影童牛奖最佳影片、最佳导演；2001年第18届莫斯科国际青少年电影节导演特别奖

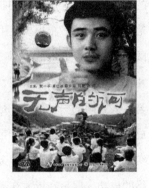

专家推荐

　　《无声的河》作为近年来为数不多的表现残疾少年题材的电影作品之一，通过纪实性的画面、真实性的表演，在"教学相长"的戏剧冲突中，相互帮助、相互拯救，展现一种"无声"的自我救赎的心路历程和人文内涵，全片主题突出、选材独到、人物塑造成功、情感丰富，富有青春气息和励志意义。

　　影片中宁敬武导演对演员的选择独具创新，大胆采用非职业演员（生活中的聋哑学生）进行角色的饰演。他们只需扮演自己就可以达到形神兼备的效果。这群学生虽生活在特殊学校，却有着同健全人一样的信念和追求，他们对于理想的渴望与执著更是超出了一般的孩子。尤其值得称道的是，全片采用无声片式的字幕，产生间离效果，颇具新意。在音响语汇的表现方面也进行了较为成功的探索和创新。

浙江大学传媒与国际文化学院教授　范志忠

剧情简介

文治因嗓子里长了息肉便成了聋哑学校新来的实习老师。在这里，他遇到了一群特殊的学生：爱打架却立志成为警察的张彻，极具绘画天赋的薛天南，怀揣明星梦想的刘艳……在与孩子们的接触过程中，文治渐渐爱上了这些"与众不同"的孩子。他们虽不能说话，却有着丰富的心灵和美好的愿望。文治和孩子们建立了一种特殊的情感，在帮助学生们追求平等权利的同时，也得到了学生们的鼓励，重新找回了生活的自信，并将自己热爱的音乐继续下去，实现了作为歌手的梦想。

影片解读

作为特殊题材影片之一，《无声的河》向大家传达了一种特殊的情感，突出了人与人平等的主题，通过大量的字幕"翻译"聋哑学生手语，使观众真实地感受到聋哑人的特殊世界，分享他们的喜怒哀乐。全片一共包含四条线索，其中的主线是主人公文治，其他三条平行的线索分别是想当警察的张彻、想当明星的刘艳和想考美术学校的薛天南。在这四条线索的相互交织中，他们既完成了对于彼此的关怀和协助，又在相互的鼓励中实现了其本身的诉求。

张彻想当警察，在连其父都拒绝这种可能的情况下，文治却一直鼓励他去实现梦想，并且带他去请教聋哑警察徐则明。薛天南一心想考美术学校，虽然失败了，文治却鼓励她继续追求梦想，并且肯定她的绘画天赋。刘艳想做明星，却被摄影师骗了，文治为了实现她的梦想，带着她一起参加舞蹈比赛，并且使她成了舞蹈比赛中的"明星"。但是，如果仔细分析便可以发现，其实老师对孩子的爱，所完成的并不是实质性的蜕变。比如薛天南，她并没有考上美术学校；张彻因为年纪太小，也没有成为警察；刘艳更没有成为真正

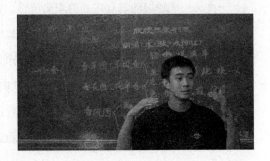

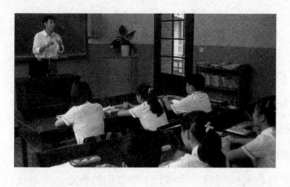

的"明星"。但在他们无声的交流中，收获的不单单是结果，更多的是肯定和爱。爱就像老师播撒在孩子们心中的种子，给予彼此力量，让彼此成长。文治或许不能给予他们梦想的阶梯，但一定可以给他们接近梦想的信念和勇气。

如果透过现象，往深处层面看的话，影片想投射的不单单是一种来自于主人公的人文关怀和平等精神，更主要的是被大众和时代忽略掉的对于关爱与平等的"缺席"。比如，为什么孩子们没有勇气继续追求梦想？张彻本人都不相信自己可以做警察，薛天南不相信自己可以上美术学校，刘艳觉得做明星不可能。为什么？很明显，因为"父亲"说："当警察？别做梦了！"其实，这是当下社会最普遍的一种现象。对年轻人的否定大于肯定，对于爱做梦的孩子，人们不是让他们去做个追梦人，而是让他们"别做梦了"，此外最重要的一点便是缺乏平等的包容精神。

文治最后送给大家电脑时说了一句："电脑、网络对于我们来说是一个好东西，它不需要说，也不需要听，就可以交朋友，在某种意义上说它是现实中最平等的场所。"由此可见，文治在和孩子们的交往中明白了，现实对于聋哑人来说是一个多么不平等的场所。影片中，导演没有进行伦理的说教，也没有给予任何道德的审判，而是用镜头展示了文治和学生们之间无声的等价交换，而非施舍。

故事中的《河流》不仅仅是一首歌曲，还汇集了美好的愿望和实现梦想的勇气，从最初的灵感涌动到反复斟酌、个人演唱和MV的拍摄，构成了歌曲的四次呈现，一次又一次地煽动观众内心的炽热情感。它的每一次奏响，渐渐成为重要的旋律，它的每一次律动，都像是在心底里面释放出来的纵情抒怀，天高云淡，让人忘忧，文字的意境与音符的流动宛若一首诗词的配乐，共同融进银幕的波光泛影之中。

影片结尾薛天南最后"听着"老师的歌曲，流下了眼泪。她可能会因为自己听不见而流泪，但笔者觉得她更可能是因为自己"听得见"而流泪，因为她知道老师的歌是怎样写出来的，知道这些歌词里所隐含的精神和世界。流泪，并不是最后的结局，老师先给予他们追求梦想的勇气，他们后来回馈了老师，让文治实现了梦想。现在老师的梦想实现了，肯定会再一次反过来催化孩子们的梦想，让他们的勇气开花结果。这便是电影里所包含的价值——无声的《河流》里面所潜藏的一种无声的交换。

相关链接

1. 《无声的河》受到残疾人观众的一致好评，中国残疾人协会主席邓朴方对影片给予高度评价。
2. 宁敬武，中国第六代导演，国家广电总局"青年导演资助计划"十六位导演之一。能够熟练运用镜头语言，塑造性格鲜明的形象，影片大胆选用生活中的真实人物来饰演，给观众一种强有力的冲击力，具有一定的教育意义。代表影片《成长》、《无声的河》、《夺子》、《惊情神农架》等。

（王　琦）

《六月男孩》：在青春追逐中走向成熟

中国电影集团公司、中国儿童电影制片厂，2001年上映

导演：安战军　　**编剧**：王群、王宁、陈文远

摄影：林兵　　**剪辑**：程洁　　**作曲**：王黎光

主演：翁晓笛、闵西丁、王思美、罗犀子、闫妮

片长：89分钟

获奖：2002年第22届中国电影金鸡奖最佳儿童片；
2002年第10届中国电影童牛奖最佳故事片

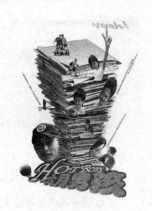

> **专家推荐**
>
> 　　作为一部校园青春片，《六月男孩》虽与其他同类题材影片有相似之处，但也有其独特之处。该片以初三中考为背景，着重描写了萧野和许梓枫两个性格与爱好各不相同的男孩从学习、体育等方面的互不服气、激烈竞争到互相帮助、惺惺相惜的过程，由此表现了他们在人生道路上逐步走向成熟的一段经历。六月男孩是朝气蓬勃、奋发向上、心胸坦荡的阳光男孩，他们的经历告诉我们，在人生追求和事业发展的道路上，竞争是难免的，也是激烈的，但友谊和互助则更为重要；不能为了追求世俗功利而泯灭了人性的善良，只有互相帮助，携手共进，才能赢得事业的成功。
>
> 　　影片以充满激情的电影语言，真实、生动地描绘了处于青春期的初中毕业生的校园生活状况，刻画了一群各具性格特点的中学生银幕形象，既叙述了他们的快乐、烦恼和追求，也展现了他们的思想、情感和心态，从而在银幕上谱写了一曲动人的青春之歌。影片节奏明快，充满动感和朝气，有较强的观赏性。
>
> 复旦大学中文系教授　周斌

剧情简介

六月是阳光灿烂、生机盎然的时节，也是炎热紧张的时节，初三五班的同学们即将迎来对他们一生命运有重大影响的中考。生性乐观的运动健将萧野依然潇洒，打篮球、看漫画书。原班长许梓枫是班里有名的"考试机器"，成绩总是第一，却偶然在一次考试中败给萧野，在班干部民主选举中也以一票之差被其打败。两人在学习上展开了激烈竞争，可萧野却总以微弱劣势输给许梓枫，他忍痛放弃了自己喜爱的篮球，甚至犯了考试作弊的错误。许梓枫虽然成绩优异，在体育方面却尚有欠缺。在老师的引导下，萧野和许梓枫从互相不服气到互相帮助，从充满敌意到成为朋友。中考结束了，初三五班的同学和两位老师一起聚会，庆祝他们的青春、成长与进步，同时也憧憬着未来。

影片解读

《六月男孩》用新鲜的、青春张扬的影像书写，反映当代中学生朝气蓬勃的青春意气和校园时光，受到了广大观众和专业人士的好评。

用导演安战军的话讲，这是一部快乐、青春、阳光的电影，反映了中考前初三学生们的校园生活。影片以篮球贯穿始末，片中以五个初三学生为主要角色，他们性格各不相同，全优生许梓枫与篮球高手萧野为本片的主线人物。电影的成功之处，首先就表现在人物设置的真实性上。每个从中学走来的人，或许都能从影片中找到我们自己或是周围人的影子：像许梓枫一样的"考试机器"，他们成绩拔尖，也带着一些孤高自许；像苏眉一样的贫困生，他们沉静寡言，专注学习期待改变命运，有着强烈的自尊心；像萧野一样乐观开朗、热爱运动的大男孩，他们或许会误入歧途，

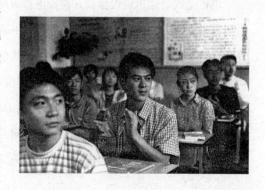

《六月男孩》：在青春追逐中走向成熟

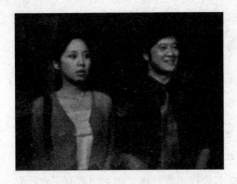
但是勇于改过,乐于面对;和王老师一样看重成绩、严肃认真的班主任,他们爱学生,也让学生又敬又怕;像任涛一样思想活跃、体谅学生的青年教师,他们能与学生打成一片,甚至称兄道弟……一切都是如此真实可感,甚至连中考前各科老师的叮咛嘱咐,都把观众拉回那段紧张辛劳、但又酣畅淋漓的备战中考的岁月,这些都印证了导演对青少年生活、心理的准确把握,以及真实、朴素的创作理想。

整部电影是快节奏的,大量的运动镜头、激昂欢快的配乐与那段充满躁动、勇于追梦的时代相得益彰。它用原汁原味的笔调描绘了青春岁月里少男少女的各种追逐:球场与跑道上伴着加油与喝彩的激烈追逐,晚风中衣衫扬起、骑着单车的潇洒追逐,学习与考试中摩拳擦掌、一心赶超对手的追逐,面临中考时对成绩和梦想的执著追逐,甚至是埋藏心间的对有好感的女孩子欲说还休的追逐……这些追逐都是青春岁月里一道道亮丽而独特的风景,或许幼稚,或许会受伤,但都将是人生不朽的财富。随着岁月的流逝,成长让我们失去棱角,那种敢想敢做、血气方刚、像六月一样热情奔放的追梦年代一去不返,追逐,便会成为青春岁月里最值得留恋的状态。

电影的结局留白了,我们不知道初三五班的同学们是否都如愿以偿考入了理想的高中,也不知最终萧野和许梓枫谁打败了谁。电影似乎在告诉我们:结局本身已不重要,或许它只是整个人生的一小圈微澜,重要的是青春岁月里追逐的过程,那种敢于追逐的生存状态和酣畅淋漓的青春挥霍才是现今无法复制和令人留恋的。

电影光线的运用也很独到,整部电影采用暖色调——球场上热烈耀眼的日光、教室窗子里透出的橘红色的阳光、放学途中洒着金光的夕阳,甚至可以让很普通的场景变得如梦如幻。电影正是用一种阳光的色调来美化初中这段年轻美好的时光,美化观众心中那段"阳光灿烂的日子"、那段永垂不朽的追梦之路。

值得注意的是,影片中萧野和许梓枫的追逐有着不断找准方向的过程,刚开始他们互相追逐赶超,纠缠和得意于一道题、一次考试的胜利,之后转变为互相帮助,怀着更广阔的胸襟共同进步,共同追逐梦想,某种程度上反映了他们从应试教育走向素质教育的进步过程。电影不仅是青春的记录,更是青春的启示录,它以一种非说教的、自然而然贯穿影片的方式给广大中学生带来思索和启迪,无疑体现了主创人员的慧眼独具以及在青年观众审美接受方面的探索。

经典记忆

重看《六月男孩》,细心的观众可以发现,片中王老师的扮演者是如今为大众所熟知的当红女演员闫妮,而当年她还是一个出道不久的"新面孔"。《六月男孩》是其继2000年《金猪贺岁》之后出演的第二部电影。如今她已有许多作品,并曾获得中美电影节最佳女演员奖、中国电视剧飞天奖优秀女演员奖、中国电视金鹰奖观众最喜爱女演员奖等多项大奖。在《六月男孩》中,闫妮将王老师严肃刻板、注重成绩又深爱着学生的性格特征刻画得精准到位。电影记录了演员的成长历程,是其人生中,也是中国电影发展史上珍贵的影像记忆。

相关链接

安战军,北京电视台艺术中心导演。其影片以白描平民百姓生活见长,追求"朴素"二字。安战军在拍摄影片时要求将技巧降低,不用长镜头、眼花缭乱的剪辑,不过分讲究光效、环境,不要华而不实的表演,一切以简洁为宜。他提倡通过好的叙事和感人、温情的故事来打动人,希望大部分老百姓可以在电影中找到自己生活的影子。代表作《一年又一年》、《成人轶事》、《血性山谷》、《黑暗中的救赎》等。

(王宇洁)

《哈罗，同学》：爱是人类最美好的语言

上海电影制片厂，2002年出品

导演：周波　**编剧**：胡惠英

摄影：王国富　**剪辑**：唐伟文

主演：张彦卿、Jack Barry、AHN Jong-Hyun、陈辰、陈茂林、郑毓芝、Rigel Davis、Lili Dabrowska

片长：88分钟

获奖：2003年第11届中国电影童牛奖评委会奖、优秀成人演员奖

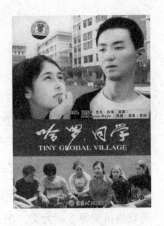

> **专家推荐**
>
> 进入21世纪后，中国融入世界的步伐大大加快，文化冲撞和相互接受更为明显，文化心理上的波动也更为明显。于是，影视作品开始增多文化交融与冲突的表现，《哈罗，同学》就是其中表现青少年文化交融的好作品。
>
> 影片精心设置的不同国家地域的中学生聚会在国际化的大都市上海，文化认知和脾性趣味的冲撞难以避免。同样一件事的表达、来自不同文化的理解，都造成彼此之间的惊讶和疑惑。故事情节随着这群孩子的矛盾性格差异而延展，最终在各自的差异性中得到更高层面的认同，集体获得情感相融的认可，影片也折射出一幅文化交织而相互理解的图景。对于个性的认可也是文化发展的必然，影片中的孩子们各具特色，尤其是华裔少年罗一鸣的个人气质凸显，既是文化影响也是个人习性使然，但正是在这样一个开放而聚拢的上海空间中，他和孩子们经历了一个个性和宽容生存的升华。影片中女老师所呈现的魅力是一个重要因素，她以自己的智慧和教育的精神让来自不同地域的孩子获得个性发挥与情感相通的和谐，使情理与精神都得到合理的展示。所以；从这一意义上看，影片也是一个预示中国将会在新的世界中展开的更为开放和谐的动人影像图景。
>
> 　　　　　　　　　　　　　北京师范大学艺术与传媒学院教授　周星

剧情简介

华裔少年罗一鸣来到上海爷爷奶奶家,并进入某中学国际班,和十几个来自不同国家的孩子们一起学习和生活。为了能看到足球明星,他和戴维擅自逃出校园,结果淋雨生病,受到班主任汪琴的关怀和照顾;为了争取参加篮球比赛的权利,他与同学之间产生了隔阂;在万圣节的化装舞会上,他与金东哲发生口角并起了争执,被双双停宿一周;为了救助失学儿童的"希望工程",他们拿出了自己的心爱之物参加义卖;为了帮助因家境困难而即将退学的泰国女孩莎曼殊,罗一鸣和戴维在自己家里开设英语班挣钱替莎曼殊缴了学费……一个学期过去了,这些来自不同国家和地区的孩子们成了好朋友,建立了深厚的友谊,也懂得了责任和爱心。

影片解读

作为一部校园青春电影,《哈罗,同学》的特别之处在于,它把镜头对准了一群来自世界不同国家的中学生。这群拥有不同国籍、不同肤色、不同母语的少男少女,在上海某中学国际班度过了一段令人难忘的成长时光。

影片主角罗一鸣是个典型的"玩主",电脑、跳舞、篮球、游泳样样都行,就是不爱读书。自从被父亲从美国送回上海的爷爷奶奶家后,罗一鸣在各种冲突中开始了他的学习和生活。由于中美文化背景不同,罗一鸣和爷爷之间各种"交锋"不断。爷爷出于关心私自翻阅成绩单,在罗一鸣看来则是无法容忍的"侵犯个人隐私"行为。因为罗一鸣和同学打架,爷爷把他反锁在房间里要他写检讨,罗一鸣认为爷爷侵犯了自己的人身自由而直接选择了报警,理由是爷爷"非法拘禁美国公民",警察的一番话让爷爷如梦初醒,不得不重新认识自己的孙子。

在学校,罗一鸣精湛的篮球技艺在关键时刻为班级赢得了比赛,也宣告了他的散漫玩乐生活的终结。篮球明星的身份使他赢得了同学们的信任与好感,更使他阴差阳错地当选为校学生会委员。罗一鸣心里的正能量被激活了,"努力为大家做事情"成了他追求的目标。得知泰国女孩莎曼殊因家境困难而即将退学,罗一鸣和戴维一起费尽心思开设英语口语培训班来为莎曼殊筹钱,他们的爱心举动感动了大家。与此同时,一向冷漠高傲的英国女孩爱丽斯,却当着全班同学的面指责莎曼殊的母语是世界上最难听的语言。罗一鸣义正词严地要求爱丽斯道歉,同学们也宣布不再参加第二天爱丽斯的生日会。不过,爱丽斯也是一个成长中的孩子,影片没有把她塑造成"反面人物",在母亲的严厉批评下,尤其是在得知莎曼殊的处境后,爱丽斯这个从未向任何人道过歉的高傲女孩真诚地说出了"对不起"三个字。

《哈罗,同学》以富有生活质感的一个个小故事,诠释了友谊、爱、互助、尊重、平等、宽容这些具有普世价值的品格。尽管这群孩子有太多的不同,但是他们在共同的生活和学习过程中,在朝夕相处的日子里,克服了这些不同带来的差异,彼此建立起了深厚的友谊,并且学会了尊重他人,团结友爱,互相帮助。

由于导演坚持选择具有角色同样国籍文化背景的海外学生来扮演,影片中的这些非职业演员们拥有截然不同的民族习惯、文化阅历以及家庭背景,但他们的表演自然贴切又不失童趣,每一个角色形象都丰满动人而无矫揉造作之感。

多语种对白是《哈罗,同学》的一大特色,影片中英语、汉语、韩语、日语、泰语齐上阵。最重要的是,透过充满温情与爱的电影故事,我们终能明白,有了爱,语言不是问题,因为,爱是人类最美好的语言。

经典记忆

《哈罗,同学》中扮演班主任江琴的演员陈辰。影片中的班主任江琴老师戏份不算多,但绝对是个善于引导的好老师。罗一鸣和戴维为了一睹罗纳尔多的风采,撒谎逃出校园,结果淋雨生病,江琴老师悉心照料,用爱心与耐心让两个学生袒露实情。当全班同学因爱丽斯羞辱莎曼殊而决定拒绝参加爱丽斯的生日会时,江琴老师引导同学们冷静考虑。一个善解人意的眼神,一句开启智慧的话语,总能赢得学生信任。2003年,凭借真实自然的表演,扮演江琴老师的演员陈辰获得第11届中国电影童牛奖优秀成人演员奖。

(郑欢欢)

《张思德》：平凡中的不平凡

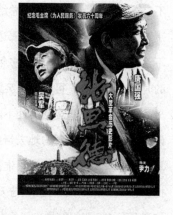

北京紫禁城影业有限责任公司、北京电影制片厂、中国电影集团公司联合摄制，2004年上映

导演：尹力　　**编剧**：刘恒

摄影：谢平、饶小兵　　**剪辑**：战海红

主演：吴军、唐国强

片长：102分钟

获奖：2005年第12届北京大学生电影节评委会特别奖；2005年第11届中国电影华表奖优秀影片、优秀导演、优秀男演员；2005年第25届中国电影金鸡奖最佳男配角、最佳编剧；2006年第28届大众电影百花奖最佳故事片、最佳导演、最佳男主角

专家推荐

《张思德》通过激昂的叙事节奏、流畅的运动镜头书写了一名普通八路军战士在自己平凡的岗位上做出的不平凡的事迹。这是一幅写实的、淳朴的中国广大劳动人民默默奉献的素描画。影片中张思德用他的双脚几乎跑遍了黄土高原的沟沟壑壑。战争大后方在共产党、毛主席带领下的热火朝天的生产场面，通过对张思德这个人物的集中描写，让我们知道了共产主义理想指导下的革命事业能够给人带来怎样的奋斗精神。

影片中张思德的扮演者吴军，相貌朴实，用最平实的表演诠释了一名无私奉献的革命战士如何在平凡的工作中向着不平凡的事业前进。电影中张思德是一个笨口拙舌的人，唱歌也是五音不全，身材矮小，职位低下，可是他的伟大不在于外貌和身份，是他的精神为革命的后来者树立了一个丰碑。

影片最后，毛主席在张思德的追悼会上说："我们的队伍里到处是这样的人，普通、平常，就是这清凉山上的草一样，我们平时注意不到他们，也听不到他们的声音，可是这是这些人，支持了我们全部的事业。"张思德的牺牲是为了人民利益，所以他的死是重于泰山。

北京大学艺术学院教授　李道新

剧情简介

抗战后期的延安，张思德是毛泽东的一名勤务兵，做任何工作都任劳任怨，更不会要求回报。毛主席帮他总结，他这个人最大的缺点是做事不吭声，最大的优点也是做事不吭声。他虽然不会表达，但是对待任何革命同志都是一颗最温暖的心。因为不善表达，所以参加革命十多年的张思德仍然是一名普通的八路军战士，战友们闲聊的时候总笑他傻，可是他一笑置之。他甘当人梯，以自己的热心和真诚，让失去父母的小宋光明张口说话，让不愿退伍的老革命有了精神归宿。在战友刘秉钟犯了错误而被拘押时，他努力地去帮助他改过自新，让其重拾勇气。1944年，他被派去安塞县烧木炭，这是最脏最累谁都不愿意去干的活，张思德却干得津津有味，同时还把思想上产生波动的小白同志及时拉回。在一次烧炭中，因为山洪暴发引起了山体滑坡和泥石流，张思德推出了战友，而自己遇难，牺牲在工作岗位上。

毛主席为张思德的追悼大会亲笔书写：向为人民利益而牺牲的张思德同志致敬，同时发表了"为人民服务"的著名演讲。

影片解读

影片《张思德》的拍摄是为了纪念毛泽东《为人民服务》发表六十周年而创作的，全部取景于张思德在陕西米脂县的故乡。张思德可以说是最为普通也最为平凡的一个人，身材不高，貌不惊人，说话极少，但是做起事来虎虎生风，对待同志也是如春风般温暖。电影《张思德》以一种平实的视角描绘了一个革命战士在自己的工作岗位上踏实、耐劳、吃苦在先享乐在后的朴素形象。影片一开始，在舒缓、悠扬的音乐声中，一名红军战士奔跑在黄土高原的山坡上、田野里。他飞速前进的身影，仿佛是在广袤的高原上由千沟万壑组成的线谱中一个灵动的音符。张思德在整个影片中，很多时候都是在奔跑着的。接受任何任务，他都是奔跑着去完成的，对任何平凡的任务都充满了热情和活力。

本片导演尹力表示，这部影片最大的难度就是"平地起高楼"，在素材很少的情况下创作出让人信服的故事和人物。而经过编剧刘恒的塑造,"张思德成为一个圣徒,一个孤行僧"。如果说张思德平凡,他可以说是平凡到在革命队伍中像是一个无形人,因为他是共产党领导的所有劳苦大众中的一个小分子。但在平凡中见伟大,他对职位高低没有任

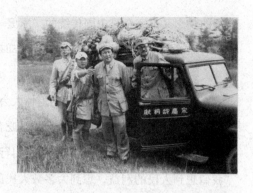

何诉求,参加队伍十一年,却还是一个老兵,他的战友和老乡刘秉钟总是因为他的木讷而训斥他。然而无欲则刚,当刘秉忠因为贪污了公共财产而被捕后,他才意识到张思德只讲奉献不讲回报的态度才是一名真正共产党人的精神所在,在张思德的感化下他才能又重拾革命的信心。

　　1949年前的延安,可以说是全中国受苦受难的劳苦大众的理想国和建设未来全新的社会的一片试验田,充满着革命的信念和社会主义的共同理想,每个人的价值在这里都会得到充分的彰显。影片中运动镜头的使用是具有激情和斗志的,延安虽然是抗战的大后方,但是这里的生产劳动是前线战士冲锋陷阵的有力保障。影片中展现劳动竞赛和日常生活片段时都是充满阳刚之气,每个人的精神面貌都是充满革命斗志。张思德就是典型的代表,每当出现紧急情况他总是第一个出现,也总是挑最苦最累的活去干。合唱时舞台灯泡突然灭了,他可以当梯子让战友踩着换灯泡,主席乘坐的汽车烧开锅、轮胎漏气,他跑好几里山路去找水、扛轮胎。每一次的故障处理都离不开他飞奔前进的身影,鞋子磨没了,跑得一脸土,当主席批评他爱打赤脚时,他没有解释一句。主席赠送给他的新胶鞋,他当作珍宝一样不舍得穿。

　　虽然张思德木讷少言,表面上空有一膀子力气,其实内心里也是一个感情细腻的人。幼儿园的小朋友宋光明因为亲眼看到父母被敌人枪杀而不再说话,但是当他看到张思德时就喊他爸爸,张思德也把他视为己出,想尽一切办法让他开口说话。炊事班的老革命因为年龄太大,组织要求他退休,他不想离开革命队伍所以通过绝食抗议,张思德认他作父亲,让他感觉到革命队伍生生不息、最终接受了组织的安排。中国的传统思想在张思德的身上得到了集中的体现,但是这种父子

家国的观念又不完全是中国传统的"家庭—社会"结构的组成，因为这里的父子并没有血缘关系，国是所有人的国，家却是因为大家的共同的国的理想才建构成的家。

影片最后，毛主席在张思德的追悼大会上发表了《为人民服务》的著名演讲。作为一个普通人，张思德留给后人的是吃苦耐劳的奉献精神影响，这种精神没有持之以恒的毅力是很难坚持的。张思德用行动和生命解释了这种精神。毛主席说："我们想到人民的利益，想到大多数人民的痛苦，我们为人民而死，就是死得其所。"这是共和国的开创者对一个小人物最高的、也是恰当的评价。

经典记忆

"为人民服务"是中国共产党最响亮、流传最广的一句口号，被写进党的章程里。这句口号正是来自毛泽东为纪念张思德而发表的演讲。本片再现了毛泽东主席那著名的演讲。

相关链接

本片的编剧刘恒的小说多次被改编为影视作品，并在内地或海外获奖，如《伏羲伏羲》（张艺谋导《菊豆》）、《黑的雪》（谢飞导《本命年》）、《万家诉讼》（张艺谋导《秋菊打官司》），《贫嘴张大民的幸福生活》（电影《没事偷着乐》）。此外，还直接创作了《西楚霸王》、《漂亮妈妈》等十余部电影剧本、电视剧本数百集，代表作还有《天知地知》、《老卫种树》等。

（年　悦）

《网络少年》：有关成长、爱与平等的温情故事

共青团北京市委员会、中国宋庆龄基金会、中国木偶艺术剧团、上海盛大网络发展有限公司、北京永庄文化发展有限公司联合摄制，2006年上映

导演：石学海　　**编剧**：石学海　　**摄影**：穆德远

主演：殷桃、黄宏、牛群、张凯丽、胡亚捷、艾丽娅、
　　　　刘莉莉、李菁菁、丁宁

片长：88分钟

获奖：2007年第12届中国电影华表奖优秀少年儿童影片

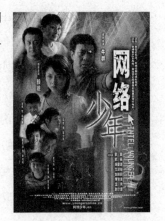

专家推荐

影片触及当时凸显的新时代网络教育问题。面对网络迅猛发展，青少年亲近网络愈发容易沉迷，由此引发社会高度关注，影片则以影像表现如何有效应对的教育问题，回答了社会的忧虑，是一部切入学校教育如何有效引导网络的认真深入之作。

如何看待网络的利弊，是一个需要现实思考的难题，但可以肯定，不简单地排斥网络而是认真考虑如何因势利导方为上策。在早期相关涉及网络对青少年影响这一时代命题的电影作品中，《网络少年》是一部具有独特把握性的电影。把网络作为利弊兼在以及关键在于如何看待对象，使得电影没有堕入简单的危害论的窠臼中，通过几个不同学生和家庭对待孩子的鲜活案例，告知人们既要正视网络的积极性和消极影响，更要主动引导、因势利导地启发正能量，避免把孩子和脏水一起倒掉的拙劣做法。老师的形象生动而具有魅力，亲切而不迁就、诱导却亲身实践的行为方式，为教育的新观念展示了温馨和谐有效的图景，也启发人们认知现代教育的基本立足点何在。影片凝缩了不同家庭孩子的表现，其背后凸显了不同家庭教育对于青少年的重大影响问题，由此警示人们：在网络时代和孩子的沟通不仅是一个关乎孩子健康成长，其实还是一个关乎家长自身适应时代、健康成长的难题。

北京师范大学艺术与传媒学院教授　周星

剧情简介

原本打算辞职去软件公司工作的年轻女教师索拉拉因电脑专业出身而被教导主任挽留作了初一三班的班主任。索拉拉和孩子们邀约网游对决，打破孩子们对老师的警觉和隔阂，说服大家创办网站。孩子们根据各自特长承担不同的任务且各有收获。宋欢欢和妈妈一同为网站制作了有关成长的FLASH《小狐狸》；向大伟拍摄的以"父亲"为主题的DV纪录片令父子重归于好；赵长锁通过网络得到了治疗母亲疾病的药方；蓝洋发表的"我的事情我做主"的网帖引发无数同龄人的共鸣；耿小乐协助警方破获了一桩重大网络犯罪。孩子们在对网络有效和自制的使用中逐渐成长，在陪伴孩子成长的历程中父母们也获得自身完善，索拉拉在孩子们的陪伴下也对职业、生活变得更为自信、成熟。

影片解读

"青少年与网络"本身就是一个热点社会话题，影片《网络少年》将这一沉重的社会话题反思为一部有关成长、亲情和友情的温情故事，并特别告诫观众，"成长"并非只是孩子一个人的事情，而是一个家长、老师和孩子共同成长的过程。影片将教师和家长从高高在上的位置上拉下来，平等地体验孩子成长中的困境、疼痛与快乐。其中充满了深厚动人的父子情、母女爱，至纯感人的师生情谊和同学友谊。影片关注"网络"问题，更是提醒社会、家长，只有真正走进孩子的世界、了解孩子，才能达至教育的目的。

影片从初一三班年轻的女班主任索拉拉和几个学生在网游中一决高下，进而在兴趣相投、心理平等的基础上共同组建网络小组、创建网站为故事开端，以一种理想的师生关系为起点，为故事的叙事和情感的抒发埋下伏笔。小组的电脑高手各显其能，各负其责：耿小乐和王帆计算机基础好，负责编电脑程序；宋欢欢美术底子好，负责用FLASH制作节目；蓝洋观察问题敏锐，负责网上论坛；赵长锁逻辑思维严密，负责设计网页；向大伟负责用DV拍摄纪录片。并非所有孩子都在虚拟世界耗费青春。最终吴欢欢为网站制作的FLASH《小狐狸》，精彩的不仅是画面本身，也是母女智慧和情感碰撞与拥抱的杰作；大伟用DV追踪父亲的日常生活，亲眼目睹父亲为生活而忍受侮辱和白眼，在怎么也想不起父亲生日的呼喊中读懂了父爱；赵长锁通过网络求助得到了

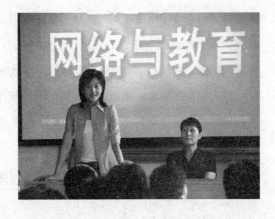

治疗母亲疾病的药方；在小组成员的影响下，蓝洋的妈妈终于给了他"我的事情我做主"的权力，引发无数同龄人的共鸣和教育者的反思；聪明的耿小乐则协助警方破获了一桩重大网络犯罪。

　　孩子们不断的进步和成长终于也使大人们明白，父母及其不恰当的爱也要为孩子沉迷网络负责。欢欢妈妈看到了女儿利用网络制作FLASH的成就感和自信；大伟的爸爸懂得了为孩子全心付出更要讲求方式，孩子可能是被家长"赶进"网吧的；蓝洋妈妈看到一味将沉重的爱强加给孩子，他们便只好在虚拟世界寻求释放；钱并不能代替父母的义务和对孩子的爱，像耿小乐妈妈这样的家长，中国也许还有很多很多。影片在这个有关"网络与少年"的棘手的社会问题背后，发掘的是成长中的爱与平等。这难道不是教育的根本吗？

　　正如影片导演石学海所坦诚表达的，他要努力把电影《网络少年》打造成一部真正平等对待孩子们的生活的电影。因此，在影片的镜头和画面的艺术表达上，多采用平视角度进行拍摄。导演以此向我们表达了一种平等的观点：老师、家长和孩子之间没有真正的平等，就不可能去探讨和解决网络的问题。爱是教育的根本，平等是爱的基本姿态。平视镜头还体现了导演尝试进入孩子们的世界，体验孩子们的快乐，以孩子们的视角来看待网络这个事物。此外，作为一种视听艺术，影片的平视镜头也是导演希望与观众沟通的一种电影语言运用，以此更好地与观众分享影片的思考和情感。

　　除了真实感人的温情故事之外，《网络少年》中那些老师家长甚至罪犯个个都是观众熟悉的明星面孔，这无疑成为本片一大亮点。殷桃以直爽的性格、果敢的作

风诠释了一个备受学生爱戴的老师形象。牛群、黄宏、张凯丽、刘丽莉、艾莉娅、胡亚捷等明星也都有精彩的表现。影片中还有一段精心设计的长达四分钟左右的FLASH动画，它取自家庭网络游戏《幻想春秋ONLINE》的游戏画面。

感人至深的精彩叙事，群星加盟的动人演绎，这是一个值得父母、老师和孩子一起思考、共同分享的成长故事。

相关链接

石学海，著名学者，国家一级导演，现任教于中央戏剧学院。电视剧作品有《山不转水转》、《辘轳、女人和井》、《长征岁月》、《侦察兵的荣誉》等。电影作品有《白骆驼》、《最后的猎鹿者》、《为人之母》、《网络少年》等。曾六次获中国电视剧飞天奖，三获中宣部精神建设"五个一工程奖"，并获中国电影金鸡奖最佳导演处女作奖等。

（赵丽瑾）

《东京审判》：通往正义之路

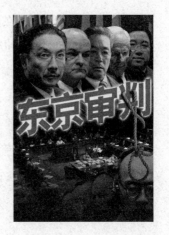

上海电影集团公司、北京鲜明映画联合摄制，2006年上映

导演：高群书　　**编剧**：唐灏、张思涛、张弛、胡坤

主演：刘松仁、John Henry Cox、Albert Ziskie、
　　　　曾江、英达、朱孝天等

片长：112分钟

获奖：2006年第8届长春国际电影节评委会特别奖；2007年第26届中国电影金鸡奖最佳编剧；2007年第12届中国电影华表奖优秀故事片、优秀导演

专家推荐

　　《东京审判》表现的是1946年远东国际军事法庭在东京审判日本战犯的情况，是中国人在国际舞台上第一次成功地用法律武器捍卫自己尊严的故事。以梅汝璈为首的中国代表团遭受种种困难和挫折，面对各国法官们的偏见与刁难，中国法官和检察官们与他们斗智斗勇，克服了种种不利因素，在庭审辩论中取得了上风。最后，以六票对五票的一票之差，用对战犯的绞刑告慰了在战争中死难的中国人民。除了审判战犯的主线外，导演还设置了另一条线索，即一个饱受战争之苦的日本家庭的悲惨遭遇。记者肖南便是这两条线索串联起来的切入点，电影把审判与日本人民的精神创伤有机地联系在一起。透过拓展大审判事件的外延而将军国主义对具体个人的戕害和对日本社会的荼毒的主题深化，使警醒的意义更加深远。影片以纪录片风格来讲述那段鲜为人知的历史，对待历史严肃、真诚的态度令人敬佩。在强化历史真实感的同时，又以强烈的对峙和冲突为故事核心，从而扩展了本片的情感内涵。

北京大学艺术学院教授　李道新

剧情简介

　　1945年8月15日，日本天皇宣布无条件投降，一场对战争罪犯的审判随即开始。远东国际军事法庭成立，来自美、中、苏、法、英、加、澳、新西兰、荷兰、印度和菲律宾的11名法官相继奔赴东京。受当时国民政府委任，梅汝璈飞抵东京，担任远东国际军事法庭中国法官，《大公报》记者肖南随行报道此次审判。在审判过程中，日方极力狡辩，否认日本发动侵华的事实，中国检查组通过当庭展示搜集到的证据和当事人的出席作证，使得审判获得很大进展。在影片最后，审判因量刑问题出现分歧，梅汝璈据理力争，终于以六比五的微弱优势将以东条英机为首的七名战犯送上绞刑架。中国法官终于在长达两年818次的开庭中，写下了奇迹。

影片解读

　　历史上的东京审判是一个漫长的过程，开庭818次，419人出庭作证，提出证据4336件，法庭记录48000页，整个审判长达两年半，而最后由梅汝璈撰写的法庭判决书，共十多万言。电影《东京审判》将时间回溯到五十八年前，讲述了由11国组成的国际法庭怎样对日本战犯做出裁决的全部过程，而其中的种种细节也在提醒我们，这一次审判不仅事关公理和正义，也事关国家利益和民族尊严。

　　审判开始前庭长韦伯宣布入场的顺序把中国法官的座次排在英国之后，梅汝璈立即对这一安排提出强烈抗议，并表示：既然每位法官代表了各自的国家，法庭的座次应该按日本投降时各受降国的签字顺序排列才最合理；而且经过八年浴血抗战的中国受日本侵害最烈，且抗战时间最久、付出牺牲最大，因此，中国排在第二实属顺理成章。接着，他愤然脱下象征着权力的黑色丝质法袍，拒绝"彩排"，以免在次日见报成为既成事实；同时要求立即对他的建议进行表决，否则便回国向政府辞职。

　　由于他的据理力争，庭长当即召集法官们表决，结果入场顺序和法官座次按日本投降时各受降国签字顺序安排。这次预演虽然推迟了半个多小时进行，梅汝璈却为中国争得了应有的位置。座次在一般的社交活动中或许并不是一个大问题，但在国际政治中，却与国家的国际地位有着看不见的关系。梅汝璈寸步不让，实际上是为经过八年浴血抗日的中国争得了应有的大国地位。所以，当韦伯赞扬他的胜利的时候，梅汝璈回答："我不是来完成一场复仇的，我是来进行一场审判的，一场关于民族与尊严的审判的。"

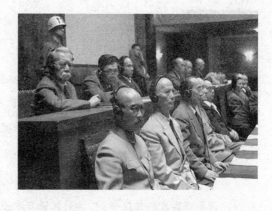

另一方面，导演并不想以狭隘的民族复仇心理来对待这场战争，因为那场战争不仅对中国、东南亚诸国伤害极深，就是对日本自身，也产生了难以平复的心灵和情感重创。作为国家，日本可以以签署投降条约为终结点，但卷入到战争中的家庭和个人，受到的苦难并不会以战败为终结，相反，战败日甚至会是悲剧的起点。

因此，影片沿着法庭审判轨迹渐次推进的同时，亦进入了一个与战争和审判息息相关的日本家庭。在这个家庭里，战争的阴影一直笼罩，并且随着审判的进行，战争带来的伤痛与日俱增，终至爆发。北野雄一被仇恨充斥，杀害了和田正夫与和田芳子，国仇家恨和儿女情长交织在一起。通过对几个人物的塑造，展现了历史背景中的对民族尊严和正义公理的维护，也较为成功和真实地反映了战后日本普通民众的精神世界。军人山口正夫在片中被诠释得爆发力十足，尤其是他先后喊出那一句"狗日的日本鬼子"使人震撼，彰显出日本尚有良知的士兵对战争强烈的厌恶和愧疚之情，将他充满悔恨的矛盾复杂心态刻画得淋漓尽致、入木三分。当中国人民受到日本侵华战争伤害的同时，日本人何尝不是同样忍受了妻离子散、家破人亡的创痛？日本家庭中发生的悲剧，更表达了反思历史和反战的深刻主题。

归根结底，无论正义战争还是非正义战争，带来的绝对不仅仅是利益的获得或损失、公理的胜利或者失败等宏大的命题。对于那场如同硝烟一般逝去的历史进行审判，梅汝璈的一段话点明了它的意义："我不是复仇主义者，我无意于把日本军国主义欠下我们的血债写在日本人民的账上。但是，我相信，忘记过去的苦难可能招致未来的灾祸。"在那场把整个世界拖入深渊的大战已经过去了整整六十年的2006年，这句台词可谓意味深长。

经典记忆

"死刑是什么？死刑是法律对犯罪最严厉的惩罚！为了掠夺别国的资源为了扩张自己的领土为了占领亚洲甚至全世界，日本干了什么？他们杀中国人杀朝鲜人杀菲律宾人杀新加坡人杀美国人杀英国人杀无数无数无辜的平民！他们抢劫、他们强奸、他们放火、他们杀戮……难道这些不足以让他们受到法律最严厉的惩罚吗？！如果法律不给日本不给这些战犯以最严厉的惩罚，谁敢保证日本有一天不会再次挑起战争？！谁敢保证日本不会再侵略别的国家？！谁敢保证日本军国主义的幽灵不会再次复活？！"他瞪着眼，强忍着泪："在座哪位先生敢作这样的保证？！"

中国法官梅汝璈的据理力争才扭转了局面，最终以六票对五票的一票之差，用对战犯的绞刑告慰了在战争中死难的中国人民。

相关链接

东京审判，1946年1月19日至1948年11月12日在日本东京对第二次世界大战中日本首要战犯的国际审判。中国委派法学家梅汝璈为法官。由11国检察官组成的委员会于1946年4月29日向法庭提出起诉书。被告28人，除松冈洋右等3人已死亡或丧失行为能力外，实际受审25人。起诉书控告被告自1928年1月1日至1945年9月2日期间犯有破坏和平罪、战争罪和违反人道罪。审讯自1946年5月3日开始。1948年11月12日法庭宣布判处东条英机、广田弘毅、土肥原贤二、板垣征四郎、松井石根、武藤章、木村兵太郎绞刑，木户幸一等16人判处无期徒刑，东乡茂德判处20年徒刑，重光葵判处7年徒刑。7人绞刑于1948年12月22日在东京巢鸭监狱执行。自1950年起，美国不顾世界舆论的反对，将判刑的首要战犯陆续释放出狱。

（年 悦）

《快乐时光》：阳光灿烂的童年

人民日报社文化事业中心、浙江时空电视节目中心节目部联合摄制，2007年上映

导演： 陈健

编剧： 吕明明、祖国红

摄影： 王宏量

剪辑： 郑士英

主演： 胡安、普超英、杨青

片长： 80分钟

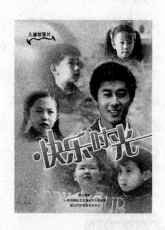

专家推荐

　　影片《快乐时光》讲述了某小学最淘气、最难管的"邪门班"在一位年轻老师的引领下转变为最有生气、最有活力的先进班的故事，成功地塑造了热爱教育事业，并以新的教育理念和方法投身小学教育的年轻教师辛新的形象，生动地记录了一群淘气、活泼而又纯洁、富有创造力的孩子们快乐无忧的时光。

　　影片在试映中得到了专家的一致好评和高度赞誉。称赞该片是一部难得的集艺术性、教育性于一体的优秀影片，是一部宣传先进教育观念的"教材"。既适合儿童观看，也适合全体教育工作者及学生家长观看。轻快的叙事节奏、流畅的运动镜头生动地讲述了辛新老师和调皮鬼们的故事。孩子们的笑声、欢呼声、合唱声贯穿始终，将孩子们的纯真开朗和朝气蓬勃表现得淋漓尽致。影片结尾五星红旗伴着激昂的国歌声升起，操场上整齐地佩戴着红领巾的少年在敬礼，那一张张稚嫩的脸如此亲切，似曾相识，不禁会让人想起自己正在经历的或者已经逝去的那些单纯而美好的年少时光。

北京大学艺术学院教授 陈旭光

剧情简介

刚从师范大学毕业的辛新老师主动向校长请缨出任全校最调皮的班级一年一班的代理班主任。他认为，在孩子们刚上小学的阶段最重要的是如何引导他们养成良好的学习和动脑筋的习惯，教给他们思考的方式。

辛新的第一堂课上，班里的调皮鬼黄小小、林贝贝、李想惊喜地发现新来的班主任竟是曾和他们一起玩滑板的大哥哥。从此，孩子们在这位大哥哥一样的年轻老师的引领下慢慢地成长起来，"邪门儿一班"最终成为全校的先进班集体。孩子们跟随着这位细心、耐心和充满爱心的班主任，学会了怎样维护集体的荣誉、怎样关心身边的人，他们亲近大自然，懂得爱护环境，他们互帮互助，快乐无比……

影片解读

影片自始至终贯穿着爱的主题。课间的教室喧闹沸腾，黄小小在黑板上写出"1+1=王"，惹得班级沸腾起来。上课铃响后，班长让大家坐好，她把黄小小在黑板上写的字擦去，紧接着一个镜头便是梅香同学匆匆忙忙地跑进教室，她的迟到作为一个伏笔在影片中几次出现。同学们因梅香迟到为班级纪律拖后腿而有所抱怨，辛新老师通过调查了解得知，梅香家庭条件贫困，还需要照顾生病的家人，每天早晨需要为病人做好早饭送到医院再跑到学校上课。辛新老师向学校争取对梅香给予照顾，又给同学们说让大家多多帮助梅香同学。孩子们竟然自发地组织起来在学校门口摆摊卖二手玩具，想为梅香凑钱。虽然违反了校规，但是他们的行为出自爱心令人感动。"小鸟是人类的好朋友，现在你把它抓起来，它不吃不喝会饿死的，多可怜啊。"黄小小听了辛新老师的话，把抓来的小鸟放飞，看着鸟儿飞向蓝天，眼神里充满爱和希望。影片结尾时，观众通过辛新老师打给女朋友的电话，得知了他不想离开教师的职业的原因，他曾得到老师那样无私的爱，而今立志要将他得到的爱和温暖传递下去。

爱的主题在影片中绵延，而孩子们充满童真和童趣的言行则让人忍俊不禁。小胖子林贝贝戴着假发模仿老师训斥同学，古灵精怪；大家考完试成绩不理想，大家不是很开心，李想说"林贝贝，你爸爸来接你了"，林贝贝坚定地说："走自己的路吧，走自己的路，让人家去接吧。"黄小小担任大合唱指挥，因为自己个子小便为自己做了一双高跟鞋，没想到演奏完毕一只鞋的跟却掉了，惹得大家捧腹大笑，妙趣横生。

电影以教育为主题，关注新时代生活下的儿童成长生活。在镜头语言的使用上，为了突出影片主题，电影中大量的空镜都聚焦在校园和城市中的绿色植被上，无论是初春刚刚抽新的嫩芽还是含苞待放的花朵，都映照着儿童成长的生命活力和无限希望。

影片在人物的命名上也颇具匠心，辛新老师——象征新式教育方式，所以孩子们管他叫辛老师。辛老师的身份更大意义上是孩子们的大哥哥，作为一个大男孩，他的成长和孩子们的生活是分不开的，他毕竟还是孩子们的老师，他用自己独特的方式给孩子们解释生活中的哲理，这种方式就是讲故事。电影中两次出现讲故事，一次是春游；另一次是开导他的女朋友。讲故事可以说是人类传授知识最古老的方式，影片中辛老师虽然代表新生代充满活力，但他仍然遵循了人类最基本的用口传心授方式传递人类文明的道理。

相关连接

该片拍摄于西施故里——诸暨，主要取景地点为诸暨市天马实验学校，其他地点有城市广场、西施故里景区。演员除个别主演外均为学校一年级学生，为此这一拍摄过程也成了所有参与人员和其他学生的美好回忆。

（年　悦）

《隐形的翅膀》：现实主义的神话叙事

北京银河梦数字影像科技有限公司、五洲文化传播和西安电广传媒联合摄制，2007年上映

导演：冯振志

编剧：冯振志、赵慧利

主演：雷庆瑶　　**片长**：90分钟

获奖：2007年第12届中国电影华表奖优秀少儿影片、优秀少儿演员；2008年第29届大众电影百花奖优秀故事片、最佳新人

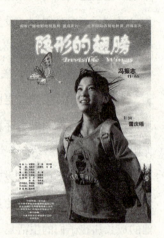

专家推荐

影片朴实地讲述了少女志华在失去双臂后的奋斗故事。志华的梦想也许没有一般人的梦想那么浪漫，她所想的都是我们认为最普通的事情，怎么写字、怎么用针线、怎么穿衣服、怎么漱口洗脸、怎么上厕所……这些看上去很日常的琐事，志华却要花很多的时间和很大的精力用脚来完成。影片导演用纪实手法，细腻地展现了少女志华克服失去双臂带来的生理障碍，完成了那些看上去无法完成的事情的过程。

残疾演员雷庆瑶是个标准的"90后"，她的表演真实、自然又让观众震撼。她既是在塑造角色也是在向观众展示，作为一名失去双臂残疾人的志气与坚韧。在塑造志华倔强好强性格的同时，影片也花大量篇幅刻画了她作为女孩子孝顺懂事的一面。家庭既是她的痛，也是她奋斗的动力。她在实现个人价值的同时，也没有忘记爸爸妈妈对她的心愿。影片的结尾，她和爸爸放飞妈妈为她制作的风筝——作为影片的重要道具，象征了少女志华走出身体残障获得的心灵自由，同时也表达了一种暖暖的关爱与亲情。

北京电影学院电影学系教授　吴冠平

剧情简介

15岁的少女志华放风筝时不幸被高压电击中失去了双臂，母亲经受不住打击而患上了间歇性精神分裂症。面对失学、母亲的病症以及生活无法自理的艰难处境，志华本想自杀了结一切，但爸爸妈妈的爱唤醒了她重新面对生活的勇气。终于，她学会了用脚熟练地洗脸穿衣、做饭缝补、打电脑、练书法，还争取到重新上学的机会。在市残联来校挑选运动员时志华决定参加市残联的游泳项目。但是，就在她刻苦训练的时候，妈妈却走失遇险。最终，志华在全国残疾人运动会上获得了第一名，取得了进军残奥会的资格。结尾处志华和爸爸去放风筝，那是妈妈为她亲手做的龙风筝。

影片解读

现实主义是19世纪以来的文学传统和艺术传统，在经历了20世纪的现代主义和后现代主义的冲击之后，现实主义却依旧在不同形式的艺术中不断地彰显着其经久不衰的魅力，而在电影艺术中尤为如此。事实上，无论是"电影眼睛派"的维尔托夫还是"法国电影新浪潮"教父巴赞，都对电影的现实主义本性做过深刻而具有时代价值的分析——电影的现实主义特性是内置于电影艺术之中的，它通过"完整的电影神话"和"比人类的眼睛更为精密的电影研究"托起了整个的现实主义的电影传统。在这样的电影传统中，尽管随着人类的日常生活、思维方式和时代背景的不断变化电影艺术呈现不同的特征，现实主义仍是电影最经典的表达方式之一，不断进入和影响着电影艺术的发展史。

显然，《隐形的翅膀》正是现实主义在当代的延伸。从苏联30年代的社会主义现实主义到中国50年代的革命现实主义，现实主义似乎在世界电影潮流中存在一个断裂。但是，在90年代中国第五代、第六代电影导演的实验中，现实主义似乎又成为一种电影的诗学风格，从而派生出了一种架构于时代化与个人化意义上的电影潮流。作为一部2007年的电影，本片摈弃了中国电影从新世纪初《英雄》而来的华丽

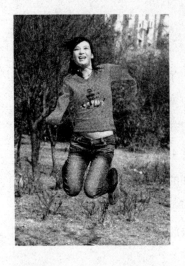
诗意的风格,重新执起摄影机这个"自来水笔",一笔一划地向观众刻画出一个身残志坚、勇敢向上的中国的"断臂维纳斯"。

这部电影以朴实无华的自然笔调,真诚而中肯地将目光投向了一名失去双臂的残疾少女。电影是"世俗神话",它用光影、色彩和构图不断地为观众讲述着来自于历史、现实和自然的神话。这一次它不再讲述那些战胜了他者的国家的、民族的或是社会中的英雄,而是讲述一名战胜了自我、战胜了来自于"肉体的束缚"的"弱"女子故事。在这部电影里,"身体"从视觉呈现中挣脱出来,成为电影的叙事核心和哲学命题,它将"身体"本身"他者化",并以传统视野中"身体性"上的弱者作为"身体"的对抗者。这种对抗的目标并非以普遍的"胜利"(日常生活中对身体的使用)作为结果,而是进入到了一种更高等级、更高程度的成功——此时,对自我"身体"的战胜已经超越了"自我身体"的范围——志华对身体的使用达到了运动员的标准,远远地超出了普通人,这就让"身体"成为一个联结她与他人的媒介,从而再次达到一种战胜了更广泛的"他者"的"英雄主义"神话叙事。

但是,这部电影的难能可贵之处正在于这种"英雄主义"的"神话叙事"并没有建构在华丽多变的光影、色彩与构图当中,而是去除了一切浮躁和雕琢,将一份质朴还给了这名本色出演的残疾女孩。饰演《隐形的翅膀》中志华的正是一名天生失去了双臂的勇敢女孩,雷庆瑶,她以真实的生命经历、超凡能力和坚强意志本真出演了这个角色,让这个人物形象从艺术中走出,散发出夺目的现实主义的光彩。在表现志华经过了艰苦的训练之后取得成果的段落中,导演去除了所有的人工雕琢和所谓的艺术手法,以最为真实的音响和人声作为背景,用一种平等的平视固定机位完整而冷静地为观众展示着她用灵巧的双脚和双肩穿衣、起床、做饭、上学的一切。此时对一个女孩身体的展示,已经超越了弗洛伊德和拉康所谓的身体性的"窥视",而是进入到一种巴赞所谓的"完整主义的电影神话"中,将一切不可能与不可思议寓于行动、场景的展示中。于是,勇敢的精神、不屈不挠的志气就在这里扑面而来。

经典记忆

电影主题曲《隐形的翅膀》歌词（节选）

每一次，都在徘徊孤单中坚强；

每一次，就算很受伤也不闪泪光；

我知道，我一直有双隐形的翅膀，带我飞，飞过绝望。

……

我终于看到，所有梦想都开花，

追逐的年轻，歌声多嘹亮。

我终于翱翔，用心凝望不害怕，

哪里会有风，就飞多远吧。

台湾歌手张韶涵的同名歌曲，原为电视剧《爱杀17》的主题曲。这首歌中的勇敢、励志与电影主题形成了鲜明的对应，用主题曲的形式更好地诠释了电影所要表达的主题意韵。

相关链接

1. 电影源于真人真事，改编自李志华、江福英两名失去了双臂的少女的故事，加入更加戏剧化的情节，李志华能够灵活地用双脚生活、写书法等，而江福英则在残运会、残奥会上收获了6枚游泳金牌。饰演志华的雷庆瑶也是失去双臂的少女，并名列当年的"感动乐山十大人物"。他们都已成为今日全世界的残疾人士和健全人们的新的精神偶像。

2. 这部电影不仅是一部现实主义电影，也是一部体育片，在表现运动员的身姿、运动本身的美感上具有很高的审美价值。

（赵立诺）

《冯志远》：沙漠中的红烛

电影频道节目中心、宁夏电影制片厂联合摄制，2007年上映

导演：杨洪涛、裴军

编剧：古越、洪涛

摄影：裴军、金波

剪辑：王颖

主演：张嘉译

片长：96分钟

获奖：2007年被国家广电总局列为"十七大"重点献礼片，教育部第23个教师节献礼片

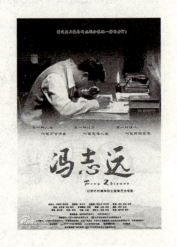

专家推荐

伴随着一声悠扬的汽笛声，冯志远的人生翻开了新的一页，他将投身于艰苦的西部教育事业，主动支援宁夏中宁县中小学教育，而等他完成这一使命时，已经过去了四十多年。冯志远这一生培养的学生超过一万名，可谓桃李满天下，他的事迹也被报纸、电视等媒体争相报道。

《冯志远》真实地反映了冯志远的光荣事迹，然而，在光辉的背后，冯志远老师以惊人的毅力承受着常人难以想象的艰苦。且不说来到黄土高原上地理环境的不适应，也不论他与亲人长期分别两地，更重要的是由于西部教育条件的限制，冯志远老师常常需要超负荷工作。长期的工作使他双目失明，但是他依然坚守在教学岗位上。他说："虽然我看不见学生，但我还能说话，我可以为学生讲讲历史，讲讲做人的道理。"冯志远的精神是难能可贵的，正因为有了千万个像冯志远一样为学子呕心沥血的人民教师，才撑起了教育的一片蓝天。

北京电影学院电影学系教授　陈晓云

剧情简介

影片真实记录了冯志远老师献身西部教育的感人事迹。1958年从东北师范大学毕业的教师冯志远辞别新婚妻子，辞去上海的优越工作，来到宁夏，在农村教书育人四十二年，培养出一万多名学生。连续的辛勤劳作使得冯志远的视力越来越差，在一堂语文课上，他眼前一黑，从此失明。但是，这并不能阻挡冯志远的教学热忱。影片截取了冯志远支教生涯中不同时期的几个段落，运用人性化、平民化的叙事风格，再现了冯志远为教育事业默默奉献的精神，被业内专家、媒体誉为是一部加强师德教育的优秀教材。

影片解读

《冯志远》是一部根据真人真事改编的电影，描述了来自上海的语文教师冯志远，在宁夏支持西部建设，为教育事业奉献了自己的青春的动人事迹。冯志远生于长春，1949年考上东北师范大学，学习中文；学成后分配到上海。1958年，他来到宁夏省中宁县，参与支援边疆教育事业，身体抱恙，双目失明还坚持教学。黄土地是他的第二故乡，这一待就是四十二年，冯志远培育了上万名学生，有的学生已经是北大教授。2005年，他被评为第2届中国十大老年新闻人物，"感动吉林十大人物"，"感动宁夏十大人物"。前国家主席胡锦涛感言："冯老师的事迹感人至深。"

电影不同于生活，虽取材于现实，但对冯志远这一人物也做出了艺术化的处理。由于西部的教师资源较为紧缺，冯志远老师一口气担任了四个科目的教学，即语文、历史、地理和俄语，影片只是着重表现他是一名语文老师的身份。因为相较于地理、俄语等教学，语文教学可以将文学作品融入电影叙事中，更能表现电影的抒情气氛，也更能打动观众。例如，影片中有一场表现冯志远失明后仍旧坚持讲完他未能完成的课程的戏剧场面，导演通过详细描绘冯志远声情并茂、情深意切地朗诵《岳阳楼记》的场面，引用范仲淹的"先天下之忧而忧，后天下之乐而乐"的诗句，对冯老师的人物性格加以注解。

电影对冯志远故事的另一处改编是对其家庭的处理上。在现实中，冯志远与妻子长期分居，一心只为教学，不能照顾家庭生活，他对妻子深感抱歉，也是因为分居，直到冯志远40岁的时候才生下一个男孩。影片在此做出了艺术化处理，弥补

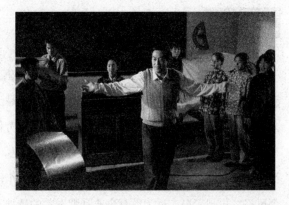

了人物的这一现实缺憾。影片中，冯志远去宁夏前已经有了一个一岁的小孩，到宁夏后为妻子和孩子寄去生活费和书籍，还与妻子用书信的方式探讨教育方法等。另外，在影片的高潮段落，冯志远面对台下的师生，讲述了自己对这一生所从事的事业的不悔的热爱，结束了他人生的最后一堂课。千人礼堂这个空间同样是经过艺术处理的，"桃李满堂"的壮观场面是冯志远四十多年含辛茹苦而换得的教学成果的象征。

影片在叙事上采用倒叙的结构。影片开头表现了冯志远已经年过半百，双目失明。他身边的一台收音机里正在播放着关于自己的报道。收音机中主持人娓娓道来，画面回到了四十年前。另外，影片还着重于细节刻画。通过冯志远打沙枣、做蜡烛和沙漏等细节描写，展现了冯志远心系学子的一面。尤其是在一堂展现教学的场景中，有个孩子不愿意上语文课，冯志远就精心设计了一堂课，通过将戏剧表演和诗朗诵相结合的方式教授高尔基的《海燕》，让两组同学分别扮演高尔基《海燕》中的海鸥和海鸭，请文老师用风琴伴奏，用铁皮声代替雷声，教学从呆板变活泼，寓教于乐，学生们受益匪浅。

然而，这部影片也有一些不足。由于过于淡化冯志远的家庭矛盾，使得影片在人物塑造上略显单薄。另外，影片许多情节的情绪的产生不是因为戏剧性的推进，而是依靠配乐来煽情。不过，总的来说，电影《冯志远》仍然把握住了冯志远总体的精神风貌，冯志远本人也曾细听过这部电影的故事，老人家三次落泪。电影在冯志远的故乡长春上映时，许多市民通过电影了解了冯志远老师的感人事迹，向冯志远老师表达了深深的敬佩之情。

经典记忆

电影台词《岳阳楼记》（节选）

嗟夫！予尝求古仁人之心，或异二者之为，何哉？不以物喜，不以己悲；居庙堂之高则忧其民；处江湖之远则忧其君。是进亦忧，退亦忧。然则何时而乐耶？其必曰"先天下之忧而忧，后天下之乐而乐"乎！噫！微斯人，吾谁与归？

《岳阳楼记》是北宋范仲淹为重修岳阳楼而写的一篇记，记述了岳阳楼的瑰丽之境。在文章中，范仲淹抒发了不因为物的好坏和自己的得失而悲伤或喜悦的情怀和忧国忧民的抱负。影片《冯志远》在冯老师双目失明后，他在课堂上朗诵了《岳阳楼记》全文，表现了冯志远老师心系国家西部教育，愿与"斯人"归。

相关链接

1. 电影取材于冯志远的真人真事。冯志远支援西部，在宁夏教书四十二年，临去世前才回到故里。2013年去世，享年84岁。
2. 张嘉译，在《建党伟业》、《左右》、《失恋33天》、《日照重庆》、《头发乱了》等电影中出演角色，因主演电视剧《蜗居》而知名。

（缪 贝）

《买买提的2008》：梦想照进现实

天山电影制片厂，2008年上映

导演：西尔扎提·亚合甫

编剧：张冰

摄影：木拉提

剪辑：杨微

主演：伊斯拉木江·瓦力斯

片长：91分钟

获奖：第15届北京大学生电影节体育题材创作奖

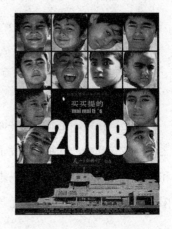

专家推荐

《买买提的2008》的故事发生在塔克拉玛干沙漠边缘的小村落沙尾村，主要围绕两条线索展开：主线叙述县文体局干部买买提和足球教练迪里拜尔在发生一系列误会之后，终于携起手来，率领当地的孩子们组建了一只"梦想足球队"，经历了失败的打击、艰苦的训练，最终克服重重困难在"英萨克"杯足球决赛中战胜对手，实现梦想；副线则叙述村长卡德尔大叔为了抵御流沙的威胁，希望以足球比赛为契机，挽回沙尾村村民昔日那种顽强拼搏、战无不胜的凝聚力，在村子周围打成了十口机井，种下了三千棵防沙林，从而保住了这片世代代生活的绿色家园。

影片中两条线索不断交织，互相呼应，整体节奏轻松欢快，风格幽默诙谐，画面唯美动人，融入了新疆特有的维吾尔族元素，制作精良，寓教于乐，以独特的视角诠释着"面对困境，锲而不舍，追求梦想"的奥运精神。

浙江大学传媒与国际文化学院教授　范志忠

剧情简介

县文体局干部买买提一次无心之失,把体校分配来的足球教练迪里拜尔赶走,被局长派遣到沙尾村当足球教练。这里有一群热爱足球的阳光少年,买买提声称如果沙尾村的足球队能够夺得地区冠军,就能去北京参加奥运会的开幕式。这样一个善意的"谎言"改变了整个村子的生活,去北京成了每个孩子心中最真切的梦想,孩子们组建了一支集聚"世界大牌球星"的"梦想足球队",在追逐梦想的过程中,孩子们经历了失败的打击、艰苦的训练,最终克服重重困难实现了梦想。

影片解读

作为奥运献礼影片,《买买提的2008》别具一番风味,具有独特的民族特色,故事发生在塔克拉玛干沙漠边缘的小村落沙尾村,这里的孩子有着过人的足球天赋,并且每个人都有一个响亮的名字:"马拉多纳"、"罗纳尔多"、"鲁尼"等。买买提的到来改变了孩子们的命运,去北京成了每个人的心愿,他们虽远离北京,却怀着和全中国人民同样的奥运梦想。他们在受到挫折后自省,最终以脱胎换骨的风貌取得关键性的胜利。

导演西尔扎提·亚合甫的创作灵感来自于塔什阿图什素有"百年足球村"美誉的依克萨克村,村里的孩子刚开始走路就玩足球,给自己起"外国球星"的绰号,他们爱好与足球有关的一切,就连女人也不例外。在这里,足球不仅是一项体育运动,也是生活的一部分,它代表着一种文化,是一种超越地域、提升个人精神自由的延伸。于是导演西尔扎提·亚合甫决定把这个真实的足球村落搬上荧屏。

影片一开头,就把我们带进了一个极具维吾尔族风情的小村落,大片的胡杨林,金色的沙海。在明黄色的色调下,一群充满热情和活力的维吾尔族民众就用行动向我们展示了足球运动的无穷魅力,他们个个都是足球高手。此时,镜头运动、场面调度富有动感,在民族音乐的巧妙配合下,手鼓的节奏与足球的律动有机结合,在广袤的沙漠上,展示出别样的勃勃生机。

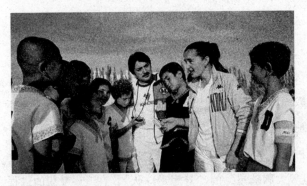

影片主要围绕两条线索展开,主线描绘了买买提和迪里拜尔带领的"梦想足球队"在训练中不断超越自己,团结伙伴,在赛场上奋力拼搏的故事;副线则描绘了在村长领导下沙尾村的村民团结一心,打井开源,克服自然变迁带来的不便,为自己的生活创造无限的可能。两条线索不断交织,互相呼应,不断传递正能量,由人类精神转向实践领域的延伸,使观众更加体味"人文奥运"的意味深长。

在影片的结尾处,最后一场比赛众人为孩子们捏一把冷汗,气氛紧张,扣人心弦,众人高呼"乌骏姆",随着"马拉多纳"的一声大叫,经过内心的矛盾和反复挣扎,他最终帮助"梦想队"打进了关键的一球。这看似不合情理的举动,实则在情理之中,他正是用这种"无声的反叛"向现实宣战,这种"反叛"举动恰恰是对奥运精神的捍卫和对践踏者的抗议。此时,体育不仅是获得荣誉的途径,也成为一种感悟生命的生活方式,向观众传递出一种强大的能量。

"梦想"是全片的主旨,导演把着眼点放在一群天真可爱的孩子身上,他们的梦想简单纯净,没有任何世俗功利。在为梦想努力的过程中,其自身也实现了成长的蜕变:他们学会包容理解,并逐步摆脱以自我为中心,认识到团队合作的重要性,最终取得了傲人的成绩。这种实质性的转变同样"感染"了他们身边的人:买买提选择为"善意"的谎言买单,在签订合同时,亚森问:"你这么做值得吗?""这是我的梦想,当然,也是孩子们的梦想。"我想,此时的买买提是幸福的,因为"在没有阴影的地方就会有阳光";村长卡尔德希望通过这群少男少女的进取精神,让沙尾村涣散、畏惧的人心重新聚集,团结全体村民为改造生存环境而奋斗,最终所有的人都得到了自身所需要的圆满。导演试图通过一种无形的力量感染观众:只要付出,梦想终会照进现实。

经典记忆

电影主题歌《前进乌骏姆》（亦称《乌骏姆》）歌词（节选）

黄沙和风儿一起流浪，寻找那自由自在的天堂。

我们和风儿唱起刀郎，快乐就是我的家乡，我的家乡。

胡杨开花，为了千年的梦想。

（为了千年的梦想）

红柳茁壮，扛起永远的坚强，来来来来来来，来来来乌骏姆嘿！

乌骏姆，乌骏姆，乌骏姆。

谁都不能把我阻挡，把我阻挡。

乌骏姆，乌骏姆，乌骏姆

心中只有一个方向，一个方向，乌骏姆！

《乌骏姆》是根据《买买提的2008》所作的原创歌曲，音乐风格朴实感人，原唱是黄河涛，电影中由维吾尔族歌手依克桑演唱，"乌骏姆"在维语中的意思是进攻、前进，依克桑的演唱得心应手，尤其是那句"乌骏姆"，更是充满浓郁的民族风情。

相关链接

第29届夏季奥林匹克运动会，又称2008年北京奥运会，于2008年8月8日在中华人民共和国首都北京开幕，2008年8月24日闭幕。主办城市是中国首都北京，参赛国家及地区204个，参赛运动员11438人，设302项（28种运动），共有六万多名运动员、教练员和官员参加北京奥运会。本届北京奥运会共创造43项新世界纪录及132项新奥运纪录，共有87个国家在赛事中取得奖牌，中国以51面金牌居奖牌榜首名，是奥运历史上首个登上金牌榜首的亚洲国家。

（王 琦）

《建国大业》：商业化的主旋律电影

中国电影集团公司等，2009年上映

导演：韩三平、黄建新

编剧：王兴东、陈宝光　　**摄影**：赵晓时

主演：唐国强、张国立等　　**片长**：138分钟

获奖：2010年第30届大众电影百花奖最佳故事片；2010年第10届长春国际电影节最佳华语故事片；2011年第14届中国电影华表奖优秀故事片

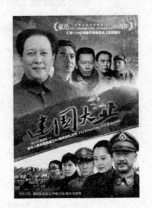

专家推荐

　　《建国大业》是一部史诗性大片。它以1940年代抗战胜利至建国前夕为背景，全景式地再现了中华人民共和国成立这一重大历史事件。影片还原历史又超越历史，洋溢着浓郁的理想主义色彩，有一种诗意化的艺术风格。本片一个突出特点是描写了众多历史上名人的形象，就像一部形象化的共和国历史教科书。毛泽东醉酒、朱德扭秧歌、周恩来发火等细节，让观众看到了伟人们作为普通人的一面。影片也没有丑化蒋介石、蒋经国等国民党人物。蒋介石父子的形象和亲情关系的表现，具有新意。陈坤饰演蒋经国，表演出色，忽而明亮忽而黯然神伤的眼神令人动容，是一个兼具哈姆雷特气质和堂吉诃德精神的悲情形象。张国立饰演的蒋介石则传达出末路英雄的悲凉。

　　《建国大业》在大刀阔斧的历史表现之余，别有一种历史沧桑感，它"不以胜败论英雄"，历史观是开放的。

　　影片还有一个特点是"全明星"出演，即一百七十余位一线的当红明星集体亮相，以至于有人戏称看这部电影可以"数星星"。

北京大学艺术学院教授　陈旭光

剧情简介

电影选取1945年到1949年的中国历史，突出表现以中国共产党为代表的进步力量是如何建立统一战线和多党合作政治协商制度，从而与以国民党为代表的腐朽落后力量进行决战。影片涵盖从重庆谈判、淮海战役、西柏坡会议、政协会议到开国大典等重大历史事件，同时也再现了毛泽东、周恩来、蒋介石、李济深等时代巨变中的风云人物，形象地呈现了中国共产党领导中国人民建立新中国的共和国史实。

影片解读

2009年是新中国成立六十周年，复兴民族的时代语境带动着一阵对历史"献礼"的极大热情。《建国大业》便是中华人民共和国成立六十周年的献礼作品之一。作为一部主旋律电影，《建国大业》在采用"极致化"的商业推广之后，并没有像过去一些带有"炒作"色彩的商业电影那样形成"叫座不叫好"的反差，也没有像一些献礼片或概念、或平面、或老套地一味地对观众进行说教。它很好地融合了商业电影与主旋律电影的优势，成功地打造出一部具有时代意义的商业主旋律电影。

《建国大业》充分吸收了当代商业电影的各种优点，全明星阵容的铺陈，商业化运作的成熟和文化时尚消费的打造，为主旋律电影走近观众、赢得市场找到了一条新的途径。其中，全明星的集群模式成为商业电影的"极致做法"。在《建国大业》里，除了有大陆演员唐国强、张国立、许晴、葛优等人，还有港台明星与著名影视人助阵，如吴宇森、成龙、刘德华等人。共计近两百人的全明星阵容，倘若在现实中也只有像奥运会或者赈灾晚会等特殊形式的舞台才能出现。在电影里，明星们以每隔半分钟

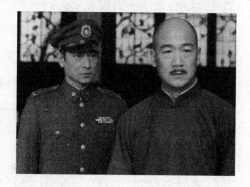

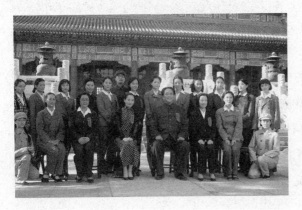
一位的频度对观众进行视觉轰炸,最大限度地满足人们的观影快感,也最大限度地吸引住作为票房生力军的年轻人和青少年。大量明星的集中出演切合电影的视觉文化本性,也符合了大众追星的梦想。我们可以认为,一代一代的优秀演员,都是一个时代、一个民族审美愿望、文化理想的象征和寄托。千百万观众从他们身上,获得了情感的寄托和心理的满足。正如著名电影史学家贾内梯所指出的:"这些伟大的有独创性的人是文化的原型,他们的票房价值是他们成功地综合一个时代的抱负的标志。不少文化研究已经表明,明星形象包含着大众神话,也是丰富感情和复杂性的象征。"[1]

无疑,影片对明星的超常态运用使得主旋律电影、商业电影回归为最根本的视觉奇观特性,把从《英雄》、《十面埋伏》等大片开启的"景观电影"推进到一个新的极致。从某种角度看,比之于场景的纯粹"物性"的奇观,作为明星的人的奇观更具可看性。因为明星的出演,都是活生生的,都有动作、语言、情态和思想,都是大故事里的大人物或小人物。因此,明星不仅仅是作为场景的视觉造型元素,也是具备一定的情节叙事和历史表意功能的叙事元素,一种"有意味"的"形式"或"符号"。

虽说《建国大业》让观众处处可见大明星,使影片成为全国人民的货真价实的视觉大餐,但是这并没有对影片的剧情、叙事产生消极影响——这得益于影片故事情节的铺陈与叙事结构的构建。尽管比起一般的历史题材电影以及主旋律电影来说,《建国大业》的历史跨度只有五年,但正是因为这五年的跨度涉及中国历史的关键转折,使得电影在表现宏大历史线索时,无法假设过多、过细的情节线索来发展故事。而众多历史人物的存在,也使得电影在深入刻画关键人物时困难重重,无

---

[1] [美]路易斯·贾内梯:《认识电影》,胡尧之等译,中国电影出版社,2002年,170页。

法借助常规的方式来打造主要人物的立体面。

面对这些难题,《建国大业》解决得恰到好处。面对宏大的历史背景,电影牢牢抓住"统一战线"的史实语境,

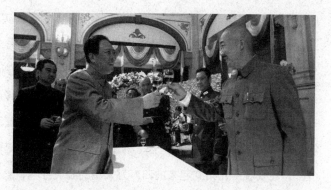

将共产党领导全国人民成立新中国与人民政协会议的胜利召开结合起来,既保留住有关历史巨变的散点事件(如重庆谈判、淮海战役、西柏坡会议等),又集中于党团结全国人民建立统一战线的政治举措。由此,虽缺少剑拔弩张的单一事件的戏剧性冲突,但平衡了宏大历史时空选择与镜头再现之间的冲突、张力,从而在历史讲述的思想深度中,为历史事实与当代中国找到一条准确地讲述历史的政治逻辑。

在历史人物的刻画方面,正如导演黄建新所言:"其实我们这部电影一直在建立内心冲突,拍摄中我一直说要拍得诗意一点,不要那么写实。历史是写实的,但是整个人物是要有诗意化的,这样视野打开了,也带给影片一些史诗和诗意化的因素。"[1] 因此,观众能够在宏大的历史叙事中,看到一些有别于以往概念化的人物形象,比如由张国立饰演的蒋介石,在面对历史命运和现实情境时,处处体现出一种末路英雄的悲情与落寞。更令人眼前一亮的是毛泽东醉酒等段落,将领袖人物身上的浪漫主义色彩进行了非脸谱化的诗意处理。

经典记忆

在此前的许多历史题材影片中,常常可以听到共产党领袖们的特色方言,甚至是国民党总裁蒋介石也是一口地道的浙江普通话,这是力求通过语言方式来活灵活现地再现历史人物。而在《建国大业》里,许多历史人物说的几乎都是标准的普通

---

[1] 《黄建新:〈建国大业〉是一部理想主义作品》,《三联生活周刊》2009年7期。

话。这么做并不是刻板，而是将过去口音较重的语言落实在关键情节点，或关键人物的细微心理刻画上，如蒋介石在内心焦虑与计谋得失之间偶然一句的方言，更能带领观众进入人物情绪。在语言使用上的考虑，一方面使观众更集中于观赏故事情节，另一方面也突出了历史的一份听觉信息。尤其是当开国大典的资料镜头出现在银幕上的时候，我们在电影音乐《红旗颂》的流动中再次聆听到毛泽东主席那令人激动万分的庄严宣告，六十年前记录在时代记忆中的、略带抖晃的"湘音"，代表着从此站立起来的四万万人民的心灵呼喊，整个影片的情感也随之被推向高峰。

相关链接

1. 自1959年以来，"献礼片"便成为一种具有中国特色的电影创作方式，它突出表现中国共产党领导下新中国成立的历史必然性和新中国成立以来的巨大建设成就等题材，同时歌颂党、国家、爱国主义、集体主义等主题。

2. 电影《建党伟业》是仿照《建国大业》制作的另一部叫座并叫好的主旋律电影，两部电影在一定程度上具有极高的相似性。

（李雨谏）

《海洋天堂》：孤独海洋与父爱天堂

北京数字印象文化传播有限公司、安乐影片有限公司，
2010年上映

导演：薛晓路　　**编剧**：薛晓路

摄影：杜可风　　**剪辑**：张叔平、杨红雨

作曲：久石让

主演：李连杰、文章、桂纶镁

片长：106分钟

获奖：2010年上海国际电影节·电影频道传媒大奖最佳影片、最佳新人导演、最佳男演员

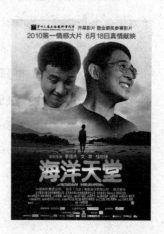

> **专家推荐**
>
> 　　《海洋天堂》是一部聚焦于孤独症患者这一边缘群体的电影，导演以小见大，聚焦于一位生命即将走到尽头的父亲与一位无法独立生活的身患孤独症的儿子，将孤独症患者的基本状况、所面临的社会问题以及监管的漏洞等都隐射了出来，既用故事感染了观众，也打开了普通人了解孤独症的一扇窗口。
>
> 　　这些都得益于故事撰写的巧妙。故事围绕着水展开，人物的命运也因水而转折。影片开始父亲和儿子坐在汪洋中一条孤独的船上，他们所面临的困境像海洋般巨大和不可征服，他们的命运就像这条小船一样绝望和无助。然而，另一处的"海洋"——海洋馆中的水域却是天堂。儿子大福喜欢在海洋馆中像鱼儿一样自由自在地在水中畅游，父亲也用美丽的谎言告诉大福，自己会"化成"海洋馆中的海龟，永远陪伴在大福身边。影片最后，大福在父亲去世后依然在水中快乐地游戏，对于大福来说，这里的海洋不是孤独的场域，而是充满父爱的天堂。
>
> 北京电影学院电影学系教授　陈晓云

剧情简介

海面上漂着一艘孤船，上面坐着肝癌晚期的父亲王心诚和他的患有孤独症的儿子大福。王心诚绝望地看着大海，用绳索将自己与儿子绑在一起跃入大海。大福从小患有孤独症，沉溺在自己的世界中，生活不能自理，对游泳却极有天赋，他最喜欢在父亲工作的海洋馆里和海豚一块游泳。在父亲自杀时，因为大福水性极好，救出了溺水的父亲。从此，父亲决定不再寻死，用自己仅剩的几个月的生命为大福找到收养孤独症的机构。然而，大福不能适应这种单调的生活，大福离不开水，离不开海洋馆。于是，父亲决定完成一项艰巨的任务：教会大福生活、工作的技能，让他在父亲死后能留在海洋馆工作……

影片解读

虽然以孤独症为故事主题的电影并不新鲜，如达斯丁·霍夫曼在《雨人》中扮演的雷蒙，就是影史上一个经典的自闭症患者的形象。但是，《海洋天堂》则是中国电影史上首部以孤独症患者作为表现主体的作品。孤独症也称为"自闭症"，在中国大约有164万名儿童身患此症，目前该病无药可医。身患孤独症的患者主要表现为社会交往和人际交流障碍，经常重复仪式性的行为，兴趣单一，同时也会在某种项目活动中表现出惊人的"天赋"。本片中的大福，虽然连煮鸡蛋、脱衣服、开门等基本生活技能都没有完全掌握，却对水有着惊人的热爱，他的游泳天赋令人叫绝。

薛晓路不仅是《海洋天堂》的导演，还是本片的编剧。故事的构想和薛晓路的一段生活经历有关，近十年来她一直在一所名叫"星星雨"的自闭症学校担任义工，这个故事的灵感正是来源于她与自闭症患者接触的这段时光。不论是何种类型、体裁的艺术作品的创作，原初的情感是使创作者在漫长的创作过程中保持内心激情的重要因素，但是，这种情感有时也会起到负面作用，比如，创作者会过于沉溺于个人的情感中，最终导致作品无法和大众沟通。所幸，薛晓路导演在创作时平衡了感情与理性，既创作出了情感饱满深厚的作品，又在创作手法上保持了理性、冷静与克制，使影片没有流俗于廉价的煽情中。

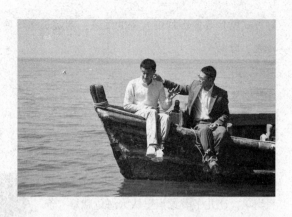

从影片的剧作上，我们可以看到薛晓路是严格按照好莱坞典型的剧作法则来结构故事的。传统的剧作法则要求在影片开场三分钟内出现一个危机，以此吸引观众。《海洋天堂》一开场就将人物之间的危机表现出来：患了绝症的父亲因不能再照顾自己与生活不能自理的孩子，决定与孩子一起自杀。这种用戏剧性的开头吸引观众的电影叙事法是常见的，也是非常有效的。

除了讲述故事的方式巧妙之外，本片的表演也是一大特色。影片中扮演大福的文章台词非常少，而且仅有几次的语言表达都不是一个完整的句子，这对表演者来说是一种考验。文章通过细致观察现实生活中的孤独症儿童，与他们接触，学习模仿他们的行为，从而在影片中用肢体语言和面部表演准确到位地展现了一个真实可信的孤独症患儿的形象。在现实中，有一位和影片中的大福在走路等行为方式上非常类似的孤独症患者，他被文章的表现吸引，在电影院中安静地看完整部电影——孤独症患者在出席过于密集的公共场所时往往会表现得焦躁不安——不仅如此，他还称呼表演大福的文章为哥哥。这可谓是对文章的表演水平的另一种层面上的肯定。影片中的另一位演员李连杰，同样完成了对自身表演技巧的挑战。虽然父亲的角色是一个正常人，但对于以武戏闻名的李连杰来说，这一角色是他从影三十多年以来从未出演过的纯文戏角色。通过这部电影，他也完成了从武戏演员到文戏演员的转变。

除了表演，李连杰还对影片作出了额外的贡献，他凭借自己的声望，以及《海洋天堂》本身的公益性质，招揽了一批优秀的制作人，如王家卫御用摄影师杜可风、以演绎台湾青春片而知名的演员桂纶镁、曾获"奥斯卡"最佳服装设计提名的美术指导奚仲文以及亚洲天王周杰伦、日本著名作曲家久石让等，来为影片锦上添花。另外，他本人只收取了一块钱的稿酬。在众多优秀的电影制作人的通力合作下，公益片《海洋天堂》让普通人对孤独症人群不再陌生。而关爱孤独症儿童的最好方式就是要像影片中大福的父亲、刘院长和玲玲一样，用爱来理解、包容和尊重这类人群。

经典记忆

李连杰饰演的父亲生前将自己扮成一只海龟，让儿子潜意识里认为海龟就是"爸爸"，随之影片大篇幅地强调"海龟"。结尾部分，当文章饰演的大福如水中精灵一般追寻着海龟的时候，观众自然而然地潸然泪下。

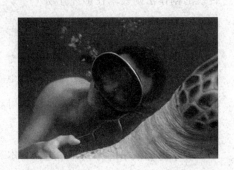

相关链接

1. 李连杰，国际功夫明星。1982年因主演《少林寺》轰动全球，并引发了继李小龙之后的第二次全球性武术热潮。1991年以后，其主演的《黄飞鸿》系列影片同样在中、日、韩、美等地引起轰动，李连杰也由此成为香港最具票房号召力的演员之一。

2. 杜可风，被誉为"亚洲第一摄影师"，与杨德昌、王家卫、关锦鹏、赖声川、陈凯歌等导演合作。摄影风格光怪陆离，用光极其大胆，充满假定性，画面明暗反差大。摄影代表作有《阿飞正传》、《春光乍泄》、《东邪西毒》等。

3. 久石让，日本著名作曲家，作品以电影配乐为主，主要为宫崎骏的动画片配乐，如《天空之城》、《龙猫》等，以及帮助北野武的电影配乐，如《花火》、《坏孩子的天空》、《菊次郎的夏天》、《那年夏天，宁静的海》等。近些年来，久石让也参与中国电影的配乐编写，如《让子弹飞》、《海洋天堂》等。

（缪 贝）

《建党伟业》：国家意识形态的仪式化叙事

中国电影集团公司，2011年上映

制作人：韩三平

导演：韩三平、黄建新

副导演（助理）：李少红、陆川、沈东

编剧：郭俊立　　摄影：赵晓时

剪辑：许宏宇　　美术设计：易振洲

录音：王丹戎

主演：刘烨、冯远征、张嘉译、李晨、李沁、周润发、潘粤明、刘德华、陈坤、聂远

片长：125分钟

获奖：2011年第14届中国电影华表奖优秀编剧、优秀故事影片；

　　　2011年第3届英国（伦敦）万像China Image国际华语电影节组委会特别奖

专家推荐

　　《建党伟业》着重展现从1917年十月革命到1921年中国共产党成立的历史故事与风云人物。影片以多线条散点透视的叙述方式，艺术地再现了诸如袁世凯称帝、张勋复辟、孙中山护法运动、火烧赵家楼、五四运动等重大历史事件，浓墨重彩地塑造了毛泽东、陈独秀、李大钊等人物形象，从历史的纵深处生动诠释了"为什么历史和人民选择了中国共产党？"这一永恒真理。

　　作为"红色三部曲的"第二部，《建党伟业》一方面注意打造强烈的仪式感，以突显"建党九十周年献礼片"的庄重风格，另一方面注重在市场机制熏陶下日趋成熟的观众审美体验，一百七十多位明星加盟，赋予了影片强大的市场号召力，影片中主要人物正处于风华正茂、指点江山的青春时期，也使得整部影片因此洋溢着主旋律电影难得一见的青春气息，充满热烈的激情和辽阔的想象，呈现了"家国命运"、"青春成长"的一体化叙事。

浙江大学传媒与国际文化学院教授　范志忠

剧情简介

《建党伟业》故事主要讲述发生在1911年至1921年辛亥革命结束后这段时期的历史事件和人物；主要以毛泽东、李大钊、陈独秀、蔡和森、张国焘、周恩来等第一批中国共产党党员为中心，讲述他们在风雨飘摇的年代为国家与民族复兴而赴汤蹈火的精彩故事。

影片解读

辛亥革命后1911年到1921年，这段时期的中国历史可谓是"风雷激荡，巨变迭起"。《建党伟业》将这段历史分成了三段式剧情，分别是辛亥革命后的军阀混战、五四运动后的知识精英崛起，以及之后发生的"建党伟业"。在这十年间，清政府统治被推翻，共和国建立，两个皇帝，一位临时总统，四个总统接踵登场，两个革命党的组建使整个年代风云激荡。自古英雄出少年，青年知识分子发起斗志激昂的五四运动，第一批中国共产党党员中年龄最小的刘仁静只有19岁。乱世出英雄，多少人放弃了个人利益投身到了革命事业中。蔡锷，这个爱江山更爱美人的将军，为了革命，"七尺身躯，以许国，再难许卿"，踏上了逃离北京的火车，发动护国运动。就如金一南将军所说，这是个年纪轻轻干大事、年纪轻轻就丢性命的时代。无一人老态龙钟，无一人德高望重，无一人切磋长寿、研究保养。

影片中充满了革命人士慷慨激昂、热血奋斗的场景，彰显了那个时代人们的血性和民族骨气。五四运动：不顾自身性命的广场演讲、挥举旗帜的上街游行、触目惊心的为四万万同胞写"冤"字；从北大到全国；从学生罢课到农工商罢工罢市；一切的一切，终于将积蓄百年的民族情绪找到爆发的出口。他们身处乱世却心怀天下，先天下之忧而忧；原本应穿着学生制服读书的学子不以学生为借口而逃避这混乱世道，以自己年轻的血肉之躯反抗压在身上的那座大山。当学生的游行大队冲向卖国贼驻日公使章宗祥所在地、激情演讲、撞门、翻墙时，影片气氛达到了一个高潮，将当时人们的爱国情绪完完全全得到释放，爱国护国的民族精神发扬到了极致。

"全明星"阵容是本片的一大亮点,上百位明星的客串加盟,让整部影片"星光熠熠"。老中青三代明星的倾情演艺让人们在看明星的同时,随着明星的演绎和影片情绪的

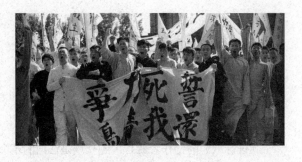

渲染,重新了解这段辉煌的历史,使党史教育如无声细雨般滋润了心灵,达到了影片预期的价值效果,这是对主旋律影片创作的一种智慧表达。

以一部历史革命题材的电影来说,用两个多小时的时间要将一段十年的历史客观全面地展示在观众面前,是很困难的,更何况这十年出现的历史人物之多,事件之复杂。但《建党伟业》做到了:首先在剧情上,影片根据历史发生的时间顺序分成了三段式剧情,条理清晰;其次在人物刻画上,形象立体地将革命人物的爱恨情仇,其人其形塑造地有血有肉,有别于其他影片中塑造的"高大全"的形象。1911年到1921年,这是段激情燃烧的岁月,中国共产党通过这段岁月成长并且壮大,"为什么历史和人民选择了中国共产党?"许多年轻人带着对历史的疑问,不常去电影院的中老年观众带着对激情革命岁月的怀念,纷纷走进了影院。通过《建党伟业》影视化、艺术化的表达,给当代青年上了一堂生动的党课,引起中老年观众的强烈共鸣,从而获得了极大的教育宣传意义。

经典记忆

电影插曲《国际歌》歌词(节选)

起来,饥寒交迫的奴隶!

起来,全世界受苦的人!

满腔的热血已经沸腾,要为真理而斗争!

旧世界打个落花流水,奴隶们起来,起来!

不要说我们一无所有,我们要做天下的主人!

这是最后的斗争，团结起来到明天，

　　英特纳雄耐尔就一定要实现！

　　这是最后的斗争，团结起来到明天，

　　英特纳雄耐尔就一定要实现！

　　《国际歌》的词作者欧仁·鲍狄埃是法国的革命家，巴黎公社的主要领导人之一。他的作品以工人运动歌曲为主，具有浓厚的时代背景因素，其中名扬全球的无产阶级战歌《国际歌》是他的代表作，作于1871年。

　　在《建党伟业》的片尾，中国共产党第一次全国代表大会的代表们在游船上唱起了《国际歌》。这群志同道合的爱国青年用这首慷慨激昂的《国际歌》来表达自我内心坚定的政治革命立场，也寓意伴随着中国人民向反动黑暗势力进行不屈不挠的斗争，直到取得最后胜利。

相关链接

1. 1921年7月23日至8月初，中国共产党第一次全国代表大会在上海召开，在嘉兴闭幕。大会由张国焘主持，共产国际代表马林和尼克尔斯基出席大会，并热情致词。大会的中心任务是讨论正式成立中国共产党的问题。出席大会的有国内各地及旅日早期党组织的代表李达、李汉俊、董必武、陈潭秋、毛泽东、何叔衡、王尽美、邓恩铭、张国焘、刘仁静、陈公博、周佛海，还有陈独秀指定的代表包惠僧，他们代表着全国五十多名党员。

2. 韩三平，中国著名导演。任中国电影集团公司董事长，北京大学文化产业研究院特约研究员，代表作品有《云水谣》、《荆轲刺秦王》、《毛泽东的故事》、《张思德》、《不见不散》、《孔繁森》、《汉武大帝》、《传奇皇帝朱元璋》、《江山风雨情》、《建国大业》、《新红楼梦》等。

（范静涵）

《歼十出击》：忠诚的蓝天卫士

八一电影制片厂，2011年上映

导演：宁海强

编剧：马维干

摄影：王卫东

剪辑：朱建龙

主演：王斑、李光洁、黄奕、胡可、祝新运

片长：95分钟

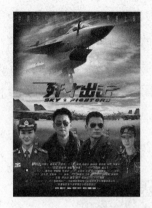

专家推荐

《歼十出击》是一部表现新时期中国空军飞行员的影片。影片首次形象化地再现了我国自主研发的歼十战机的战斗雄姿。在影片里，我们不仅能欣赏到空中缠斗、"眼镜蛇机动"、导弹实弹打靶等高难度动作，还能感受到八机编队的震撼、战机直入云霄的壮美，以及空中停车后成功迫降的惊险。各种高难度、高风险的空中特技飞行动作，赋予了影片以强烈的视听享受。

当然，空战并不仅仅是战斗机性能的比拼，更主要的是飞行员之间智慧与勇气的较量。《歼十出击》着力塑造了空军某航空兵师师长岳天龙和副师长印双虎等人物形象，彼此之间既相互竞争，又密切合作，斗智斗勇，出色地完成了演习任务，在返航途中又成功地驱除了不明国籍的侦察机，体现了新时代的空军形象。在蓝天白云中展现了新时代空军"人机合一"、"空天一体"、"舍我其谁"的熠熠风采。

浙江大学传媒与国际文化学院教授　范志忠

剧情简介

影片讲述了新时期我国飞行员训练和演习的故事，塑造了以岳天龙和印双虎为代表的新飞行员形象。空军903师师长岳天龙和副师长印双虎牢记保家卫国的使命，在训练中把握战略战术、挑战高难度飞行动作、强化训练任务。通过红蓝对抗的方式，二人率领各自队伍展开较量和争斗，最终彼此认同、并肩作战。之后两人率军顺利完成漠北演习，并击落导弹、驱赶侵入我国空域的无人机，成功保卫了我国领空。

影片解读

身着硬朗的军装，驾驶战机翱翔于蓝天白云之上，这是多少热血男儿不灭的梦想。影片《歼十出击》以精彩的剧情、鲜活的人物和精美的画面将这一梦想再次点燃。从片名"歼十出击"可知，此片最大的明星就是我国自主研发、战斗性能卓越的歼十战机。在冷战时期，"天上"的事基本是由美国和苏联说了算，他们研制的战机代表着航空战斗力的最高水平，相关技术一直居于垄断地位。歼十战机的出现打破了既定格局，引发全世界的关注，但普通人很难一睹歼十风采。影片《歼十出击》用实地拍摄和后期特效相结合的方式，展现了歼十战机灵活机动、战斗力强等多种特性，营造出全新的视听奇观。

影片开头即是一场精彩的空中缠斗，凭借娴熟的"眼镜蛇机动"特技，印双虎成功锁定"敌机"，不仅保住了903师的荣誉，也给观众带来惊险刺激的视听感受。之后红蓝对抗、空中加油、地面目标攻击、低空通场等情节，轮番上场；而鸟撞飞机、空中螺旋、空中停车、导弹实弹打靶、驱逐无人机

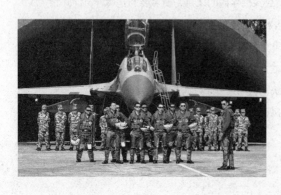

等重大特情,一次次揪住观众的心,伴随着险情的顺利解决,歼十战机的优秀性能展露无疑,观众的自豪感也油然而生。

如果说歼十战机是我国航天科技的优秀代表,那么,驾驶歼十的飞行员则是我们国家忠实的蓝天卫士。他们是一群时尚、年轻同时又积极进取、责任心强的新时代军人。与陆军、海军不同,空军飞行员队伍是由年轻人构成的,师级以上领导也才三十多岁。和一般的年轻人一样,他们也听流行歌,也耍帅,就像片中所展示的那样,他们会用墨镜装酷,会在俱乐部里聚会、聊天。不过,他们终归是军人,有着军人特有的沉稳、进取和睿智。在片中,岳天龙驾驶歼十练习"眼镜蛇机动"却突发螺旋,眼见发动机熄火、飞机急速坠落,很可能机毁人亡。岳天龙沉着冷静,凭着过硬技术和良好心理素质成功迫降,把飞机带了回来。这种沉稳正是我国现代空军良好素质的准确写照。在红蓝对抗这场戏中,副师长印双虎很讲"原则"地将师长岳天龙拦在警戒线之外,用实际行动配合师长的作战计划,体现了飞行员特有的战斗性。岳天龙在大学演讲时表现出的机智和幽默,则展示了拥有双学位的飞行员们知识之渊博、见解之独到。片中末尾,903师顺利来到漠北,岳天龙和印双虎面对一望无际的大漠喊出"舍我其谁"的壮语,空军飞行员的自信和霸气溢于言表。正是通过一个个动人的情节,新时代的空军形象鲜活地跃于银幕之上。

和飞行员朝夕相处的除了战机就是蓝天白云了。当飞行员驾驶银灰战机缓缓驶上跑道,速度越来越快,机头抬起、顺利升空,迎着金黄的晚霞直入云霄,想必观众的心也随着一起飞向蓝天了吧。导演和摄影等工作人员克服了种种困难,"提前观察天气、计算几点太阳落、落到什么位置、飞机几点从哪里起飞,然后再观察机场地形、找最佳的拍摄角度",如此才有了影片中那一幕幕叫人难忘的美景。蓝天、白云、斜阳、晚霞、战机和飞行员共同绘就了新时代空军"人机合一"、"空天一体"的绝美画面。

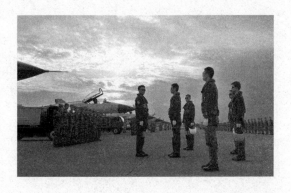

相关链接

歼十战斗机（J-10或F-10），中国中航工业集团成都飞机工业公司自主研制的单发动机、轻型、多功能、超音速、全天候、采用鸭式布局的第四代战斗机，中国空军赋予其编号为歼-10，对外称J-10或称F-10。歼-10是一种多用途战斗机，能够执行空战和轰炸等任务。其最新升级机型歼-20歼击机已于2011年1月在成都实现首飞。

（唐朱勇）

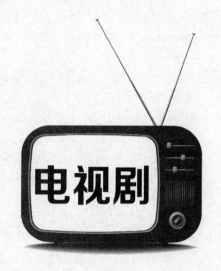

《西游记》：绚丽多彩的神魔世界

中央电视台、中国电视剧制作中心、铁道部第十一工程局联合摄制，1986年首播

导演：杨洁　　**原著**：吴承恩

编剧：戴英禄、杨洁、邹忆青

主演：六小龄童、迟重瑞、徐少华、马德华、闫怀礼

集数：25集

获奖：1988年第8届全国电视剧飞天奖连续剧特别奖；1988年第6届大众电视金鹰奖优秀连续剧奖、最佳男主角

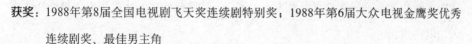

专家推荐

　　《西游记》是一部带有神话色彩的电视剧，1986年一经播出轰动全国，深受包括青少年在内的各个年龄层观众的喜爱，也造就了当年89.4%的收视率神话，成为一部公认的、难以超越的经典电视剧作品。

　　剧中运用大量夸张奇幻的人物造型和特效变异拍摄手法，展示出一个绚丽多彩的神魔世界。对此，人们无不对创作者丰富大胆的艺术想象而惊叹不已。除了每集出现的形态各异的妖魔以外，贯穿全剧始终的则是西天取经的师徒四人，他们每个人的性格都分外鲜明——善良文雅的师傅唐僧、神通广大的孙悟空、好吃懒做的猪八戒、老实敦厚的沙僧，外加温顺隐忍的白龙马。栩栩如生的人物形象，虽非完美无缺，身上也有小瑕疵，但更重要的是他们共有的不畏困苦、坚持不懈、刚正不阿和向往真善美的精神追求。这些美好品质或许比其所求的"真经"更具有宝贵的价值。

　　《西游记》中，取经路上的艰难险阻，师徒四人的命运坎坷跌宕，每次与妖魔鬼怪的殊死抗争都扣人心弦、引人入胜。但是，漫漫取经路上，又充满了猪八戒的憨态可掬和孙悟空的揶揄嘲弄，降妖除怪便显得如此轻松浪漫而绚丽多彩，艺术张力油然而生。

中国传媒大学艺术学部教授　彭文祥

剧情简介

如来佛祖派观音菩萨去东土寻找取经人，到西天取经，以劝化众生。观音菩萨遂点化陈玄奘去西天求取真经。唐朝皇帝唐太宗认玄奘做御弟，赐号三藏。

唐三藏西行，至五行山，救出被如来佛祖压在山下五百年的孙悟空。不服管束的孙悟空被迫带上观世音的紧箍咒，拜唐僧为师，成为唐僧的大徒弟，保护师傅前行。师徒二人西行，在鹰愁涧收服白龙，白龙化作唐僧坐骑；在高老庄，收服猪悟能八戒，猪八戒成为唐僧的第二个徒弟；在流沙河，又收服了沙悟净，沙和尚成为唐僧的第三个徒弟。至此，孙悟空、猪八戒、沙和尚三人保护唐僧西行取经，师徒四人跋山涉水，沿途遭遇九九八十一难，一路降妖伏魔，化险为夷，最终到达西天、取得真经。

电视剧解读

作为一部改编自中国古典四大名著之一的影视作品，电视剧《西游记》不可避免地传承了原著小说的思想和哲理，在取经故事的外壳包裹下，在鲜活笃定的人物形象下，在光怪陆离又轻松诙谐的故事情节中，蕴含着现实主义和理想主义的精神。

《西游记》洋溢着浓厚的幻想色彩，在长篇电视连续剧中构筑了一个变幻奇诡而又真实生动的神话世界。不论是光怪陆离的环境，如美丽绚烂的东海皇宫、仙气逼人的云端玉皇殿，还是扑朔迷离的故事情节，如三打白骨精、智斗红孩儿，抑或是别具一格的神魔人物，如孙悟空、猪八戒、小白龙等，都无不充满着瑰丽的想象、神奇的夸张和古怪的荒诞，是其他电视剧作品所无法比拟的，具有独特的审美价值和艺术表现力。

《西游记》将人性、神性与动物性有机地糅和在一起，使"神魔皆有人情，鬼魅亦通世故"。正是三者的水乳交融，妙合无垠，才将剧中的人物形象由扁平转向丰满，塑造出了许多具有高度美学价值的神魔形象。唐三藏身材高大，举止文雅，性情和善，佛经造诣极高。他西行取经遭遇"九九八十一难"，却始终痴心不改，在徒弟们的辅佐下，历尽千辛万苦，终于从西天雷音寺取回真经。同时，虽然他为人善良仁慈，却不能够明辨是非，反而屡屡听信猪八戒的挑拨，误会能识破妖魔诡计的孙悟空，只有在落入陷阱之后，才恍然大悟，直呼："悟空，救我！"

孙悟空英勇无畏，嫉恶如仇，坚韧不拔，取经后被封为斗战胜佛。充沛的生命力、大无畏的精神、笃实的性格和乐观的个性，使得他不怕吃苦，勇于面对挑战。但是，争强好胜、心高气傲以及性急如火却是他性格中的弱点。猪八戒性格温和、憨厚单纯，虽然力气大，却好吃懒做、爱占小便宜，他对师兄的话言听计从，对师父忠心耿耿，为唐僧西天取经立下汗马功劳，与此同时，猪八戒也在一次次的出丑笑料中，给予观众对人性贪欲的反思，是个被人们同情、喜爱的喜剧人物。

电视剧《西游记》亦谐亦谑，寓嘲寓讽，轻松活泼，充满着诙谐的趣味，产生出异常浓烈的喜剧性效果，可谓嬉笑怒骂，皆成妙文。剧中师徒四人经历的种种历程可谓"惊险"，观众在欣赏剧作的时候，却很少感到让人不舒服的紧张。比如，在孙悟空被关进炼丹炉、师父被妖怪抓进洞府或当降妖除魔的打斗正激烈时，创作者常常加入些诙谐的插曲，使故事平添风波、横生妙趣。第十二集《夺宝莲花洞》中，猪八戒、沙僧、唐僧三人被金角、银角大王捉去，孙悟空变作妖怪的干娘混入洞中营救，得意之际不免又生顽皮之心。妖怪说要把唐僧肉给干娘蒸了吃，"干娘"孙悟空则说想以猪八戒的耳朵下酒，八戒一听着了慌，连忙喊道："遭瘟的猴子！你一进洞来就想割我的耳朵吃！"猪八戒的一句话，泄露了孙悟空变"干娘"的真相，于是引起了一场恶战。在险象迭生的情况中，孙悟空等人仍不忘相互逗趣、戏谑。这一举重若轻、无往而不胜的乐观精神，加上诙谐俏皮的游戏态度与随机应变的聪敏天性，将一切严重的考验应付得轻松自如。

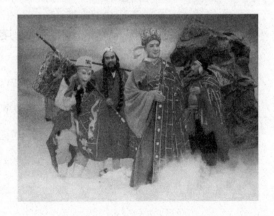

《西游记》西天取经的过程，正是象征着人类不断修正自身缺点的过程，西天取经修成正果的征途，也是心灵归正的历程。故事中

所出现的各种妖魔鬼怪,就是人类各种欲念的化身。贪婪、懒惰、软弱,甚至愚昧,其实都是人类需要不断努力克服的弱点。善良、慈厚和勇敢是人类性格中的宝石。这些特质也通过故事中的角色形象,透过在与神魔鬼怪的不断交战过程,一一彰显出来。《西游记》告诉我们,生命是需要锻炼的,这样才能够达到真正的真、善、美境界。

经典记忆

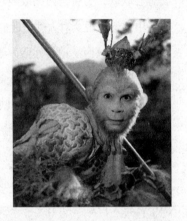

孙悟空,诨名行者,是唐僧的大徒弟,猪八戒、沙悟净的大师兄,会七十二变,能腾云驾雾。孙悟空有一双火眼金睛,能看穿妖魔鬼怪的伪装;纵身一跃,一个筋斗能翻十万八千里;使用的兵器——如意金箍棒,能大能小,随心变化。他占花果山为王,生性顽劣,自称齐天大圣,因与如来佛祖斗法,被压在五行山下五百多年。后经观世音菩萨点化,保护唐僧西天取经,历经"九九八十一难",取回真经、终成正果,被封为"斗战胜佛"。孙悟空这只神猴身上,虽然也有脾气暴躁、性格乖张等劣性,但他的骁勇善战、正直善良、重情重义、积极乐观等品质,都表达出古代中国人对真善美的不竭向往和追求。

相关链接

1. 《西游记》是中国古典四大名著之一,作者相传是吴承恩,成书于16世纪明朝中叶,主要描写了唐僧师徒四人西天取经的故事。该书自问世以来,在中国乃至世界各地广为流传,被翻译成多种语言。《西游记》不仅故事情节完整严谨,内容极其丰富,而且人物形象鲜活、丰满,创作想象多姿多彩,语言也朴实通达。尤其是孙悟空这个形象，以其鲜明的个性特征，在中国文学史上树立起了一座不朽的艺术丰碑。《西游记》在思想境界、艺术境界上都达到了前所未有的高度。

2. 六小龄童，本名章金莱，1959年4月12日出生于上海，祖籍浙江绍兴，现为中央电视台、中国电视剧制作中心演员剧团国家一级演员。他出生于"章氏猴戏"世家，是南猴王"六龄童"章宗义的小儿子，从小随父学艺。高中毕业后，考入浙江省昆剧团艺校，专攻武生，曾主演昆剧《孙悟空三借芭蕉扇》、《美猴王大闹龙宫》、《武松打店》、《三岔口》、《挑滑车》、《战马超》等，颇受观众好评。他在电视剧《西游记》中扮演孙悟空一角，该剧在美国、日本、德国、法国及东南亚各国播出后，受到广泛好评，六小龄童从此家喻户晓、蜚声中外。

（吴冰洁）

《十六岁的花季》：最美的时光

中央电视台影视部、上海电视剧制作中心联合拍摄，1990年首播

导演：富敏、张弘　**编剧**：张弘

摄像：陈健、王艺

主演：池华琼、吉雪萍、杨晓宁

集数：12集

获奖：1990年第10届全国电视剧飞天奖儿童连续剧二等奖；1990年第8届大众电视金鹰奖优秀儿童剧

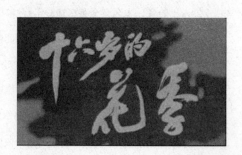

> **专家推荐**
>
> 　　一部戏，影响了一代人。这样高度的评价，之于《十六岁的花季》毫不为过。
>
> 　　《十六岁的花季》是中国最早的，同时也是影响较大的一部校园青春剧。该剧因真实地反映了中学生活，准确地把握了青少年心理而深受中学生的喜爱；又因触及现实，反映改革开放后社会意识变迁，以及"代沟"问题而吸引了不同年龄层次的观众。
>
> 　　导演富敏、张弘夫妇选定中学生群体作为故事核心，正是因为"十六岁"本身就是最好的故事，处在这一年龄段的孩子在性格上是立体而多元的，有懂事、有幼稚、有好学、有叛逆、有无知、也有懵懂。
>
> 　　剧中每一个人物都鲜活生动，折射出我们的过去、现在和未来。观看《十六岁的花季》，每人的感受都不会相同，因为对那段最美的时光，我们都有不同的记忆。我可能是白雪，你可能是陈非儿，他可能是韩小乐。但无论是谁，无论是怎样的记忆，如果把人生比作一段漫长的旅程，那么在路过"十六岁"时，我们看到的一定是道路两旁最美丽的鲜花。
>
> 中国传媒大学艺术学部教授　彭文祥

剧情简介

本剧围绕着白雪、陈非儿、欧阳严严和韩小乐几个十六岁的少男少女，讲述了一段段发生在高中校园里的生活。叛逆而直率的他们，与父母长辈渐生代沟，萌发懵懂的爱情，遭受流言的困扰，甚至直面家庭的变故，还要面临残酷的高考，但最终他们乐观而勇敢地面对问题，解决问题。就是这样一组组性格鲜明的人物，就是这样一段段似曾相识的故事，组成了这部在当年盛况空前的电视剧。

电视剧解读

"你以为这是个故事，那么你错了，你以为这是生活，那么我错了，这是综合成百上千个十六岁孩子的经历编织成的一曲歌，一首诗，一个梦……"

作为校园剧与青春剧完美结合的《十六岁的花季》，把青春的精神内涵从朝气活力、青涩叛逆、成长烦恼、感情迷惘等方面表现出来，它突破了传统教育题材电视剧的常规范式，采用低视角，以亲切的目光关注青少年在校园生活的成长。其青春特质的美学风采、真实与浪漫的有机融合，以及富有诗意的理想化色彩，堪称校园青春剧佳作。

《十六岁的花季》是令人刻骨铭心的，我们不会忘记那群清纯可爱的十六岁少年带来的快乐与领悟，不会忘记直爽聪明的白雪、能干优秀的欧阳、英俊羞涩的袁野、调皮可爱的韩小乐、温柔可人的陈非儿以及风风火火的童老师。作为一代人少年时期美好梦想的见证，《十六岁的花季》是一部童话，是一段灿烂的记忆。在人们的心底，剧中的小主人公们，没有随着我们的成长而消逝，而是永远停留在了"花季"，停留在了最美的时光。

剧中，每个主人公都有他们自己的问题，白雪品学兼优，是同学们眼中的好班长。她个性直率，为了维护同学自尊甚至不惜撕毁考试成绩榜。但她也有她的苦恼，担心爸爸与罗兰阿姨，成了老师眼中的"早恋"分子。漂亮的陈非儿与帅气的袁野在十六岁深陷感情困扰。韩小乐应该是剧中最大的"反派"，但他也是我们眼中最熟悉的人，十六岁的韩小乐，只是个热情调皮的男孩，他本质单纯，却总是好心办错事。误闯女浴室，踢碎学校玻璃，在校园之中他显得格格不入，不仅受到同学们的鄙夷，也受到了许多老师的批评。不仅是学生，老师们也各不相同，以童老师为代表的老师们处处保护学生，为学生着想，也有其他老师严格保守，决不允许像韩小乐这样的学生影响教育教学。

电视剧结尾，深感冤枉的韩小乐决定离开上海，得知消息的老师同学从四面八方来到火车站阻止韩小乐，可韩小乐早已不见踪影，最后白雪不顾列车员阻拦冲上火车，在车厢内找到了窝在地上的韩小乐，韩小乐哭诉着说道"没有人理解我！"但当白雪带着他回到上海时，迎接韩小乐的就是他口中的"所有人"。十六岁，不知道该怎样？十六岁，该怎样就怎样！

诞生于1990年的电视剧《十六岁的花季》当时红遍中国。因为真实地反映了当时的中学生活，准确地把握了青少年心理而深受中学生的喜爱，又因触及现实，反映改革开放后人们的心态，以及两代人之间的"代沟"而牵动了各种年龄层次观众的心。

这是一部儿童剧，但并不只是一部儿童剧，在电视剧每一集的片尾，都会出现一个女生画外音，但她既不是"白雪"也不是"陈非儿"，因为她使用的是一个复数第一人称"我们"。既不能说"我们"不是剧中的人物，也不能说是。显然这是在抽象指称所有的青春期少男少女，而不仅仅是仅局限在剧中，也不仅仅是单指十六岁这一年龄段。电视剧《十六岁的花季》的受众群还可以是在学文识字的幼童，可以是正在沐浴青春的少年，可以是走入社会的青年，更可以是安享晚年的老人。为什么这么说？因为这就是十六岁青春的价值。

十六岁，成熟的年纪，不再是需要父母拉着手过路的孩子，懂得更多的知识，

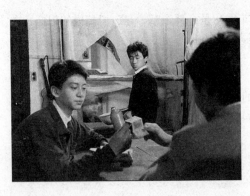

更多的道理，发觉自己成为一个真正独立的人；十六岁，幼稚的年纪，自以为明白了所有事，其实心里依然单纯清澈。十六岁，懵懂的年纪，什么是爱情？什么是男女有别？什么是勇气？什么是害羞？这些问题没人可问，因为他们与自己一样；十六岁，

无畏的年纪，成熟，幼稚，懵懂，不需要害怕，不需要胆怯。十六岁的年华就是要去彷徨，去闯荡，去学习，去叛逆。十六岁，本就是做一切事的资本。十六岁，请珍惜这最美的时光。

经典记忆

电视剧片头曲《走过花季》歌词（节选）

吹着自在的口哨，开着自编的玩笑，一千次的重复潇洒，把寂寞当作调料。外面的天空好狭小，我的理想比天高。外面的世界很宽阔，我什么都想知道。在这多彩的季节里，编首歌唱给自己。寻个梦感受心情，其实一切都是朦胧。拥抱那朝阳，让希望飘扬。

相关链接

导演富敏、张弘夫妇，不光是生活上的伴侣，也是事业上的合作者。曾合作编导电视剧《天梦》、《插班生》、《窗台上的脚印》、《穷街》、《分房》、《十六岁的花季》、《上海人在东京》，以及作为《十六岁的花季》续集的《走过花季》等。在近两百多集电视剧的创作中，两次获得国际奖，十六次获"飞天奖"，六次获"金鹰奖"。

（张　牧）

《校园先锋》：教育改革的现实关照

中央电视台影视部、河南电影制片厂联合摄制，1996年首播

编导：李自人

摄影：陈汝洪、王兵

主演：陈瑾、李亚鹏、潘粤明

集数：18集

获奖：1996年精神文明建设"五个一工程奖"；1997年第17届中国电视剧飞天奖一等奖

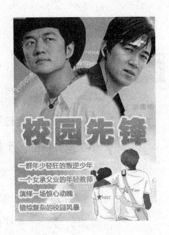

专家推荐

《校园先锋》是一部如实反映中国学校生活、直面中国教育现状的有较强可看性和一定思想深度的"先锋性"作品。

《校园先锋》聚焦教育改革，塑造了以南方、汪主任、汤校长等可以代表"素质教育"和"应试教育"两种教育理念的人物群像。尤其值得关注的是陈瑾饰演的青年女教师南方，她积极、民主的教育方式会给人们带来很大的震动，让观众重新思考教育的意义。有些观众看南方犹如看到了地平线上的一线曙光，看到了中国教育未来的希望。

《校园先锋》以新锐的角度描写校园生活，以现实主义的创作手法展现了我国教育体制改革所面临的困境，以诚恳的态度真实地反映了教育工作者在"如何育人"问题上的苦恼与无奈。对于中国教育的探讨和思考是尖锐的、深刻的，既希望我国的教育由应试教育向素质教育转变，同时也认识到这种转变需要时间、不可操之过急的社会现实。时至今日，创作者在剧中对于我国教育的未来所做的思考依旧有很强的现实意义。

中国传媒大学艺术学部教授　李胜利

剧情简介

南方的父亲南一民因中风瘫痪需要人照顾，南方的弟弟南潮因论文被教授盗窃而受到刺激住进疗养院。南方与男友王川正在准备赴日本事宜，突如其来的变故，使南方不得不取消赴日计划，留在父亲身边，工作关系调入北济中学，接手了父亲没有完成的高三八班。南方刚刚进校，她带的班级便状况连连，加之她与教导主任汪主任的教育理念不同，因此矛盾重重。最终南方以自己的方式获得同学的爱戴，她的学生也圆满地走过高考。

电视剧解读

《校园先锋》是一部探讨教育改革的校园电视剧作品。之前的校园剧大多以反映校园生活、讲述师生故事为主要内容，对于教育现状的探讨少之又少、非常表面。《校园先锋》的创作者抓住了教育改革的时代大潮，在本剧中对教育改革问题进行了一次非常尖锐、深刻的探讨，并且十分真实地展现了我国教育现状，揭示了我国教育中存在的矛盾与困境，具有极强的现实感与时代感。

在《校园先锋》中，创作者巧妙地将对教育问题的大探讨置于三股力量中。青年女教师南方年轻、开放，积极倡导新式素质教育的践行，关注学生的身心成长，以真心换取学生信任；老教师汪主任守旧、顽固，遵循传统应试教育的刻板教学，信奉成绩至上的评判标准，以纪律约束学生；汤校长是个教育改革的赞赏者，但是在高考升学率的重压之下，他不能完全放弃行之有效的应试教育办法。以南方、汪主任、汤校长为代表的三股力量形成了一个稳定的三角形，没有哪一方是完全正确，也没有哪一方完全错误。南方的素质教育法虽然十分科学，有利于学生的身心成长，但在面对高考的独木桥时也不得不向成绩屈从；汪主任的应试教育法虽然可以保证学生的好成绩，却难保他们拥有好身心；汤校长虽然是个教育改革者，但升学的现实又让他畏首畏尾，难以放手一搏。这三人之间错综复杂的矛盾关系，就像中国教育现实的矛盾困境一般，素质教育是未来教育的发展方向，却难以符合千军万马勇闯独木桥的高考现实。在剧中,创作者没有表现出明显的价值偏向,南方和汪主任的相争不是个人义气之争,而是教育理念的对决,他们的出发点都是为了学生好。在本剧结尾,南方和汪主任似乎找到了一个平衡点,但这个平衡点却是出于双方无奈的妥协。

教育现状的残酷让人感受到一种无力的苦闷,创作者没有回避现实的无奈与残酷,摒弃以粉饰的欢乐校园博取观众的喜悦,而是大刀阔斧地将教育的现实真实地展现到观众面前。在剧中,南方问汤校长高考究竟考的是什么,汤校长回答说考的是学生的命运。从这一问一答当中,观众可以明显地感受到教育工作者在面对高考的残酷现实时所产生的迷茫和无奈。这种迷茫不仅仅存在于老师的内心,同样也存在于学生之中。本剧一开始,创作者就设置了一场学生自杀事件,一开始便让观众感受到应试教育给予学生的伤害。剧中的几个学生形象给人印象深刻,黄甫、张端、朱小、刘少勇制造了广播事件,引发了早晚自习大讨论,用自己的方式去跟应试教育抗争、去争取自我的自由。但是,他们在抗争的同时仍然无法回避高考的重压,他们无法彻底地解放自己,他们的内心也是痛苦与迷茫的。最值得让人思考的是剧中的郭路成,一名来自农村的学生。考上大学对于他意味着更多,是由农村走向城市的通道,现实的压力让他拥有与年纪不符的世故、虚伪。创作者用这样一个被现实打磨的学生形象让观众去感受教育现实的残酷。

虽然创作者向观众直言不讳地展现出我国教育的困境与不足,但是其本意并非给予观众一种消极的态度。剧中的教育者和学生,在无奈与迷茫的同时并没有放弃希望,他们都积极地去思考和探索教育的未来,努力寻找解决困境的出路。创作者

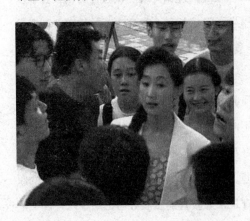

透过剧中人物的思考去影响观众,让观众在观剧之余思考教育该步向何方,进而引起全社会对于教育改革的关注与探讨。这部电视剧不仅在人物塑造、主题探讨上有突出之处,它的视听语言也呈现出一种爽朗、明快的气质。简洁、干净的构图,素雅、清新的色调,风格质朴、明朗又带诗化的因素,这些都与整

个校园的基调氛围相一致。

经典记忆

电视剧主题曲歌词（节选）

上课，起立，向老师致敬；下课，起立，请老师先行；

开口先问好，行礼要鞠躬，先举手后发言态度要恭敬；

注意安静，精力要集中，认真作业，独立去完成；

知识是力量，学习无止境，多思考重实践本领才过硬。

团结紧张，加强纪律性，诚实谦虚，知错能改正。

文明讲卫生，劳动最光荣，学雷锋见行动发扬好传统。

听，听，听，听那脚步声；看，看，看，抬头看天空。

我们是太阳初升八九点，无比骄傲，我们是校园先锋。

相关链接

1. 素质教育是依据人的发展和社会发展的实际需要，以全面提高全体学生的基本素质为根本目的，以尊重学生个性，注重开发人的身心潜能，注重形成人的健全个性为根本特征的教育。

2. 美国高中学制多为四年，从9年级到12年级。不分文科、理科，而采用学分制。必修课有数学、英文、物理、化学、历史等，选修课则非常丰富。各学科没有全国统一的课程设置和教材。但是，各州及各校的课程都必须使学生保持身心健康，掌握学习的基本技能，成为家庭中的有效成员，养成就业的知识和技能，胜任公民职责，善于利用闲暇时间，培养一定的道德品质。

（间蓉蓉）

《十七岁不哭》：雨季的青春成长

中国电视剧制作中心，1997年首播

导演：王静

编剧：李芳芳

摄影：李亚光、孙胜元

主演：郝蕾、李晨

集数：10集

获奖：1998年第16届大众电视金鹰奖最佳儿童剧

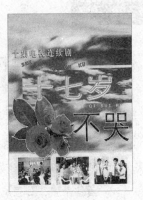

> **专家推荐**
>
> 　　中国反映中学生的电视剧不多，优秀作品更少，《十七岁不哭》是其中一部不可多得的优秀校园剧。首先值得一提的是，这部电视剧是根据同名文学作品改编的，原著的作者叫李芳芳，十五岁时由父亲代表她与出版社签下了出版合同。李芳芳当年只是在作品中真实地反映了中学生的生活，包括朦胧的爱情，没想到改编为电视剧后在社会上引发了很大的反响，在青少年观众心目中引发的共鸣更大。
>
> 　　这部剧以杨宇凌作为视点人物讲述故事，用高中生的眼光去描述花季雨季的欢笑与痛苦，真实地展现高中生活的酸甜苦辣。作品采用群像塑造法，人物性格富于特色，通过不同的人物展现出不同的青春故事。本剧在价值观的传达上少见教条死板的道德讲述，而是通过真情实感去打动观众，以求潜移默化地影响观众。比如，剧中曾经涉及早恋情节，最初中国电视剧制作中心的领导对此一度心存疑虑，李芳芳记得自己当年跟对方说："您也有孩子，您可以决定自己的孩子看了这段情节是学会早恋，还是学会处理朦胧的感情。"最后，她把剧中心的叔叔给说服了。
>
> 中国传媒大学艺术学部教授　李胜利

剧情简介

《十七岁不哭》讲述了振华这所市重点中学一群十七岁的中学生们的成长故事。女主角杨宇凌因为敢怒敢言的性格在刚进校的时候与同学的关系并不融洽,在一段时间的相处之后杨宇凌学会了宽容,同时也收获了友情。在学校,她和雷蒙、简宁、乐心、林林等几个好朋友一起参加足球比赛、办书市、创建广播台、参加校学生会选举。在丰富多彩的生活中,杨宇凌和她的同学们一起走过高一。在这期间,他们学会了宽容、取舍、坚强,不断地成长。

电视剧解读

作为一部经典的青春校园剧,《十七岁不哭》可谓影响了"80后"一整代人,至今人们都无法忘记李晨饰演的简宁和郝蕾饰演的杨宇凌。每一个人都有自己的中学生活,每一个人都会经历"十七岁的雨季"。在这部电视剧中,观众可以跟随角色感受到青春懵懂的成长。

《十七岁不哭》为观众塑造了一群性格各异的高中生形象:班长简宁成绩优秀、勤奋自勉,杨宇凌伶俐能干、敢怒敢言,雷蒙问题多多、豪爽仗义,晓丹文静内向、努力刻苦,乐心多才多艺、随和善良,林林漂亮娇气、简单纯真。他们在生活赐予的坎坷中跌倒、爬起、渐渐长大、成熟。宇凌在孤独中学会了维护他人的自尊,学会了宽让温和地与人相处;雷蒙在不被理解而厌学的泥淖中苦苦挣扎,学会了怎样找准适合自己的目标而永不放弃;罗洋在同学的排斥中懂得了友谊的珍贵,懂得了朋友远比出人头地更让人心生温暖;而林林,在突如其来的家庭变故中学会了勤俭自立比骄奢放纵更加珍贵……每个人物身上的特点,许多高中生都曾经拥有过,或者看到过;喜欢

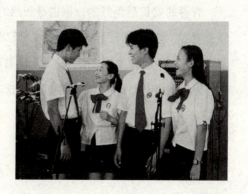

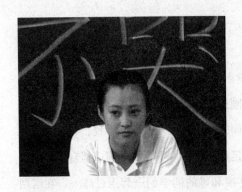

过,或者讨厌过。这些真诚清晰的人物形象是青春生活的真实折射。这种群像的设置,可以让观众跟随不同的人物经历不同的青春课程,同时在这些异彩纷呈的成长故事中找到自己的影子。

席慕容说:"青春是一部太仓促的书。"这本书的主题是成长,这本书的内容是成长的泪水。十七岁的高中生,开始摆脱老师与家长的搀扶,寻找自己的人生道路。十七岁的少年在青春的旅途中会经历很多,成功后的骄傲、落败后的放弃、美妙懵懂的初恋等,都会阻碍他们前行的脚步。本剧导演和编剧在这些青春期问题的处理上,并没有让老师和家长干涉其中,而是让这些青春少年直面这些问题,让他们在得失中学会成长。导演以杨宇凌作为视点人物进行叙事,以高中生的眼光去讲述十七岁的雨季故事。第一次社会实践的兴奋、第一次模拟考试的紧张、第一次内心悸动的懵懂、第一次对成功的渴望,导演始终站在高中生的内心世界,让观众不仅仅是处于观者的地位,而是将自己深入到角色中,体会高中生的心灵成长。

"人生好比乘车前往目的地,沿途风景美不胜收。如果你的最高人生目标是在目的地的话,那么你决不能中途贪恋美景而下车。假如你忍不住下了车,那车决不会等你。虽然你还可以登上下一辆车,但这辆车已不是那辆车,而且也不是到达原来的那个目的地了。"这是剧中老师送给学生的话,也是导演和编剧送给观众的话。没有一丝的说教味,但却能自然地渗入观众的心间,让有同样烦恼的大多数观众明白自己的正确选择。

青春的成长是美好的,但也是酸涩的。在人生的旅途中,十七岁的少年必须学会宽容、学会放弃、学会坚强。《十七岁不哭》通过真实地展现高中生的内心世界、讲述高中生的成长故事,让观众随着青春的欢声笑语回到青春无邪的十七岁季节,跟随剧中十七岁的青春少年再次成长。

经典记忆

简宁传给杨宇凌的小纸条堪称经典:"我终于想好了,现在把想法告诉你。我们不能再这么尴尬下去了。我们这个年龄,承担不起这么劳心费神的东西。宇凌,你是我见过的最好的女孩儿,我欣赏你、关注你,但我也太在乎学业,在乎成绩。我需要太多的孤独,太多的冷静去看书、去做题、去实验。因为我是如此地渴望成功和优秀。"

相关链接

本片改编自李芳芳的同名小说《十七岁不哭》。小说共分十三个章节,每一章都独立存在。每一章的故事都是围绕女主角杨宇凌展开,讲述她的校园故事,展现她的心理成长。这十三个相对独立的小故事仿佛杨宇凌的十三次成长课堂,在每一章的最后作者都会通过杨宇凌向读者传达她的成长感受。

(间蓉蓉)

《红十字方队》：相逢是一首歌

中央电视台影视部、中国人民解放军总后勤部电视艺术中心联合摄制，1997年首播

导演：王文杰　　**编剧**：马继红、高军

主演：罗刚、颜丙燕、傅冲、刘威葳

集数：14集

获奖：1998年第16届大众电视金鹰奖最佳长篇连续剧、最佳女配角

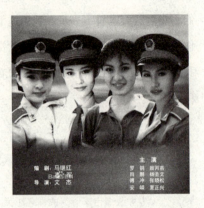

专家推荐

　　《红十字方队》是一部关于青春成长的电视剧，1997年播出，成为影响了一代年轻人的影像文化记忆，也奠定了经典的青春励志电视剧的口碑。

　　剧中的背景是1990年代末的中国，当时的社会时代变迁与文化观念悸动在作品中都得以体现，以一部军校题材的电视剧折射出整个社会的形态。当然，电视剧最成功之处在于树立了几位年轻大学生的形象。司琪的质朴、江男的成熟、肖虹的自恃清高、黎明的顽皮洒脱，每一个人物都鲜活笃定，每一张面孔都折射出我们年轻的自己。这些人物的设计正是福斯特所说的"圆形人物"，没有完美无缺，呈现着不断成长的多样性和可塑性，既能看到他们俏丽的一面，也会看到他们瑕疵的一面。在岁月的打磨中，他们体悟到了人生的真谛、朋友的价值和军人的责任。《红十字方队》是一片净土，是塑造灵魂的精神家园，是放飞雄鹰的广袤草场。

　　故事的情节设计跌宕起伏，每一处都扣人心弦，发人深省。观众会纠结于黎明被人陷害时的冤屈，也会澎湃于八队成功时的奔放。剧中将军营的条块棱角和校园的青春浪漫有机地融为一体，从一个特殊的视角观察军营与校园，具有很强的观赏性。

中国传媒大学艺术学部教授　彭文祥

剧情简介

剧中的主人公是来自五湖四海、身份家境各不相同的十几个少男少女。故事讲述了他们在军医大学中五年的成长时光,在身份上从青涩的学生成长为医学界的人才,也在性格上从单纯转变到成熟。肖虹是出身在军人家庭的女孩,为了自己的理想,选择了军医大学这块神圣的净土,却总在冲动与稳重中徘徊。江男是女生班班长,有极强的责任感和同情心,用自己的言行默默地感染着周围的人。司琪是来自农村的女孩,在同学与教官的帮助下,逐渐建立自信,消除自卑,完全融入集体并最终成为他们中最优秀的一员。多年以后,这支红十字方队毕业了,在梦想飞动的大江南北,他们用知识回报社会,也用自立成熟为人生佐证。

电视剧解读

这是一部反映军校生活的经典之作,改编自军旅作家马继红的同名长篇小说。作品将年轻人的心理描写得活灵活现,不说教,不刻意,是在情节与意象中把观众带入到那片氤氲着部队与学府双重气氛的磁场之中。所以说这是影响了一代年轻人价值观、人生观的优秀作品并不为过。经过导演王文杰、摄像孔笙的精雕细刻、影像再造,作品带给人太多的思索和震撼,会为那些感人的场景泪流满面,心情也随着叙事线的深入而一次次被揪紧。掩卷长思,那么多可爱又可敬的面孔深深地印在了脑海里——活泼而任性的肖虹,耿直而憨厚的骆青藏,身处逆境却自强不息的司琪,看似轻狂却嫉恶如仇的黎明……

作为一部青春励志电视剧,成长中的历练最能将那份痛并快乐着的"蝶变"鲜艳地呈现给观众。每个人都有幼稚和生疏的过去,高校的象牙塔里获取的是知识的累积,部队的熔炉中铸就的是刚强与卓拔。《红十字方队》的故事就发生在这样一个特殊环境,既有大学科技与文化的浸润,又有军队纪律与刻板的冶炼。赵志伟、黄队长等人的不苟言笑、不近人情,让一盘散沙般的大学新生迅速地凝结成块,让年轻人懂得了责任感与价值观。为了集体荣誉,司琪一次次带伤加练军体项目,为了家族

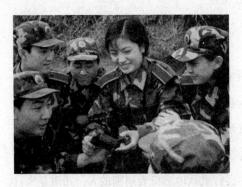
荣耀,丁惠敏青灯古卷奋发读书。本剧在这种主题的表达上还充分利用视听语言,在第一集的人物造型改变中,运用了一组特写镜头的组接,象征威严的剪刀与浪漫飘落的青丝交叉剪辑,这种改变不仅是从麻花长辫到齐耳短发,而是与曾经年少的挥手分别和全新自我的破茧重生。淬火成钢,纵使娇弱磨砺成锋;梅香袭人,耐得酷雪得偿所愿。

《红十字方队》反映的是20世纪90年代末的一段军校生活,将那个年代里的文化冲击与社会变迁折射进了每个人的生活。这是一群来自天南海北的年轻人,他们经历不同,出身不同,自然也会有不同的价值观与人生志趣。黎明,本是一个出身富裕家庭的公子哥,他虽然有些自恃清高,却向往着军人的血气方刚。当他救人却被人冤枉,校方也被蒙蔽其中,他眼神中奔腾着怒火。一个急推的镜头,正如他此刻的心境——被谎言所击倒,没有动作,没有对白,甚至没有叹息和表情,只有眼睛的变化,他宁可退学也不向丑恶低头。

剧中最后一段也颇耐人寻味:在舒缓的音乐中,镜头从带着标志性的铭牌特写拉开,缓慢摇出一个个曾经年轻的身影。在这一段对比蒙太奇中,"红十字方队"学有所成的军医们,有人走进总部医院,有人走向三尺讲台,同样有人走向了边卡哨所、基层连队。人各有志,心有所属,是时代在选择我们,也是我们在选择时代。

与青春相伴的话题是多样的,既有知识与阅历的丰富,也有爱情与甜蜜的轻抚。正如小说中描写肖虹对赵队长的爱慕时所说:"尽管她喜欢医生的职业,尽管她向往军校的生活,但最终导致她下决心的,还是那个藏在心底的、从未向别人透露过的、属于女孩子自己的小秘密。那种回味总是悠长而甘甜,初开的情窦也像那鼓胀苞蕾,她只是在不知不觉中,增加了赵大哥的思念。"

爱情有时甜蜜也有时苦楚,来自青藏高原的骆青藏与考到地方大学的林岚本是青梅竹马的恋人,但在城市的灯红酒绿、霓裳艳影中选择了不同的爱情观。这些或朦胧或焦虑的成长烦恼,是调色板中的青涩与青葱,却在军人的刻板理性中加入了一种感性的温软,成为在多年之后的校园回忆中一段不被抹去的情愫。

《红十字方队》是较早一部反映高校生活的电视剧,但今天再看仍然具有很强的指导意义,特别是对于青年人在志向选择以及成长历练上都是一部不可多得的优秀影片。青少年时光是人生中最宝贵的一段,转瞬即逝,但失去与拥有是相伴而生的。这部电视剧在激励了一代人投身军校、报效国家的同时,也教会了大家如何让年轻的身躯中充满正能量。

经典记忆

电视剧片头曲《军旗上飘扬着我们的歌》歌词(节选)

你也不用讲,我也不多说,

军旗上飘扬着我们的歌。

太阳听得见,月亮能懂得,

那是战士深情的诉说。

集合的歌,凝聚风霜;行进的歌,呼唤江河。

野营的歌,啦啦啦……

相关链接

1. 目前全国有三所招收应届高中毕业生的军医大学:中国人民解放军第二军医大学(上海)、中国人民解放军第三军医大学(重庆)、中国人民解放军第四军医大学(西安)。位于广州的第一军医大学已改为南方医科大学,属于地方高校。本片取景于上海的第二军医大学。

2. 王文杰,国家一级导演。代表作品《孔繁森》、《大染坊》、《南下》。既擅长拍摄主旋律作品,也能驾驭青春题材作品。推出了一系列演艺界明星,如张子健、罗刚、傅冲、颜丙燕等。

(李 磊)

《双筒望远镜》：孩子的智慧和力量

中国电视剧制作中心，1997年出品

导演：庞好

编剧：庞好、孟宪明

摄影：张忠新

主演：曹驰、曹骋、童蕾、六小龄童

集数：20集

获奖：2004年第24届中国电视剧飞天奖少儿电视剧一等奖

> **专家推荐**
>
> 儿童电视剧一直是电视剧创作的薄弱环节，比儿童文学、动画等针对儿童的创作样式都要稀少且边缘，《双筒望远镜》的出现无疑是对这一创作状况的纠偏。该剧以小学四年级学生、双胞胎兄弟鲁科、鲁赛为中心，讲述了他们和同学们探索科学知识、服务社会的故事。在此过程中他们时常闹出笑话，令人啼笑皆非，使全剧充满了喜剧色彩，在笑声中又不时令人感动。
>
> 剧中的鲁科、鲁赛、牛正威、丁咚、刘乙乙等孩子个性鲜明、活泼好学，特别是鲁科、鲁赛兄弟头脑活跃、聪明，对新事物充满了好奇心和探索精神，他们将所学的有限的科学知识用在生活中，解开了仓库着火的秘密、拯救野生动物、揭露牛奶掺假等等，尽管都伴随着孩子的天真和顽皮，却已表现出难能可贵的科学理性精神。同时，这些孩子诚实直率、敢说真话，对社会不良风气和丑恶现象一点儿都不姑息，有着强烈的社会责任感，他们用自己的聪明智慧向成人世界证明了孩子的力量，也让观众领略了当代儿童开阔的视野、充满希望的精神情感世界。
>
> 该剧涉及大量科学知识，在剧中的表现却深入浅出、通俗易懂，不失为一部形象生动、活泼有趣的科普教学书。
>
> 中国传媒大学艺术学部教授　戴清

剧情简介

小学高年级的鲁科、鲁赛是一对聪慧多思、顽皮好动的双胞胎兄弟。自从读博士的爸爸送了他们俩一架双筒望远镜，两个孩子的好奇心、求知欲和探索世界的热情更加高涨。他们热爱科学、爱护环境，仔细观察生活，对世界充满了兴趣，不断地提出新问题，试图用学过的知识去探索解答。在几个性格各异的小伙伴的帮助下，他们经常无心插柳、歪打正着，做成了许多了不起的事，也因为淘气而闯下许多大大小小的祸：揭露黑心牛奶商，救下受伤的野天鹅和被捕捉的啄木鸟，查明了仓库失火的真实原因；也拆坏闹钟，玩灭火器，误把好人当成小偷，说大话害得老师丢掉了一等奖……在暑假里，他们来到深山探险，追寻外星人，捉拿窃贼，还发现了二战时期坠毁的美军飞机，解开一桩历史悬案。在这些精彩的故事中，孩子们得到的不仅是科学知识的熏陶，还有友谊、亲情的感动和心灵共鸣，一天天快乐地成长。

电视剧解读

当代文学、电影作品中曾出现过以农村儿童生活为题材的一些作品，但对城市儿童生活的表现却相对稀少。许多人也因此形成了只有田园式童年才足够鲜活有趣的思维定势。随着城市化进程的推进和人口的频繁流动，越来越多的孩子渐渐远离耕种劳作的田园生活，在城镇中长大。那样的思维定势让如今的孩子们写起作文来抓耳挠腮，为迎合成人的趣味，还出现过类似"我在乡下奶奶家爬到西红柿树上玩耍"之类缺乏常识、令人忍俊不禁的句子。其实，只要善加引导，城市里的童年也可以丰富多彩、贴近自然。电视剧《双筒望远镜》就是这样一首属

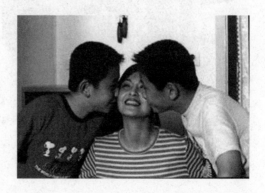

于城市孩子的成长变奏曲。

拍给孩子看的作品，不能以成人的思维方式看待孩子，似乎他们什么都不懂，只需要引领和教育，那样的效果很可能是适得其反的。在许多类似题材的影视作品中，常常是成年的创作者们在自我陶醉，替孩子觉得感动、感兴趣、受教育，剧情就难免显得生硬牵强，远离孩子的生活。《双筒望远镜》是基于同名儿童小说改编的电视剧，有着较好的文学基础，全剧始终在用孩子的眼光打量世界，孩子的逻辑和情感也决定着剧情的走向。

剧中，鲁科、鲁赛兄弟俩和小伙伴们都出身于典型的城市家庭，他们的父母是博士、记者、官员、商人……这样的成长环境给孩子们提供了先进的装备：望远镜、显微镜、摄像机、化学仪器。孩子们也个个身怀技艺：懂电脑，会摄影，能剪辑，还能提出像模像样的科学假设，再用试验来验证。孩子们在观察生活、探究世界的过程中提出了许多大人也难以解答的疑问：为什么热水比冷水冻得快？隔夜的开水究竟能不能喝？望远镜究竟能望多远？孩子们动手设计2008年奥运会的场景规划，与科学家校友一起共话未来，除了表现出真挚热情的童心，还洋溢着浓郁的现代意识，具有鲜明的时代特征。同时，该剧也并不刻意回避那些渗透进儿童生活的成人世界的影子。比如，牛二发的爸爸妈妈宴请几个小伙伴全家时，几位父母的不同言谈举止、思维方式反映出各自的社会身份、职业特征，将成人世界的交际方式描写得活灵活现。

该剧的另一突出优点是情感真挚，贴近心灵。作为影视作品，相比于向少年儿童普及具体知识，更重要的是给予孩子一些人生必经的情感体验和情怀熏陶。什么

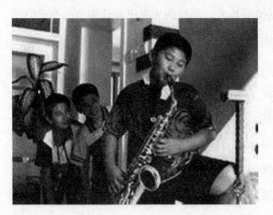

是爱，什么是友谊，什么是慈悲，什么是宽容……这些美好的字眼都在剧中得到了充分体现。例如，孩子们好心帮助音乐老师做课件去参加区里的比赛，却因一时得意忘形吹牛皮而使老师丢了一等奖，还遭到误会。孩子们感到羞愧，纷纷行动起来，用自

己的方式去向老师表达歉意，过程一波三折，最终都得到了老师的宽慰和原谅，他们由此感悟到友情和宽容的真谛。这样的情节不光能打动孩子，也能使成人心中柔软的角落受到触动，眼眶湿润。

全剧充满着幽默、浓情、宽容和理解的色彩，在欢笑中说透人生的道理。真正优秀的儿童影视作品应当如此，情节充满童真而并不幼稚，不仅孩子能从中获得感悟，也能使大人日益封闭的心灵受到触动和启发。

相关链接

"推、拉、摇、移、跟"，摄影术语，是指拍摄连续画面时的五种镜头运动方式，能达到突破画框局限、扩展画面视野、增强镜头情绪意味的摄影技巧。鲁科、鲁赛帮助尚老师拍摄课件画面时提到了这一术语。

（孙　苑）

《长征》：红军不怕远征难

中央新闻纪录电影制片厂、北京华亿联盟传媒广告有限公司联合摄制，2001年首播

导演：金韬、唐国强　　**编剧**：王朝柱

摄像：程生生　　**美术**：蔡龙西　　**音乐**：王云之

主演：唐国强、刘劲、王伍福、陈道明

集数：24集

获奖：2001年第8届精神文明建设"五个一工程"奖；2002年第20届中国电视金鹰奖最佳电视剧；2003年第22届中国电视剧飞天奖长篇电视剧一等奖

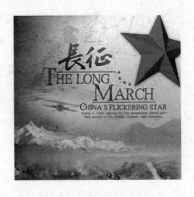

专家推荐

电视剧《长征》是第一部以电视剧的大篇幅全方位展现红军长征的优秀史诗性作品。据说以色列将军伍大卫曾经说过，中国红军表现出来的精神是全世界的珍贵财富，值得世界各国军人景仰和学习。电视剧《长征》就是艺术地了解长征历史的一个很好的范本。

电视剧《长征》不仅具有较高的历史认识价值，而且具有较高的审美观赏价值，是一部优秀的主旋律艺术作品。这部电视剧有很多场景在长征路上拍摄，真实地艺术地再现了当年红军长征曲折动人的历史。长征本身是人类历史上的奇迹之一，电视剧《长征》在真实反映长征历史的同时，融汇了跌宕起伏、大起大落的故事情节，悬念性强，动人心魂。电视剧《长征》中塑造了一大批曾经在历史上叱咤风云的人物群像，毛泽东、李德、蒋介石、张国焘等都在剧中有精彩的表现，尤其值得称道的是，剧中对蒋介石的塑造有很大进步，由陈道明扮演的蒋介石更为神似地演绎出国民党领袖的气质。剧中叙事段落与抒情段落结合得也很好，无论是《十送红军》的插曲与片尾曲，还是毛泽东长征中写作的古典诗词，都为本剧增色不少。

中国传媒大学艺术学部教授　李胜利

剧情简介

在第五次反"围剿"斗争中，博古、李德推行"左倾"错误路线，导致红军节节败退。为了保存实力，红军被迫选择了漫长而又充满艰险的长征之路。经过遵义会议的转折点，党领导的民主革命和革命战争转危为安。在毛泽东、朱德、周恩来等主要领导人的带领之下，红军四渡赤水、南渡乌江、飞夺泸定桥、翻越终年积雪的夹金山，经历一场场出生入死的革命时刻，最终在陕北实现会师。

电视剧解读

红军长征是中国近代革命史上的重要事件，也是人类军事战争史上的一次战略转移的经典案例，红军长征故事更是被不断改编成各种艺术形式代代流传。电视连续剧《长征》第一次采用电视剧的方式讲述了红军的长征经历，以影视艺术特有的视听语言，生动描绘出以毛泽东、周恩来、朱德等为代表的中共领导人的伟人形象，刻画出了一群对中国革命抱有坚定理想信念的红军战士，全景再现了红军长征雄浑壮阔、可歌可泣的历史画面。

《长征》由三条矛盾线索串联而成：其一是红军与国民党之间敌我双方的军事斗争；其二是中国共产党内部的路线斗争；其三则是国民党内部中央与地方之间的矛盾。三条矛盾线索相互交织，相互作用，贯穿整个剧情始终。这不仅增加了电视剧本身的戏剧冲突，使得剧情跌宕起伏扣人心弦，同时也客观地再现了当时中国社会的真实现状，使得整部作品增加了历史厚重感。

毛主席以写意的手法描绘长征为"万水千山只等闲"，然而长征路上的艰难与不易却是众所周知。电视剧《长征》一开篇，就直接描写了当时红军内忧外患的困难局面：一方

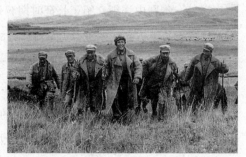

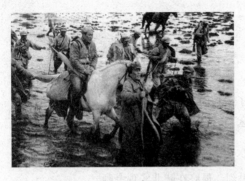
面,党内博古、李德犯了"左倾"机会主义错误,对战局的错误估计导致军事指挥不利,红军伤亡惨重;另一方面,蒋介石所指挥的国民党军队与各派系军阀装备精良、弹药充足,对红军积极地围追堵截。此外,在红军漫长的征程之上还要克服湘江、大渡河、泸定桥、岷山雪山、草地沼泽等恶劣的自然环境。就在这种险象环生的危机境地,中央红军在毛泽东、周恩来等领导人的正确领导之下始终不放弃对中国革命的坚定信念,最终挺进遵义、四渡赤水、飞夺泸定桥,由被动逐步转为主动,并最终夺取了长征的胜利。

《长征》成功地塑造了一批人物形象。该片并不满足于对人物刻画的形似,而是深入到人物内心深处以求形神兼备,通过演员的精彩演绎,使得毛泽东、周恩来、朱德、博古、李德、蒋介石等一个个鲜活的人物性格凸显出来。同时,剧中恰到好处地展现了领袖人物之间的革命情、战友情、亲情等真切情感,这也是该剧能够实现以情感人的原因所在。特别是毛泽东与儿子小毛毛、妻子贺子珍之间父子情、夫妻情、革命情交织在一起,更加充分地表现了毛泽东作为普通人的儿女亲情,也更进一步展现出领袖人物的伟大人格魅力。

此外,还应注意本剧对蒋介石这一人物形象的塑造。在此之前的重大革命历史题材作品中,对于蒋介石及其所领导的国民党军队多采用片面化、贬低化的处理方式,蒋介石的形象或是阴狠毒辣,或是刚愎自用,或是盲目自大,或是庸碌无能。客观地说,这样的人物定位是有失偏颇的,而且在一定程度上也会对观众产生误导。本剧中详细介绍了长征时期蒋介石借"剿共之名","行削藩之事",率领中央军与地方各派系进行力量博弈的故事。陈道明所饰演的蒋介石,充分展示了其作为一党首脑的权谋与判断,将"蒋委员长"这一人物形象刻画得淋漓尽致。这种处理也体现了艺术创作思想的进步与升华。

本剧并未将过多的笔墨放在长征路上的战争场面的刻画,也没有长篇累牍地用大量篇幅去详细描写红军长征过程中的惨烈与悲壮。相反,该剧更为强调的是从中央领导到红军战士身上那种坚强不屈的革命意志与积极向上的革命信念。长征的过程是艰苦,长征的精神却是昂扬的。长征之中所凝结的不屈不挠、自强不息的长征精神,永远值得我们珍视。

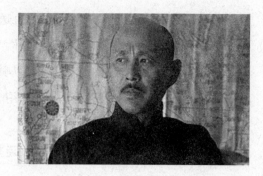

经典记忆

电视剧片头曲《七律·长征》歌词

红军不怕远征难,万水千山只等闲。
五岭逶迤腾细浪,乌蒙磅礴走泥丸。
金沙水拍云崖暖,大渡桥横铁索寒。
更喜岷山千里雪,三军过后尽开颜。

片头曲的歌词改编自毛泽东的诗作《七律·长征》,男女和声使得整部剧在开篇就体现出了红军长征的磅礴气势。作品本身不仅对长征的战斗过程进行了高度艺术概括,更运用比喻和夸张的修辞手法,形象地表现出红军战士战胜艰险、不畏牺牲的英雄气概。这段旋律出现在每一集的片头以及全剧的结尾,充分展现出红军长征精神的坚毅顽强。

电视剧片尾曲《十送红军》歌词(节选)

一送(里格)红军,(介支个)下了山,秋雨(里格)绵绵,(介支个)秋风寒。树树(里格)梧桐,叶落尽,愁绪(里格)万千,压在心间。问一声亲人,红军啊,几时(里格)人马,(介支个)再回山……

片尾曲《十送红军》自红军时期便在军中流传,原曲共有十次送别,而在电视剧片尾中则选取其中四段（一送、七送、九送、十送）进行演唱，曲风凝重悠远，旋律低回徐缓，表现了百姓对红军欲说还休、欲行且止的恋恋不舍，将军民鱼水情刻画得淋漓尽致。除此之外，它的曲调还以唢呐、弦乐、木管等多种变化，配合人物、情节、场景的需要出现在剧中，渲染情绪，抒发情感。

相关链接

长征，中国工农红军主力从长江以南各革命根据地向陕甘革命根据地会合的战略转移。1934年10月，中央红军主力开始长征。同年11月和次年4月，在鄂豫皖革命根据地的红二十五军和川陕革命根据地的红四方面军分别开始长征。1935年11月，在湘鄂西革命根据地的红二、第六军团也离开根据地开始长征。1936年6月，第二、第六军团组成第二方面军。同年10月，红军第一、二、四方面军在甘肃会宁胜利会合，结束了长征。其中红一方面军行程在二万五千华里（12500公里）以上，因此又称二万五千里长征。

（王　卓）

《青春抛物线》：青春的焦虑与成长

中央电视台影视部、江苏广播电视总台、北京邦德影视文化传播有限公司联合摄制，2003年首播

导演：阎清秀、于德安　　**编剧**：兰小宁、兰珊

摄影：向真

美术：冯治平

主演：丁嘉莉、李艳冰

集数：36集

获奖：2004年第24届中国电视剧飞天奖少儿电视剧二等奖

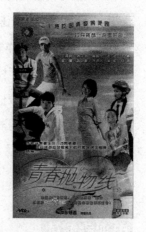

专家推荐

　　《青春抛物线》自始至终围绕高中生所面对的应试教育压力展开，视角真实敏锐。作品以剧中主人公吴桐雨的心情日记为线索，讲述了她所在的高一十班一个个难忘的生活片段，同时折射出诸多真切的社会问题，如成人世界对孩子所持的单一评价标准，饱受社会竞争压力的家长与孩子之间的紧张对峙关系，在义气与原则之间应如何选择，如何看待作弊和诚实精神，一夜成名的诱惑，等等。经历了这一切，孩子们的人生收获了成长的酸甜苦辣，逐渐丰富成熟起来：与师长由紧张、捉弄到逐渐理解、深深不舍；同学之间产生了赤诚可贵、足以绵延终生的友谊；还有那刚刚萌发、说不清道不明的初恋情怀。

　　全剧开篇独特，那不是属于豆蔻年华的美妙旋律，而是主人公挥之不去的噩梦——吴桐雨梦见自己变成了"一只会飞的猫"，女孩内心的焦虑和强烈的逆反呼之欲出。全剧结束时吴桐雨最终能够勇敢地面对人生的挑战和责任，辩论赛等磨炼让她战胜了内心的自卑和恐惧，也理解了紧张焦虑的妈妈，母女间隔阂的消除恰恰见证了主人公精神的成长。

中国传媒大学艺术学部教授　戴清

剧情简介

学校按考试成绩把一群公认的"差生"分到了"重点班",胡老师立下"军令状",主动要求当班主任。十班人不断惹是生非,为了胸卡的屈辱捉弄胡老师;与六班的足球赛中出现作弊行为;同学之间的恶作剧无意中又砸了教导处冯主任的头;主人公吴桐雨在学校承受着考试的压力,在家中又饱受妈妈的严格管理,一气之下离家出走,在和班长乔平的接触中,初恋的情愫慢慢生长……经过种种历练,"重点班"的孩子们逐渐长大,全剧在他们青春火热的舞蹈中落幕,他们收获了成长的点点滴滴。

电视剧解读

诞生于2003年的校园题材电视剧《青春抛物线》,虽远没有《十六岁的花季》、《十七岁不哭》、《花季·雨季》等几部作品的知名度高,但它取材新颖、创意独特、基调积极向上,是一部优秀的青春题材作品。该剧没有采取一般的青春偶像剧路线,而是如电视剧的宣传语所说"公开挑战应试教育下的分数定终生制度",立意可谓大胆开放,有强烈的现实意义。剧中的故事情节令人信服,表现手法丰富多样,给校园青春剧带来了前所未有的新鲜感,也促发人们反思当下的教育现状。

剧名为《青春抛物线》,之所以起这个名字,借用剧中人吴桐雨的话解释,相比圆和直线来说,抛物线恰恰是一种不规则的轨迹,他们每一个人都有一条自己的青春轨迹,也许他们的互不重叠的轨迹更像一条条不规则的抛物线。

不同于此前的校园剧,《青春抛物线》刻画了一群不知"天高地厚"的"差生"。剧中的主人公——"重点班"的学生们,吴桐雨、乔平、马萧萧、叶一舟、楚天、林映雪、解思遥、欧子云等等,正是这样一群按照分数划分的"差学生",在学校被当作"异类",在家里面对的则是家长焦虑发愁的面庞。他们自己内心自卑,外表却愈发显得满不在乎,于是随心所欲地捉弄老师,要求老师"下课",几乎成了"骑在师长脖子上的一代"。正是在他们贫嘴、扮酷、捉弄师长等肆无忌惮的叛逆表现中,又蕴藏着青春期旺盛的激情和才华。他们其实各具特色,各有特长,是一群潜力非凡的孩子,吴桐雨有着强烈的表达愿望、乔平舞跳得出众、欧子云喜欢搞小发明、叶一舟则是一个小作家,他们每个人的内心都渴望被尊重、被认可,非常向往被师长平等地对待。

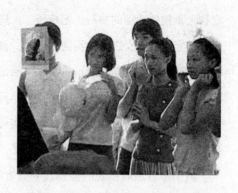

该剧运用大量真实可信的情节和富于生活气息的细节,塑造了一批可敬可爱的老师群像。剧中,"差生班"的孩子们在被外界否定时,胡老师勇敢地接管这个班,并立下"军令状",要在一年内让这个班的期末成绩达到年级平均线。已近中年的胡老师仍然是位传统的老师,但在她的古板中透着真诚和执著,在教导主任一次次提及对这个班不抱任何希望、只担心他们拉低学校升大学的比例,家长们也想尽办法想把孩子从这个班转走,甚至孩子们自己也都"自甘堕落"时,胡老师始终没有放弃学生们,最终证明正是她的坚持,和孩子们共同创造了一个奇迹。胡老师尽管在与班里孩子们"斗智斗勇"的过程中常常被整得疲惫不堪,却始终满腔热情。胡老师最终并没能兑现自己的诺言,班里的成绩还是没有达到年级平均成绩,她的黯然离去对孩子们心灵的冲击是前所未有的,自此他们第一次真正意识到个人的努力对集体荣誉、对自己所爱的人的作用。可以说并不成功的胡老师却是孩子们责任心的真正启蒙者,也为孩子们后来的华丽蜕变奠定了心理和精神基础。

最后出现的何老师是新式教学思想和教学方式的化身,她主动要求来到这个"重点班",以开放的教育理念影响着这个班的同学们,也最终让班级成绩排名从年级最后一名上升到了第七名。在何老师与校领导的谈话中,借何老师之口,该剧提出学校教育不仅包含知识教育,还包含以人性的因素为前提的人文教育,知识是人的生命之外的东西,而人性是人的生命之内的东西,人文教育才是教育的灵魂和根本价值所在。而所谓的"好学生"、"坏学生"只是"大人以自己的标准对孩子的主观分类"。这一思考不仅在当时,即使是十年后的今天,仍有很大的启示意义。

友情、懵懂的爱情、师生情是校园青春剧中不可或缺的叙事元素。《青春抛物线》在合理利用这些叙事元素的同时,并不局限于校园内,还通过对几个中学生家庭和大量校外活动的描写，把校园、家庭、社会紧密结合起来，师生之间的交流和互动、家长和子女之间的沟通和理解、孩子们之间纯真动人的友谊、成长中的小小的烦恼和欢乐……剧中展示的学生生活是整个社会的缩影，它所包含的信息量及深度思考都是以往的校园剧所不具备的。同时，该剧在当时涉及学生中存在的"官二代"、"富二代"、"穷二代"等社会现实问题，艺术眼光可谓独到而敏锐，也使该剧超出了一般校园题材电视剧的思想深度。

剧中多首适时出现的插曲代表着青春的情绪，形式活泼、旋律动听。在叙事上，全剧以吴桐雨的内心独白与旁白贯穿，以中学生的心情日记形式记录和剖析了他们的现实困境、紧张焦虑与不断成长的心理轨迹。这些旁白与独白带有强烈的抒情意味与自省色彩，全剧以青少年的眼睛观察，用稚嫩敏感的心灵思索和感受，也更能引发青少年观众的情感共鸣和对人生意义的思考。

经典记忆

电视剧片尾曲《老师，再见》歌词（节选）

未来的成长与可爱，永远与你不分开，那屈那犟那古怪。
我会biang biang，我会biang biang声地乖。
曾经的无奈不愉快，如今已经不存在。
那贫那笑那帅呆，早已收藏，早已收藏我心怀。
回来老师别走开，忘记我们不管不顾和不该，
离开梦中的讲台，铭刻你们欢声笑语和神态，
亲爱的老师再见，亲爱的宝贝再见，
我们不愿与你分开（我不愿与你分开）。

《老师，再见》，在优美旋律中表达师生之情。该剧中的片头曲、片尾曲、插曲等所有曲目均由"心跳男孩"组合演唱，有着浓郁的青春气息。

（朱晓倩）

《延安颂》：重铸中华民族魂

中央电视台，2003年首播

导演：宋亚明、董亚春　　**编剧**：王朝柱

主演：唐国强、刘劲、郑强、王伍福、郭连文

集数：40集

获奖：2004年第22届中国电视金鹰奖最佳作品、最佳编剧；2004年第24届中国电视剧飞天奖长篇电视剧一等奖；2004年第10届精神文明建设"五个一工程"特等奖

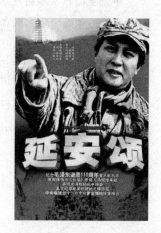

专家推荐

　　《延安颂》讲述从1935年到1945年，延安时期的中国工农红军由弱变强、由小变大，在国共内战、抗日战争中的历史故事。该剧以历史唯物主义的观点，表现了毛泽东思想发展成熟并确立为全党指导思想的过程，反映了以毛泽东为核心的第一代领导集体形成的过程，再现了抗日民族统一战线从形成到发展壮大的过程，以饱满的形象和丰沛的激情讴歌了延安精神。

　　作为一部重大革命历史题材电视剧，《延安颂》具有里程碑式的意义。《延安颂》思想内涵之宏大，文化底蕴之深厚，美学品格之追求，超越了此前绝大多数同类剧。对众多革命领袖形象的刻画也有突破，人物有血有肉，真实可感。《延安颂》将历史思维与艺术思维完美地结合，在塑造出引人入胜的艺术形象的基础上，真实地还原了许多重大历史事件和重要历史人物。同时，面对党史中的一些"敏感"问题，不避讳、不粉饰，把难点写成了亮点。

　　延安是中国革命的圣地，延安是新中国诞生的摇篮；延安，有着美丽动人的传说，也有着惊心动魄的画卷。用艺术重铸中华民族的魂魄，就是《延安颂》的意义和价值。

中国传媒大学艺术学部教授　彭文祥

剧情简介

本剧全面真实地再现了1935年冬至1945年春,中国工农红军结束长征到达陕北延安后,由小到大、由弱到强的十年。正是在这十年间,以毛泽东为核心的第一代领导集体逐渐形成并巩固,在他们的领导下中国工农红军不断发展壮大,经历了东征战役、西安事变、卢沟桥事变、平型关大捷、王明左倾错误、百团大战、整风运动等一系列事件,体现出自强不息、百折不挠、艰苦奋斗、实事求是的延安精神,以及深深扎根于人民群众中,处处代表广大人民的利益的"延安魂"。

影片解读

《延安颂》是一部重大革命历史题材电视剧,不过创作者没有简单地去图解历史,而是用艺术的笔触,勾勒出一个个真实可感的人物形象,以此打动观众,从而让人们去了解那一段光辉的岁月。

作为纪念毛泽东诞辰一百一十周年的献礼作品,《延安颂》自然将大量笔墨用在了塑造毛泽东这一人物形象上,着力刻画出毛泽东身上真情实感的一面,不只局限于其雄才大略的一面。譬如,剧中有一段戏描写毛泽东与四方面军军长许世友的冲突,许由于不满被关押,扬言"要和姓毛的拼命",要带上自己的手枪来面对面地与毛"辩论一场"。毛泽东道:"给他枪!再给他十发子弹!"怒发冲冠、执枪冲入院子的许世友,却只见毛泽东蹲在地上,和着稀泥,准备裹土豆烧。毛泽东说:

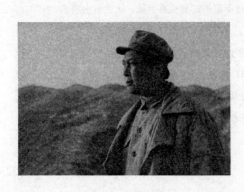

"土豆不和泥,一定会烤焦了;炉火烧得太旺了,就会把裹在土豆外边这层黄泥烤裂了;只有裹着黄泥的土豆放在这温热适度的火上烤,才能烤出喷香可口的土豆来。由于我没掌握好处理问题的火候,也没教会红军指战员和稀泥的工作方法,让你许世友受委屈了!"一席话,

令许世友泣不成声:"主席,我许世友这一生就跟定你了!"

从上面这个例子,我们可以发现一条历史题材艺术作品的创作规律:好的作品,要把"历史真实"和"艺术真实"有机地结合起来。所谓历史真实,是说电视剧情节要符合史实;所谓艺术真实,是说电视剧不能机械地图解历史,要发挥艺术想象力,用虚构的情节讲故事。就像上面的故事,毛泽东和许世友的矛盾是有史可依的,但毛泽东烧土豆,向许世友道歉,则不是史书上写的了,而是编剧和导演构思的结果。这段情节合情合理,既符合历史,又将毛泽东的智慧和胸怀表现了出来,是成功的创作;而有的剧中胡编乱造,篡改历史,让观众觉得不可信,那就是失败的创作。

《延安颂》全方位地再现了延安的十年,写出了毛泽东和陕北人民、和战友的真情,进而在延安特定的典型环境中塑造出毛主席的艺术形象。同时,周恩来、朱德、刘少奇、蒋介石,以及众多的红军指战员、陕北农民,都是支撑这座艺术大厦的重要人物。观众看过剧后,一定可以明白:那时的中国共产党为什么会受到广大人民的拥护,为什么新中国的缔造者不可能是国民党、军阀买办或是外国人,而一定且必然是中国共产党。

延安的十年是极其多彩的,但长期以来,由于种种原因,一些重大历史事件有的被尘封,有的被人为篡改,在许多人心目中,延安的十年历史是模糊不辨的。《延安颂》则揭开了这层神秘的面纱,力求以唯物主义的史学观客观地再现这段历史。比如,延安整风运动是一次马克思列宁主义的学习运动,为党的七大的召开统一了思想。但是,随着时代的推移,对整风运动也产生了各种各样的看法。《延安颂》运用了大量可靠的史料,较为全面地写出了整风运动的始末。其中,对两个九月会议的地位做了艺术的再现。同时,对整风运动中某些不符合运动主流的行为也作了适当的表现。

经典记忆

在诸多的革命历史题材影视剧中,毛泽东的形象最受关注,从第一部出现毛泽东形象的电影《大渡河》开始算起,有三十多位演员出演过毛泽东。其中,唐国强二十九次出演毛泽东,可谓毛泽东"专业户"。不过《延安颂》只是唐国强第五次出演毛泽东。唐国强在《长征》、《开国领袖毛泽东》中塑造的毛泽东形象让他获得了两届中国电视剧飞天奖(第21届、22届)优秀男演员奖。唐国强认为自己扮演的毛泽东"神似"胜过"形似",与之前扮演毛泽东的特型演员有所不同。唐国强也不认为自己是特型演员。

相关链接

整风运动,一般又称延安整风、抢救运动、抢救失足者运动,是中国共产党自1942年2月开始在陕甘宁边区延安根据地所发动的一场政治和文化的运动,持续了约三年时间。所谓的整风是指"整顿三风",包括"反对主观主义以整顿学风,反对宗派主义以整顿党风,反对党八股以整顿文风"。

(付李琢)

《阳光雨季》：阳光洒满青春路

中国人民解放军总后勤部电视艺术中心，2005年首播

导演：姜若瑾　　**编剧**：吕扬尘

摄像：杜肖四　　**美术**：许俊海　　**音乐**：张征

主演：陈星、朱亚文、周婷、佟乐、刘孜、仇永力、王昊、王瑞虹

集数：20集

获奖：2005年第25届中国电视剧飞天奖优秀少儿电视剧

专家推荐

　　《阳光雨季》可以视为另一部《十七岁不哭》，因为这部电视剧也主要讲述高二学生的学习生活，也在努力塑造高中生群像，也涉及了教育方式、学习成绩、师生矛盾、学生心理等问题，也没有模式化地反映当代高中生的生活和心态，甚至也写到了中学生的早恋问题。不过，《阳光雨季》与《十七岁不哭》仍有区别，《阳光雨季》中对教师形象着墨较多，对学生中存在的问题着墨更多，剧情中存在更多的巧合之处。尽管如此，《阳光雨季》仍然是一部表现高中生以及高中老师心理成长的较好的校园剧，可与《十七岁不哭》对比一看。

　　《阳光雨季》中重点描绘的学生们是当下广大高中生的缩影。在这群孩子中间，有对自身学业的困惑，有对未来前途的忧虑，有对父辈的误解与埋怨，也有懵懂的情感在悄然酝酿。一个个出身不同、性格各异的孩子，面对成长中遇到的烦恼和困惑，在老师、家长和社会的帮助下，他们逐渐战胜自己，从懦弱到坚强，从偏执到豁达，从自爱到友爱，几经挫折，几经磨砺，最终完成了心灵的成长。正因为在成长的过程中经历了春雨洗礼，之后的人生才能洒满阳光。这些内容，相对青少年观众来说，更容易引发他们的共鸣感，更容易对他们的人生产生影响。

中国传媒大学艺术学部教授　李胜利

剧情简介

本剧围绕宏远中学的一群普通高中生的学习生活展开。高二（A）班的孩子来自不同的家庭，因而也会有着不同的成长经历：性格孤傲的常青有一位做建筑设计师的母亲，由于工作繁忙而忽视了与孩子的沟通，因而母子之间充满误解；富家子弟张彬机灵活泼，母亲对其百依百顺，他对学习却一直无法提起兴趣；喜爱小动物的李莹生性善良，自幼父母双亡的她仍旧乐观自信并热心于环保事业，然而一次意外事故揭开了她的身世秘密；东方冉梅是班级的班花，品学兼优且美丽聪慧，却误恋上了自己年轻的班主任林子瑜；岳超飞品学兼优，就在其将要被学校发展成为党员之时却收到了父亲贪污入狱的消息，这对他而言无疑是一个巨大的打击。宏远中学这群各具特色的学生们在几位老师的带领下，几经挫折，几经磨砺，最终完成心灵成长。

影片解读

在繁花似锦的电视剧市场中，以青少年为主人公的青春校园题材电视剧作品相对较少。一方面是由于电视剧的受众定位，另一方面也是由于青少年题材较难把握。《阳光雨季》以一群17岁的高中生为主要关注对象，详细描写了一群高二学生学习生活之中的点点滴滴，应该说是近年来青春校园题材电视剧作品中的翘楚之作。本剧曾获第25届中国电视剧飞天奖优秀少儿电视剧奖，这也是对该剧的青春题材的肯定。人们通常将少儿定义为学龄前的婴幼儿及小学生，似乎进入中学以后的孩子就不应再被划入儿童的范畴，也不再享有许多应有的关爱与呵护。无论是我国《未成年人保护法》也好，联合国颁布的《儿童权利公约》也罢，都将少年儿童的年龄界定为18周岁。随着年龄的增加，中学生们逐渐拥有挺拔的身姿与强健的体魄，却并不意味着他们已经有了足够的能力独自成长，中学生的心理健康与情感需求同样不可忽视。

《阳光雨季》尝试以青年人的视角来反映当代同龄人的校园生活，真实地再现

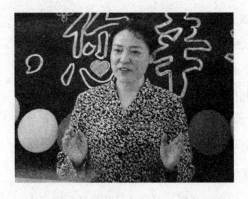

成长的欢乐与青春的苦恼。制作者们并不单纯拘泥于讲述司空见惯的学习成绩、师生矛盾、教育制度等问题，更致力于以更广阔的视角，全面描写高中生所处的社会环境背景，以相对理想化的校园生活，反映当下学生的内心成长。全剧并没有传统意义上的好学生与坏学生，每一个孩子都各具特色，每一个孩子都有着自己的魅力。宏远中学高二（A）班的学生分别来自不同的家庭，不一样的家庭背景也就形成了学生们彼此各异的性格。随着社会生活的不断发展，当下的中学生们所面临的成长烦恼也各不相同：有面临父母离异而充满误解的常青，也有遭遇性骚扰而造成心理阴影的丁晓芸，有陷入早恋困扰的东方冉梅，也有因父亲贪污入狱而迷茫的岳超飞。都说"少年不识愁滋味"，然而每个年龄阶段都会有着自身的烦恼，这群恰逢花季雨季的中学生们在成长的道路上都面对着自己人生的成长考验。他们在经历风雨之后懂得了学习并非只是枷锁与折磨，也体会了成长的真谛。这群少年已经学会用他们的自信与率真展露青春耀眼的光芒，让青春在阳光下尽情飞扬。

凡是有阳光之处，必然也会有阴影。该剧并不回避诸如青少年犯罪、师生恋、性骚扰等社会敏感问题，而是将其恰到好处地放置于剧中青少年身上。这些现象在剧中的出现，不仅紧扣社会现实，也反映了转型期的现代社会新一代的青少年们所要面对的问题。当下的青少年不再是一心只读圣贤书的书虫，也不是被关在玻璃罩里的温室花朵。正如剧中的少年们已经开始被迫面对生活的波澜，生活中的青少年们也需要开始学会如何去看待光明背后的暗影，去收集生命之中的阳光。

剧中深受学生爱戴的几位教师也塑造得极为成功：原班主任魏老师对学生体贴入微，关怀备至，如同慈母一般呵

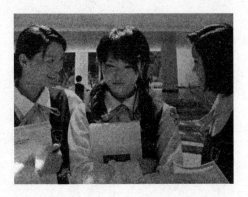

《阳光雨季》：阳光洒满青春路

护着自己的每一名学生;海归的教育学硕士林子瑜积极实践素质教育,主张要让学生学会人格独立,自由发展;师范大学优秀毕业生卢小波治学严谨,她认为教育学生关键在于"苦"和"严";教务处的李永和主任是应试教育的典型,他认为对学生最大的负责就是督促他们考上大学。几位教师各具特色,但其出发点都是对学生的关爱和对教育事业的坚守,在不同教育理念的交锋碰撞之间,几位老师也在不断改善着自身的教学方法。在这几位人民教师的身上,观众看到了一线教育工作者们的艰辛付出,也感受到了素质教育人文理念,更看到了教育发展的未来。

剧中的少年们都经历了各自的挫折、困苦与磨砺,而也正是在这些险阻之中,他们逐步加深了对彼此、对父母、对社会的了解。孩子们在磨砺与碰撞之中彼此交流,更加学会了理解与包容。青春在花期悄然绽放,经历了雨季的滋养方能更加芬芳。剧中的少年们在经历风雨之后依旧乐观自信、憧憬明天,让阳光洒满自己的青春之路,而这也正是《阳光雨季》所传递出的最为宝贵的精神力量。

相关链接

母亲节(Mother's Day),是一个感谢母亲的节日。这个节日最早出现在古希腊,现代的母亲节则起源于美国。现在通常将母亲节定为每年5月的第二个星期日。

(王 卓)

《八路军》：再塑共产党抗战的历史画卷

中央电视台、山西省委宣传部、八一电影制片厂、山西广播电视总台联合摄制，2005年首播

导演：宋业明、董亚春　　**总编剧**：王朝柱

编剧：孟冰、王元平　　**摄像**：宾主、郑鸥

美术：赵立新、马跃千　　**音乐**：作曲，董力强

主演：唐国强、姚居德、王伍福、徐光明

集数：25集

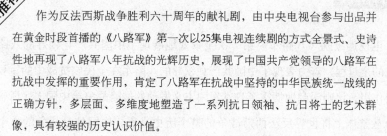

获奖：第23届中国电视金鹰奖优秀长篇电视剧；第26届中国电视剧飞天奖长篇电视剧一等奖

专家推荐

　　作为反法西斯战争胜利六十周年的献礼剧，由中央电视台参与出品并在黄金时段首播的《八路军》第一次以25集电视连续剧的方式全景式、史诗性地再现了八路军八年抗战的光辉历史，展现了中国共产党领导的八路军在抗战中发挥的重要作用，肯定了八路军在抗战中坚持的中华民族统一战线的正确方针，多层面、多维度地塑造了一系列抗日领袖、抗日将士的艺术群像，具有较强的历史认识价值。

　　电视剧《八路军》着重表现八路军总部对整个抗日战争的领导作用以及五位八路军战士英勇杀敌的故事。对国共合作联合抗日的历史尤其是对晋绥军、中央军与八路军之间错综复杂政治关系的表现比较到位。这些人物形象的设计和故事情节的编织，较好地做到了"大事不虚、小事不拘"，在保有历史真实性的同时，较好地强化了该剧的戏剧性和观赏性。

　　本剧的片尾曲选用了由桂涛声作词、冼星海作曲的《我们在太行山上》，每当血雨腥风、慷慨悲壮的剧情结束，片尾曲中那抒情性与战斗性兼具的动人旋律，更令人感觉余音绕梁，三日不绝，与电视剧《长征》片尾曲中的《十送红军》有异曲同工之妙。

中国传媒大学艺术学部教授　李胜利

剧情简介

1937年，抗日战争全面爆发，中共中央率先通电全国，号召全民族共同抗日。南京国民政府也发表抗战声明，同意红军正式改编为国民革命军第八路军，迈出了国共合作、联手抗战的重要一步。完成改编之后，八路军在朱德总指挥、彭德怀副总指挥的率领下，先后开赴山西抗日前线。一一五师在平型关首战告捷，一二零师破敌雁门关，一二九师决胜阳明堡，有力地配合了国民党忻口正面战场的作战。随后，八路军又进行了雁宿崖战斗、黄土岭战斗、百团大战等。在抗战过程当中，八路军积极处理与晋绥军、中央军的合作关系，坚持游击战与持久战的正确方针，在敌后开辟出一片抗日根据地。最终在1945年，在八路军的领导和在世界反法西斯战争的形势之下，中国人民取得抗日战争的胜利。

影片解读

电视连续剧《八路军》第一次全景式地展现了中国共产党领导的八路军浴血抗战的全过程，着力表现了中国共产党领导的八路军在全民族抗战中的重要地位和重要作用。该剧深刻地揭露了日本军国主义发动的侵略战争给中国人民所带来的灾难，从整体上将世界反法西斯战争的整个历史进程、中国抗日战争的整个历史进程、国民党和共产党之间的关系、抗日战争持久战的三个阶段，生动、形象、清晰地展示了出来。

本剧从八路军的成立、八路军的首战胜利、与国民党及晋绥军的关系处理、敌后政策的制定等方面对八路军的历史进行了细致的梳理与展现，并补充了一系列此前影视作品中少有表现的内容，如爱国将领续范亭与共产党员合作创建山西新军、共产党在山西黄崖洞创建兵工厂、左权将军为了保护老乡牺牲等，可以让观众对八路军的历史有更全面的认识。

本剧以灰色为影像主调，让观众在观剧时犹如在翻看一张张发黄的旧照片，符

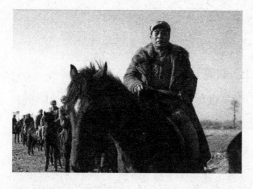

合八路军抗战时期的历史背景。剧中描绘了大大小小几十场战斗，比较大的有平型关战役、雁门关战斗、神头岭战斗、响堂铺战斗和百团大战等。为了将这些战斗表现得壮观宏大、富于特色，作品充分发挥了电视剧的视听想象力与创造力，通过大量的具体细节来展现每一场战斗、丰富每一个战场。例如，在展现平型关大捷时，精心设计了敌我拼刺刀、八路军战士用大刀砍鬼子等战斗细节，着重突出了敌我双方战斗的激烈。

与作品的史诗性质相对应，这部剧强调人物群像的塑造。从最高决策人毛泽东、朱德，到高级将领彭德怀、刘伯承，再到普通士兵张黑白、王铁锤等，囊括了八路军内不同级别的各种人物。在这些人物身上观众可以看到八路军中不同的革命故事，既展现了革命伟人的领导风采，又展现了普通战士的战斗生活，从不同角度、不同方位形象地诠释了八路军的含义。其中用五个算盘珠串联起来的五位战士令人印象深刻，创作者在塑造这五个人物时也赋予了他们很强的典型意义：王铁锤是一个铁匠，代表手工业者；冯玉兰是一个农村妇女；刘倩倩是燕京大学的大学生；张黑白入伍前是五台山的和尚；赵栓柱是部队的宣传战士。用五个算盘珠子将他们穿起来，象征着抗战必须是全民族的抗战。剧中对"国共合作联合抗日"特别是国民党将领卫立煌与八路军独特关系的表现，很有新意。这些人物设计和故事的编织，极大地增添了该剧的故事性和可视性。

本剧集中了一系列著名的特型演员，可以让观众在观赏过程中认识大量的历史风云人物，了解到大量的鲜活历史知识，具有较强的历史认识价值。

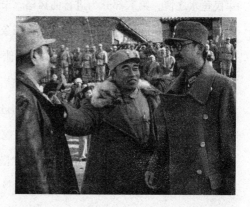

经典记忆

电视剧片尾曲《我们在太行山上》歌词（节选）

红日照遍了东方（照遍了东方），自由之神在纵情歌唱（纵情歌唱）！
看吧！千山万壑，铜壁铁墙，
抗日的烽火燃烧在太行山上（太行山上），气焰千万丈（千万丈）。
听吧！母亲叫儿打东洋，妻子送郎上战场（上战场）。
我们在太行山上，我们在太行山上，
山高林又密，兵强马又壮，敌人从哪里进攻，我们就要他在哪里灭亡，
敌人从哪里进攻，我们就要他在哪里灭亡。

被一系列影视剧作品反复选用的抗战歌曲《我们在太行山上》（桂涛声词，冼星海曲）作于1938年7月，就是为在山西境内浴血奋战、抗击日本侵略者的抗日军民而创作的一首合唱曲。曾经被多部影视剧选用，《八路军》也选用了这首歌曲作为片尾曲。

该曲为复二部曲式，由两部分组成。第一部分由两个乐段构成，前段抒情宽广，属小调色彩。乐曲开头部分"红日照遍了东方"是一个强有力的旋律上行，恰似红日东升，配以回响式的二声部，仿佛歌声在山谷中回荡，营造出此起彼伏、一呼百应的气氛。后段转入平行大调，豪迈的气势中又融入深情温柔的诉说，表现了军民鱼水之情。第二部分为进行曲风格，节奏铿锵有力且具有弹性，生动地刻画了出没在高山密林、机智勇敢的游击队员形象。此部分的第二乐段高音区的切分节奏果敢有力，"敌人从哪里进攻，我们就要他在哪里灭亡"的歌声随着音调逐步向上推进，形成高潮，最后结束在小调上，前后呼应、完整统一。在这首歌曲中，冼星海将充满朝气的抒情性旋律同坚定有力的进行曲旋律有机地结合在一起，使歌曲既充满战斗性、现实性，又具有革命浪漫主义的瑰丽色彩，描绘了太行山里的游击健儿的战斗生活和勇敢顽强、乐观开朗的性格。该曲写成后在汉口首演时，观众大声喝彩，掌声不断，随即传遍了全中国。太行山的游击队都以它为队歌。

相关链接

1. 国民革命军第八路军,简称为八路军,中国人民解放军的前身之一。1937年8月22日,国民政府军事委员会正式宣布由原西北主力红军,即中国工农红军一、二、四方面军改编而成"国民革命第八路军",朱德、彭德怀任正、副总指挥。1937年9月11日,国民政府军事委员会按全国陆海空军战斗序列将八路军改称国民革命军第十八集团军,但此后仍习惯称为"八路军"。在抗日战争的艰苦岁月里,这支人民军队在党中央的领导与指挥下,在全国各族人民的帮助支援下,在以华北为主要战场的广大国土上,与凶恶的日本侵略者和伪军进行了长达八年的殊死搏斗,在中华民族反对外来侵略的历史上写下了光辉灿烂的一页。在八年的浴血奋战中,八路军由抗战初期的4.6万人,发展到抗日战争结束时的102万余人,为夺取解放战争的胜利奠定了坚实的基础。

2. 左权,字孳麟,号叔仁,曾用名左纪权。中国共产党军事将领之一。1925年加入中国共产党;同年12月赴苏联学习;1934年参加长征。1936年任红一军团代理军团长。抗日战争爆发后,历任八路军副总参谋长、八路军前方总部参谋长,他协助指挥八路军,粉碎日伪军"扫荡",取得了百团大战等许多战役、战斗的胜利。1942年5月,日军对太行抗日根据地发动大"扫荡",左权指挥部队掩护中共中央北方局和八路军总部等机关突围转移,不幸壮烈殉国,年仅37岁。

(间蓉蓉)

《亮剑》：狭路相逢勇者胜

海润影视摄制公司，2005年出品

导演：张前、陈健　　**原著**：都梁　　**编剧**：都梁、江奇涛

摄影：张文杰、张林、崔新平　　**剪辑**：杨耀祖

主演：李幼斌

集数：30集

获奖：2006年第23届中国电视金鹰奖优秀长篇电视剧、最佳表演艺术奖男演员、观众喜爱的电视剧男演员；2007年第26届中国电视剧飞天奖长篇电视剧一等奖、优秀编剧、优秀男演员

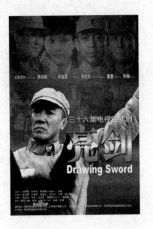

专家推荐

本剧叙事的成功在于把一个英雄辈出的时代描绘得开阔跌宕，把一个草莽英雄刻画得栩栩如生，令人热血贲张。对"英雄"的界定离不开时代环境。李云龙们虽都是过去的人物，其个性却符合当代审美趣味。

毫无疑问，《亮剑》中的李云龙是一个另类英雄。他身为八路军将领，却草莽之气未除，行事略带匪气，打仗从不按理出牌。但是，这个李云龙，对国家、对民族有着无比的忠诚。他的"粗口"不让人反感，倒让人觉得亲切；大大咧咧的性格也恰体现出视死如归的大将风度。不能说哪个英雄更"英雄"，董存瑞、雷锋都与彼时的精神氛围切合，而李云龙、姜大牙这些人性化的英雄则顺应了如今观众的审美趣味。李幼斌的表演给本片添色不少。他对人物的把握准确，粗中有细，演出了有一点狡猾、有一点不怒自威的英雄形象，嘴角狡黠的微笑更是成了标志。音乐上，对胡琴等乐器的运用，增添了本剧的苍凉与激昂感。

中国传媒大学艺术学部教授　彭文祥

剧情简介

《亮剑》讲述的是我军优秀将领李云龙富有传奇色彩的一生。从他任八路军某独立团团长率部在晋西北英勇抗击日寇开始，直到他在1955年被授予将军为止。在抗日战场上，他让敌人闻风丧胆；在新中国的建设中，他组建了我国第一支特种部队，屡建奇功。

影片解读

从2000年的"央视"开年大戏《突出重围》开始，军事题材电视剧进入快速发展阶段。其中，以抗日战争和解放战争为背景、展示正面战场作战的战争剧也愈加呈现出一种崭新的创作态势。这些电视剧皆获得了收视业绩和专业评价的双向成功。《亮剑》更是在"央视"缔造收视神话，超越《新闻联播》成为不折不扣的收视冠军，是一部具有里程碑意义的经典之作。《亮剑》展开了解读战争的新方式。其成功是时代价值观念改变而作用于创作的必然，对于社会中个人关注的提升，使战争剧开始围绕大历史下"个人"的改变和命运来解读战争。

电视剧改编自都梁的小说《亮剑》，开创全新概念战争小说之先河——"市场化风格的战争故事"，一经推出就博得了广大读者的称赞，成为当代最畅销小说之一。《亮剑》中的李云龙是一个完全不同于以往的英雄人物。他并不精致，也不"高大全"，他甚至是很"糙"的。语言上，他自称"老子"，张口闭口就是"他娘的小鬼子"。而行动上，他又从来不按常理出牌，好喝酒，经常违反部队命令。按照友军将领楚云飞的话说就是："这是个从来不吃亏的家伙！"但是，他爱兵如子，平等待人，从不欺男霸女、仗势欺人，他的飞扬跋扈那是分对象的。对敌人，他从不手软。对楚云飞，他钦佩加提防，毫不示弱。他在渴望嗜血的拼杀中，在为战友之死的复仇中，表现出一种铁血军人不计生死、压倒一切的霸气。李云龙又绝非一介武夫，他兼有大智大勇和农民式的狡猾与狭隘的双面。桀骜不驯的他，心理素质稳定，枪法准刀法狠，对政治理论从不感兴趣，骁勇善战又屡犯错误，从一个只会

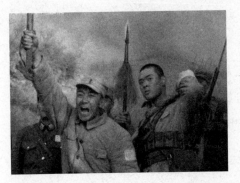搏杀而蔑视知识分子的匹夫变成一个渴望文化的军事指挥员。这种平民英雄式的塑造手法,将李云龙在电视剧内外都托举成为一个不折不扣的平民偶像。就是这样的他,是鲜活、有血有肉的,而且具有强烈的精神力量。

全剧以展现李云龙的命运为主,但并不单凭一个李云龙打动观众。剧中震撼人心的还有许多无名英雄。骑兵连的奋勇杀敌、王喜奎的宁死不屈、小分队的自我牺牲让人落泪。这是《亮剑》的魅力,它的魅力在于壮烈,在于军人的胆识和骨气,在于充盈其中的英雄气,也就是剧中所说的"亮剑"精神。

何为亮剑精神?电视剧《亮剑》最后以李云龙宣读论文的形式,系统地给出了注解:"古代剑客们在与对手狭路相逢时,无论对手有多强大,即使是天下第一剑客,明知不敌也要亮出自己的宝剑,虽败犹荣。""亮剑"精神刻画了中华民族的灵魂。它表现为勇于亮剑的姿态——每逢大敌剑出鞘;表现为勇往直前的气概——狭路相逢勇者胜。让人回味之时大有干净透彻、豪气万丈、荡气回肠的感觉。于今而言,现阶段的祖国虽然如日东升一路凯歌,但是危机伴随着机遇如洪水猛兽般袭来,内在的外来的威胁时刻在考验着中国人。面对威胁面对危机我们中国人怎能安步当车?怎能不居安思危枕戈待旦?"敢于亮剑",这就是我们的回答!

抗日战争时期的青灰色调,冬日的荒原上隐隐有杀气;抗战胜利后的土黄色调,透着浓浓的怀旧气息。在由文本转化为影像的演绎过程中,与以往渲染美感和壮烈的战争题材电视剧不同,《亮剑》不打算消解战争的真实和残酷,在这一点上,主创达成了一个共识:只有亮出战争血腥的一面,才能让更多的人意识到战争对世界的破坏力有多大。本剧由战争的残酷拍出壮士的惨烈,又由惨烈让观众体味到一份带着血腥味的浪漫。在表现手法上,片中固然不乏优美而有视觉冲击力的镜头,但音乐对于气氛的烘托起到了至关重要的作用。李海鹰为本剧所作的配乐量不大,可段段精心。有低沉的大提琴、质朴的胡琴、嘹亮的军号,浪漫、大气,与这段晋西北的英雄史诗非常契合。

所谓"兵熊熊一个,将熊熊一窝"。李云龙为他的部队注入了灵魂。不管岁运更迭,人员变更,灵魂永在。哪怕身陷重围,敌众我寡,他们敢于亮剑,敢于战斗到最后一刻。

剑锋所指,所向披靡!

经典记忆

娘的你个败家子,咋不省着点用?你小子还敢发牢骚,小心老子揍你!

因为八路军的弹药全部要靠自己想办法,所以打仗时要注意节约弹药。李云龙这样教育八路军战士,语言生动形象,战士听得懂,容易接受。语言极具人物的个人特色。

我们团要像野狼团,我们每个人都要是嗷嗷叫的野狼!吃鬼子的肉,还嚼碎鬼子的骨头。狼走千里吃肉,狗走千里吃屎,咱独立团啥时候吃肉,啥时候改善伙食啊?那就是碰到小鬼子的时候!

语言具备煽动性,几下就把独立团战士低落的士气给煽起来,让战士克服了对鬼子的畏惧心理,鼓舞了八路军战士的斗志。

相关链接

李幼斌,国家一级演员,享受国务院颁发的政府特殊津贴。军衔级别正师级。任中国广播电视协会电视剧演员委员会副会长,中国电视艺术家协会演员工作委员会荣誉主席,中国电视艺术家协会解放军代表团成员、第四届理事会理事。代表作电视剧《国门英雄》、《仁者无敌》、《闯关东》、《法不容情》等。

(徐 杨)

《士兵突击》：草根青年的励志故事

八一电影制片厂、成都军区电视艺术中心、华谊兄弟影业投资有限公司、云南电视台联合摄制，2006年首播

导演：康洪雷　　**原著**：兰晓龙　　**编剧**：兰晓龙

摄影：王江东（摄影指导）、孙时庆、简文、宾主

剪辑：战海红（剪辑师）、王戎、刘涛

主演：王宝强、陈思成、段奕宏　　**集数**：30集

获奖：2008年第24届中国电视金鹰奖优秀电视剧、最佳导演、最具人气男演员、观众喜爱的电视剧男演员；2009年第27届中国电视剧飞天奖优秀导演、优秀编剧奖和长篇电视剧一等奖

专家推荐

电视剧《士兵突击》改编自兰晓龙创作的话剧，却产生了远远超出话剧的影响。该剧一时间成为全社会竞相热议的焦点；许三多的人生命运、"不抛弃，不放弃"的精神一时间成为反思转型社会浮躁风气的醒脑剂，形成了不折不扣的"许三多"冲击波。在文化消费方式多样化的新世纪，《士兵突击》的巨大反响无疑创造了一个奇迹，实现了真正的雅俗共赏。

许三多木讷、憨直，他的成长包含了丰富的个性特征和时代内涵，显现了当代人对"立人"这一历史文化命题的深度思考。他是时代呼唤的新型英雄，虽不是得天独厚的精英或能人，却有着超出常人的朴实、真诚、规范与坚韧。军营中的许三多除了开掘自己的体能、提高战术技能外，更重要的是完成了从"心理的侏儒"到"独立人"再到赢得主体人格的"自觉人"的多重精神跨越。他的成功、成材无疑为草根阶层注入了强烈的信心和励志的激情，也使他获得了最广大观众的情感认同。同时，通过许三多和剧中人物成才的命运对比，也完成了主流话语关于做人原则的伦理训诫。

该剧塑造的众多人物深入人心，人物群像的成功是《士兵突击》赢得巨大反响的基石。另外，作品的主题曲、配乐等也颇具特色。

中国传媒大学艺术学部教授　戴清

剧情简介

从小被叫做"龟儿子"的许三多还没进军营,就因看见坦克时"举手投降"而招来"钢七连"连长高城的反感。"钢七连"一向以"不抛弃,不放弃"精神闻名全团。入营后,班长史今成为他的依靠,副班长、老乡伍六一却将其视为"眼中钉"。新兵训练结束后,许三多被分到偏远艰苦的五班,一同来部队的老乡成才则去了"钢七连"。被现实打垮的五班班长老马随随便便的一句话被许三多当作命令接收,用六个月修出来一条路,感动了五班。他自己也来到"钢七连",重见史今,在其鼓励和战友的帮助下,跨过一个个看似不可能的槛儿,最终进入特种部队老A。在这一过程中,他从史今、伍六一、高城、袁朗及吴哲等人身上学到了很多很多,从一个"孬兵"变成一个"好兵"。

影片解读

《士兵突击》的第一集开场戏中,许三多和结尾时的那个特种兵战士相距甚远,他被老爹称为"龟儿子",因为尿而不时被老爹追打,也歪打正着地练就了一副快速奔逃的本事。剧中,许三多从一个农村娃历经新兵连、"红三连"五班、"钢七连"、特种老A大队,每个阶段经历各异,有失败,有痛苦,有离别,有欢乐,一点点促成了许三多的成长。《士兵突击》讲述的虽然是一个纯粹的军营故事,但许三多的种种历练却是一出精彩纷呈、发人深思的人生大戏。人们在其中不难发现自己的影子,挣扎、苦闷与奋争,也最大限度地引发着人们的情感共鸣。

《士兵突击》是一部军人戏、男人戏,所谓"无明星"、"无美女"、"无爱情",被戏称为"三无产品"。但是,作品虽然缺乏爱情元素,却有着同样丰富细腻的情感表现,战友情在剧中就被刻画得微妙细腻、富于层次感,史班长对许三多的怜惜和呵护中既有战友兄长之情,又不乏母亲式的宽容慈爱。可以说,许三多在霸道强悍的父亲那里无法得到的尊重和爱,在史今班长这儿都得到了,正是这种无条

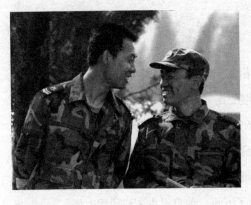
件的爱重塑了许三多。剧中史今班长手握钢钎,被胆小、没信心的许三多砸伤,还一个劲儿地鼓励他抡锤的场景令人难忘。这却引起体能超好、倔强能干的伍六一对许三多的嫉妒和厌恶,但在关键时刻宁可自己放弃也要激发许三多冲刺的人,却正是这个经常对他吹胡子瞪眼的伍六一。连长高城是军长的儿子,能干自律,起初完全看不上窝囊的许三多,但渐渐地他开始正视这个农村来的怂兵,并认真地反思自己,及至后来他对许三多更多了欣赏和疼惜,其中的情感变化被表现得丝丝入扣。作品通过这种细腻深沉的情感表达,刻画出个性鲜明的军人群像,也引发了观众强烈的审美共鸣。

为符合整部剧的阳刚风格,该剧的配乐大部分引用战争题材的影视剧,旋律慷慨激昂,撼动人心,很多时候依靠背景音乐带出军营的仪式感。在需要表现舒缓情绪时,还选用日本著名作曲家、电影音乐大师久石让的配乐,以表达男儿柔情。例如,第八集班长和三多擦坦克一段,就用了久石让的《母亲》。

该剧的对白功力深厚,诞生了许多经典台词。其中既有来自各地的士兵说出的幽默方言,也有看似简单实则深刻的大白话。比如,许三多时刻挂在嘴上的"有意义就是好好活,好好活,就是做很多很多有意义的事"。再如,"钢七连"的口号"不抛弃,不放弃"更是贯穿全剧,形成整部剧精神上的引领。此外,许三多自叙式的旁白体现了一个既呼应又对比的反思式自我,与生活中许三多直白、简单的语言特色有很大不同,呈现出思考与见证的旁观者意味——既是许三多本人,又超越了当时当刻的人物,作品因此具有一种沉思抒情的韵味。

该剧将一个普通士兵的成长故事,最终落脚到人生意义与价值的探讨这一多少带有哲学意味的命题上。许三多虽木讷懵懂,却一直在执著乃至带点儿笨拙地追寻着人生的意义。剧中偏远枯燥的驻训场生活对年轻士兵来说无疑是一场精神、体能及韧性的历练。面对同样的环境,每个人所交的答卷却判然有别,许三多在这里修筑了一条证明自己的路，投机的成才也宿命地重新回炉、重返草原五班。后来，当高城载着许三多来到成才所在的草原五班时，五班的士兵们向着师侦察营车队敬礼的镜头让人动容。蓝天阳光下五个笔直的剪影让人想起前期许三多黄昏中

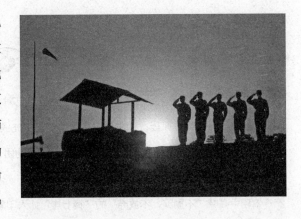

独自站岗的身姿。这已然交代了成才最终是否能"改造"成功的答案。正如他后来对许三多的倾诉："这次来五班，才真正明白了啥叫知足。懂得了这俩字，才觉得天原来是蓝的，空气原来是清的，草原来是绿的。"

许三多和成才的性格、命运对比中渗透着中国的文化传统和伦理观念。许三多大智若愚、所谓"傻人有傻福"，终能堪当大任；成才却"聪明反被聪明误"，其正反玄机暗合道家哲学，所谓"绝圣弃智"、"弃巧回朴"，也渗透着民间智慧。转型时代的中国亟须练内功、戒浮躁、讲秩序、守规则，但现代人在财富、成功等的诱惑下，却抛弃了太多可贵的东西，人情、道德、规范，不一而足。《士兵突击》的故事给人们提供着生动却睿智的启示。

经典记忆

该剧诞生了众多经典台词，包括最有名的"钢七连"的口号"不抛弃，不放弃"，"你现在混日子，小心将来日子混了你"，"有意义就是好好活，好好活就是做有意义的事"，"懂了知足这俩字，才觉得天原来是蓝的，空气原来是清的，草原来是绿的"，"想到和得到，中间还有两个字，那就是要做到"。

相关链接

1. 康洪雷,中国著名电视剧导演,始终坚持自己对电视剧艺术性的追求,在军旅题材电视剧方面屡次拍出优秀作品,作品中充满人文思考。代表作包括《青衣》、《激情燃烧的岁月》、《有泪尽情流》、《我的团长我的团》和《我们的法兰西岁月》等。

2. 剧中高喊"不抛弃,不放弃"的"钢七连"让人印象深刻,此连正式番号为:中国人民解放军陆军第八十四集团军步兵师七零二团第七装甲侦察连。"钢七连"是《士兵突击》中的虚设原型,真实的"钢七连"原型是中国人民解放军第三十九集团军步兵一一六师三四七团七连。在朝鲜战争中该连固守阵地,坚持到大部队到达全歼敌军一个营,后整编为中国人民解放军边防xxxx部队七连。现在这个连队还守卫在中越边境,整编为武警边防总队。

(朱晓倩)

《井冈山》：星星之火，可以燎原，革命精神，代代相传

中央电视台文艺中心影视部、南京军区政治部前线文工团、江西电视台和中央纪委电教中心联合摄制，2007年首播

导演：金韬　　**编剧**：邵钧林

主演：王霙、王伍福、潘雨辰、黄鹏、宋佳伦

集数：36集

获奖：2008年第24届中国电视金鹰奖优秀长篇电视剧、观众喜爱的电视剧男演员；2009年第27届中国电视剧飞天奖长篇电视剧二等奖；2012年第12届精神文明建设"五个一工程"奖

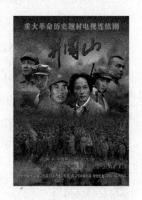

专家推荐

1927年，毛泽东与朱德在井冈山胜利会师，从此开辟了建立农村革命根据地、以农村包围城市、武装夺取政权的道路。这是中国革命史上决定性的新起点，从此，新民主主义革命走上了胜利的道路。对于我党革命历史上如此光辉的一页，在近几十年来的影视创作中一直没有给予全面集中的展现。

电视剧《井冈山》在建党八十周年，也是井冈山革命根据地创建八十周年之际播出，不仅仅是对中国共产党光辉的革命历史传统的一种回归，也将观众再次带回到那久远的革命年代，领略革命先辈的雄才大略，感受革命军队的大无畏精神。如今，革命老区已经渐渐远离我们的多元化时代，重新将井冈山革命历史带回到当代人的视野中，无疑具有重大意义。

《井冈山》是一部具有史诗品格的电视剧，创作者通过影像的表达，展现了一个民族和国家命运的动荡起伏，刻画出足以代表民族和国家的伟大人物，他们的思想、情操和精神并未止于那个时代，在多年后的今天依然会有巨大的影响。

中国传媒大学艺术学部教授　彭文祥

剧情简介

本剧以大革命失败后,中国共产党人特别是毛泽东思索、探究如何依据中国国情推进中国革命为主线,艺术地再现了马克思主义中国化的最初实践。本剧真实地再现了历史史实,比如毛泽东领导秋收起义,在"三湾改编"后派何长工去寻找朱德的部队;毛泽东初上井冈山改造王佐、袁文才的农民自卫军;朱毛会师和井冈山革命斗争初期的主要战斗;红四军七大和七大以后陈毅去上海汇报;中央和湖南省委3次派人纠正井冈山革命斗争的"错误";毛泽东被撤职以及离开红四军主要领导岗位;等等。

影片解读

电视剧《井冈山》选取了我军从南昌起义到古田会议这一历史阶段作为背景,饱含民族精神,将重大的历史事件做了总体的把握和表现。剧中彰显了毛泽东思想的魅力,艺术地再现了毛泽东、朱德等老一辈无产阶级革命家开创井冈山革命根据地的光辉历程。

电视剧《长征》、《井冈山》、《红色摇篮》同为导演金韬的作品,三部都是重大革命题材,都在当时取得了巨大反响,合称为"红军三部曲"。金韬在论及自己的作品时,曾经用"以史为鉴、传承精神、尊重人民、追求崇高"十六个字来概括自己的创作理念。"以史为鉴"就是把真实的历史告诉观众,让今天的人民懂得用历史来对照现实;"传承精神"就是表达价值观,回头在历史中寻找那些让我们自豪的精神;"尊重人民"是党的宗旨,为人民服务,才有人民对革命的拥护;"追求崇高"则是电视剧的品格和追求。

在这一创作理念的指导下,《井冈山》成为一部中国革命的史诗。虽然"史诗"是一个西方的概念,从荷马到但丁到托尔斯泰,但是在波澜壮阔的中国革命史的支撑下,《井冈山》也具有史诗的风骨和品格。具体来说,这种表达又可以分为内容和形式两个方面。

从内容上看,《井冈山》坚持唯物史观,尊重历史,从大处着眼,高屋建瓴地勾勒出井冈山革命斗争的沧桑历史。在人物形象的塑造方面,《井冈山》的创作克服了以往相同题材过于执著历史背景和事件的铺叙而淹没人物的缺陷,更注重在大的历史氛围中塑造富有个性的活生生的人物。《井冈山》贯彻了"大事不虚,小事不拘"

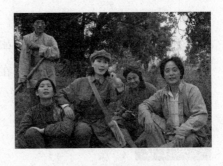

的创作原则,重视核实重大史实和重要历史评价,并勇于进行艺术创新,将历史与艺术完美地结合起来。

所谓"大事不虚,小事不拘",是重大革命历史题材电视剧的重要准则,前一句是说在对待重大史实时不能编造、篡改、打马虎眼,要符合历史;后一句是说在对待历史无记录的"小事"时,可以发挥艺术想象,用虚构的情节来叙述故事,塑造人物。比如,《井冈山》在处理毛泽东与夫人杨开慧之间的感情戏时,就用了很多细节来刻画。毛泽东提出秋收起义要打出中国共产党自己旗帜的想法,并让何长工连夜设计。直到这时,毛泽东才发现家门钥匙居然忘给杨开慧了,一股愧疚之情涌上心头。从此,这把铜钥匙常常使他睹物思人。

从形式上看,《井冈山》对于影像叙事手段的运用也有追求。在构图造型上,利用多机位拍摄、环摇等手段,营造了逼真的场景,大大增强了影片的视觉冲击力。一改过去重大革命题材电视剧以事为主、以内容取胜、缺乏形式美的倾向。江西民歌和"抬头望见北斗星"熟悉的旋律贯穿全剧,荡气回肠,感人肺腑。创作者巧妙的构思,综合了摄影、舞美和音乐,全方位发挥了电视艺术特有的魅力。此外,在一些战争场面中,更是从视觉上突出了"星星之火,可以燎原"的意境,使思想观念得以视觉化,让观众直观地体会到"星星之火,可以燎原"的真正含义。

透过《井冈山》的创作,我们可以看到电视剧工作者对艺术性和思想性的崇高追求。编剧邵钧林在创作期间,九上井冈山,三十九次过黄河界,读书九十七本。导演金韬则说过这么一个故事:有一次要在河边拍一场戏,上边有一个藏族式房子,在那里要召开第一、第四方面军会合后第一次重要会议。战马就拴在河边的树上,过来一个藏族人,说这个好。我说怎么好?他说,我的爸爸跟我讲,那个时候,毛主席、周恩来、朱德拴马就是拴在这个树上。那之后剧组拍摄一定要去重大事件的原址去拍。

不论是革命时代伟大的无产阶级革命者们的"井冈山精神",还是电视剧《井冈山》的创作者们对这种精神的传承,在这个浮躁的年代,都是值得尊敬和追寻的。

经典记忆

红军阿哥慢慢走,小心路上有石头,碰到阿哥脚趾头,痛在老妹心里头。

这是一首具有浓郁赣南风味的山歌,描写了一位新婚不久的年轻姑娘,她的红军阿哥上了战场,牺牲了,可她还是在满怀期盼地等待着,等着她的阿哥回来。歌声哀婉中透着力量,悲痛中蕴藏希望。再配上剧中的画面,对表现情感、主题起到了很好的烘托作用。

相关链接

1. 井冈山革命根据地,是中国共产党创建的第一个农村革命根据地。1927年10月,毛泽东率领经"三湾改编"后的秋收起义部队到达井冈山,实行工农武装割据。同时,经过团结、教育、改造工作,将袁文才、王佐两支农民自卫军编入工农革命军。1928年4月,朱德、陈毅率领工农革命军由湘南到达井冈山,和毛泽东会师,合编为工农革命军第四军。12月,彭德怀率领红五军主力到达井冈山,同红四军会师。此后,根据地不断扩大。

2. 《星星之火,可以燎原》,原名《时局估量和红军行动问题》,是红四军收到中共中央的"二月来信"后,毛泽东回复林彪的一封公开信。语出《尚书·盘庚》"若火之燎于原,不可向迩"。这是毛泽东一个重大的战略决策,进一步纠正了红四军主力下井冈山后部分滋长起来的单纯流动游击的错误观念,要求大家毫不动摇地确立"建立赤色政权的深刻观念",把更大的精力投入到开辟及巩固赣南闽西革命根据地的工作中去。

(付李琢)

《恰同学少年》：理想照进现实

中央电视台影视部、长沙电视台、湖南电视台联合摄制，
2007年首播

导演：龚若飞，嘉娜·沙哈提　　**编剧**：黄晖

总摄像：池小宁、贾永华　　**总美术**：李健

主演：谷智鑫、陈锐、徐亮、钱枫等

集数：23集

获奖：2003年第10届精神文明建设"五个一工程奖"特等奖；
2007年第26届中国电视剧飞天奖长篇电视剧一等奖

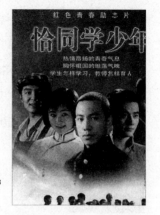

> **专家推荐**
>
> 　　《恰同学少年》以青年毛泽东在湖南第一师范的读书经历为主要线索，串起了湖南师范的蔡和森、向警予、萧子升与周南女中的陶斯咏、杨开慧等一批优秀青年在特殊年代的学习生活、爱情故事与社会背景。这部剧还塑造了杨昌济、孔昭绶、袁吉六、张干、徐特立、黎锦熙等一系列个性不同的优秀教育者形象，深刻揭示了"学生应该怎样读书，教师应该怎样育人"这一与当今社会紧密相关的现实主题。剧中曾经写到毛泽东在学习中有严重偏科问题，但并未因此而被开除。
>
> 　　本剧在毛泽东的形象塑造上有很大的创新与突破：不再聚焦于毛泽东叱咤风云的伟人生活，而是重点表现毛泽东"恰同学少年"时代的学习与爱情，展现不无青涩的毛泽东与其同学们在思想上的成长过程。这种选材方式在无形中拉近了观众与伟人的距离，很容易在当代青年与历史伟人之间建立起沟通、理解乃至学习的桥梁。
>
> 　　《恰同学少年》将革命历史题材与青春偶像题材进行了大胆的结合，用青春偶像的叙事模式去讲述革命历史，非但没有消解革命题材的严肃性与深刻性，反而更易让观众在潜移默化中受到主流价值观念的熏陶，成为红色青春偶像剧的一部开创性作品，励志特色鲜明，值得关注与欣赏。
>
> 中国传媒大学艺术学部教授　李胜利

剧情简介

1913年,湖南长沙,具有现代民主教育思想的教育家孔昭绶出任省第一师范校长。在他的主持下,第一师范大力开展新式教育改革,聘请了以杨昌济为代表的一批优秀中外教师,学校面貌焕然一新。崭新的第一师范吸引了蔡和森、萧子升等众多青年才俊前来报考。在招生考试中,19岁的毛泽东脱颖而出,以第一名的成绩考入了这所湖湘千年学府。在湖南第一师范,毛泽东和蔡和森、萧子升、向警予及周南女子中学的陶斯咏等进步青年学习了革命的新思想、树立了救国的崇高理想。

影片解读

《恰同学少年》以青年毛泽东在湖南第一师范学习时期为背景,表现以毛泽东、蔡和森、向警予、何叔衡等为代表的一代青年如何一步步成长为具有领袖风范的革命者。本剧首开先河地将青春偶像剧的叙事元素融合到伟人题材电视剧中,把枯燥的革命题材用青年观众所喜爱的青春偶像叙事方式表现出来,推出了"红色青春励志偶像剧"的新模式,创造了革命历史题材影像表达的新坐标。

《恰同学少年》打破了之前伟人传记剧中单向度的表现方式,在毛泽东的人物塑造上实现超越与突破。在传统的重大革命历史题材电视剧中,对毛泽东的表现大多都集中在革命时期他对中国共产党的英明领导及在军事上的正确指挥。毛泽东的形象塑造一直是处在光辉、高大、伟岸的层面上,对于观众来说毛泽东一直站在伟人的神坛之上接受仰望。但是,在《恰同学少年》中创作者反其道而行之,一改之前伟人化的塑造方式,将毛泽东塑造成一个普通的农村青年,他也是在求学过程中逐步探寻理想,成为一个有伟大抱负的人。

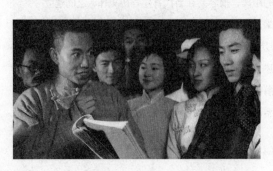

在塑造青年毛泽东时,创作者采取优缺并存的塑造方式,打

破之前毛泽东的完美形象，给予青年毛泽东一定的成长空间。在《恰同学少年》中，毛泽东除了智慧、果敢之外还有冲动、高傲的缺点。在剧中毛泽东的革命思想也不是一蹴而就，他的思想也经过一系列的成长、转变。

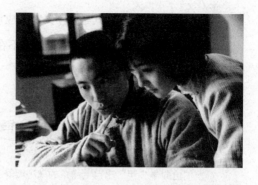

毛泽东经历过教育救国、实业救国、改良救国等思想的熏陶，在一段学习、讨论的过程之后毛泽东才最终走上革命的道路。除此之外，创作者让毛泽东也展现出一个普通人所具有的情感状态。剧中毛泽东与母亲的母子之情、与杨开慧懵懂的男女之情，都采取了凡人化的表现方式。这种伟人凡人化的塑造方式，让青年毛泽东更容易获得观众的认可，尤其是青年观众的喜爱，让伟人不再高高在上地接受仰望，而是走下神坛与观众交流。

除了凡人化的伟人塑造之外，青春偶像剧叙事元素的加入也是本剧的一大创新之处。在革命题材电视剧中融入青春偶像的元素，是主流意识形态与娱乐收视逻辑的有机融合，将主流价值观念隐藏在青春偶像的元素之下，更容易让观众接受。虽然观众看到的是具有视觉美感的俊男靓女，但是在他们背后彰显的却是指点江山、激扬文字的豪迈和激情飞扬的理想。在本剧中，青春偶像的叙事元素并未消解革命题材的严肃性，反而一改这种题材电视剧的刻板形象，以一种时尚、生动、接近大众的方式将革命伟人的成长过程和革命理想传达给观众。这种叙事的适应性与审美的包容度极大地满足了观众全方位的审美需求。

《恰同学少年》虽然讲述的是以毛泽东为代表的一代爱国青年的成长故事，但其表达的青年人理想的确是一个永恒的主题。尤其是对青年观众来说，从这部电视剧中可以感受到树立崇高理想在自我成长中的重要性。在剧中创作者送给青年人这样一句话："人，之所以为人，正是因为人有理想，有信念，懂得崇高与纯洁的意义。假如眼中只有利益与私欲，那人和只会满足于物欲的动物，又有何分别呢？林文忠公有言：壁立千仞，无欲则刚。我若相信崇高，崇高自与我同在！而区区人言冷暖，物欲得失，与之相比，又渺小得何值一提呢？"理想不仅仅是剧中人物的追求，更是照进现实的价值传达。人只有让理想之光照进现实，才不至于在庸俗的物欲的现实中迷失自我。尤其是青年人，更应该确立崇高的理想，正如梁启超先生在《少年中国说》中所写："今日之责任，不在他人，而在我少年。少年智则国智，少年富则国富，少年强则国强。"

相关链接

"恰同学少年"出自毛泽东的《沁园春·长沙》：独立寒秋，湘江北去，橘子洲头。看万山红遍，层林尽染；漫江碧透，百舸争流。鹰击长空，鱼翔浅底，万类霜天竞自由。怅寥廓，问苍茫大地，谁主沉浮？ 携来百侣曾游，忆往昔峥嵘岁月稠。恰同学少年，风华正茂；书生意气，挥斥方遒。指点江山，激扬文字，粪土当年万户侯。曾记否，到中流击水，浪遏飞舟？

（间蓉蓉）

《解放》：人民战争的最终胜利

天津市委宣传部、天津电视台、中国电视剧制作中心、八一电影制片厂联合摄制，2009年首播

导演：唐国强、董亚春　　**编剧**：王朝柱

主演：唐国强、刘劲、马晓伟、王伍福等

集数：50集

获奖：2011年第28届中国电视剧飞天奖特别奖；2010年第25届中国电视金鹰奖长篇电视剧最佳作品

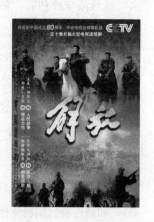

专家推荐

《解放》是一部献礼新中国成立六十周年、具有史诗风格的正剧。本剧全景式地展现了解放战争的艰难曲折历程，所包含的信息量之大，展现的历史事件、历史人物之多，是以往任何一部该类题材创作所无法相颉颃的。作品所形成的融历史感、文化感与艺术性于一身的厚重磅礴气质，使该剧成为献礼剧中的扛鼎之作。

全剧按照解放战争的时间进程顺序展开，自由纵横地将解放战争几年中各条战线、各个区域、不同战役、众多人物尽收眼底，细密深入地表现了解放战争三年国共双方在军事、政治、经济等各方面进行殊死较量的一幕幕历史画卷。该剧对战争的表现在详略、粗细、轻重、大小上下足了工夫，使千军万马的宏大战争场面和感人肺腑的生动细节彼此结合，将写意泼墨与工笔细描结合得相得益彰，摆脱了某些重大革命历史题材剧过度堆砌战斗场面或粘滞于细节表现的创作缺陷。该剧对中共领导人之间深厚情谊的表现感人至深，如由毛泽东提议给朱老总祝寿，华野战场上陈毅、粟裕并肩作战，千里跃进大别山的刘邓大军指挥员的手足深情，都给人留下了深刻印象。

由于该剧力图承载的东西太多，所涉及的地名、人名、军队番号和进攻路线等难免令人目不暇接，对年轻观众的革命史知识背景多少构成了挑战。

中国传媒大学艺术学部教授　戴清

剧情简介

抗日战争胜利后，蒋介石不顾社会各界要求和平建国的美好愿望，撕毁"双十协定"，对解放区发动进攻。中国共产党领导解放区军民英勇自卫，人民解放战争拉开序幕。起初，解放军处于战略防御阶段，战争主要在解放区进行。解放军在党中央的领导下屡屡粉碎国民党的全面进攻。1947年7月，刘邓大军挺进大别山，解放军由战略防御转入战略进攻阶段。不久，解放军精锐部队相继出师南征，打入国民党统治区，战事的频频告捷迅速改变了两军力量对比。随后，解放军先后进行了辽沈、淮海、平津三大战役，基本歼灭了国民党军主力，解放了长江中下游以北地区。1949年初，蒋介石被迫引退幕后，李宗仁任代总统，国共再次进行和谈。4月，和谈破裂，国民党拒绝签订《和平协定》，毛泽东、朱德发布了向全国进军的命令，中国人民解放军百万雄师强渡长江，数日后解放南京，宣告国民党二十二年统治的覆灭。解放军乘胜追击，获得了解放战争的最终全面胜利。1949年10月1日，中华人民共和国宣告成立。

影片解读

新中国成立以来，取材于解放战争的影视作品不计其数，这些作品大多只是聚焦事件、撷取局部、横切剖面，内容上各有侧重。对于热爱历史和军事的观众，尤其是青少年来说，史诗风格的大型电视剧《解放》则像是一部鲜活的历史教材，充分利用了自身艺术体裁的大容量优势，以每集五十多分钟、共50集的超长篇幅首次完整、系统、全景式地展现了这段波澜壮阔的历史。

从总体风格上看，《解放》颇有泼墨山水的大手笔写意风采，纵览全卷磅礴大气，而细品笔触又觉细腻考究。正如画家仔细选景，剧中所表现的众多历史事件也都经过严格而全面的甄选，除了刘邓挺进大别山、张灵甫兵败自戕等无法回避的军政大事以外，其他各领域也笔墨均沾：国际事务上，有外国记者采访国共高层、宋美龄赴美游说；社会经济领域，有蒋经国上海"打虎"止步于孔令侃、蒋政府发行金圆券救市失败；民主文化方面，有爱国学者李公朴和闻一多相继遇刺，陶行知忧愤逝世；在人物的情感生活上，也有刘少奇与王光美战时成婚、毛岸英与毛泽东父子俩因家事而生出嫌隙等，林林总总，娓娓道来。剧中对这些事件的处理详略分明，多则持

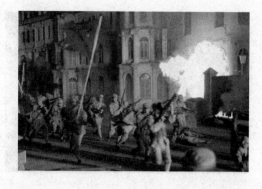

续数集，少则一两场戏、一个镜头，甚至用台词一笔带过。大处写实，小处写情，既严格参照翔实可信的史料，又在具体细节上进行艺术加工。可以说，《解放》不仅是新中国成立六十周年的献礼剧，也是寓教于乐的历史科普剧。

从艺术创新上看，《解放》在历史人物的刻画水平上，达到了类似题材作品的新高度。剧中出场的真实历史人物多达四百余人，其中有台词、有影响力的就不下百人，群众演员更是不计其数。如此繁多的人物群像，本应很容易使不熟悉历史的观众混淆。但是，《解放》抓住了每个人物最突出的特点，用丰富的细节给观众留下深刻印象。

首先，许多传统正面人物的亲和力有了显著提升，不再是符号化的伟人，而是有血有肉、充满人格魅力的形象。剧中，毛泽东在窑洞里打麻将来对抗失眠，与周恩来一边商讨军国大计，一边添柴炒菜，从容讨论着葱姜火候，谈笑之间樯橹灰飞烟灭。粟裕将军镇定从容、平易近人，与没认出他的年轻小兵之间十分诙谐有趣的对话，以及后来在经过几日苦战、歼灭张灵甫部后终于累倒昏睡的情节，都使观众对这位令人敬畏的军事奇才油然生出亲切喜爱之情。

另外，该剧对许多反面人物、灰色人物，以及多年来在影视作品中被脸谱化的人物都进行了客观的刻画与还原，不再仅以成败论英雄，也不再以二元善恶观来给人物定性。例如，该剧花了很多笔墨详细描写了广受争议的"投降将军"傅作义与共产党之间胶着的谈判和多方较量，以及漫长而艰难的心理斗争过程。而"当代完人"陈布雷忧愤病故，"常胜将军"张灵甫率部自戕，"杂牌将星"黄百韬失援困死——这些一一预告着蒋家王朝覆灭的栋梁倒塌，常被以往的作品忽视或漠视，而在《解放》中却都有相当敬重的悲壮笔墨。尤其值得一提的是，江青第一次以青春

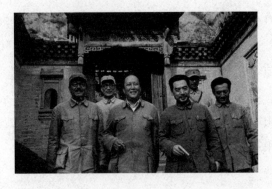
美好的正面形象出现在"文革"结束后的影视作品里。彼时，24岁的江青还不是飞扬跋扈的野心家，只是个刚踏入革命洪流的年轻姑娘。剧中的江青活泼开朗，朴实热情，十分讨人喜欢。对这一大胆笔墨，导演唐国强解释说，要"站在唯物主义的历史观上，在特定的革命阶段，展现人物固有性格特征，还原人物的本来面貌"。

《解放》的艺术与制作水平都可圈可点，而尤其难能可贵的是，该剧在一定程度上跳出阵营和党派的局限，无处不透出人文情怀和理想光辉。对于转型社会中出现的信仰缺失、价值观混乱的时弊，不失为一贴心灵回归的良药。

相关链接

1. "双十协定"，即《政府与中共代表会谈纪要》，是旨在结束国共分裂、和平建立民主政权而发表的会谈纪要，于1945年10月10日签署，故名"双十协定"。"双十协定"公布不久就被蒋介石公开撕毁，打响内战，这一举动使中国共产党的主张得到了国内外舆论的广泛同情和支持，同时使国民党当局陷入被动。

2. 辽沈、淮海、平津三大战役：1948年9月至1949年1月，中国人民解放军同国民革命军进行的三次战略决战。历时142天，共争取到起义、投诚、和平改编与歼灭国民党正规军144个师，非正规军29个师，合计共154万余人。自此，国民党的主要军事力量基本瓦解。三大战役的胜利，奠定了人民解放战争最终胜利的基础。

（孙　苑）

《我的青春谁做主》：成长的梦想与现实

北京鑫宝源影视投资有限公司出品，2009年首播

导演：赵宝刚、王迎　　**编剧**：高璇、任宝茹

主演：赵子琪、王珞丹、林园、陆毅、朱雨辰、张铎等

集数：32集

获奖：2010年第25届中国电视金鹰奖优秀电视剧；2010年首届中国大学生电视节最佳电视剧、最佳导演、最佳女演员；2011年第28届中国电视剧飞天奖长篇电视剧一等奖；2011年第11届精神文明建设"五个一工程"奖；中国广播电视协会电视制片委员会"2009年度最具影响力电视剧"

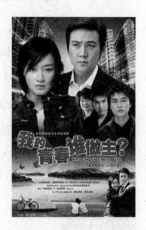

专家推荐

　　《我的青春谁做主》是赵宝刚导演的"青春"三部曲中最适合一家人围坐共赏的一部，也是将艺术性和现实性结合最好的一部。作品围绕一个家庭三代人展开故事，以初入社会的三姐妹追寻理想与幸福为主线，以此过程中两代人的冲突为主要矛盾，探讨了"80后"青年一代的成长、两代人的隔膜与沟通、当代家庭关系的复杂性以及爱情婚姻的意义等诸多热点问题。作品涉及家庭和社会、精英和平民、犯罪和犯错、梦想和现实等层面，其丰富性可为不同观众提供不同的人生启迪和审美乐趣。

　　在当今多元社会，人与人之间的观念差异愈加显著，青年人的人生选择也是多姿多彩。诚如片名所问，如何把握自己的青春，找准自己的价值、有意义的生活、美好的爱情，是每个青年人的人生课题。作品在轻松的氛围中蕴藏着深刻的思考，旨在通过生动鲜活的故事，以艺术的感性触碰具有永恒性意义的话题，同时也对理想与爱、亲情与爱情进行了最热情的讴歌。

中国传媒大学艺术学部教授　彭文祥

剧情简介

这是一个家庭里三个表姐妹的青春故事。表姐赵青楚离开上海到北京求学,如愿进入一家律师事务所,面临着来自职场、爱情、家人乃至社会多方的挑战;向往闯荡世界的钱小样不顾妈妈的阻拦,毅然踏上北去的列车,并暂住姥姥家,她顶住母亲的压力,决定在这个陌生的故乡打出自己的一片天空;在英国求学的李霹雳为给姥爷奔丧回到北京,却不知父母已经悄悄离婚。当得知真相后,她试图阻止父亲的婚事。三个女孩,和这个时代的多数年轻人一样,并不满足于父母对自己青春的设想,她们要按照自己的意愿,勾画一个完全属于自己的青春蓝图。

影片解读

"青春是一个短暂的美梦,当你醒来时,梦境的一切已消失得无影无踪了,青春不只是经过,我们还要反思,有过怎样的收获,我们青春的主,又该让谁来做主?我做这部片子就是要献给所有心怀梦想的年轻人和为他们殚精竭虑的父母们。"关于作品,导演赵宝刚如是说。

本剧主要表现同一个家族里三对母女之间因为人生观、价值观和爱情观等理念的差异,而产生的一系列矛盾冲突。"代沟"作为作品探讨主题之一,具有强烈的现实意义。改革开放三十年来,中国社会发生巨大变化,价值观的差异所形成的代沟已成为当今中国众多家庭普遍存在的一个重大问题。作品没有简单地把长辈都划归保守、落后势力,一味认为青春就应该由年轻人自己做主,也没有简单地批评年轻人的冲动、感情用事,而是冷静、客观地揭示出两代人的观念中各自合理的成分与偏颇之处。随着剧情发展,我们可以看到两代人之间在冲突之后相互理解和体谅。

杨怡、杨尔、杨杉三位母亲起初都以不同方式想为女儿的青春做主,而经历种种之后,杨怡理解了青楚在北京发展的事业心,杨尔接受了霹雳开餐厅的理想,而杨杉也终于被方宇和小样的爱情所打动。姥姥这一角色是作品着意塑造的理想长辈形象——思想开明,尊重晚辈的想法和意愿,并以恰当方式提出有益的建议。这无疑是为观众妥善解决现实生活中的代沟问题提供了有益的借鉴。此外,作品也敏锐地反映了诸如父母离异对孩子心理所造成的创伤等中国的家庭结构和家庭关系在当今社会发 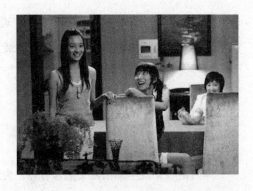 生的一些突出问题。作品还对当今女性的社会地位进行了思考,展现了当代青年女性的需求、独立的人格、独立的社会地位等,准确地揭示了当代女性生机勃勃的生命力,展现了生活中流动的青春美、青春活力和青春意识。

作品对目前社会中世俗化的"成功标准"进行了反思和批判。剧中,姥姥等人不止一次地指出:当今许多人将成功过于狭隘地理解为拥有财富、地位、权势或名声,也过分夸大了物质殷实对于生活幸福、家庭幸福的重要性,这样的价值观都有失偏颇。而剧中李霹雳放弃留学、投资自己喜爱的烹饪事业;钱小样不顾家人反对坚持与穷小子方宇在一起;赵青楚拒绝周晋送房,容不得自己的感情里有任何"杂质";这些都是作品所热烈讴歌的。对"成功标准"的反思和批判,对正确价值观的引导,是该剧极富积极的现实意义之处。

作为一部"偶像剧",作品为当代青年人树立了真正的"偶像"。独立要强的知识女性赵青楚,真诚直率、敢于担当的方宇,忠于感情、执著坚守的钱小样,默默付出、不求索取的高齐,勇敢面对过去的周晋,不图安逸、追寻理想的雷蕾……剧中的每个年轻人身上都不同程度地闪耀着理想主义的光辉。也许会有观众认为这些角色太理想化了,现实生活中并不多见。可正是这样的典型人物,为当代青年树立起真正的"偶像"。

偶像剧不应只塑造脸蛋漂亮、穿着时尚的俊男靓女,更应该讲述内心高尚、人品出众的时代青年的故事;不应该只"养眼",而更应该"养心"。这部作品恰恰塑造了一批这样的年轻人,讴歌了他们在道德情操上的坚守和人格层面上的自我完善,为处于价值多元、混乱甚至迷失的当今中国青少年树立了一群可亲可敬、可资效仿的道德偶像。该剧中理想主义的呈现,不是超越现实的唯美乌托邦,而是从现实中生发理想,让理想照进现实。这种方式的赞美、唤醒和构筑,堪称是偶像剧的"主旋律"。"主旋律"的偶像剧,是该剧最大的审美价值和社会效益所在。

经典记忆

本片的台词既生动幽默又蕴含哲理,为观众留下深刻印象。

姥姥:现在社会给人灌输的成功观念太单一,你们年轻人追求的无外乎是赚钱、成名,给自己贴上成功标签,千篇一律、千人一面,这是典型的唯结果论。其实不是所有得到结果的都成功,也不是没结果的就失败,我一辈子的体验,是成功藏在过程里,将来回头看,乐趣不在最后撞线那一下,结果是买东西的赠品,好了算赚的,不好也没什么!

小样:幸福就是跟我觉得最帅的蚂蚁,为别人眼里的小草,我们眼里的大树,一起努力奋斗。

相关链接

赵宝刚,中国著名导演。早期执导的《渴望》、《编辑部的故事》等电视剧曾多次荣获"飞天奖"、"金鹰奖"。20世纪90年代末以来,将《一场风花雪月的事》、《永不瞑目》、《拿什么拯救你,我的爱人》等海岩作品搬上荧屏,赢得了"中国言情剧第一导演"的美誉。又凭借《像雾像雨又像风》、《别了,温哥华》,探索出一条大陆"偶像剧"的类型之路。近年来的《奋斗》、《我的青春谁做主》、《婚姻保卫战》、《男人帮》、《北京青年》等一系列作品以对当代都市生活的关注和对"80后"成长故事的表现,取得不俗成绩,引起社会强烈反响。

(张朝阳)

《红色摇篮》：共和国"红色摇篮"的历史命运

中央电视台、江西省委宣传部、福建省委宣传部联合出品，
2010年首播

总导演：金韬　　**导演**：车父、刘晓娜、孙代军
编剧：邵钧林　　**摄影**：顾克利
主演：王霙、王伍福、刘劲、黄俊鹏、张晶晶
集数：29集
获奖：2011年第28届中国电视剧飞天奖长篇电视剧二等奖

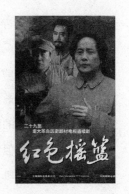

专家推荐

　　电视剧《红色摇篮》集中表现了1929年到1934年中国革命在苏区建立红色政权的那段宝贵历史，作品的创作观念较为开放，力图真实地还原、再现历史。创作者对中国共产党在那个历史阶段的艰难、挫折和失败不回避、不隐晦。全剧开始于毛泽东被追捕、病重濒危，结束于第五次反"围剿"失败，红军主力被迫撤离中央苏区进行战略转移、开始漫漫长征。该剧几乎是重大革命历史题材剧中唯一以悲剧结局收束全篇的作品。全剧接近尾声时，主力红军即将撤退，毛泽东和贺子珍万般不舍、心情沉重地送走了可爱的儿子毛毛，周恩来眼含泪水、悲愤凝重的表情令人久久难忘，作品弥漫着一份独特的沉郁悲凉的气息。同时，革命者的不屈意志，苏区百姓和领袖、红军的鱼水深情又让这个"红色摇篮"充满了迷人的风采，让人们在艰难困苦中保持对革命胜利的祈盼和信心，"红色摇篮"奠定了共和国大厦的基石。

　　剧中作为诗人和军事指挥家的毛泽东形象诗意浪漫又忍辱负重、充满了人格魅力。贯穿全剧的毛泽东诗词及恰当巧妙的影像风格让作品洋溢着浓厚的诗意和象征意蕴。该剧的主题曲、片尾曲、老少三代艺人演唱的江西民歌深情悠扬，充满了地域时代特色，让作品独具特色。

中国传媒大学艺术学部教授　戴清

剧情简介

29集电视剧《红色摇篮》表现的是中国共产党在1929年至1934年期间领导劳苦大众创建闽赣中央苏区红色政权的伟大创举。1929年1月,毛泽东、朱德率领红四军离开井冈山,转战赣南、闽西。蒋介石向中央苏区接连发起军事"围剿",在危急之时,红军内部的将领们争论不休,又发生了包括"富田事变"、"宁都暴动"、"二打长沙"等一系列事件,面对内忧外患,毛泽东和朱德、周恩来等排除干扰,采取"诱敌深入"的战略方针,以弱削敌,破敌取胜。在前四次反"围剿"中,红军都取得了胜利,但党内思想斗争、路线斗争极为激烈,红色政权刚刚萌芽即遭受重大挫折。这一阶段,毛泽东本人尚未确立领袖的权威地位,在党内军内不断遭受排挤打击。在宁都会议上,毛泽东被削去了军职,厄运也开始伴随中央苏区。第五次反"围剿"开始,李德和博古拒不接受毛泽东的正确建议,第五次反"围剿"失败,红军主力被迫撤离中央苏区,开始战略转移。

影片解读

《红色摇篮》以1929年至1934年中国共产党创立苏区红色政权的历史为表现对象,弥补了影视剧展现这段历史的空白。许多重大事件首次在荧屏上得以再现,如汀州决策、古田会议、宁都暴动、二打长沙、富田事件、五次反"围剿"等。

该剧更为突出的是其创作观念上的突破。第一集一开始,就是一场毛泽东被追杀的戏份,一位老乡背着负伤的毛泽东奔跑,毛泽东赤着脚、脚上全是血、挽着裤腿,他已精疲力尽,"我不跑了,也跑不动了,听天由命"。这一形象与教科书中那个"指点江山"的领袖形象完全不同,也从一开始就定下了全剧悲壮紧迫的基调。作品在第五次反"围剿"失败、红军开始漫漫长征时结束,这一始于挫折、终于撤退、艰难险阻贯穿全剧的叙事设置和结局,不仅在同类题材创作中前所未有,即使在主旋律电视剧始于"危局"、终于"解决"的叙事模式中也是绝无仅有的。

在叙事上,《红色摇篮》中每一集都保持着戏剧冲突的张力。敌我之间、红军内部不同主张之间冲突不断，每每一触即发、剑拔弩张的场景与状况随处可见，同时在紧张的情势中又明显可见张弛、节奏的变化。第七集中，发生"富田事变"后，黄公略、朱德、彭德怀三人分别收到毛泽东要迫害自己的匿名信，黄、朱二人很快做出正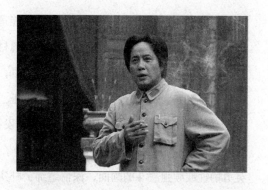确的判断，唯独彭德怀的态度迟迟未有明显表露，其手下干部邓萍不明就里，十分气愤，监禁了毛泽东，毛泽东的命运由此系于彭德怀之手。关键时刻，彭德怀选择相信毛泽东的人格，从而化解了这场危机，红军转危为安。这是片中树立彭德怀人格的关键场景，紧迫之处令人喘不过气来。从第七集延续到第八集这一场冲突结束，以毛泽东的警卫员龙达因此前枪被没收而大哭收尾，彭德怀大笑说："枪林弹雨你都没掉过眼泪，看来你是真受了委屈了，要是我彭德怀让你受了委屈，我给你赔罪。"人物的一哭、一笑，既是这一场大戏的收尾，更是替观众在紧迫后进行的情感宣泄。

在追求丰富多变的叙事手法的基础上，《红色摇篮》还难能可贵地创造出美而诗化的意境。这集中体现在其象征意象、诗化风格的营造上。作品通过虚实结合，赋予生活具象、日常景象以象征意蕴，对情节进行了诗化处理，营造出艺术意境。比如，剧中的"雨"，意象就十分突出，且反复出现，"雨"的象征意味也不尽相同，有象征前途凶险困难丛生的雨，也有象征不白之冤的雨，还有象征悲怆和沉痛悼念的雨。剧中每一次离别都伴随着雨的不期而至，毛的两个孩子被送走都是在下雨天，姜连长的牺牲也伴随着大雨。全剧雨天最出彩的一幕是毛泽东被迫离开瑞金，在雨中抚摸着周围熟悉的一砖一瓦、一草一木，深情不舍地回忆着井冈山会师、龙源口大捷和大柏地战斗等波澜壮阔的往昔，在视听音画之中，往事历历在目，给人带来强烈的情感冲击，此时的雨更多地象征着毛泽东的惆怅和忧虑心情。

《红色摇篮》中的毛泽东还是一个高产的天才诗人，剧中一首又一首的诗词或朗诵，或演唱，或在人物交谈之中道出经典词句，成为全剧极具特色的闪光点。在画面上，则往往辅以根据地河山的全景展示，诗、音、画的结合使全剧产生了一种诗化意境。从1932年10月开始，毛泽东被排挤出红军的最高领导层，但他并不计较个人的得失进退，暂时的不利处境并不能遏止他喷薄的诗情；1933年夏，毛泽东重游故地大柏地，在风雨中抚摸着大柏地前村壁上的弹孔回顾戎马生涯，一时感慨万千，画面上出现了将士们征战沙场的场景，毛泽东吟出了"装点此关山，今朝更好看"的绝唱，人物背后是一抹绚丽的彩虹，整个段落充满诗情画意。

意境营造离不开音乐的烘托和渲染，发挥着语言和影像所无法替代的功用。《红色摇篮》的片头曲《哥哥出门当红军》，每次在剧中出现时都配以红军战士或英勇牺牲或顽强战斗的画面，深情缠绵、朴实悲壮，唱得催人泪下。至此全剧令人生发出绵长悠远的遐思：共和国红色摇篮最初的创建何等艰难而伟大，革命前辈的山海情怀令人追慕景仰，红军战士的浩然正气回荡在天地之间……

经典记忆

电视剧片头曲《哥哥出门当红军》歌词（节选）

哥哥出门勒当红军，笠婆挂在他背中心哎，

流血流汗打胜仗，打掉土豪有田分。

哎呀勒，打掉土豪有田分，哎呀勒。

这首歌是《红色摇篮》的主题曲，该歌原型为江西省瑞金市歌舞剧团演出的音乐报告剧《八子参军》主题曲。这首瑞金本土歌谣经打造成为该剧片头主题曲。

相关链接

《红色摇篮》在瑞金拍摄三个多月，占整部电视剧70%以上的镜头。瑞金是享誉中外的"红色故都"：她是中国第一个红色政权——中华苏维埃共和国临时中央政府的诞生地，第二次国内革命战争时期中央革命根据地的中心，是驰名中外的红军二万五千里长征的出发地之一。

（朱晓倩）

《毛岸英》：在亲切平易中展现精神亮色

中央电视台新影制作中心、北京新陆地文化艺术中心联合摄制，2010年首播

导演：刘毅然　　**编剧**：韩毓海、张丽、王军钊、刘毅然

顾问：刘松林（刘思齐）、毛新宇等

主演：杨晓光、张舒羽、魏大勋、韩中、王辉、宋轶

集数：34集

获奖：2011年第28届中国电视剧飞天奖长篇电视剧一等奖；2012年第12届精神文明建设"五个一工程"奖

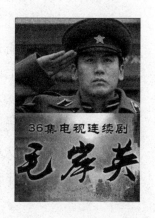

专家推荐

　　传记电视剧《毛岸英》以主人公生前的爱人刘思齐的深情讲述贯穿始终。1950年毛岸英牺牲时，俩人结婚刚刚一年，作品无疑是一首穿越时空的爱情绝唱，在这位耄耋老人的平静讲述中，激荡着半个多世纪的刻骨铭心的爱恋和思念。

　　作为一代伟人毛泽东的长子，毛岸英的一生和中国革命乃至世界革命都有着不同寻常的联系，他的生命历程虽然短暂，却有着比同龄人丰富得多的经历，其人生品质也获得了远超出一般人的厚度和深度。毛岸英是那个时代优秀青年为理想而献身的代表，他的人生也由此成为一部将"小我"融入"大我"的革命奋斗史。创作者很好地把握了传主毛岸英的精神气质，从人物身世、经历、命运的细微之处、生动之处去展现他的成长历程，多层次、多角度地描绘了毛岸英作为领袖之子、更是大地之子、人民之子的多样风采和精神魅力。人物的献身精神也自然而然地成为观照当下的一盏心灯，与功利主义、权欲膨胀等形成了鲜明的对照。

中国传媒大学艺术学部教授　戴清

剧情简介

本剧讲述了开国领袖毛泽东与杨开慧的长子、抗美援朝战争中的志愿军烈士毛岸英短暂却不平凡的一生。本剧以毛岸英遗孀刘思齐的讲述为线索，全方位地展现了英雄跌宕起伏的人生际遇和丰富多样的人物关系。毛岸英的童年时代颠沛流离，进过监狱、当过奴仆，目睹母亲和弟弟的惨死。少年时代风云起伏，曾流浪街头、捡食垃圾，遭到富人的羞辱虐待，也曾留学苏联，考取军校，为异国少女所倾慕。青年时代激情飞扬，参加苏联卫国战争，受到斯大林的接见和嘉奖；积极参与土改、投身经济建设；加入中国人民志愿军，赶赴朝鲜前线。最后，他在美军的炮火中牺牲，留给父亲与妻子无尽的思念和后人永久的景仰。

影片解读

用影视剧为近现代历史人物立传，并不是一件容易的事情：史料翔实，后人犹在，评说未定，在还原和演绎之间很难找到平衡点——若循规蹈矩则可能流于俗套、寡淡乏味，稍有发挥又可能有失偏颇、离题脱轨。从这个角度看，《毛岸英》交了份不错的答卷。作品围绕主人公的生活历程，真实地再现了20世纪20年代军阀统治下的湖南斗争生活，大上海繁华下的贫穷和苦难，作为世界革命圣地的苏联那激荡人心、青春浪漫的时代氛围以及朝鲜战场的激烈昂扬、战火纷飞……正是在真诚接近、艺术还原曾经的时代环境的努力中，人物的生命历程、精神气质和人格魅力才得以恰当地展现。

全剧开篇，为毛岸英扫墓的老年刘思齐扮演者，正是真正的刘思齐本人。这一珍贵镜头也使《毛岸英》一剧本身成为史料的一部分。刘思齐的旁白自此贯穿始终，大大加强了剧情的真实感、历史感，也使该剧自然地带有一抹爱情悲歌的意味。

剧中的毛岸英不是一个高大全式的英雄，而是一个从普通孩童成长起来的战士。剧中着力刻画了他的多组情感关系：对父亲的敬仰、对母亲的缅怀，对弟弟的关爱，对妻子的疼爱，对外婆的依恋，对保姆的信赖……也包括对同学的友爱，对彭德怀的敬佩,对朝鲜小姑娘珍姬的爱护,等等。这些情感关系使毛岸英的形象更丰满、更立体。剧中,毛岸英童年时和母亲一起入狱,直至母亲牺牲,杨开慧上刑场前回眸对儿子微笑的画面美丽动人,出现在岸英人生的各个阶段,是其精神源泉和根基。

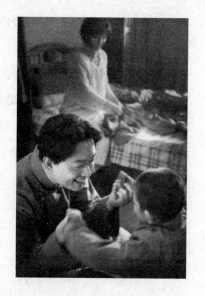

剧中花了大量笔墨刻画岸英、岸青兄弟间的深厚情谊。他们在上海流浪时受尽欺侮、朝不保夕,却在苦难中保持着可贵的自尊和志气。岸英攒钱买字典、呵护弟弟等情节每每催人泪下。在苏联学习时,岸英在图书馆自习贪学,一夜未归,岸青踏着厚厚的积雪焦急寻找;岸青酷爱下棋以致耽误上课,一向温和的岸英第一次对弟弟发火,让岸青最终明白哥哥的苦心。岸英即将奔赴朝鲜战场,最放心不下弟弟,一定要岸青给他弹琴、演唱那首他们唱过无数遍的歌曲——《神圣的战争》……这些段落情感充沛、镜头细腻、演员的表演真挚自然,令观者动容。

岸英出征朝鲜的前夜与爱妻刘思齐话别的细节也感人肺腑,年轻的思齐尚不知情,岸英无法告知真相,心底却是深深的爱恋和不舍,他三次将爱妻拥在怀里,最后竟以深深一躬道别,谁曾想这竟是两人的诀别。剧中,岸英性格上的率真朴直、坚持真理在土改运动、朝鲜战场上也都有着逼真的表现,让人们看到了一个真实可爱可敬的领袖之子、人民之子。

不仅如此,剧中毛泽东的形象也不同以往。新中国成立以来,领袖的人生不断被搬上荧屏,为观众熟知。在过去的作品里,毛泽东的形象往往十分高大刚强,运筹帷幄、决胜千里,尽显领袖之风。本剧却独辟蹊径,展现了他作为一个父亲柔情慈爱的一面:长子出生,毛泽东阔别归来,夫妻一起逗弄稚子,对话内容琐碎、温馨,宛如一对平凡夫妻;岸英、岸青兄弟在苏联留学时,毛泽东写去一封封朴实真挚的家书,对两个儿子寄予殷切的期望。创作者不厌其烦地用丰富的细节堆垒出生活的质感,营造伟人形象的人间烟火气。全剧末尾,当得知毛岸英死讯时,毛泽东在人前表现得豁达淡然,却在夜深无人处痛哭失声:"情何以堪,痛彻心肺啊。"此时，出现在观众眼前的是一位经历着失子之痛的普通父亲，悲苦无助，使观众生发强烈的情感认同。

　　该剧制作精良，画面也比较优美，从浮华灰暗的旧上海到冰雪皑皑的新苏联，从灰头土脸的流浪儿到曼妙冷艳的贵妇人，体现出国产剧摄影水平和造型能力的进步。创作者从毛岸英的身世、经历、命运的细微之处、生动之处去展示他的成长历程和精神气质，并以此凸显他生命的热度与亮色、崇高与伟岸，这一切恰恰暗合艺术创作的圭臬。

相关链接

　　1950年6月，朝鲜战争爆发，美国为维护其在亚洲的军事地位，派军队参战支援韩国军队，很快越过北纬38°线（简称"三八线"），占领平壤，也严重威胁了中国的国土安全。同年10月，中国做出"抗美援朝、保家卫国"的战略决策，组成中国人民志愿军入朝参战。历时两年零九个月，经过五次主要战役，于1953年7月以一纸停战协议的签订结束了战争。

（孙　苑）

《江姐》：以当代精神视野重塑英雄

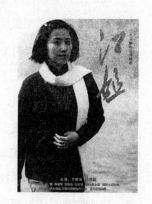

中央电视台中国电视剧制作中心、中共重庆市宣传部、重庆广电集团影视传媒公司、北京星光联合传媒有限公司、中共四川省自贡市大安区委联合摄制，2010年首播

导演：彦小追

编剧：谭力、彭启羽

摄影：张楠、杨佳洋、杨絮　　**剪辑**：侯琦

主演：丁柳元、胡亚捷、倪土、舒畅

集数：30集

获奖：2012年第26届中国电视金鹰奖优秀电视剧

> **专家推荐**
>
> 江姐，作为新中国成立以后出现的红色经典英雄形象，几十年来深入人心，有着巨大的影响力和感召力。新世纪以来的电视剧《江姐》以全新的创作观念、生动的人物塑造实现了真正意义上的推陈出新：拉开一定的历史距离，人们对历史的发现更为充分，理解更为深入，对英雄的诠释更为立体丰满。创作者没有止步于电影《在烈火中永生》中江姐的形象，也没有因袭1998年版电视剧《红岩》翻拍的老路，而是沉潜到历史深处，去重新发现、深度开掘英雄的精神情感世界。
>
> 《江姐》拒绝了私密化历史人物隐私、矮化英雄的庸俗创作路径，准确地把握了人物的精神人格气质，并做出了恰到好处的艺术转化与诠释。在对历史的讲述中，折射出与现实之间的对话关系，激发着当代人对时代社会现状的思考。剧中贪污腐化在变节者身上的表现、"狱中八条"对领导人腐化的思想警示等情节无不令人深思。
>
> 中国传媒大学艺术学部教授　戴清

剧情简介

20世纪40年代,重庆地下党员彭咏梧的"单身"身份引起敌人的怀疑。年轻女交通员江竹筠受命与彭咏梧假扮夫妻作为掩护,一同"潜伏"。记忆力超群的江竹筠是老彭工作的得力助手,同时在老彭的帮助和影响下,江竹筠快速成长、日渐成熟。其间,假夫妻产生了真感情,经组织批准,两人正式结婚,诞下一子。江竹筠将儿子托付给别人照料,并做了绝育手术,前往川东协助老彭工作,途中却得到了因叛徒出卖致使老彭遇害的噩耗。自此,江竹筠独当一面,不仅开始了秘密追查工作,而且一次次用智慧和勇敢保护了同志和革命群众,赢得了爱戴和信赖。就在她逼近真相时,却不幸被捕。身陷囹圄的江竹筠遭受了残忍的酷刑,却一直泰然自若、守口如瓶,还机智地揭露了叛徒"乌贼"的真面目。她惊人的毅力和坚定的信仰鼓舞了所有狱友,大家都爱称她为"江姐"。最后,江竹筠和她的狱友们在新中国成立的礼炮声中,高喊着胜利的口号迈向刑场,年仅29岁。

影片解读

自著名红色经典小说《红岩》于1961年出版至今,以"江姐"为主角的各类文艺创作不下十余种。这些作品基本上都以小说《红岩》为蓝本,所塑造的"江姐"也都是正义凛然、受人爱戴的完美女英雄。随着时代和观众审美需求的变迁,这一数十年不变的形象有时竟成了刻板、脸谱化的代名词,江姐的原型、历史上真实的烈士江竹筠的风采也因此在新一代观众的视野中黯淡起来。而2010年播出的电视剧《江姐》打破了这一僵局,成为"红色经典"当代化、年轻化的成功范例。

首先,个性饱满、外柔内刚的"江姐"形象带给了观众耳目一新的感受。以往的作品大多以江姐的狱中斗争为主,江姐一出场便已是思想成熟的"革命老大姐",江姐的扮演者也大多比较年长、体貌肃穆。而在电视剧《江姐》中,人物的成长性十分显著:主要篇幅是在细细讲述基层交通员"江小妹"如何成为党内广受敬重的"江姐"的过程,直到最后几集才水到渠成地亮给观众一个熟悉的英雄江姐。

以往作品按照当时的创作风气，几乎都回避了江姐的情感生活，英雄只为革命献身，从不谈情说爱。而该剧首次将镜头对准了江姐与丈夫的情感生活以及对儿子的慈母柔情，用细腻的笔触刻画出女性丰富的情感世界，塑造了一个知性、温婉、秀丽的"江姐"，除刚毅无私的革命精神

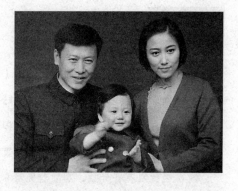

之外，还充满女性魅力。在江姐的丈夫、革命伴侣老彭遇害一周年的夜里，意志坚强的江姐在狱中难以抑制悲愤怀念之情，黯然神伤，悄然落泪，令人感动不已。

该剧以剧作之笔，行史家之风，不虚美，不隐恶，远离小说《红岩》，却更为贴近真实。《红岩》是根据历史虚构出来的小说，而新作若处处以《红岩》为纲，则是对虚构的虚构。事实上，新中国成立前夕，重庆地下党市委书记、副书记先后叛变，如此高层人物的揭底直接导致江姐所在的重庆地下党组织遭到毁灭性破坏，几百名地下党员入狱。《红岩》在当时基调高昂的创作风气中隐去了这些惨痛教训，书中只有唯一的叛徒即猥琐可恨的小人物甫志高。电视剧《江姐》则首次呈现了这段暗流汹涌的历史真相，既歌颂了英雄党员的崇高伟岸，也刻画了数名中共地下党高层背叛革命的心路历程，展示了江姐和狱友们讨论总结出并经由幸存者递交给党组织的"狱中八条"等意见书，提及"防止领导成员腐化"、"对上级不要迷信"等血的教训。这一正直的史家笔墨，无疑使作品的思想水平和反思意义更上一层楼，令人肃然起敬。

当然，这也不意味着该剧就是历史还原或人物传记。为了使剧情更好看，创作者在冲突的结构、悬念的设置上，依据剧作规律，将历史素材更集中地处理，进行了很多大胆的艺术想象。剧中的江姐和她的亲属一律使用真名，以此营造该剧的历史感和真实感，而其他历史原型都经过加工、整合，并使用了化名，性格各异、形象鲜明，充分为戏剧冲突服务。用该剧编剧的话说，是"大事不虚，小事不拘"。

创作者没有把红色经典奉为一成不变的金科玉律或永不褪色的辉煌典籍，而是努力在新的文化语境中丰富、发展并超越红色经典，最终不断赋予它们以新的形式和活力，让人们在不断走近那段其实并未远去的、活着的历史时，再度真诚感受英雄情怀。

经典记忆

电视剧主题曲《红梅赞》歌词(节选)

红岩上红梅开,千里冰霜脚下踩,

三九严寒何所惧,一片丹心向阳开,向阳开。

红梅花儿开,朵朵放光彩,昂首怒放花万朵,香飘云天外,

唤醒百花齐开放,高歌欢庆新春来,新春来。

《红梅赞》创作于1964年,是歌剧《江姐》主题曲,阎肃作词,羊鸣作曲,后经多次改编、收录,传唱全国,并不断在红色经典影视作品中出现,成为一代人的经典旋律。曲作者借鉴了多种民乐的曲调和技巧,创作出这首慷慨而不失婉转的优美歌曲。2010年成为电视剧《江姐》的主题曲。

相关链接

1. 《红岩》是一本描写共产党人为争取解放而不屈斗争的长篇小说。作者罗广斌、杨益言搜集整理了许多先烈的斗争事迹,加以集中、提炼,历时十年完成了这部作品。该作第一次完整讲述了以烈士江竹筠为原型的"江姐"的革命故事,使这一英雄形象在全中国家喻户晓。

2. "红色经典"在20世纪80年代被用来指称"文革"中出现的样板戏,20世纪90年代以后红色经典被泛指自1942年毛泽东发表《在延安文艺座谈会上的讲话》精神指导下创作的典范性作品,如《红岩》、《红日》、《红旗谱》、《创业史》、《山乡巨变》、《青春之歌》、《林海雪原》等。

(孙 苑)

《小小飞虎队》：普通孩子的"英雄梦"

山东电影电视剧制作中心摄制，2011年首播

导演：钱晓鸿

原著：刘知侠　　**编剧**：赵冬苓、张云霄、王谦

摄影：张皓

主演：赵泽文、小叮咚、胡天阳、孙钰、高曙光、艾丽娅

集数：28集

获奖：2012年第12届精神文明建设"五个一工程"奖

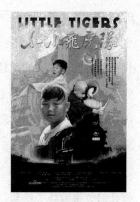

专家推荐

每个孩子都有自己的梦想，《小小飞虎队》就是普通孩子的一场"英雄梦"，这个梦也是一个非典型小英雄的成长史。

全剧首尾呼应，以大壮的梦境开始，又以梦境结束。第一集模仿电影《骇客帝国》的经典桥段：在梦中，原本笨拙的大壮轻松地跳上火车，巧妙地躲过子弹，把鬼子打得落花流水——这可能是许多男孩子都会幻想的场景。这个梦既表现出大壮对飞虎队的崇拜和向往，又为后续的剧情发展做了铺垫。最后一集大壮又做了一个梦，梦中他并没有成为飞虎队的一员，而是接了父亲的班，当了杂耍班主，虎子和小银则成了火车司机和站长。孩子们完成特殊任务后，回归了自我，还原了生活的本真状态。这个梦里没有战争的硝烟，只有好朋友的笑颜，没有阶级和国别，孩子们一起快乐地玩耍。这不仅是孩子对未来的憧憬，更是创作者对和平的呼唤与对战争的反思。

剧中也穿插了许多表现大壮内心世界的梦境，既强调和渲染了任务的艰难、大壮内心的恐惧，又符合孩子怯懦胆小却执著坚定的性格，还紧紧贴合情节的发展，成为故事脉络的暗线，起到暗示和推动故事的作用，可谓一举多得。

中国传媒大学艺术学部教授　彭文祥

剧情简介

抗日战争时期，飞虎队（铁道游击队）的抗日传奇深入山东枣庄一带老百姓的心中。沙沟的三个孩子大壮、虎子和小银成立了"小飞虎队"，立志要帮忙"打鬼子、锄汉奸"。这时来给飞虎队送情报的特派员老吴被叛徒出卖，临死前不得已将情报告诉了偶遇的大壮，并叮嘱他只能告诉飞虎队的老洪一人。为了见到老洪，实现自己的诺言，大壮瞒着虎子和小银有关情报的事，三人一起以见到并加入飞虎队为目标，经历了营救马大爷、胡有财家反伏击、沙沟站劫军列、险被假飞虎队欺骗、鬼子威逼利诱、田二叔叛变等一次又一次的危险，历尽千辛万苦终于将情报告诉了老洪。最后"小飞虎队"的智慧再次起了关键作用，他们点燃黄牛的尾巴，疯狂的黄牛破坏了铁轨，使日本的军列脱轨爆炸，鬼子"铁壁合围"的计划彻底破产，松尾和直木两个鬼子都被击毙。

影片解读

近年来，中国荧屏极度缺少叫好又叫座的儿童剧，《小小飞虎队》是其中的一匹黑马。该剧不仅打破"央视一套"多年来黄金时段不播儿童剧的惯例，还成为2011年"央视"黄金时段平均收视率的前三名。

本剧热播的原因是多方面的，其中最重要的莫过于该剧塑造的一个个与众不同的小英雄。首先，这一人物定位与近年来电视剧创作倾向于"平民式"英雄的趋势相吻合。当今荧幕中的"英雄"对党和国家依旧忠诚，对敌斗争依旧顽强，但一改往日善恶分明、二元对立的"高大全"式完美英雄脸谱，还原成了真实存在于大命运下的小人物。例如，《士兵突击》中的许三多、《潜伏》中的余则成、

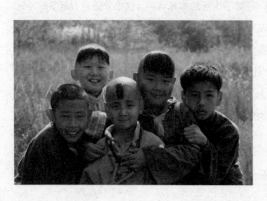

《永不磨灭的番号》中的李大本事等。本剧中的"小英雄"大壮爱放屁、小银爱尿炕、虎子爱吹牛，他们身上都有一定的缺点。看着这些平凡犹如我们自己的人物，在剧中历经危险、过关斩将，最后成功完成任务，就像做了一场"狗熊"变"英雄"的美梦一样。这不仅是孩子们的美梦，也是许多成年人隐秘的童年梦想。这样的人物设定，无疑能在观众中产生极大的共鸣和观赏欲望。

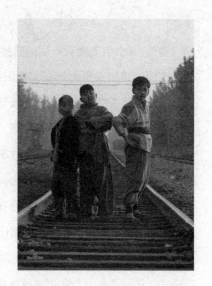

其次，剧中的"小英雄"不仅真实、平凡，还具有善良、美好的孩童天性。"人之初，性本善"，孩子们的善良本就不应该掺杂阶级、国界的观念。大壮他们在对待胡小头和喜郎时，由误会转变为理解，最后帮助他们逃离了困境。更难能可贵的是，编创者们颠覆了以往抗日题材主旋律作品中汉奸和日本人的固定形象。每个人都是历史的人质，迫不得已地成为命运安排的"身份"中的一员，但"身份"不能决定个体意识。所以，地主汉奸的儿子胡小头可以是爱国的，日本鬼子的儿子喜郎也可以是善良的。这样的人物塑造超越了政治意识形态的桎梏，以宽广的胸襟展示了一种博爱的普世观念，更加符合现代人的审美观念。

本剧的热播还应归功于环环相扣、高潮迭起的情节设置。全剧紧紧围绕"送情报"这一线索，平均每三集出现一个小高潮，使大壮和他的小伙伴每次有机会与飞虎队相遇，都必须冒着一定的风险。这让观众产生了收视期待，增加了紧张程度，不禁为他们捏一把汗。同时，编创者并没有简单地对日伪军进行滑稽化、弱智化的处理，也没有蓄意拔高"小飞虎队"的战斗能力，更没有让青少年儿童直接拿上枪参与血腥作战。导演遵循"孩子应该远离战争"的儿童剧创作新观念，尽量不正面表现战争，而是在合理范围内让"小英雄们"发挥他们的聪明才智。例如放水淹军营、用小狗骗人、在鬼子的食物中下巴豆、火烧黄牛尾巴等。这些"小伎俩"对飞虎队的行动有时有用，有时会帮倒忙。这样的处理，展现了孩子们的童真、童趣，使全剧具有幽默诙谐的风格；做到了去血腥化、去残酷化，更适合青少年儿童观看。

　　当然,《小小飞虎队》剧的热播也得益于其精良的制作。与传统的儿童剧创作套路不同,该剧采用大场面、投入高成本、启用名演员。为了营造真实的历史氛围,剧组建起了整个沙沟火车站及附属建筑群;为了再现危险的战争情景,该剧用动画特技完整展现火车脱轨等情景;为了表现第一集中大壮梦境的天马行空,剧组专门调来"威亚",短短几分钟的戏,拍摄了整整一个通宵。另外,由于剧中的几个主要儿童演员几乎都是第一次参与表演,编创者用"大绿叶配小红花"的方式,选择一批实力派演员来引导、配合孩子们的演出。编创者们并没有因为是儿童剧而降低标准,真诚地创作出一部画面优美、细节考究的电视剧精品。

　　总而言之,《小小飞虎队》以其独特的人物塑造、紧凑的情节设置和精良的视听语言,获得了业内专家和普通观众的一致认可。在纪念建党九十周年之际,用童真和童趣诠释了勇敢、信义和善良,呈现了一场惊险而不乏趣味的"英雄梦"。

相关链接

1. 电视剧改编自1995年版的《小小飞虎队》(5集)。十五年前,编剧赵冬苓和导演钱晓鸿携手打造的旧版《小小飞虎队》荣获了第14届"金鹰奖"最佳儿童剧奖、第16届中国电视剧飞天奖少儿电视连续剧三等奖。

2. 赵冬苓,著名影视剧作家。作品大多为革命历史题材,整体风格厚重大气,崇高向善,注重呈现大时代背景下小人物的命运,具有时代感和历史感。代表作有《沂蒙》、《中国地》、《孔繁森》、《任长霞》、《盖世太保枪口下的中国女人》等。

(张　艳)

《国防生》：我有我的军旅梦

海军政治部电视艺术中心、中视威豪影视文化发展有限公司联合摄制，2011年首播

编剧：段连民　**导演**：段连民

摄像：郑桦、沾洪顺　**美术**：梁蕾

主演：张善淇、邹廷威、高梓淇、林爽

集数：28集

获奖：第23届全军金星奖长篇电视剧二等奖

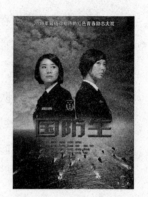

专家推荐

中国普通高校招收国防生自1999年开始，虽然已有十几年的历史，仍有相当多的国人对国防生不甚了解。事实上，美、俄、英、日等国家早就开始了国防生的招收培养工作，为军队的现代化服务。如果想了解中国国防生的大学生活，可以看一看电视剧《国防生》。

《国防生》的故事自高考后报名讲起，分述几位学生如何主动或被动地走入大学的国防生队伍。在作为女主角重点讲述的苏寒身上，无论是她刚出场时用啤酒瓶砸人的脑袋，还是轻松制服持刀抢劫犯、与警察父亲斗智斗勇，都颇具传奇性，应该能够引发年轻观众的兴趣。

国防生毕竟与普通大学生有所区别。在这部电视剧中，这些国防生们曾经遭遇挫折、深陷误解，然而在逆境之中，他们得到成长。四年中他们理解了责任，学会了坚强，也领悟到了团结与牺牲，而这些沉甸甸的收获都是人生历练之中最为宝贵的财富。

自汉唐盛世之后，中国文化中的尚武精神下降，"宁为百夫长，胜作一书生"的青春豪气已大为式微。当代中国的中学生们甚至连体育锻炼都经常被压缩或忽视。看看《国防生》，虽然里面加了一些爱情的作料，但对我们的思想和感情都还是能产生许多优良影响的。

中国传媒大学艺术学部教授　李胜利

剧情简介

高考结束之后,毕业的高中生准备开始填报志愿,面临人生之中的第一次重大选择。警察父亲不顾青春叛逆的女儿苏寒反对,执意将其送入国防生的选拔现场。尽管苏寒心中有种种不甘,但仍决定遵守自身的诺言,准备做一名合格的国防生。在国防生的训练学习中,苏寒结识了渴望做驱逐舰长的江天、对国防生心存误解的沈玉川、为完成父亲军队梦想的娇小姐谢妍、家境贫寒但自强不息的杨帆等等其他各怀理想的国防生。经过了四年的生活与训练,在解决了一系列学习上、训练上、生活上、情感上的种种问题之后,苏寒等人终于也从国防生成长为合格的人民解放军军官。

影片解读

自从我国军队实施国防生制度以来,十几年间已经为部队输送了大批优秀的军事人才,国防生也逐步成为一个被人关注的学生群体。国防生作为部队建设的高级储备人才,一直是军队建设的重要组成部分,而这一群体却长期以来并不被公众所了解。正如主题歌所唱的:"你有你的花香浓,我有我的军旅情;你有你的七彩虹,我有我的军人梦。"《国防生》是我国第一部全方面描写地方大学国防生生活、学习、训练的电视连续剧,真切地反映了大学生携笔从戎、献身国防的傲人风采。该剧以华航大学一群80后青年国防生的求学成长经历为核心,将军队与校园紧密结合,全面再现了在个性张扬的大学校园中投身军旅的国防生的成长历程。由于以青年学子为主要人物,因而剧中处处洋溢着轻松幽默、乐观自信的青春气息。

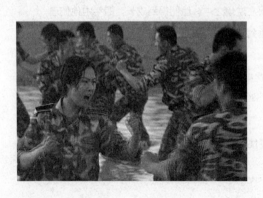

女主角苏寒幼年丧母,父亲又常年外出办案,因而形成了脾气火爆、

冷漠孤僻的性格，被周围的人称之为一点就炸的"TNT"。她本身对军队没有任何兴趣，甚至由于父亲的"强迫"而对国防生心存芥蒂。这样的人物设置十分符合当下青少年的性格特点，作为新一代成长起来的"90后"、"00后"青少年们，伴随着成长所积累的知识储备和价值判断，往往与父辈有着很大的差距，青少年成长期间的反叛也使得两代人之间的代沟逐步拉大，隔阂与误解不断增加。然而，随着时光的变迁，曾经叛逆的少年慢慢成长，他们终将认清自己身上的责任与使命。正如剧中的男女主角江天与苏寒一样，随着阅历的不断增加，心底不断增加对国防生的认同感，日渐成长为合格的人民解放军，真正肩负起祖国与时代所赋予的重担。

军装在身，飒爽英姿，同时也肩负了一份责任，一种荣誉。当下的年轻人，对于责任、使命、誓言这样严肃的字眼多少有些陌生。然而，这些词汇却是人生成长过程中不可或缺的重要组成部分。在剧中，起初支撑着叛逆的苏寒坚持自己四年国防生生活的是她对自己誓言的坚守。如她在国防生入学宣誓前夜的旁白所说："在军旗升起的地方宣誓，我知道，拳头既然举起来了就不能轻易违背誓言，就要至此坚定一种信仰，肩负一份责任。"这份对誓言的遵守，由一个刚刚走进大学校园的女孩儿说出，更加具有感染力。除此之外，面对严酷训练之下坚韧不拔的刻苦精神，与身边同学之间深厚的战友亲情，都深深地打动着每一个观众。当下的年轻人不断成长，其自身面对着的烦恼与困惑也不断增加，面对纷乱复杂的世界，许多人都开始感觉到迷茫与失落。《国防生》中所彰显出的新一代年轻人团结友爱、自强不息、勇敢正直等优秀品质，正可对行走在奋斗之路上的年轻人给予积极的引领与激励。

21世纪中国需要新一代青年军人来保卫，需要新一代的青年人来建设。当个人追求与国家建设紧密统一，由国防生所代表着新一代知识型军人的家国情怀和精神理想也必将深深地感染更多的青少年。

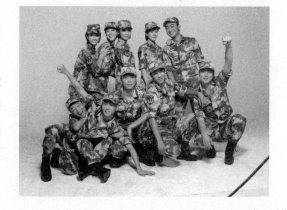

相关链接

国防生是指根据部队建设需要,由军队依托地方普通高校从参加全国高校统一招生考试的普通中学应届高中毕业生(含符合保送条件的保送生)中招收的和从在校大学生中选拔培养的后备军官。国防生在校期间享受国防奖学金,完成规定的学业和军政训练任务并达到培养目标,取得毕业资格和相应学位后,按协议办理入伍手续并任命为军队干部。

(王 卓)

《我们的法兰西岁月》：用信仰锻造火红的青春

幸福蓝海影视文化集团摄制，2012年首播

导演：康洪雷

编剧：李克威

摄像：彭学军　　**美术**：杨浩宇

音乐：郭鼎立

主演：李梁、朱亚文、张念骅、钟秋、邓莎

集数：31集

获奖：2012年第12届精神文明建设"五个一工程"奖

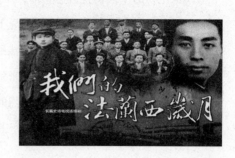

专家推荐

《我们的法兰西岁月》讲述周恩来、邓小平、赵世炎、蔡和森等中国革命的早期领导者留学法国、勤工俭学的故事，有较强的青春励志色彩，有较强的历史认识价值，对当前中国学生出国留学的热潮有启示意义。

在中国学生赴外留学的历史上，没有哪一次像20世纪初中国青年留学生赴法勤工俭学那样，涌现出如此之多的革命先驱、政治伟人、军事统帅以及各行各业的精英巨匠。中国共产党的成立、中国现代化的起步、中华民族的伟大复兴，都与这一事件紧密相连。那一艘艘赴法巨轮，承载的不仅是求学报国的莘莘学子，更是中华民族寻求复兴的点点希望。周恩来、邓小平、赵世炎、蔡和森等一大批中国革命的早期领导者正是在赴法求学过程中，接受了马克思主义的洗礼，寻找探索着挽救民族危亡的兴国之路。

《我们的法兰西岁月》在浓厚的欧洲情调下，向观众展示了老一辈革命家青年时期的法兰西岁月。在这批异乡求学的青年人身上，我们看到了自强不息的毅力，看到了求学报国的雄心。二十来岁的青年正处于诗一般的年纪，而稚嫩的肩膀却已准备承担起振兴中华的重任。在出国留学风潮日益盛行的当下，《我们的法兰西岁月》带来的不仅仅是感动，还有更多的反思与启示。

中国传媒大学艺术学部教授　李胜利

剧情简介

20世纪初的中国内忧外患不断，中国的进步青年上下求索，不断尝试探寻救国救民的道路。在开明人士的积极倡导下，一批批进步的中国知识青年远渡重洋，到欧洲寻找救国之路，轰轰烈烈的赴法勤工俭学运动就此展开。1919年前后，周恩来、邓小平、蔡和森、赵世炎等先后来到法国，他们勤于做工，俭以求学，并在实践过程中不断探寻救国之道。轰轰烈烈的法兰西岁月锻造了这群年轻人，他们最终寻求到了马克思主义真理，走上了共产主义的革命道路。

影片解读

1912年，武汉的一声枪响拉开了辛亥革命的序幕，然而推翻清政府的封建统治仍旧不能遏制每况日下的国势，中华民族的有识之士们仍在积极探索救国之路。这时，一批心系祖国的有志青年将目光投向了西方的欧洲大陆，他们前往大革命的根源法国，一边勤工俭学，一边寻找救国良策。

《我们的法兰西岁月》反映了中共早期领导人青年时期赴法留学的历史。千里之外的异国他乡，令激情满怀的年轻人产生了无限美好的幻想。然而，迎接邓希贤（邓小平）等人的晚宴仅仅是一块干面包和一杯葡萄酒，这就是学子们来到法国的第一餐。残酷的事实摆在每一位勤工俭学的青年面前，尽管身处缺衣少穿、繁重劳动的艰苦生活环境，但是，他们仍旧保持高尚气节，怀揣理想，顽强不屈，笑对生活。

本剧秉承"大事不虚，小事不拘"的艺术原则，充分再现了20世纪初留法勤工俭学的这段历史。剧中既深入地阐述了中国青年学生赴法勤工俭学的缘由，也展现了蔡元培、毛泽东等人的积极筹措；既全面再现了留学生在法国期间生活与学习的点滴，也再现了青年学生兼济天下的革命奋斗；既展示了老一辈无产阶级革命家青年时期的雄姿英发，也对北洋政府官员、法国官员、学校领导及老师等人物进行了细致的描写。这种全景式展示，形象地再现了那段风云际会的峥嵘岁月，也为观众填补了一段关于中共早期党史的记忆空白。

踏上异国他乡的学生们，怀抱着各类的人生理想：以周恩来、赵世炎等为代表的有着明确革命理想的有志青年，希望在马克思主义的发源地寻求救国良方；陈延年、陈乔年兄弟为代表的无政府主义者，期望用无政府主义的"自由"平稳对抗封建枷锁；

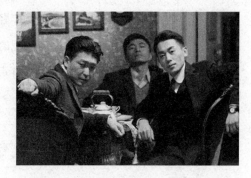

耿照泉等人梦想实业救国，想通过掌握西方的先进技术回到祖国"造大军舰"，"打跑洋人"……在求学过程中，学子们也在不断探索实践，当实业救国、教育兴邦、科学救国等理想在现实面前逐一破碎，他们接触到了马克思主义思想。在学习、接受、宣传马克思主义的过程中，学子们最终意识到革命才是救国的唯一出路。

纵观全剧，我们会为邓希贤等人不怕艰苦、乐观进取的精神所吸引，更会为周恩来、赵世炎等人为贫苦劳工奔走、为国家兴亡担忧的爱国之心所打动。剧中的蔡和森被店员误认为是日本人，因而写下"我是中国人"五个字，大声教给书店的售货员朗读，并制作成大牌子挂在自己的胸前。周恩来在加入中国共产主义旅欧小组之时还有一段讲话："我这次在比利时，我去到了布鲁塞尔广场，在马克思先生撰写《共产党宣言》的楼下来回踱步，我努力让自己像一个哲人那样去思考，可是我想来想去，我想到的都是我的祖国……我愿意，愿意为了苦难的中国人民鞠躬尽瘁，死而后已。"这份对故国的深厚思念令人感动，这份以天下为己任的担当令人动容。周恩来所代表的正是一千八百余名赴法留学的中国学子的共同心声：为中华崛起而读书，为民族富强而奋斗。

本剧充分将历史的时代感与人物的成长有机结合，将华工出国、"二·二八事件"、五卅惨案等历史事件嵌入其内，剧中人物与事件相互促进、相互影响，也使得观众们见证了老一辈革命家青年时期的蜕变。赴法留学的人中，年少的邓小平刚满16岁，年长些的周恩来也不过二十四五岁。在他们身上也有对梦想的美好期待，也会有对前途的迷茫焦虑。然而，面对生活的欺骗，他们并没有选择彷徨与颓废。尽管身在异乡，年轻的身躯却始终不忘故乡，他们用自强不息的奋斗书写着未来，也在实现挽救祖国的希望。从平凡成长为领袖，从稚嫩走向成熟，青年时期的周恩来、邓小平、赵世炎等人也为当下的年轻人做出了榜样。这部剧也在某种程度上为当下的青少年抛出了一个设问：20世纪的赴法勤工俭学与今天正好相隔了一个世纪，百余年前的青年学子为家国复兴而奔走奋斗，百余年后，面对当下祥和的幸福生活，莘莘学子们又当作何选择？

相关链接

1. 蔡和森，中国无产阶级杰出的革命家、中国共产党早期卓越领导人之一，著名政治活动家、理论家、宣传家。1913年进入湖南省立第一师范读书，其间同毛泽东等人一起组织进步团体新民学会，创办《湘江评论》，参加五四运动。1919年底赴法国勤工俭学，1921年10月回国，在党的三大、四大上当选为中央局委员。1931年，蔡和森在组织广州地下工人运动时遭叛徒出卖被捕。

2. 赵世炎，字琴荪，号国富，笔名施英、乐生，中国共产党早期杰出的无产阶级革命家、中国共产主义运动先驱者、著名的工人运动领袖、马克思主义在中国的早期传播者。赵世炎是上海工人三次武装起义的主要领导人之一，是陈独秀指定的旅法共产主义小组首批五名成员之一，他和周恩来是邓小平的入党介绍人。1927年7月2日，赵世炎不幸被捕牺牲。

（王 卓）

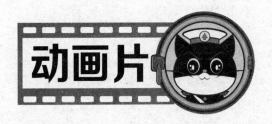

《骄傲的将军》:"探民族风格之路"

上海美术电影制片厂，1956年上映

导演：特伟、李克弱
编剧：华君武
美术设计：钱家骏
作曲：陈歌辛
片长：30分钟

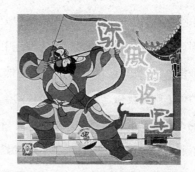

专家推荐

《骄傲的将军》拍摄期间，导演特伟提出动画片创作上"探民族风格之路"的口号。这一口号足足影响了中国动画近四十年的创作，由此中国动画走向了民族化的道路。

本片从成语"临阵磨枪"发展而来，运用漫画化大胆夸张和幽默喜剧的笔法，深刻地表现了"骄兵必败"的哲理。创作上，借鉴了中国戏曲，尤其是京剧的许多因素。主要人物造型直接来自戏曲脸谱，将军是大花脸，食客是丑角的造型，人物的语言和动作也是动画设计师依照演员的表演设计的；另外一些人物造型，如舞女、村童则来自工笔画和年画等传统绘画；动物造型还有苏联动画的影子。

背景设计吸取了古代壁画工笔重彩的技巧，墨色打底，加以渲染，凸显了中国古代建筑的雄浑感。场景安排上强调舞台感和空间感，将军府的亭台楼榭，百官祝寿、美女献舞的厅堂富丽堂皇、色彩浓重，宛然戏剧大幕乍启；村野小童玩耍的茅草屋，将军与平民比试箭法的水面则清新自然，恰似微风拂面，芦絮片片、稻香阵阵。用色上和谐温润，主要人物颜色鲜明却不扎眼，沉稳浑厚，而辅助人物只用青、白、赭、黑四色，令百官官服深沉洗练。春季的桃花春燕，秋季的芦苇寒江，在摇镜头中一一乍现，汇成一幅中国古典画卷。配乐方面恰到好处地运用民乐，配以戏曲的鼓点，充溢着浓郁的民族气息。

北京电影学院动画学院教授　孙立军

剧情简介

从前有个将军得胜归来，在庆功会上受到文武百官的赞扬。他洋洋得意，随手举起几百斤重的铜鼎，抛向空中，又轻轻接在手里，面不改色。接着，他又扯满强弓，对准飞檐下的风铃，连发连中，观者个个喝彩。一个善于阿谀奉承的食客恭维说："凭将军这身武艺，敌人还敢来送死吗？"从此，将军不再练武，整天花天酒地，吃喝玩乐，过着纸醉金迷的生活。早晨号兵吹号，将军用靴子打他；公鸡报晓，将军又把它塞进酒坛里。数月后，将军已大腹便便，一百多斤的石担，再也举不起来；拉弓射雁时，箭到半空就飘落下来，将军完全蜕化了。但是，在他过生日时，门人食客们还给他送来"天下第一英雄"的金匾。正当大家给他祝寿之际，敌兵进攻了，将军慌忙应战，可是他的枪已经锈坏，箭壶也成了老鼠窝。他手下的官兵也都跑光了。敌兵很快攻进城来，将军只好束手就擒。

影片解读

旗鼓飘飘，民俗乐器伴奏，唢呐用力地吹响，下至市井小民，上至官员食客，都齐聚大街路旁、大厅两侧热切欢迎这位抗敌有功、得胜凯旋、踌躇满志的大将军。意气风发的大将军昂头挺胸、一步一顿随着锣鼓，如同京剧演出般大步迈进。但是，就是这位将军因听信小人的谗言原本一身精艺的功夫就荒废殆尽，最终被敌人攻陷而失守城池。这个典型的中国寓言故事乃1956年由漫画家华君武担任编剧，特伟、李克弱担任导演为了"探民族形式之路，敲喜剧风格之门"而作，片中大量取材中国古代绘画、壁画、雕塑、亭台楼榭、建筑设计，以及板胡和戏曲锣鼓演奏。

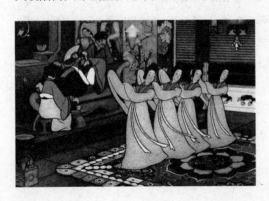

《骄傲的将军》的民族色彩最明显的体现就是"京剧"的运用，

将军是眉目分明的花脸,食客则是獐头鼠目、鼻梁中心一抹白的丑角脸,一登场观众已知善恶分别。除了片中色彩配置采用浓郁的装饰性,伴随戏曲锣鼓的乐曲音效,主角表演"举百斤鼎"、"射张口燕"、"抱坛痛饮"、"临阵磨枪"都隐含中华文化侧写角色个性特征的象征意义。此片在动作表现上与迪斯尼动画十二法则设计极为不同,美国动画设计中常见的压缩、变形、预备动作等,在此被戏曲表演的舞袖、挥扇、舞蹈性武功、缓慢而流畅的肢体表演所取代。

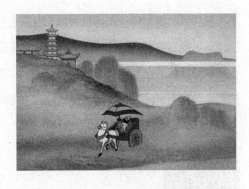

从创作角度上来看,此片或许有"京剧动画化"之嫌,太过执著京剧的舞台表演跟寓意叙事,缺少动画表现的趣味夸张跟非逻辑的故事性。但是,此片借由中国古代题材表达民族特色跟"新中国"价值观,是一部不容忽视现实暗喻的历史作品。1955年中国第一部彩色动画片《乌鸦为什么是黑的》,虽荣获1956年意大利第7届威尼斯国际儿童电影展一等奖、1958年意大利国际纪录片和短片展荣誉奖,却被误认产自苏联,因而上海美术电影制片厂艺术家们致力于创作一部充分传达"中国民族特色"的动画片。《骄傲的将军》成为这一波中国动画民族运动的第一响,也成为之后持续探索民族风格的动画《大闹天宫》、《金猴降妖》,中国戏曲与动画趣味结合的《三个和尚》、《天书奇谈》等作品的开先河代表。

"探民族形式之路"在中国动画创作上似乎已成为一个抛不开的议题,尤其是在美日动漫形象充斥市场的今日,许多创作者与制片人都在寻求新的语汇描绘当下大陆动画,而不仅仅是依照美日作品画葫芦,或是一味重复老掉牙的中国传统故事题材。当我们回头审视20世纪50、60年代的上海美术动画作品,除了推崇当时艺术家以动画传达民族特色所做的努力,也需进一步反思,"中国动画"除了平铺直叙的教育意义,直觉再现传统中华艺术的精华,是否能进一步巧妙结合动画独特的个性、娱乐性与趣味性?拟人化的动物角色似乎是动画作品必备的要素,在《骄傲的将军》一片,公鸡、老鼠、鹦鹉虽具备动画角色的外壳,却缺乏动画角色的灵魂。此外,将军与食客的角色个性描写也偏向表面化处理,角色独立的个性表现不强烈很难引起观众的情感投射。以动画为中华文化民族特色发声无可厚非，但是作为"影片"独立存在，中国动画不能局限在美术片范围，只表现华美的亭台楼阁、装饰性的舞台设计与空间感或是京剧化的动作表现，而要善用动画语言表现角色的个性，表现特征，营造出角色的生命与真实感，作为一部"影片"打动观众多过作为一部"美术品"惊艳观众。

经典记忆

影片对成语"临阵磨枪"进行了非常巧妙的诠释：将军得胜后沉湎花天酒地，纸醉金迷。伴他征战的枪搁置在架上，被蜘蛛网围了个密密麻麻。眼看他日渐发福，武功日渐退化，敌军逼到家门口，才慌忙叫手下去取武器。此时的枪已锈蚀成废铁，再磨也无济于事。将军只好束手就擒，怎么也骄傲不起来了。

相关链接

1. 导演特伟，将中国动画从学习模仿他国动画的模式中带出，水墨动画片的创造者之一。原名盛松，广东中山县人，1949年任东北电影制片厂（长春电影制片厂前身）美术片组组长。1950年任上海电影制片厂美术片组组长。1957年成立上海美术电影制片厂，任厂长兼导演。四十多年来，他编导或与人合作的影片有《好朋友》、《骄傲的将军》、《小蝌蚪找妈妈》、《牧笛》、《山水情》和《金猴降妖》等。其中水墨动画片《小蝌蚪找妈妈》开辟了一种新的美术片样式。

2. 著名漫画家华君武，别名华潮，祖籍江苏无锡。早年长于政治时事漫画，富有战斗性，在革命战争中发挥了很大的宣传鼓动作用。后期以讽刺画为主，辛辣地讽刺了社会上种种丑陋、落后现象。他在各大报刊上发表了七百多幅漫画，出版有《华君武漫画选》、《华君武漫画》和《我怎样想和怎样画漫画》等二十六部漫画集，以及讽刺诗、文学插图等二十四册；创作动画电影脚本《骄傲的将军》、《黄金梦》等。

（余紫咏）

《猪八戒吃西瓜》：中国第一部剪纸动画片

上海美术电影制片厂，1958年上映

导演：万古蟾

编剧：包蕾

美术设计：詹同渲、谢友根

动作设计：胡进庆、钱家骏、沈祖慰、车慧

作曲：吴应炬

片长：20分钟

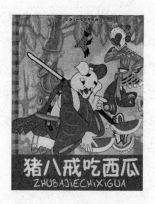

专家推荐

　　《猪八戒吃西瓜》是中国第一部"剪纸动画片"：按照《西游记》文字记载的猪八戒形象，借鉴中国皮影艺术和民间窗花、剪纸艺术，线条圆润流畅，多以弧线塑造形体。造型设计詹同渲、谢友根在导演万古蟾的指导下，把猪八戒的形象设计成圆圆的脑袋夸张得好似一个西瓜，配以极具特色的长长猪嘴，突出他贪吃贪睡的特点，并把树叶变形成招风耳，使其形象增添几分滑稽可笑的感觉。

　　创作上，角色造型简洁，纹样古朴，具有很强的装饰性，全部画面的元素都用精细的镂雕工艺制成，具有淳朴的民俗风格与珍贵的艺术价值。用色基本采用红、黄等暖色调，不受自然色彩的束缚，色彩虽然不丰富却很明亮鲜艳。此外，在造型设计上，除了吸收皮影和剪纸的特点，还将传统戏曲造型及服饰特点糅合进去，很有民族特色。从传统角度讲，本片延续了规训儿童的说教主题，教育儿童要讲诚实、不贪心。不过，由于情节依托于观众熟知喜爱的西游记故事背景，尤其是其塑造的猪八戒形象稚拙可爱，使教育和娱乐性达到了难能可贵的平衡，在中国同类主题动画作品中殊为少见。

北京电影学院动画学院教授　孙立军

剧情简介

唐僧师徒四人去西天取经，途经荒山野地，唐僧派孙悟空去寻找瓜果食品，猪八戒也要同去。两人没走多远，八戒就假装肚子痛，悟空只得独自前去。八戒刚要入睡，忽见前面山崖下有个大西瓜，连忙把它搬到树阴下，切成四块。先把属于自己的一块吃了，觉得不过瘾，便想了各种借口，相继把属于悟空、沙僧，以至师父的西瓜全吃了。为了教训八戒，悟空变成一块西瓜皮，一路跟随八戒回去。西瓜皮故意捉弄八戒，使他摔了不少跟斗。最后，八戒只得在师父面前承认了自己的错误。

影片解读

此片秉承中国古典四大名著《西游记》中所塑造的角色个性。炎炎六月天猪八戒好吃懒惰又爱说谎，孙悟空一遇到问题奋勇当前，安置好师傅急忙外出寻找食物跟解渴瓜果，巧碰猪八戒贪吃独吞西瓜还不承认，孙悟空鬼点子一动，沿途利用吃剩的西瓜皮捉弄师弟。导演万古蟾在1958年摄制的剪纸片《猪八戒吃西瓜》结合民间剪纸艺术，动画造型明朗活泼；包蕾的剧本流畅逗趣，故事虽没太多意外之喜，

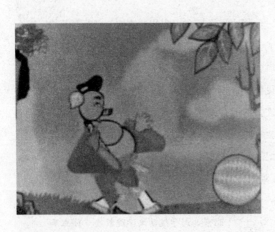

但因剪纸动作设计得宜，情节明快，趣味横生，作为中国第一部剪纸动画成功开拓新的片种，之后中国剪纸动画多延续民间剪纸跟皮影的特性，像《渔童》、《金色的海螺》、《差不多》、《狐狸打猎人》等已成为经典之作。

身为"中国动画学派"的作品，本片的美术风格也取材于中国

传统艺术形式，明显可见民间本土的表现——红、黄、绿、白、鲜明的主色彩，土荼跟灰蓝作为协调的副色彩，搭衬装饰性的雕镂剪纸，以色彩象征的石块分层，平面侧身为主的角色肢体表现，搭配传统民间二胡、木鱼轻快节奏，轻松带出八戒跟悟空之间的角色关系。孙悟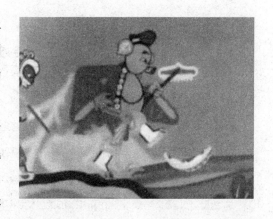空一贯的红白花脸，精瘦轻快的动作，滚动眼珠拔出猴毛，一声"变"，机灵的小猴敏捷爬上树梢摘取果实。远方的猪八戒晃着长猪鼻，抖着腿，挺着大肚子躺在树荫下唱小曲，还不时踮起脚尖害怕悟空发现。孙悟空瘦长灵活，极富正义感，但爱捉弄人，猪八戒好吃懒惰，爱扯小谎，但本质善良，这样虚构的角色下，藏着每个凡夫俗子的个性，使人感到特别亲切自然，动画作品利用皮影跟民间剪纸的设计，传达出动作的朴拙感、明快感，并依据情节安排猪八戒唱着民间小曲，整体配合极为贴切生动。

　　1957年上海美术电影制片厂在上海电影制片厂美术片组的基础上独立设厂，之后十年直到"文化大革命"前，美术电影制片厂制作的动画新片种不断涌现，《猪八戒吃西瓜》是继美术片跟木偶片后的新片种"剪纸片"。在中国动画史上量产并特色鲜明的这十年，动画片美术形式表现丰富，题材生动活泼，此阶段中国动画制作技术逐渐成熟，民族风格呈现日趋明显，但是，在计划经济的条件下，短片创作为主的导向政策，过于专注民族风格的追求，使"中国动画学派"的发展逐步受限，纵使此阶段创作题材多元，童话、神话、寓言、现实生活、革命题材、讽刺现实生活等题材多有涉及，但内容深度表现受限于短片形式跟儿童为主的观众群，中国动画创作方向的宽广度开始与国际动画创作拉开了距离。技术层面上，《猪八戒吃西瓜》虽成功地创立中国动画的新片种，但内容层面的创作美学跟思想表现却没有特殊的突破。这也是中国动画当下面临的最大难题——过于追求表面技术的呈现，缺乏深刻的人文内容。

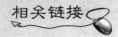

相关链接

1. 《西游记》是没有《猪八戒吃西瓜》的故事，这是儿童文学家包蕾根据原著的人物性格编写的：编剧有夜间写作的习惯，写得晚了容易饿，就准备了一些饼干充饥。小外甥见到饼干，就要来吃，小孩子嘴馋，编剧受到启发后编写了这段诙谐有趣的情节，并受到广大读者的喜爱，曾被收入童话故事集、小学语文课本等。

2. 包蕾，儿童文学家。早在新中国成立前就从事儿童文学和电影剧本的创作。1959年成为上海美术电影制片厂专业编剧，编写过《金色的海螺》、《三个和尚》、《天书奇谭》（合作）、《金猴降妖》（合作）等一批优秀剧本，成为美术片编剧中成就突出的前辈。1986年获宋庆龄福利基金会"樟树奖"。

（余紫咏）

《没头脑和不高兴》：漫画的诙谐风格

上海美术电影制片厂，1962年上映

导演：张松林

编剧：任溶溶

摄影：段孝萱

动画设计：何郁文、吕晋

作曲：张栋

片长：20分钟

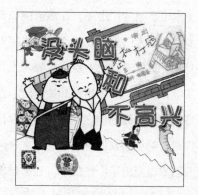

专家推荐

　　《没头脑和不高兴》是1962年上海电影专科学校动画专业毕业班的毕业之作，全班同学每人分画5至10个镜头。这部20分钟的动画，其编剧、导演、美术设计、配音、配乐等集合了当时中国大陆动画界最顶尖的创作者，是"动画中国学派"的代表之作。动画带有幽默夸张色彩，将趣味故事与朴实的单线平涂工艺相结合，动画中的鲜活情节引发观众共鸣，成为1960年代中国动画的经典。

北京电影学院动画学院教授　孙立军

剧情简介

　　故事讲述了两个孩子，一个叫"没头脑"，一个叫"不高兴"。"没头脑"做起事来丢三落四，总要出些差错。"不高兴"总是别别扭扭，要他往东，他偏往西。别人劝这两个孩子改掉坏脾气，他们都不以为然。为帮他们改正缺点，暂时把他俩变成了大人。

影片解读

动画片《没头脑和不高兴》的编剧为任溶溶,由张松林导演拍摄于1962年,上海美术电影制片厂出品。任溶溶擅长英文和俄文,喜好翻译儿童文学,因此成了全国少数几个专门翻译儿童文学的当家人。当时,儿童文学原创作品缺乏,为此《人民日报》曾发表社论希望文学界多写儿童文学,老舍等一批老作家们开始写一些儿童文学作品,情况才稍稍开始好转。在无限渴求原创作品的背景下,出版社编辑任溶溶早期偶然的创作,竟然成为出版社趋之若鹜的佳品。当时,任溶溶经常要往少年宫跑,给小朋友们讲故事。他本来讲的都是翻译故事,没想到讲得多了,竟然自己头脑里也跑出了一些故事。后来被看做中国儿童文学代表作之一的《没头脑和不高兴》,就在这样的情况下诞生了。

影片讲述的是两个孩子的故事,一个叫"没头脑",一个叫"不高兴"。"没头脑"做事丢三落四,总要出些差错。"不高兴"总是情绪化,以自我为中心,要他往东,他偏往西。为帮他们改正缺点,暂时把他俩变成了大人,"没头脑"当了工程师,"不高兴"做了演员。"没头脑"糊里糊涂地设计了九百九十九层的"千层"少年宫,却把电梯给忘了,结果孩子们为了在这个大楼上看戏,要带着铺盖、干粮爬一个月的楼梯。这不但害了别人,也害了设计师自己,因为"没头脑"也去少年宫看戏。恰巧"不高兴"上台演《武松打虎》里的老虎,戏演到紧要关头,本来老虎应该被武松打死,可是他偏不高兴死,反而把武松打得东逃西躲,二人一直打到台下。台下的"没头脑"正看得纳闷,"不高兴"却打到了他的身上,于是"没头脑"在前边跑,

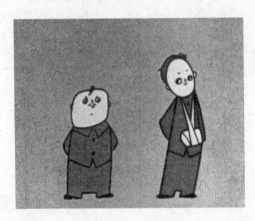

"不高兴"在后边追,两个人从楼上滚到楼下,跌得腰酸背疼。通过这次教训,两个人认识到自己的错误并决心改正,他们仍旧变回到儿童时代。

《没头脑和不高兴》整体风格简约风趣,在美术上运用了中国水墨画和戏曲艺术中的"虚实结合"、"一物一景"等意象写实的手法。场景设计

和道具设计简洁明了，弱化空间透视感，大部分采用"散点透视"和简笔画风格。比如，用平面的课桌椅子表现一个教室的空间，用平面的楼梯表现爬楼的空间，用戏台上的道具来表现一场戏等等。在人物设计上紧紧围绕人物性格特点来设计造型，线条简练概括，特点明显，对比强烈，一胖一瘦，一个没头脑一个不高兴。动作设计极其准确生动，人物动作富有性格特点，而且夸张富有张力。

可以说，影片《没头脑和不高兴》故事幽默风趣，用假定方式来构建故事，两个主人公笑料不断，闹剧收场，让观众在笑声中回味道理，是一部典型的"寓教于乐"动画片。影片注重每个镜头里的人物表演，注重每个情节里的"抖包袱"，从故事到人物，从技法到造型，已依稀可见无厘头的雏形，对之后的动画创作起到了启发作用。影片最大的特点是幽默诙谐，这两个形象鲜明的角色和生动的幽默让几代观众笑破了肚皮。整部影片格调轻快活泼，人物造型简洁富有特点，动作夸张流畅，让人百看不厌，回味无穷。

相关链接

1. 张松林，国家一级编剧，教授，著名动画艺术家、教育家。苏州美术专科学校肄业。历任上海电影制片厂动画设计，上海电影专科学校动画系副主任，上海美术电影制片厂编导、文学组组长、副厂长，《孙悟空》画刊主编，吉林动画学院院长，中国动画学会副会长兼秘书长。2012年去世。其创作的木偶片《半夜鸡叫》于1980年获第二次全国少年儿童文艺创作奖二等奖，主要作品还有《小燕子》、《蜜蜂与蚯蚓》等；还曾先后发表了《创造富有民族风格的中国美术电影》、《美术电影艺术规律的探索》、《美术电影要走民族化道路》、《美术电影创作初探》等文章。

2. 段孝萱，新中国美术电影最早参加者之一。1948年参加东北电影制片厂，1949年至1956年任美术片组副组长；1957年开始担任动画片摄影工作。拍摄了《小鲤鱼跳龙门》、《大闹天宫》、《小蝌蚪找妈妈》、《牧笛》、《哪吒闹海》、《夹子救鹿》等，为中国水墨动画片的创作研究做出很大贡献。

（殷　娜）

《大闹天宫》:"中国学派的里程碑"

上海美术电影制片厂,1961至1964年摄制

导演:万古蟾、唐澄

编剧:李克弱、万籁鸣

美术设计:张光宇　**摄影**:段孝萱　**作曲**:吴应炬

配音:邱岳峰、毕克、富润生、尚华　**片长**:114分钟

获奖:1962年捷克斯洛伐克第13届卡罗维·发利国际电影节短片特别奖;1963年第2届中国电影百花奖最佳美术片;1978年英国第22届伦敦国际电影节最佳影片;1980年第二次全国少年儿童文艺创作评奖委员会一等奖;1982年厄瓜多尔第5届基多国际儿童电影节三等奖;1983年葡萄牙第12届菲格拉·达·福兹国际电影节评委奖

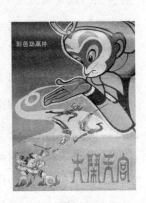

专家推荐

新中国第一部大型动画片,这一家喻户晓的神话故事,通过优美的造型设计、多彩多姿的画面、眼花缭乱的打斗、跌宕起伏的情节,成为老少皆宜的佳作。

长达117分钟的动画电影广纳博取种种古老技艺的华彩之处,影片中孙悟空的造型设计源自漫画家张光宇的《西游漫记》和民间版画,吸取了剪纸、版画等民间艺术的精华,行为举止上也不同于《西游记》的文学形象,而是更接近于"心事当拿云"的小小少年——相信凭自己的本事,便可上天入海,万物为我所用,就像是每一个人心中经历过的少年时代。

作为"中国学派"的代表作,影片延续了中国动画与戏曲的渊源。人物的出场都参考了京剧的亮相,有一些道白拿腔拿调,像在说戏。配乐上,多运用各种戏曲元素与传统民乐,琵琶、古琴、笛子、扬琴、二胡、古筝、唢呐的独奏或合奏,具有浓厚的民族韵味。背景画面雄伟壮丽而又变幻神奇,充满古代神秘的气氛。影片中山、水、云、龙宫和宫殿,在中国绘画

（续）

表现形式的基础上，吸收了西洋水彩、水粉画的技法，逼真而有诗意，让观众始终都沉浸在千变万化、光怪陆离的神话气氛中，产生"境能夺人"的艺术魅力。在景物处理上，采用有实有虚的装饰性设计，强烈突出了神话中的幻境。

北京电影学院动画学院教授　孙立军

剧情简介

　　花果山猴王孙悟空去东海向龙王索取金箍棒，惊动了天界，玉帝为了约束孙悟空，授其"弼马温"官职，又封为"齐天大圣"。王母娘娘的蟠桃会，没请悟空，他直奔瑶池，大闹蟠桃会。玉帝大怒，派天兵天将捉拿悟空，经激战，悟空被擒，关进了太上老君的八卦炉。逃出后又将天宫闹得天翻地覆。

影片解读

　　完成于1964年的《大闹天宫》是我国第一部彩色动画长片，由几十位画家历时四年时间绘制十五万四千多帧图画而成。该片的胶片长达3140米，放映时间114分钟。可以毫不夸张地说，《大闹天宫》在中国传统艺术的继承和民族化道路的攀登上达到了一个前所未有的高峰，大大提高了中国动画电影在国际上的地位与影响，也给后来的动画片创作带来了许多可资借鉴的宝贵经验。

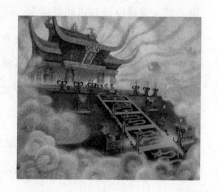

　　《大闹天宫》取材于中国古典小说四大名著之一的《西游记》的前七回，动画片《大闹

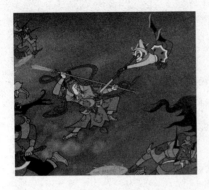

天宫》在保留了原作叙事顺序的基础上进行了大刀阔斧的改编。片中人物的造型设计是由我国当代著名漫画家、装饰画家张光宇先生担当的。在对孙悟空的形象进行设计时，张光宇紧紧抓住影片对孙悟空性格的设定：具有猴的机灵、神的法术、人的情感，即"猴、神、人"三位一体的特性，以《西游漫记》中漫画孙悟空、戏曲脸谱和民间版画上孙悟空的造型作为参考，终于创造出了一个头戴软帽、腰围虎皮、长腿蜂腰、细胳膊长手的孙悟空。这个形象一问世便受到广大观众的喜爱。在线条和色彩的设计上，张光宇借鉴了民间绘画和民间木刻的特点，线条洗练，以红、黄、绿为主体成分。在设计其他几个角色的形象时，张光宇基本上也是按照上面的原则进行设计。说到背景，大家一定会对那虚无缥缈、光怪陆离的神话意境和强烈的装饰味道赞叹不已，这些都是由我国著名的装饰画家张正宇（张光宇之弟）设计的。他在绘制背景时，以中国大青绿山水的表现形式为基础，融入了风景画中对三维立体空间的营造手段，使背景既具有中国古典绘画的诗意，又具有空间的真实感，使人物活动在一个真实可信的空间环境里，为影片增加了恢弘灿烂的效果。

该片问世以来受到各界高度赞扬，共获得国内外各种奖项六项，已经在四十四个国家和地区放映，创下我国动画片出口的最高纪录。正如法国《世界报》所评论的那样："不但具有一般美国迪斯尼作品的美感，而且它更具有中国传统的艺术风格。"影片的各个构成元素皆脱胎于中国的艺术传统：剧本改编自明代小说《西游记》，而《西游记》所描写的故事在成书以前就已在民间流传了几百年；影片的人物造型、背景设计是以庙堂壁画、民间年画、戏曲人物脸谱和舞台布景等为参考设计出来的；影片的音乐学习了民族戏曲音乐的精华，特别是铿锵有力的锣、鼓等打击乐器的强烈节奏，那是京剧音乐伴奏的特色；影片中武打动作和舞蹈动作采用了京剧等舞台艺术中具有表演性的程式化动作，使片中人物的动作显得精彩、优美，提高了影片的观赏性。

应该说，《大闹天宫》这部动画电影为我国动画艺术在国际上真正成为"中国动画学派"画上了浓重的一笔，它是我国动画史上一部里程碑式的作品。

经典记忆

对该片的经典记忆莫过于二郎神与孙悟空赌斗变化一段。孙悟空先后变成麻雀、大海鹤、鱼儿、水蛇、花鸨,然后是土地庙,大张着口,似个庙门,牙齿变作门扇,舌头变作菩萨,眼睛变作窗棂,尾巴不好收拾,就竖在后面,变作一根旗杆,"嗒嘀嗒嘀……嗒嘀嗒嘀"的音效配合着孙猴子的偷笑表情。

相关链接

1. 万古蟾、万籁鸣为孪生兄弟,与万超尘、万涤寰四人被称为万氏兄弟,中国美术片的开拓者。万氏兄弟自幼喜爱绘画,1925年绘制成功中国第一部动画片(广告片)《舒振东华文打字机》。1926至1940年万氏兄弟合作完成了《大闹画室》、《国人速醒》、《民族痛史》、《龟兔赛跑》、《骆驼献舞》、《抗战标语》等多部动画短片。1941年,完成了中国第一部长动画片《铁扇公主》。其中,万超尘在1951年与他人合作,研制了彩色关节木偶,并于1953年摄制了中国第一部木偶片《小小英雄》。此后担任上海美术电影制片厂导演,拍摄了《机智的山羊》和《雕龙记》等,这两部影片均在国际电影节上获奖。

   万古蟾1956年开始研究剪纸片,1958年拍摄了中国第一部剪纸片《猪八戒吃西瓜》,此后又完成了《渔童》、《济公斗蟋蟀》、《人参娃娃》、《金色的海螺》等剪纸片,并先后在国内国际获奖,开拓了美术片的新片种。

2. 2011年上海美术电影制片厂、上海电影(集团)有限公司将这一经典用3D的形式搬上银幕;从内容上把原本的上下两集剪接成88分钟,故事节奏进行了部分调整;最大的变化是从窄银幕变成了宽银幕;保留了中国传统的艺术风格,造型上延续了原片的京剧脸谱,音乐风格仍以中国传统戏曲作为基调,同时加入了大量西洋乐器,从而取得更具震撼性的效果。

(张 丽)

《哪吒闹海》：动画电影化

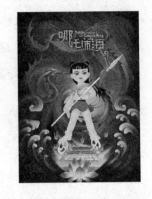

上海美术电影制片厂，1979年上映

导演：王树忱、严定宪、徐景达、马克宣

编剧：王树忱　　**美术设计**：张仃

摄影：段孝萱、蒋友毅、金志成　　**作曲**：金复载

配音：梁正晖、邱岳峰、毕克、富润生、尚华、于鼎

片长：63分钟

获奖：1979年中国文化部优秀美术片、青年优秀创作奖；1980年第3届中国电影百花奖最佳美术片；1983年菲律宾第2届马尼拉国际电影节特别奖；1988年法国第7届布尔波拉斯文化俱乐部青年国际动画电影节评委奖、宽银幕长动画片奖

专家推荐

中国第一部彩色宽银幕动画长片。影片导演们发挥各自所长，围绕"动画电影化"的主旨，将动画片"千变万化"的特点淋漓尽致地展现出来，并辅以电影手法推动情节，烘托气氛。剧情安排与镜头运用上，更重视节奏的控制，结合了中国古典的画面风格与现代的叙事手法。

本片虽脱胎于《封神演义》，但"净化"了哪吒的性格，删去政治斗争、宗派斗争的情节，化以丰富的想象力，把观众引进了一个令人神往的神话世界，成功地塑造了哪吒这一有血有肉的少年神话英雄形象。

影片的美术设计很好地体现了编剧赋予人物的意旨，在人物造型上创造了中国动画的经典形象，在场景和整体风格的把握上也传承、综合了中国民族艺术和民间艺术的优秀之处。由我国著名美术家张仃设计的主要人物形象，吸取了中国门神画、壁画的有用素材，采用装饰风格，色彩上则采用民间画常用的青、绿、红、白、黑等，每一个人物都根据性格、身份配以不同

(续)

的主色调，使人物形象鲜明。场景设计采用了装饰画的处理，山石结构给予规律性的趋势，一些细节的处理，如房屋、内室、道具、饰纹等参照了唐宋时代的同类物品。一丝不苟的筹备工作，成就了本片独具匠心的工笔重彩风格，不失为一部能够代表中国动画艺术水平的佳作。

北京电影学院动画学院教授　孙立军

剧情简介

陈塘关总兵李靖的夫人怀胎三年零六个月后，生下一个肉球。忽然光芒四射，从中跳出一个男孩。李靖闷闷不乐，一位名叫太乙真人的道长却来贺喜，为孩子取名哪吒，收为徒弟，当场赠他两件宝物：乾坤圈和浑天绫。哪吒7岁，天旱地裂，东海龙王滴水不降，还命夜叉去海边强抢童男童女。哪吒见义勇为，用乾坤圈打死夜叉，又杀了前来增援的龙王之子敖丙。龙王去天宫告状，途中又被哪吒打得半死。于是，四海龙王带领虾兵蟹将兴风作浪，水淹陈塘关，要李靖交出哪吒才肯收兵。哪吒想要反击，遭到李靖的阻拦，并收去哪吒的两件法宝。哪吒为了全城百姓的安危，挺身而出，悲愤自刎。事后，太乙真人借莲花与鲜藕为身躯，使哪吒还魂再世。复生后的哪吒手持火尖枪、脚踏风火轮，大闹龙宫，战败龙王，为民除害。

影片解读

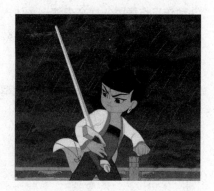

为庆祝新中国成立三十年，1979年上海美术电影制片厂根据我国古典神话《封神演义》改编出品了宽银幕动画长片《哪吒闹

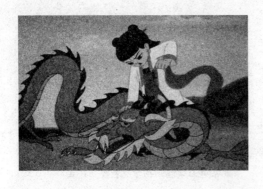

海》，与60年代的《大闹天宫》合称中国动画影片双璧。这部被誉为"色彩鲜艳，风格雅致，想象丰富"的作品，在国外深受欢迎。影片人物情感设计以及故事的矛盾冲突设计都非常成功，以浓重壮美的表现形式再一次焕发出民族风格的光彩。

《哪吒闹海》取材于中国古典名著《封神演义》，但从主题和立意上有很多创新，动画片中运用传统京剧烘托出的打斗场面，不但起到了渲染气氛的作用，更是用中国化的手法刻画了个性鲜明的小英雄哪吒。20世纪70年代是一个由压抑而奔放、由封闭到开放的过程。动画制作的最初原因是向新中国成立三十周年献礼，但事实上，这部动画成为被"文革"压抑的创作激情蓬勃奔涌的载体，将满含中国色彩的悲剧表现得淋漓尽致。很多观众看到哪吒挥剑自刎时都忍不住流泪。

《哪吒闹海》造型美术都极其古典唯美，不乏瑰丽浪漫的幻想场面。比如，在造型上，年画，京剧，绍兴泥娃娃，凡是和民间文化有关的元素几乎都被信手拈来地借用；哪吒，方方的脸盘，大大的漆黑的眼睛，细长的眉毛，秀气而不失英气的脸上透露着英勇与不羁……《哪吒闹海》中三头六臂的哪吒与四海龙王交战，其动作的繁复、高难令人惊叹。《哪吒闹海》在艺术上以奇、绝、壮、美而显示其特色。影片的结构，在哪吒死和再生时有一个大的跌宕；庆宴在节奏的张弛上起到了缓冲的作用——这些地方都颇见匠心。

哪吒与龙王打斗一场戏，表演的不是战斗中的你死我活、优胜劣汰，而是将打斗动作当作舞蹈一样来表演——体现了创作影片时美术思维更胜于电影思维。这种以舞蹈形式来演绎战斗场面的美术特征，根源在于中国传统京剧将具体情节转化为象征性动作的表达方式。

《哪吒闹海》是我国第一部大型彩色宽银幕动画长片，也是第一部在法国戛纳国际电影节参展的华语动画电影。

相关链接

1. 小学语文课文也收入《哪吒闹海》的故事。哪吒是明代古典小说《西游记》、《封神演义》中均出现过的人物。《西游记》中讲的是托塔天王李靖的第三子,形似少年,但神通广大,曾参与讨伐孙悟空,大败而归。"哪吒闹海",源于元代《三教搜神大全》,取自明代许仲琳写的神魔小说《封神演义》(又名《封神榜》)第十二回"陈塘关哪吒出世",书中还有莲花转世、杨戬除四魔等故事。

2. 张仃是中国当代著名国画家、漫画家、壁画家、书法家、工艺美术家、美术教育家、美术理论家。创作涉及广泛,善于驾驭多种绘画形式,亦擅漫画、壁画、邮票设计、年画、宣传画等。后期创作多以焦墨作山水,倚重传统笔法,吸取民间艺术养分,笔力遒劲,构图豪放,画面空灵而有笔触,苍健却显腴润,内涵沉雄,风格朴拙而雄强,别树一帜;焦墨在中国画领域曲高和寡,但张仃仍坚持用这种局限性极大的墨法创作山水,并将其发展成一套完备的艺术语言,他的《房山十渡焦墨写生》等一系列作品,开创了中国山水画的崭新风格。

(张 丽)

《黑猫警长》：警匪、科幻与正义

上海美术电影制片厂，1984年首播

导演：戴铁郎、范马迪、熊南清

原作：诸志祥　**编剧**：戴铁郎

美术设计：戴铁郎

动画设计：顾建国、秦宝宜等

摄影：段孝萱、王福康、楼英

剪辑：肖淮海、李开基　**作曲**：蔡璐

配音指导：韦启昌

配音演员：史东敏、杨文元、杨玉天、战车　**片长**：5集

获奖：1985年首届中国电影童牛奖优秀影片（第1集）；1987年首届中国电影油娃奖优秀影片（第4集）；1986—1987年广播电影电视部优秀影片

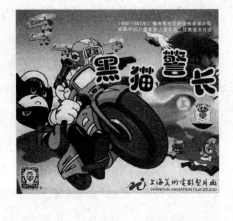

专家推荐

　　《黑猫警长》摆脱了神话、传说题材的观念，以警匪类、带有侦探性质的故事结构独树一帜。整部影片以"报案——侦破——抓捕"的线索贯穿起来，以黑猫警长为代表，树立了一个正直、机智、勇敢的公安形象，带领警士们运用现代化的侦察手段，在动物界搜捕犯罪分子、侦破案件。片中黑猫警长造型由该片导演戴铁郎设计，他采用拟人化手法，既抓住猫的动物本质，又抓住警长人的特征，把两者融于一体。"一只耳"属于串联线索的角色，"匪徒"则是向观众介绍科普的动物。影片剧情曲折，气氛紧张、惊险，充分发挥动画片夸张手法，动作幽默有趣，还糅进鼩鼱吃害虫、螳螂结婚时杀死自己丈夫的情节，介绍了科学知识，不仅强调趣味性，而且加强了科普知识的传播，从科学的视角启发孩子们对待困难要积极利用科学的方法寻找答案。

北京电影学院动画学院教授　孙立军

剧情简介

机智勇敢的黑猫警长侦破了一个又一个案件,保卫了森林的安全。第1集《痛歼搬仓鼠》讲的是黑猫警长接到报警,进行抓捕搬仓鼠的行动,用现代化武器击败了狡猾的一只耳。第2集《空中擒敌》讲的是黑猫警长在山谷中智擒食猴鹰的故事。第3集《吃红土的小偷》讲的是大象、河马、野猪偷吃红土做成的围墙,黑猫警长带领警士迅速破案。第4集《吃丈夫的螳螂》讲的是螳螂被杀的案件,经过黑猫警长的调查才真相大白。第5集《会吃猫的娘舅》讲的是吃猫鼠报复黑猫警长,最终被黑猫警长打败的故事。

影片解读

1987年,上海美术电影制片厂推出了一部深受人们喜爱的动画系列片《黑猫警长》。本系列片一共五集,用多个具体的刑侦故事,讲述了黑猫警长破案的经历,并从科学的视角启发孩子们对待困难要积极利用科学的方法寻找答案。

影片剧情曲折,气氛紧张、惊险,充分发挥动画片夸张手法,动作幽默有趣,并大胆引入了枪战、追车、空中追逐等现代"警匪片"元素、科幻类元素,使影片呈现出中国现代动画的特色,让观众久久难忘,影响颇为深远。值得一提的是,本片在设置情节的过程中并非一味求奇,而是一部集启发性、科普性、趣味性、教育性于一体的优秀动画作品。比如,影片中大量运用了气垫摩托、雷达、麻醉枪等现代化武器,这种充满科学幻想的想象力在日本动画片《机器猫》中屡见不鲜,在国内却非常少见;在食猴鹰和吃猫鼠等故事中,运用侦破案件的方式科普了真实存在的奇特动物,食猴鹰本是菲律宾的食猿雕,而吃猫鼠更是一种生活在非洲坦桑尼亚和莫桑比克等国家捕食猫的老鼠等;其中最巧妙的当

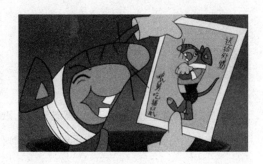

属螳螂的凶手案件,最终黑猫警长揭晓答案:原来那是螳螂的生活习性——母螳螂为了繁殖下一代,必须吃掉公螳螂来获得充足的养分。整个故事跌宕起伏的同时,生动地向观众普及了生物学的科普知识。

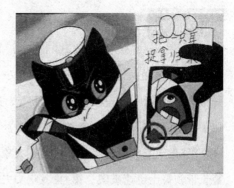

在某种意义上来说,导演戴铁郎的这些独特创作观念在20世纪80年代还显得有一些超前。因此,本片引起了一争议,一些专业人士认为此片太"洋"、不够民族化。事实证明,本片不但具备很强的民族动画风格,而且为中国动画系列片在侦破、科幻类型题材方面填补了空白,充满了开创精神。

作为中国第一批动画系列片,《黑猫警长》以动画电影的精细要求来进行制作,并沿用先拍胶片动画,最后胶转磁之后才在电视中播放,即使今天来看质量也属上乘。《黑猫警长》仅仅5集,却塑造了一名中国最著名的童话英雄,这在动画历史上是少见的现象。导演戴铁郎在创作手法上另辟蹊径,开创性地摆脱了中国动画的神话、传说题材的动画创作观念,以孩子们喜闻乐见的警匪类型、带有侦探性质的故事结构独树一帜,在内容上不仅强调趣味性,而且加强了科普知识的传播。

《黑猫警长》放映后引起了巨大反响,全国各地许多报纸和刊物都做了专题报道和介绍,其录像带、VCD以及连环画等产品供不应求。黑猫警长的形象深入人心,被儿童誉为"动画明星",正因如此,采用"黑猫警长"形象制作的各种玩具、儿童用品以及食品等也畅销于市。但是,当时上海美术电影制片厂并没能够及时地把握住像《黑猫警长》这样具备时代元素、商业可塑性的作品来尝试市场化探索,今天来看不能不说是一种遗憾。

经典记忆

动画片主题歌《啊哈,黑猫警长》歌词(节选)
眼睛瞪得像铜铃,射出闪电般的精明。

耳朵竖得像天线，听着一切可疑的声音。

磨快了尖齿利爪到处巡行，你给我们带来了生活安宁。

啊哈哈……黑猫警长，啊哈哈……黑猫警长，

森林公民向你致敬、向你致敬、向你致敬。

《黑猫警长》雄赳赳的主题歌陪伴了整整一代儿童的美好童年。

相关链接

1. 戴铁郎，中国著名动画片艺术家和一级导演。原籍广东惠阳，1930年生于新加坡，1940年回国。1953年毕业于北京电影学院后入上海电影制片厂美术片组，1957年入上海美术电影制片厂。早年就创作了木刻画《台湾村景》（现收藏于《中国版画作品集》）。多年的美术片生涯中曾参与担任了《黑猫警长》、《小红脸与小蓝脸》、《草原英雄小姐妹》、《九色鹿》、《骄傲的将军》、《小蝌蚪找妈妈》、《牧笛》、《过猴山》、《美丽的小金鱼》、《母鸡搬家》、《特警救护队》、《森林、小鸟与我》等几十余部作品的人物设计、原动画设计、导演和总导演。

2. 诸志祥，著名童话作家。1968年至今出版十余本中篇科学童话。个人传略于1997年被收入《世界华人文学艺术界名人录》。《黑猫警长》问世十多年来，发行了几千万册，在全国少年儿童中有较大的影响。新作《黑猫警长与外星人》荣获《百集科幻动画系列片》文学剧本征集评选二等奖。

3. 1993年中央电视台曾推出第二部《黑猫警长》12集，但是，黑猫警长的造型已大不同——警长脸部全黑，身穿红色警服，他的手下们也由第一部的白色制服改成黄色制服。2010年4月，上海美术电影制片厂在精选已有系列动画片《黑猫警长》精华基础上推出电影版《黑猫警长》，打造我国第一部富有反恐、法制、环保、科学观念与意识的动画大片。

（马　华）

《葫芦兄弟》：信念、救赎与牺牲

上海电影制片厂，1986年上映

导演： 胡进庆、葛桂云、周克勤

编剧： 姚忠礼、杨玉良、墨犊

造型设计： 吴云初、胡进庆

剪辑： 莫普忠

作曲： 吴应炬

配音： 于鼎、范捷、戴欣、朱莎、谈鹏飞、战车、倪以临

片长： 13集

获奖： 1986—1987年广播电影电视部优秀影片；1989年第3届中国电影童牛奖系列片奖；1989年首届中国影视动画节目展播三等奖；1992年埃及第2届开罗国际儿童电影节铜奖

专家推荐

葫芦，是民间美术风格的典型符号，代表着"孕育"，动画片中的葫芦正式孕育了生命的化身。七个葫芦娃是正义的集团，没有法宝，但拥有强大的法力，葫芦娃的爷爷与穿山甲用爱、善良和毅力将各自逞能、无法充分施展法力的葫芦娃团结在一起，消灭了以蝎子精和蛇精为首的邪恶势力。影片延续了神话故事片采用民间艺术、剪纸风格，并用七种颜色红、橙、黄、绿、青、蓝、紫区别七个葫芦娃的身份，人物造型新奇，独具一格。在貌似简单幼稚的故事后面，隐喻着一个关于信念、救赎、牺牲的故事，让小朋友们认识了正义与邪恶，感受到了亲情与友情，教会了友爱与团结。

北京电影学院动画学院教授　孙立军

剧情简介

传说葫芦山里关着蝎子精和蛇精。一只穿山甲不小心打穿了山洞，两个妖精逃了出来，从此百姓遭难。穿山甲急忙去告诉一个老汉，只有种出七色葫芦，才能消灭这两个妖精。老汉种出了红、橙、黄、绿、青、蓝、紫七个大葫芦，却被妖精从魔镜中窥见。两个妖精看到摧毁不了这七个葫芦，就把老汉和穿山甲抓去。七个葫芦成熟了，相继落地，变成七个男孩，穿着七种颜色的服装。他们为了消灭妖精，一个接一个地去与妖精搏斗。红娃是大力士，但有勇无谋，陷入泥潭被擒。橙娃是千里眼和顺风耳，先后被刺瞎了双眼并弄聋了双耳，小鸟治好了他的双眼和双耳后被蛛网罩住。黄娃是铜头铁臂，由于寡不敌众，被蛇精用刚柔阴阳剑制服。绿娃会火功，被妖精的冰酒醉倒。青娃有水性，被妖精的喝不完的酒碗醉倒。蓝娃有隐身术，去偷妖精的如意，解救了前五个兄弟。但是，紫娃已被妖精挑拨离间，结果紫娃把前六个兄弟吸进自己的宝葫芦后被妖精活捉。妖精把七兄弟送进炼丹炉，想炼成七心丹。他们联合起来，发挥各人的法术，冲出炼丹炉，终于打败妖精，将其收进宝葫芦里。

影片解读

20世纪80年代，随着《米老鼠和唐老鸭》、《变形金刚》、《聪明的一休》、《铁臂阿童木》等大量国外动画电视系列片的引入，动画系列片这一适合电视播放的类型深受广大观众喜爱。这一类动画系列片不仅定位明确，而且数量大，制作流程工业化，促发了中国动画创作的诸多变革，中国动画系列片的创作现象也孕育而生。自1986年开始，上海美术电影制片厂明确提出年度生产计划的重点转到动画系列片的创作发展上去。《黑猫警长》、《邋遢大王历险记》等片在

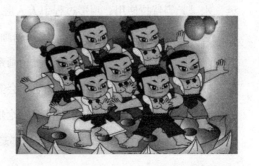

《葫芦兄弟》：信念、救赎与牺牲

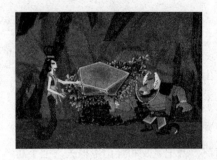

一定程度上填补了我国长期以来的动画系列片空白，并由此迎来了一个系列动画的创作小高潮。13集动画系列片《葫芦兄弟》正是这个时期的代表作品之一。

《葫芦兄弟》由上海美术电影制片厂在1986—1987年间摄制，是我国第一部动画剪纸系列片。影片根据中国民间传说编写，主题是反映兄弟团结友爱、战胜邪恶。该片故事情节曲折惊险，一波三折，片中红、橙、黄、绿、青、蓝、紫七个颜色葫芦兄弟为消灭妖精，为救出被蛇精抓去的爷爷，他们凭着个人的本领一个接一个地去与妖精搏斗，演绎出一场场扣人心弦的故事。被压制多年的蝎子精和蛇精被放出之后，老爷爷和穿山甲一起培育了葫芦兄弟，由此正邪双方展开了多次较量。葫芦大娃（红娃）是大力士、二娃（橙娃）拥有千里眼和顺风耳，三娃（黄娃）有铜头铁臂、钢筋铁骨，四娃（绿娃）会使用火功和电击，五娃（青娃）会吸水和吐水，六娃（蓝娃）会隐身术，七娃（紫娃）拥有一个宝葫芦。七娃曾有一段被邪恶集团利用的经历，最后改邪归正。虽然葫芦娃拥有法力，但是由于不够团结，各自逞能，因而法力不能充分施展，再加上他们太过朴实，没有分辨妖怪诡计的能力，所以每个兄弟都被妖精抓了去。养葫芦娃的爷爷和穿山甲虽然不具备任何法术和法宝，但是他们拥有爱、善良和毅力，正是他们在最终的关键时刻促使七个葫芦兄弟团结在一起，连成了一条心，合力打败妖精，赢得真正的胜利。

值得一提的是，《葫芦兄弟》在美术风格上大量运用民间艺术、剪纸风格，人物造型新奇，独具一格，尤其是巧妙运用了葫芦这一个在民间艺术中代表"孕育"的特殊典型符号，与故事相得益彰，再加上影片节奏强烈，音乐明快，加上风、云、水、光等特技使用，观影过程引人入胜。

在80年代进口动画大行其道、国产动画系列片开始尝试的这一特殊阶段，可以看到，以《葫芦兄弟》为代表的这一批动画系列片制作周期长、数量少，尚不具备真正意义的产业成熟形态，远远不能满足社会需求，对于真正的电视动画的播放需求而言，它们无疑是杯水车薪。即便如此，无论是从整个中国动画发展的角度，还是从动画创作的角度来说，《葫芦兄弟》的成功都是毋庸置疑。影片不仅为后续中国动画系列片的发展奠定了重要基础,还在传统故事题材、民间艺术形式以及系列化的创作方式等方面都具有重要的开创意义。这些有益的探索对中国动画的发展影响深远。

经典记忆

主题歌《葫芦娃》歌词(节选)

葫芦娃,葫芦娃,七个葫芦一朵花。

风吹雨打,都不怕,啦啦啦啦。

叮叮当当咚咚当当,葫芦娃,

叮叮当当咚咚当当,本领大,啦啦啦啦。

葫芦娃,葫芦娃,本领大。

相关链接

1. 胡进庆,中国美术片导演,擅长剪纸、动画美术。1953年于北京电影学校动画系毕业,到上海美术电影制片厂工作后,参加过三十五部影片的摄制。他导演的十部影片各具特色。其中,剪纸片《鹬蚌相争》、《淘气的金丝猴》、《草人》三部影片都荣获了文化部优秀影片奖,《鹬蚌相争》还在国际上连获四次奖。胡进庆对剪纸片发展有较大贡献。早期他和著名导演万古蟾共同创研了中国第一部剪纸片。其后又试制了"拉毛"剪纸新工艺,从而摄制成水墨风格的剪纸片。在《草人》一片中运用羽毛工艺画的特点,该片于1985年获广播电视部优秀影片奖,并获"金鸡奖"提名。

2. 1991年上海美术电影制片厂曾出品《葫芦兄弟》的续篇《葫芦小金刚》(别名《金刚葫芦娃》)。2008年集结了当年的编剧、导演再次披挂上阵,推出了影院版《葫芦兄弟》。

(马 华)

《自古英雄出少年》：民族文化与童心童趣的结合彰显

上海美术电影制片厂，1995年出品

总编辑：潘国祥

导演：严定宪、林文肖、常光希

编辑：达嘉等

美术设计：刘泽岱、赵燕等

摄影：金志成等

片长：100集

获奖：1995年中国电影华表奖优秀动画片（《识"鬼"少年》、《区寄斗贼》）；1996年中国教育电视协会首届优秀节目评选一等奖（《上书救父》、《识"鬼"少年》）；1996年中国电影金鸡奖最佳美术片

专家推荐

《自古英雄出少年》是20世纪90年代国内动画发展系列片以来，第一部达到百集的大型动画系列片。影片除了在内容上以教育题材为主，从集数上可以看出中国动画系列片走上规模化、批量化的生产流程，是国内动画制作单位具有原创、加工和生产能力的体现。影片内容生动有趣，在主题的提炼和细节的处理上下了大工夫，节奏明快，是一部宣扬爱国主义教育的影片。影片注重抓住幼童的心理，从少年儿童的角度来挖掘百位英雄的童心童趣。影片美术设计人员广泛吸取了古今美术流派的多元风格，根据剧情内容特色，运用诸如汉代砖刻、中国彩墨、民间绘画艺术等不同美术风格。

北京电影学院动画学院教授　孙立军

剧情简介

《自古英雄出少年》从古今中外浩瀚巨大的历史文库中,选取了一百名少年英雄的典型事迹,用广大青少年喜闻乐见的动画艺术形式塑造了一大批中国式的英雄形象,集中体现了中华民族各个历史时期少年英雄的精神风貌,歌颂了他们"热爱祖国、热爱人民、热爱科学、勇于献身"的崇高精神和机智、聪敏好学以及人类真、善、美的品德。

动画片的少年英雄谱中有勤学苦练的少年孔子,从母亲的断杼中顿悟明志的孟子,情暖母心的孝子闵子骞,刻苦学习的屈原和神医华佗;有唐朝智勇斗贼的少年区寄,明代的识鬼少年王海日,西晋勇于改过的周处;有兄弟民族的少年成吉思汗,高原之鹰松赞干布;有现代大革命时期的机智小交通,抗日战争中的二小放牛郎和80年代的哈萨克小红花;还有外国的反法西斯女英雄卓娅,巴黎公社小英雄以及聪明的爱迪生,从生命的弱者成长为强者的海伦·凯勒等。

影片解读

动画作品不仅可以作为一种欢快娱乐的审美意识的表达,更是有效的民族、文化价值的彰显。动画系列片《自古英雄出少年》是上海美术电影制片厂等单位在江泽民总书记"以优秀的作品鼓舞人"的宏观指导下的一次大胆尝试,作为一部励志型动画片,在播出之时引起了上海、浙江等地的强烈反响。这部动画片以传统的美学观念融入新鲜的现代意识进行创作,成为以动画这一喜闻乐见的艺术形式弘扬民族精神的代表作之一。

影片的突出特点是以儿童的视角"重现"少年英雄。《自古英雄出少年》选取中华民族各个时期少年英雄的动人故事,以动画艺术的样式来评述历代少年英雄,通过现实主义和浪漫主义相结合的手法展现了小英雄们崇高的爱国精神和真、善、美的优良品德,童心的发现和童趣的挖掘也在本片中有所体现。

这部系列动画片每一集都讲述了一个智勇双全、勇敢可嘉的少年动人故事。

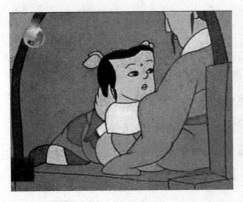
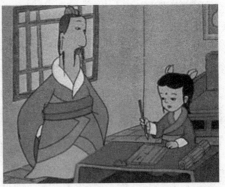

诸如抗金英雄岳飞、英勇捐躯的刘胡兰、巧斗洋枪队的冯婉贞、钢铁般坚强的保尔·柯察金等。这些颇具传奇色彩的古今中外小英雄之所以能赢得当代中国青少年儿童的喜爱，并且让他们在欢快的观看中培养民族精神和美好品德，创作者们在创作过程中对于童心童趣的发现与把握是极为重要的。

影片在关于小英雄们及其相关的角色塑造和经典事例方面，都从儿童的视角出发，加以动画艺术的夸张、幽默手法进行创造。诸如在《区寄斗贼》、《康熙智斗鳌拜》等这些原本难解难懂的事例中，为了强化儿童的想象力，运用了儿童喜爱的欢快、夸张等戏剧手法进行描绘，使得故事以顽皮的手法展开，在带来欢笑的同时，也向小朋友们展现了具备美好品德的重要性。在一百个小英雄的故事中，以大智大慧、童心童趣战胜对手的事例比比皆是。在《自古英雄出少年》这部作品中，以儿童的眼光和心理去描绘小英雄们的行为，并在此基础上渗入思想意义和教育性，使得故事更富有吸引力的同时，也对儿童起到寓教于乐的作用。

影片的用意在于塑造"中国式"少年英雄，展现民族情感与美好品德。《自古英雄出少年》通过动画的艺术表现手法，对古今中外悠久历史题材进行再创造，展现了"中国式"英雄人物内核，可以说是将现代理念融入历史文化的大胆尝试。一个个颇具传奇色彩的小英雄以动画形式展现，可以说是奉献给当代青少年儿童的一份优良精神产品。情暖母心的孝子闵子骞、勇于改过的周处、深夜苦读的寇准，这些鲜活的形象与事例都向观众展现了小英雄们日后的壮举和智慧与其平时的努力、待人做事的良好品格息息相关。它是爱国主义、集体主义、真善美品质的生动体现。

动画系列作品《自古英雄出少年》从儿童视角出发,将童心童趣的表达贯穿到古今中外少年英雄形象与事例的展现中,通过运用动画艺术的手法来塑造"中国式"少年英雄,奉献给当代儿童一幅少年群英图,对少年儿童起到了寓教于乐的作用。它对后来的动画内容创作和动画形式的表现起到了引导和鼓舞的作用,本片在塑造中国当代少年儿童的楷模、弘扬与体现中华民族优秀品德方面,具有较为深远的影响。

相关链接

严定宪,1953年毕业于北京电影学校动画系。历任上海美术电影制片厂动画设计、导演、厂长。导演或参与创作的动画片有合导的《哪吒闹海》、《人参果》、《一幅僮锦》、《大闹天宫》、《小蝌蚪找妈妈》、《小号手》、《金猴降妖》等。还著有《动画技法》、《动画导演基础与创作》、《美术电影动画技法》等书。

(刘梦雅)

《大头儿子和小头爸爸》：让儿童释放纯真想象力

中国国际电视总公司，1995年出品

原作、编剧：郑春华

导演：崔世昱、魏星

主要造型：刘泽岱

配音：姚培华、欢子、符冲、范楚绒

片长：156集

获奖：1998年第16届大众电视金鹰奖优秀美术片；

1998年第4届中国少年儿童电视金童奖二等奖

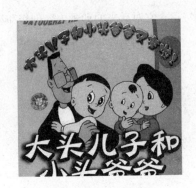

专家推荐

《大头儿子和小头爸爸》通过淳朴粗糙的绘画构图讲述了简单平实的故事。片中塑造了三个栩栩如生的形象：儿子、爸爸、妈妈，而这三个形象的深刻寓意在于揭示了在中国当代家庭中爸爸、妈妈和孩子所处的真实地位和他们各自代表的特定的文化内涵。孩子居首（大头），妈妈居中，爸爸最末（小头）；爸爸主外，妈妈主内（围裙）。但是，本片所具有的一些特质是任何一个家庭都不具备的，因为它是由强烈的现实性与浓郁的幻想性所构成的。孩子是孤独的，而且也是早熟的，这几乎是所有家长们的共识。但是，大头儿子却犹如一株自然生长的植物，快乐而又健康地生长着。整个系列动画以情见长，用欢快的节奏来表现父子情深、母子情爱、人与人互敬互爱的高尚主题。

北京电影学院动画学院教授　孙立军

剧情简介

本片描绘了由一个大头大脑的可爱男孩和他的小头小脑的父亲,以及圆胖身材的围裙妈妈组成的和睦家庭。全片通过三口之家的言谈举止和内心世界,生动刻画了大头儿子活泼聪颖、童稚可爱、勤学善问的鲜明性格,细腻表现了小头爸爸这位戴着眼镜、长着小眼睛、幽默滑稽的知识型父亲的憨厚可爱,同时也细致表现了围裙妈妈的善良温柔。既让孩子们在欢乐之中学到社会常识,又让小朋友在笑声中受到爱的启迪。

影片解读

动画片作为一个独特的影片类型,凭借其夸张卡通的角色、鬼马精灵的想象、童心童趣的展现,在给儿童创造一个快乐成长环境的同时,也常常给成年观众带来某种启示。事实证明,能够反映当代儿童现实生活的动画题材,往往也能引起他们和家长的共鸣,当代经典的动画片《大头儿子和小头爸爸》便是最好的证明。这是一部由一个个充满童真童趣的家庭故事组成的动画系列片,片中的三口之家基本上代表了中国现代大多数家庭的格局和特色,虽然普通又平凡,却具有强烈的现实性和浓郁的幻想性。儿子头很大,像个大西瓜,而爸爸头很小,像个哈密瓜,人们亲昵地把他们称为大头儿子、小头爸爸。大头儿子聪明、可爱、善良,充满了天马行空的想象力,而这些想法常常还能帮到爸爸;小头爸爸宽容、耐心、幽默,他鼓励并引导儿子尽情地想象和自由快乐地成长。大头儿子、小头爸爸、围裙妈妈是片中最具代表性的三个人物形象,而这三个形象的深刻寓意也揭示了中国当代家庭中父母与孩子所处的真实地位和他们代表的特定内涵。

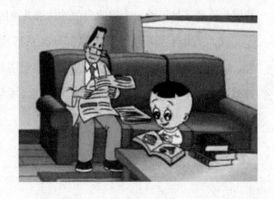

这部作品之所以受到青少年儿童的青睐，关键在于创作者们保持了一颗童心，做到了从儿童视角出发，现实世界中看似单调的日常生活在这里被涂上了丰富的色彩。在这部片子中，一个个妙趣横生的故事层出不穷，故事的游戏精神也给影片增添了无穷的色彩，我们惊叹于在每一件几乎是重复的琐事里还蕴藏着如此丰富的营养。影片中，大头儿子与小头爸爸的互动，是人们最为津津乐道的话题。例如，父子俩经常不亦乐乎地玩着"大头"碰"小头"的游戏，他们会钻进一个特大的壳子里，玩两座小房子的游戏，扮大象与老虎。影片在两者的互动中不仅体现着深刻的父子情谊，小观众们也会因此体会到无拘无束的快乐和想象力的释放，与此同时家长也明白了让孩子犹如一株自然生长的植物健康而快乐成长的重要性。小头爸爸给予儿子的好奇心的满足和对一颗童心的呵护，是童年时代的孩子所需要的。

这部动画片虽然是由许多微小而有趣的故事组成，但是贯穿其中的却是中国当代家庭教育的理念。"爱就是力量"，可以说这句话是片中的经典名言。我们在观看这部动画系列片中不难发现，当中充满了爱，有家庭式父子、母子、父母之间的亲情爱，有人与人、人与自然、人与小动物之间的友爱，这无疑是针对当今快节奏社会、高压力家庭的一部"心灵鸡汤"。这部作品带着浓浓的亲情和人际互爱的情怀来到我们面前，会扎根在观看后的儿童心里，让他们在充满爱的环境下自由快乐地成长，同时也增强家长对于"关爱"式教育的意识。

在《大头儿子和小头爸爸》片子中，美好的家庭氛围，大头儿子与小头爸爸、围裙妈妈之间犹如好朋友的平等关系，都给我们留下了深刻的印象。这部作品给我们建立了一种和谐平等的家庭模式，让家长们更加了解到，孩子需要的不仅仅是物质的提供，一个温馨健康的家庭氛围、一种和谐平等的对话与沟通、一个自由快乐的成长环境才是培养一个健康自信的优秀儿童的最重要之处。

《大头儿子和小头爸爸》这部动画系列片以儿童熟悉、了解的生活故事为题材，以儿童化的语言和比喻进行塑造，容易引起儿童的注意，唤起儿童的共鸣，这种塑造手法成为当代儿童动画创作的典范。《大头儿子和小头爸爸》带给我们的不仅仅是快乐，也是心灵的慰藉。

(刘梦雅)

《十二生肖的故事》：生肖文化的动画演绎

上海美术电影制片厂，1995年出品

导演：沈如东、伍仲文、龚金

编剧：凌纾

造型设计：刘泽岱

摄影：邱小平

片长：13集

> **专家推荐**
>
> 本片制作精良，画质优美，中国传统文化气息颇为浓厚，是一部将神话、历史、文化、民俗完美结合的、不可多得的动画精品。影片告诉人们要爱护动物，保护环境，保护生态平衡。影片在人物造型上吸取中国民间年画风味，在背景上采用水墨渲染和装饰画派民族风格。
>
> 北京电影学院动画学院教授　孙立军

剧情简介

十二生肖，是中国传统文化的重要部分，由十二种源于自然界的动物即鼠、牛、虎、兔、龙、蛇、马、羊、猴、鸡、狗、猪组成。本部动画就是在讲述这十二生肖的英雄神话故事。除第1集外，每一集的故事中，都会有一种动物也都会有一个邪恶的妖怪。每消灭一个妖怪就牺牲一种动物。为了纪念他们，就成为这一年的生肖。

影片解读

中国的生肖文化形象承载着中国人特有的价值观念、人文观念和人文思想，在中国传统文化中占有重要地位。本片将生肖文化融入动漫艺术，以生肖民俗故事和生肖成语等为素材，借用生肖文化广泛的民间群众基础，让动画片的形象和主题深入人心。作为动画，它具有艺术性和商业性的双重属性；作为文化，它又具有时代性和民族性的双重属性。这种双重性决定了生肖动画不同于普通的动物题材的动画。

十二生肖由来的版本很多，这部动画采取的是英勇就义最后得到缅怀纪念的套路。该片描写古代一位勇敢的青年和他的朋友机灵鼠、大力牛、白额虎、长脚兔、塌鼻龙、青青蛇、雪白马、剑角羊、红猴、五彩鸡、花尾狗、大耳猪十二个动物与妖魔展开生死搏斗。为了将人类从十二个妖怪的统治下解放出来，十二个动物先后献出它们的生命，英勇就义，化身为人们窗户上贴的窗花。

在影片中机灵鼠咬破震天鼓，帮助青年战胜霹雳精献出了自己的生命，人们为了纪念它，将这年定为鼠年。第二年，独角精统治大地，他让全世界长满有毒的仙人掌，人类面临被饿死、渴死的危险。大力牛挺身而出，用双角铲除有毒的仙人掌，最后大力牛为消灭仙人掌王献出了自己的生命。第三年，白额虎为了人类的幸福，机智地哄住了黑风婆，救出了被捆住的青年，最后与黑风婆同归于尽。第四年，呼噜怪在水中放毒，使村民得了瘟疫。长脚兔带领青年到山洞找解毒药，在与呼噜怪的搏斗中与其同归于尽。接下来塌鼻龙、青青蛇、雪白马、剑角羊、红猴、五彩鸡、花尾狗、大耳猪，每一集中的动物都会以不同的方式与妖魔展开生死搏斗，最终牺牲了自己救了人类。

在这部剪纸动画里，我们不仅能够欣赏到强烈的视觉艺术，更重要的是在一代人的童年里种下了正义、责任和爱的种子，使我们在别去童年十几年甚至几十年后依然能清楚地回忆起整段的故事，回忆起种种爱与恨、快乐与难过，然后便一起对故事的某个情节津津乐道。

相关链接

　　史载文献最早提到生肖的记录，是动物与地支的关联。源自东汉王充在公元1世纪期间所著《论衡》中提出。生肖正式使用，最早在中国南北朝时期的北周，《周书·列传第三·宇文护传》中宇文护的母亲写给他的一封信中提到："昔在武川镇生汝兄弟，大者属鼠，次者属兔，汝身属蛇。"

（张　丽）

《小鲤鱼历险记》：励志成才的现代启示

中央电视台，2007年出品

导演：张族权、扬子岚

总编剧兼文学顾问：欧阳逸冰

编剧：孙晓松、杜英哲、于海涛、赵芮

美术导演：耿少波、耿琳

美术设计：张建军、马守宏、顾严华、向铮

配音：伍凤春、贾小军、高峰

片长：52集

获奖：2008年第24届中国电影金鹰奖优秀动画片

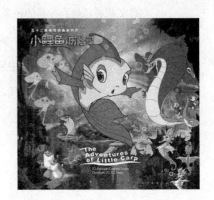

专家推荐

　　《小鲤鱼历险记》取材于中国古老的民间传说"小鲤鱼跳龙门"，表现了一种激发后人、励志成才的精神。本片剔除了原传说中带有封建色彩的部分，保留了励志的积极主题，并在剧情上进行了大的扩展和发挥。影片充分体现了"绿色动画"的特点，健康明朗、激动人心的励志性主题，具有一定的现实意义。故事里面有真、善、美、假、恶、丑，但不再是从前那种导演与动画角色坐在"玻璃盒子"中对观众来进行直白说教，而是能真正将自己带入情节，主动地去对一些事情进行思考。从爱撒娇变成有坚定品质的男子汉的小鲤鱼泡泡，个性骄傲却心地善良的魔术师海马阿酷，温柔善解人意的歌手水母小美美，还有爱唠叨受欺负的双面龟，大家在朋友们的帮助下勇敢地同强大的敌人战斗，最终获得胜利。

北京电影学院动画学院教授　孙立军

剧情简介

美丽的鲤鱼湖遭受了癞皮蛇的祸害，小鲤鱼泡泡被迫游出凄凉的家乡，寻找龙的力量。他先后结识了傲气的阿酷，娇柔的小美美，胆小的双面龟。在曲折的历程中，他们建立了真挚的情谊。癞皮蛇对敢于反抗的小鲤鱼泡泡极尽追杀之能事。泡泡和伙伴们历经了河湖、高山、大海的艰难征程，承受了种种诡谲的诱惑、悚人的恫吓、危难的考验……最后他们找齐了金、木、水、火、土五片鳞，借用龙鳞的力量飞跃了神奇的龙门，既战胜了邪恶，使作恶多端的癞皮蛇受到了应有的惩罚，又战胜了自我，恢复了美丽的鲤鱼湖……

影片解读

大型动画电视连续剧《小鲤鱼历险记》是继《哪吒传奇》之后"央视"推出的又一动画巨作，该片取材于中国古老的民间传说"小鲤鱼跳龙门"，制作过程中充分考虑了当今孩子的心理特点，在剧情上有所调整。无论从剧情设计、动画特效还是语言对白上，都符合当今孩子的喜好，依据孩子的好奇、勇敢、热情、富有活力等特点来塑造人物和构架故事。在台词设计方面，注重当代孩子的成长心理和习惯用语。影片的美术风格也同样遵循当代孩子的审美，人物设计突出表现人物的眼睛塑造，根据人物性格来设定人物色彩；在场景设计方面，色彩艳丽而富有想象力，描绘出一个美丽的水底世界；动作设计流畅自然，突出人物形象特色和性格特征。

《小鲤鱼历险记》的主角是一条叫"泡泡"的小鲤鱼，泡泡有个很特别的本领——能吐出许许多多五颜六色的泡泡。他单纯、热情、善良、执著、爱幻想，充满活力，对什么都感兴趣，凡事都要不停地问"为什么"。单纯与善良，使人觉得他有点"傻"，甚至嘲弄他"傻得冒泡"。又因为单纯，缺少生活经验，做事难免"想当然"，所以他经常是好心办错事，弄得别人尴尬，以致别人误会他爱搞恶作剧。但是，朋友的误会不会使泡泡心灰意冷，他依然那么热情，加上他的认真、执著，使他得到了小伙伴们的认同、喜爱和信任，跟着他一起和癞皮蛇作斗争。

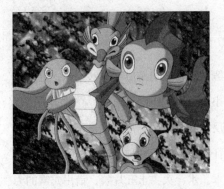

《小鲤鱼历险记》充分体现了"绿色动画"的特点，健康明朗、激动人心的励志性主题，具有一定的现实意义。一方面，这部影片是一个"励志"主题。影片取材于"小鲤鱼跳龙门"这个古老的民间传说，体现了中华民族的精神——激发后人，励志成材。当今许多严峻的挑战也是对即将长大成人的孩子们的挑战，而励志是应对挑战的首要必备的基本素质。《小鲤鱼历险记》运用动画这种表现形式张扬出"小鲤鱼跳龙门"所包含的"励志成材"的精神，无论对于独生子女还是生活在困苦环境中的孩子来说，都尤为宝贵。另一方面，这部影片在探索民族、民俗文化与时代特征的融合。本剧的命题"小鲤鱼跳龙门"脱胎于民族、民俗文化的积淀，其本身就是民族与民俗文化的宝贵遗产。更重要的是影片在积极寻求传统民族精神、情感与现代儿童的契合点，在设定小鲤鱼泡泡与他的小伙伴们的性格定位过程中，研究了当代儿童性格、情感、心理的某些特征，并在影片制作中有所体现。这部影片对之后的动画创作具有一定的探索意义和启发作用，值得肯定。

（殷　娜）

《小牛向前冲》：勇敢智慧的冒险之旅

中央电视台央视动画有限公司、青岛普达海动漫影视有限责任公司，2009年出品

总导演：蔡志军

总编剧：袁志发

美术顾问：庞邦本

造型设计：吴冠英、杨树鹏

作曲：肖白

片长：52集

获奖：2009年度国家广电总局优秀国产动画片；2009年中央电视台最具影响力的三大动画片之一

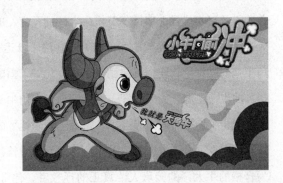

专家推荐

《小牛向前冲》是一部能够给人以信心和力量的励志片，片中构建了一个充满想象力的"派乐达"世界，以勇敢智慧的大角牛为主人公，在这个世界中展开了一段具有魔幻色彩的冒险之旅。"大角牛"由于自己天生牛角比别人大，因此很自卑，在后来和小伙伴一起与牛魔王等妖怪的争斗中，慢慢成长起来，变成一只自信的小牛。"大角牛"不畏艰难、勇于进取的精神更值得倡导。同时，片中关于友情的情节也能给人们带来不少启示。有利于青少年形成正确的世界观、人生观、价值观。

北京电影学院动画学院教授　孙立军

剧情简介

大角牛阴差阳错放出了被封印的蝙蝠魔,给牛大都带来了灭顶之灾,却又在莲花灯的召唤仪式上印证了英雄牛大汗的预言,成为牛大都的拯救者。为了寻找牛大汗,大角牛和伙伴们历经千难万险,终于抵达神奇世界"派乐达"。在这里,大角牛他们鼓舞了软弱消沉的精灵王子;化解了雪国和彩云宫的宿怨;捍卫了"派乐达"的生命之源。而牛大汗一直默默地在大角牛身边帮助他,和他并肩作战。他们一起阻止了蝙蝠魔锻造黑盔甲、荼毒"派乐达"的恶行,粉碎了他企图称霸世界的野心。在重重考验中,大角牛的功力在不断增长,内心也在逐渐强大,他终于成长为合格的牛大汗的接班人、真正的拯救者。他带领大家消灭了蝙蝠魔,让牛大都恢复了安宁与祥和。

影片解读

《小牛向前冲》讲述的是一头生性懦弱、动作笨拙、做事犹豫自卑、长着一双大角的小牛,受蝙蝠魔蛊惑解除了蝙蝠魔的封印,给自己的家园——牛大都带来了深重的灾难。为此,大角牛付出了沉重的代价。在经历了一系列磨炼后,大角牛终于坚强起来,勇担重任拯救亲人,打败了蝙蝠魔,实现了梦想,保卫了牛大都。全片展现了大角牛从怀疑到坚定、从退缩到奋进、从自卑到自信的成长历程,赞扬了有担当、有责任感、坚持到底、永不放弃的品质,倡导了不怕困难、不怕挫折、不懈奋斗、勇往直前的"小牛精神"。

这部动画电视系列片讲述的是一个励志故事,有利于青少年形成正确的世界观、人生观和价值观。同时,其中关于友情的情节也能给孩子们带来不少启示。

该片主人公大角牛的造型是历时三个多月面向全社会征集,并从数百份来稿中遴选出来的。这种开放性的运作在我国动画原创实践中尚属首例。主人公大角牛的造型设计一公布就受到广泛关注,不仅成功入选第11届亚洲艺术节吉祥物,还被选定为内蒙古鄂尔多斯市的形象标识。中国动画学会会长余培侠认为,这标志着我国动画卡通形象已突破艺术创作和文化产业的领域，介入到社会生活及其他层面，是我国动画产业快速发展的一个崭新标志。

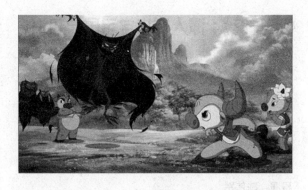

片中大角牛的造型活泼可爱、个性鲜明，台词幽默智慧，故事情节跌宕起伏。在正与邪的紧张对决中，又充满了颇具童话色彩的趣味性。该剧采用了动感十足、游戏感强劲的叙事手法，融入了具有民族特色的奇趣故事，把中国时代精神巧妙地贯穿在故事情节中，同时在创意中融入了许多现代元素。

《小牛向前冲》的另一个特色是推崇快乐成长的动画体验。主人公大角牛有着当代少年儿童普遍存在的性格特征和情感特征，他传奇而又冒险的经历，将成长这一主题展现得淋漓尽致。片中幽默的对白、诙谐的剧情、妙趣的可爱版造型、引人入胜的奇趣情节，让孩子们以轻松的方式体验了成长的快乐。动画片对孩子的影响是深远的。《小牛向前冲》为孩子们构建了一个知识宝库，让孩子们在体验快乐的同时，感受到大角牛的坚强、善良、勇往直前，在娱乐中潜移默化地受到正面的积极影响，汲取健康成长的营养，悟出做人的道理。

（孙　悦）

《五子说》：深入浅出学习国学知识

中国国际电视总公司，2010年出品

原创：蔡志忠

改编：谢继昌

导演：陈伟军

原画：唐少生、户兵、杨亦鹏等

动画：陈艺、张晨利、胡吉伟等

作曲：麦振鸿

片长：50集

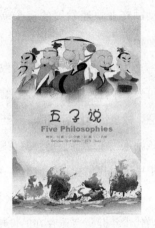

专家推荐

　　改编自台湾漫画大师蔡志忠作品的《五子说》是一部宣传国学的绝佳动画。这部动画分为《庄子说》、《老子说》、《孟子说》、《孔子说》、《孙子说》五个部分，深入浅出地演绎出庄子学说的顽皮与幽默、老子学说的"有"与"无"、孔子的儒学、孟子的儒家思想，以及孙子的足智多谋。《五子说》系列动画片把中国古籍经典透过轻松的画面，将复杂深奥的道理浅显地表达出来。内容虽然全部都是古文，但是以通俗化的漫画手法，利用简单明了的画面去演绎五子的中心思想。以"五子"的生平事迹为背景，再配上有趣的寓言故事，《五子说》在创作过程中除了内容的精选，更注重整体风格的把握，比如说在色调的设置上、色彩的处理上等等。

北京电影学院动画学院教授　孙立军

剧情简介

由蔡志忠漫画改编而成,全篇分为五个部分:《庄子说》、《老子说》、《孟子说》、《孔子说》、《孙子说》。"五子"的内容虽然全部都是古文,但本片以通俗化的漫画手法,利用简单明了的画面去演绎五子的中心思想。全篇包含大量轻松有趣的寓言,简单易明,对现代人有极高的学习价值。

影片解读

《五子说》以老子、庄子、孔子、孟子、孙子的生平事迹为背景,将"五子"思想中的精华部分,以轻松愉悦而不失庄重诚敬的手法,生动地演绎出来,是少儿了解中国古代圣贤的启蒙动画。

《五子说》全篇按人物分为五个系列:《庄子说》、《老子说》、《孟子说》、《孔子说》、《孙子说》。影片用夸张变形等非写实的笔法、通俗化的漫画手法、优美简洁的画面,深入浅出地为我们演绎出庄子学说的特点是顽皮幽默,内容的展开多是以做梦为题材;老子以道家学说的"有"与"无"作为对比,表达道家的无求无为的学说;孔子是儒学之首,也被尊称为万世师表;孟子所表达的儒家思想比孔子的思想更加简洁有力,教导世人情与义的人生哲理;孙子的内容主要围绕《孙子兵法》进行编辑,较多计谋和战争的场面。影片将五人博大精深的哲学道理、处事原则、思想观念等复杂的内容,用诙谐有趣的绘画技法,简单易懂的说理方法,以讲故事为载体,通过很多有趣的小故事,比如人物故事、动物故事、山水花鸟故事,以及新编新故事,灵活地表达出来。

甲马创意团队以独特的动画制作手法,赋予蔡志忠漫画新的生命,先以3D模型重新塑造蔡志忠漫画之人物、背景,之后再转成2D动画以保留蔡志忠老师漫画之线条;在背景处理上,则运用了大量中国特有之水墨画,使人一眼即能辨明其为诠释中华文化之作品。

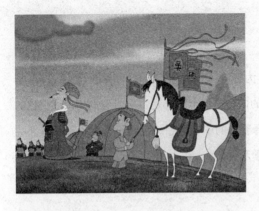

中国早期思想家的著作影响了中国文化和社会的方方面面,从教育到艺术,从政治和战争到日常礼节。广受欢迎的漫画家蔡志忠一直致力于用他独特而富有吸引力的画风将这些古代经典著作的智慧带入生活。蔡志忠先生用他那独特而富有吸引力的画风,将中国古代经典著作中博大精深的思想深入浅出地呈现给读者。儒家构建和谐社会的智慧、道家崇尚自由与自然的智慧、兵家不战而胜的智慧……通过蔡志忠先生画笔下一个个鲜活、有趣、生动的形象得到简明、精确的阐释。

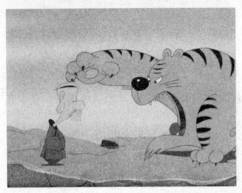

蔡志忠先生用简洁生动的文字,清新飘逸的画面,别致地诠释中华先贤的智慧和人生哲理,让人在轻松的阅读中品味高雅,在历史的轮回中洞悉未来。该系列漫画家喻户晓,并发行到四十五个国家和地区,开创了中国古籍经典漫画的先河。其漫画作品被翻译成二十多国语言,发行全球,行销数千万册,其"庄子说"更是蝉联畅销书排行榜第一名达十个月。蔡志忠老师本人也被《天下杂志》评选为当代对中华文化贡献最深远人物。其作品重新诠释中华文化之古籍,将深奥难懂之古文以漫画形式表现,让男女老少不分阶层都能去阅读、欣赏、领会中华文化之精神。甲马创意承袭此一精神,将原本的静态漫画做成更具有生命力的动画,使之更具有娱乐性和教育性的功能。

相关链接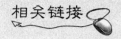

老子：道家代表人物，他的《道德经》充满了智慧，他所提倡的和谐社会、清静无为的思想影响了两千多年的历史。

庄子：中国古代哲学家，善于用寓言表达事物的哲学大意，风趣而幽默。

孔子：中国古代思想家、教育家，是中国儒家的代表人物，他主张以仁爱之心爱人。

孟子：儒家代表人物，他继承了孔子的思想，周游列国努力实现仁政理想。

孙子：中国古代著名的军事家、思想家，是中国历史上首屈一指的兵学大师，著有《孙子兵法》一书。

（王卓敏）

《兔侠传奇》：演绎中国大师真功

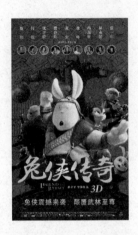

北京电影学院、天津北方电影集团，2011年上映

导演：孙立军　　**编剧**：邹静之

美术设计：方成　　**原创音乐**：金培达

配音：范伟、闫妮、张丰毅、濮存昕、张一山、林永健、黄宏、冯远征、徐峥

片长：89分钟

获奖：2011年第14届中国电影华表奖优秀动画片；2011年英国万象国际华语电影节优秀动画；2011第28届中国电影金鸡奖最佳美术片；2011年第7届中美电影节金天使奖；2011年中国文化艺术政府奖最佳动漫、最佳动画电影；2012年第19届北京大学生电影节动画特别奖；2012年第8届中国国际动漫节金猴奖、评审会特别奖；2012年第12届精神文明建设"五个一工程"奖

专家推荐

　　《兔侠传奇》是一部讲述承诺与责任的3D动画大片。影片主人公兔二取材于明代至今华北地区流行的儿童玩偶"兔儿爷"，滑稽喜庆，动画形象感十足，具有浓郁的中国味道，其表面憨实，内心温暖，貌似胆小，拼死助人，而且身怀绚丽多彩的武侠功夫，成为影片最大的亮点之一。为了追求功夫的真实感觉和侠义境界，剧组专门邀请了陈式太极传人、太极大师景建军先生亲自为《兔侠传奇》展示和表演陈式太极的精华绝招，兼任武术指导，一起参与影片的武术动作设计。影片是中国首部采用人像捕捉技术的动画电影，对中国电影界来说可谓是一次技术革命。它将真人影像与虚拟人物相结合，使虚拟人物造型与表情达到形神兼备的效果，能让人领略到与以往完全不同的观影体验。

（续）

《兔侠传奇》还根据传统民间造型，展现了以前京津地区常见的古典风筝、民间空竹、传统戏曲、集市庙会、美食厨艺等一系列让人怀古思人的"中国元素"，一切都原汁原味。此外，剧中场景处处苍松古柏、竹林绿野，还有各种飞禽走兽，景色怡人、生态丰富，城墙、门楼、雕梁画栋也充满生活质感，强烈体现了中国气派和中国特色。

北京电影学院动画学院教授　孙立军

剧情简介

京城的武林盟主老馆主被徒弟熊天霸暗算，老馆主逃亡到乡下，临终前把毕生武功传授给淳朴的炸糕厨师兔二，并将统领武林的令牌交给兔二，请他一定要把令牌亲手交给女儿牡丹，不能落在坏人手里。诚实守信的兔二到京城时，武林已经被熊天霸操控，好在令牌还在兔二手上。在京城兔二四处寻找牡丹，遇上重重危险，并在日常劳作中悟得绝世武功，最终打败熊天霸，拯救了武林，并将令牌交还给牡丹，实现了对老馆主的承诺。

影片解读

《兔侠传奇》是由北京电影学院孙立军教授执导的一部90分钟全3D动画电影，由北京电影学院动画学院和天津北方电影集团联合投资1.2亿，历时三年拍摄，目前也是我国动画产业投资规模最大的一部作品。

自2011年7月公映至今，《兔侠传奇》不仅在影坛引发国产动漫热潮，在技术和发行上也都在国内动漫界创下了新纪录。目前已经在美国、法国、马来西亚、意大利、韩国等八十多个国家和地区发行，创下了二十多年来中国动画电影海外发行的奇迹。此外还荣获第14届中国政府华表奖优秀动画片、第28届中国电影金鸡奖最佳美术片、中国文化艺术政府奖首届动漫奖最佳动画电影、2011年度中国电影走出去突出贡献影片、第12届精神文明建设"五个一工程"奖、第7届中美电影节金天使奖、第3届伦敦万象国际华语电影节优秀动画片等16项国内外大奖,斩获美誉无数。业界普遍认为,《兔侠传奇》是迄今为止国内3D水准最高的动画电影,也是国产动画电影走国际化道路的定向立标之作。

《兔侠传奇》形象取材于明代至今京津地区最具神话色彩的儿童玩偶兔儿爷。"兔侠"形象具有浓郁的中国味道,造型滑稽喜兴,有着新鲜的动画形象感。讲述的是一个信守并履行承诺的故事。透过当下世界流行的中国元素,更为准确地诠释中国从古至今伟大的哲思,向世界传达我们对美好、和谐的向往。比如,对战争与和平的认识,包括谦爱、非攻、天人合一、阴阳平衡等学说。整部影片充满了中国文化的符号,原汁原味地再现了旧时京津地区常见的古典风筝、民间空竹、传统戏曲、集市庙会、美食厨艺、夜市风情、庙宇楼阁、青花大碗和江湖武林等一系列地地道道的"中国元素"。此外,剧中场景处处苍松古柏、竹林绿野,还有各种飞禽走兽,以及城墙门楼与雕梁画栋,充满中国生活的质感,强烈地体现了中国的气派与特色。

对于一部动画片而言,最难的就是动画人物的表情捕捉以及片中角色的毛发制作,《兔侠传奇》在这一点上攻克了国产动画的技术难关,首次在国内采用了三大技术,即三维毛发技术、人脸捕捉技术及动作捕捉技术。为了追求人物生动的面部表情,制作团队结合运用了好莱坞人脸捕捉技术和传统人像捕捉技术,把真实表情融入动画世界,使人物表情更加逼真自然,眼神、瞳孔、黑眼仁都会在人物不同的情绪上有着生动的变化。为了更好地表现武侠精神,剧组专门请了太极拳大师景建军老师,用三维动作捕捉技术把虚拟世界和现实功夫结合在一起,还将传统武侠片中的武功风格和动作特点融会贯通,并加入李小龙、成龙和李连杰的功夫元素,在风格上独树一帜,表现了

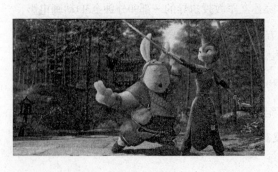

中国武侠的美学思想。

此外,《兔侠传奇》的配音也打明星牌。内地版本由范伟、闫妮、张丰毅、冯远征、濮存昕、黄宏、张一山等人组成了豪华的配音阵容;香港版本由陈奂仁、郑伊健、谢安琪等配音。明星配音无疑也为该片增色不少。

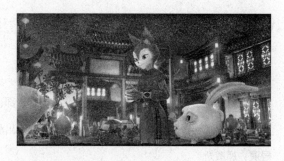

《兔侠传奇》在剧情上体现"诚信"、"侠义"等中华传统美德,在技术手段上攻克了三维毛发、表情捕捉等难题,在海外发行上为票房锦上添花,《兔侠传奇》彻底改变了以前国产动画在国内没人看、到了海外更加无人问津的格局,为国产动画探索出了一条新的出路。

《兔侠传奇》用简单的故事去讲述一个意味深长的关于中华美德的故事。用最前沿的三维科技糅合最古老的中华武侠精神,形成既具现代审美趣味又寓教于乐的国产商业3D动画电影。中国元素、中国功夫、3D效果、细节处理、配音阵容、诚信主题、海外宣发是《兔侠传奇》得到观众认可、获得国内外良好口碑和票房的制胜法宝。

(王卓敏)

《少年阿凡提》：机智幽默的少年

中共新疆维吾尔自治区党委宣传部、宁波市委宣传部、宁波民和影视动画股份有限公司联合摄制，2012年出品

导演：郭威娇

片长：104集

获奖：2012年第12届精神文明建设"五个一工程"奖

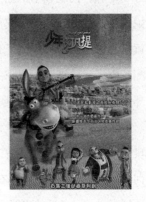

专家推荐

上海美术电影制片厂1980年发行的木偶动画电影《阿凡提的故事》中，阿凡提以"络腮胡子、条纹衣服、骑着小毛驴"的形象深入人心，得到了我国各族人民和世界人民的喜爱。本片以维吾尔族作家、翻译家艾克拜尔·吾拉木的《阿凡提》系列作品为创作基础，以智慧人物阿凡提为主人公，采用数字技术，结合现实生活，塑造了一个机智幽默而又带点儿调皮的少年形象，使阿凡提这个形象更加丰满生动。

北京电影学院动画学院教授　孙立军

剧情简介

《少年阿凡提》以中国著名的民间传说为脉络，重现了阿凡提机智、勇敢的成长历程。一个个生动幽默又不失哲理的故事在创作、情节、人物形象塑造等方面无不体现着我国传统民族文化元素的国际产业化价值。

影片解读

《少年阿凡提》是以维吾尔族作家、翻译家艾克拜尔·吾拉木的《阿凡提》系列作品为创作基础,以智慧人物阿凡提为主人公,采用数字技术,结合现实生活,讲述了少年阿凡提成长过程中的一个个生动幽默而又富含哲理的故事,刻画了众多个性鲜明、活泼可爱的动画形象,体现了少年阿凡提乐于助人、不畏强权的智慧、勇气和正义感,展现和赞扬了人性中的真善美,给观众们带来了欢乐和启迪。

在上海美术电影制片厂1980年发行的木偶动画电影《阿凡提的故事》中,阿凡提以"络腮胡子、条纹衣服、骑着小毛驴"的形象深入人心,得到了我国各族人民和世界人民的喜爱。而在《少年阿凡提》这部电视系列片中,则塑造了一个机智幽默而又带点儿调皮的少年形象,使阿凡提这个形象更加丰满生动。

除了少年阿凡提以外,该剧还塑造了很多个性鲜明的动画角色。例如,巴依老爷和小巴依。巴依老爷贪婪、爱贪小便宜、仗势欺人,而小巴依则是一个"富二代"的形象。他们的个性,与阿凡提的善良、正义和机智相冲撞,产生了一个个有趣的故事。

《少年阿凡提》以中国著名的民间传说为脉络,用一个个生动幽默、充满哲理的故事,重现了阿凡提机智、勇敢的成长历程,进一步加强了民族文化交流,促进了民族团结进步。该剧在剧情创作、人物形象塑造等方面,体现了我国传统民族文化元素的国际产业化价值。

(孙　悦)

纪录片

《毛泽东》：历史与现实的交织

中央电视台，1993年出品
总导演：刘效礼
总撰稿：陈晋
总摄像：赵立信
解说：赵忠祥
片长：12集

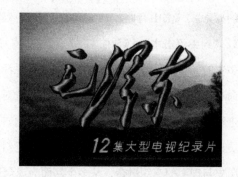

专家推荐

　　《毛泽东》是中央电视台为纪念毛泽东诞辰一百周年而制作的12集电视纪录片。这部作品运用历史资料与实地拍摄和现场采访相结合的表现手法，将文献资料上的伟人事迹和人们心中的毛泽东进行对比与结合，通过独具匠心的编导，从多个侧面还原了一个更加生动、鲜活的领袖形象，让领袖人物走下了神坛、走近了人民，也展现出毛泽东去世二十多年后中国社会各个阶层对他的理解和评价。

　　《毛泽东》纪实与政论相结合的制作理念，打破了文献纪录片惯用的历史资料加文字解说的常规思路，开拓了中国纪录片创作的新局面，并对其后的中国纪录片创作产生了非常深远的影响，让纪实的观念在中国纪录片创作领域得到了更为广泛的认同，极大地拉近了文献纪录片与观众的距离，让纪录片变得更好看。也正是因为这种大胆的创新，使得这部纪录片获得了长久的生命力，在今天看来依然非常具有吸引力。

北京大学艺术学院教授　彭吉象

剧情简介

本片共12集，分别为《丰碑在人民心中》、《历史的选择》、《曲折之路》、《艰难的探索》、《书山有路》、《大海纳百川》、《胸中百万兵》、《放眼世界》、《独领风骚》、《到中流击水》、《领袖家风》、《晚年岁月》，用五百多分钟的篇幅对毛泽东丰富多彩的一生进行了全面的回顾，展现了毛泽东从一个湖南农村的普通农民到中国革命和建设事业的领导者的成长历程。本片对与毛泽东相关的影像、图片和文字资料进行了精心的取舍，同时针对不同的主题，进行了大量的实地重访，还对相关的人员进行了广泛的现场采访，最终将历史资料与现场素材有机地结合在一起，实现了历史与现实的交织融合，从多个侧面为观众还原了一个真实可信的伟人形象。

影片解读

文献纪录片是纪录片中的一个重要分类，传统的创作方法是对历史资料和素材进行重新整合和梳理，并根据创作者的意图进行阐释。新中国成立以来，文献纪录片一直是中国纪录片的主体形式，担负着"再现沧桑历史、传承民族精神、表达国家话语、传递中国声音"的重要使命和责任。正因为如此，文献纪录片逐渐形成了一套固定的范式，集中体现为理论化的解说词、大量的历史资料和嗓音深沉的解说。随着时代的发展，一成不变的创作模式逐渐失去了对观众的吸引力，文献纪录片一度陷入了孤芳自赏、自说自话的境地，和普通观众的距离越来越远。

《毛泽东》的出现改变了这种状况。而改变的原因，就是出于对传统模式的反思。总导演刘效礼是中国纪录片界最早进行纪实主义尝试的先行者之一，在他以往的创作中，非常注重用摄像机去抓取现实生活中的第一现场，重视用视听同步，带有很强现场感的素材进行叙事，尽可能将作品对解说词的依赖程度降到最低，因此，在制作《毛泽东》的时候，主创团队也进行了一次大胆的尝试，在保证文献纪录片的权威性和历史感的同时，增加了大量纪实性的段落，努力提升作品的现场感。

首先，通过故地重访的方式，让观众不再仅仅是看画面、听解说，而是跟着摄像机的镜头走入毛泽东曾经生活和战斗过的一个个具体的地点，亲身体会几十年来的变与不变。当观众亲眼看到今天的井冈山、杨家岭、西柏坡等革命历史圣地时，自然会联想起几十年前毛泽东曾经在这些地方工作、生活的故事。其次，主创团队还进行了大量的人物采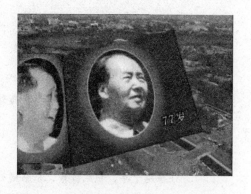
访，其中既有曾经和毛泽东并肩战斗的革命同志，也有长期在他身边的工作人员，还有曾经和毛泽东有过接触的普通农民、工人，甚至还包括许多平凡的普通人。这些采访尽管内容各异、主题不同，但是经过取舍有机地结合在一起之后，就共同勾勒出一个人们印象中的毛泽东形象。这些现场感很强的内容再和相关的历史资料穿插在一起，就形成了一种互动关系，彼此呼应，互相配合，在历史与现实的交织中将毛泽东漫长而丰富的一生进行了重点突出又富有韵味的回顾。

事实证明，这种尝试是非常成功的，《毛泽东》不但在首播的时候获得观众热烈的反响，后来也多次在各级各类媒体上重播。而该片主创团队所进行的一些创新性的试验，也都成为中国文献纪录片创作中的常用手法。这部作品的成功也说明了，纪录片绝对不可以孤芳自赏、自说自话，不被观众接受的作品就不会有生命力，再出色的内容，也需要依赖有效的表现手段进行展现、传播，否则就只会从无人问津到被遗忘、被淘汰。

经典记忆

纪录片《毛泽东》的第10集取名为《到中流击水》，着重讲述了毛泽东和水的故事，开篇就讲述了《浪淘沙·北戴河》的创作故事，向观众介绍了毛泽东在写这首词时的心境。随后，解说员赵忠祥用饱含深情的语调朗诵了这首词，编导为了配合赵忠祥的声音，选择了一组富有意蕴的画面。前半部分是20世纪50年代时的北戴河风光，后半部分是20世纪90年代的海滨景象，两相对比，用写意的画面展现出了毛泽东词中所蕴含的深远意境。

浪淘沙·北戴河

大雨落幽燕，白浪滔天，秦皇岛外打渔船。

一片汪洋都不见，知向谁边？

往事越千年，魏武挥鞭，东临碣石有遗篇。

萧瑟秋风今又是，换了人间。

毛泽东一生酷爱在大江大海中畅游，并常常在畅游过程中生发出诗兴，留下了很多与游泳有关的名篇佳作。这首《浪淘沙·北戴河》就是毛泽东1954年夏天在北戴河海滨游泳时所作，全文借景抒情、贯古通今，在历史与现实的对比之中，集中体现了一代伟人改天换地的气魄和胸襟。

相关链接

1. 纪录电影《走近毛泽东》。2003年，为纪念毛泽东诞辰一百一十周年，中央新闻纪录电影制片厂制作了纪录片《走近毛泽东》，该片作为一部电影，在100分钟的时长里没有对毛泽东的生平做大而全的概括，而是用平民化、生活化的视角为观众还原了一个充满生活气息的伟人形象，是反映毛泽东生平的又一部佳作。
2. 刘效礼，中国著名纪录片导演，1943年生于山东，1966年进入中央电视台开始纪录片创作。在四十年的职业生涯里，他拍摄了四百余部纪录片，是首届范长江新闻奖的获得者。引领了他的重要作品有《望长城》、《让历史告诉未来》、《孙中山》、《邓小平》、《中华之门》、《中华之剑》等。

（王　琦）

《邓小平》：中国人民的儿子

中央电视台，1997年出品

总导演：刘效礼

总撰稿：冷溶、陈晋

总摄像：赵立信

解说：赵忠祥

片长：12集

获奖：1997年中国电视金鹰奖最佳纪录片

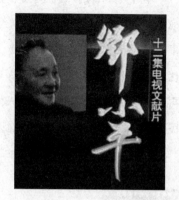

专家推荐

　　《邓小平》是纪录片《毛泽东》的原班人马制作的又一部反映共和国伟人的大型电视文献纪录片。本片于1997元旦播出时，邓小平同志尚在人世，为健在的党和国家主要领导人拍摄大型文献纪录片，在中国电视史上是第一次。作品播出后在海内外引起了强烈的反响，全国各家电视台纷纷进行了重播。1997年多个不同版本的"中国大事记"上，记载的第一件事都是——大型电视文献纪录片《邓小平》开播。

　　本片以时间为顺序，以邓小平富有传奇色彩的生平活动为线索，第一次形象全面地向观众呈现了一代伟人奋斗和探索的足迹。特别是他作为改革开放的总设计师和中国特色社会主义理论创立者的重大历史贡献，同时，也通过大量的细节展现了邓小平平凡而伟大的高尚品格和特殊的个人气质。

　　本片主创团队在制作过程中付出了巨大的努力，挖掘出了大量珍贵的影视资料和文献档案，很多第一手的珍贵史料甚至连邓小平的家人都不曾见过。同时，片中采访了上百位和邓小平有关的人物，正是因为有了如此专业的态度，才制作出了这样一部优秀的作品。

北京大学艺术学院教授　彭吉象

剧情简介

本片共分12集，分别为《早年岁月》、《苏区风云》、《戎马生涯》、《十七年间》、《十年危艰》、《历史转折》、《绘制蓝图》、《新的革命》、《走向世界》、《为了和平》、《心系统一》、《晚年情怀》。以时间为顺序，向观众展现了邓小平同志波澜起伏的人生历程：从年少离家，探寻救国真理，到戎马倥偬，在战争年代屡建奇功，再到建国以后几起几落，历经人生磨难，以及十一届三中全会以后领导全国各族人民进行改革开放，并逐步提出建设中国特色社会主义理论。

影片解读

总导演刘效礼在创作《邓小平》时延续了在纪录片《毛泽东》中使用的将历史资料与现场拍摄和人物访谈相结合的创作模式，因为有了《毛泽东》的铺垫，这一次的艺术实践显得更加游刃有余，全片以时间为线索，带领观众重新解读了一代伟人的辉煌人生。整部纪录片呈现出一种挥洒自如、纵横捭阖的大气风度，与邓小平的个人气质非常吻合。

在讲述邓小平青少年时代的经历时，主创团队重点表现了他是如何成为一名坚定的马克思主义者的。邓小平在青少年时代目睹了国家的衰败和民族的危机，因此从很小就立志要通过自己的努力去改变中国的面貌。当他来到法国勤工俭学之后，

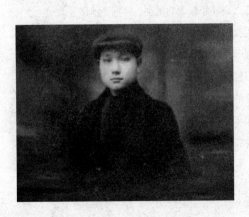

接触到了马克思主义的熏陶，并一步步从共青团员转变为中共正式党员，从此确立了他终生的信仰并矢志不渝。青年邓小平的经历说明，年轻时期树立正确的人生信仰，对日后的发展会起到决定性的作用。

邓小平从法国留学归来就积极投入到武装反抗国民党的革命斗争之中，

几经辗转之后，进入中央苏区工作，正当他打算大展身手、努力工作的时候，却被撤销了一切职务，成了闲人。遭受到不公正待遇的邓小平并没有因此而自暴自弃，纪录片在这一部分着力表现了邓小平凭借坚定的信仰和坚韧的性格，顽强地与命运抗争，最终重新获得了为党工作的机会。人生不会总是一帆风顺的，在面临逆境的时候如何选择，更能够考验一个人的素质。

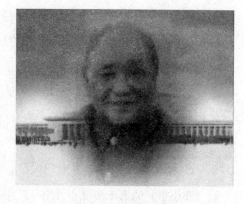

抗日战争和解放战争期间，邓小平凭借着高超的军事指挥艺术和出色的思想政治水平，成为八路军和人民解放军的高级领导，从太行山区到淮海战场，都留下了他攻无不克、战无不胜的光辉业绩，为新中国的建立奠定了坚实的基础。这些成就的取得，又与他年轻时的积累有着密不可分的关系。

新中国成立后，在十七年的时间里，邓小平逐步成长为党和国家的高级领导人，他在任职的各个岗位上都充分发挥了自身的才能，推动着新生的共和国向着光明的未来前行，然而，"文化大革命"的到来让一切努力付诸东流。在与反革命集团的斗争过程中，邓小平几起几落，受到了极不公正的待遇。但是，作为一名坚定的共产主义者，他自始至终都没有动摇过自己的信仰，并且时刻准备着从头再来，最终，命运给了他重新出山的机会，他也抓住了历史的机遇，引领中国走出了"文革"的阴影，走向了新的辉煌。

作为改革开放事业的总设计师，邓小平殚精竭虑，鞠躬尽瘁，努力将中国的各项事业引入正轨，政治、经济、军事改革逐步展开，中国以一种崭新的面貌呈现在世界面前。在这个过程中，邓小平不断思考，通过对马列主义和中国国情的科学分析，提出了建设中国特色社会主义的伟大理论构想，为中国的发展指明了前进的道路。此时的邓小平，并没有被成就冲昏了头脑，他清醒地认识到，制度建设是保证国家长期稳定发展的必然举措。因此，他主动提出废除领导干部任职终身制，带头从领导岗位上退了下来。这种高风亮节的作风，更加体现出了一个伟人的胸襟和气度。

这部纪录片所表现的邓小平的人生经历，对青年一代有着非常重要的启示作用。每一个人都必然面临着成长，如何在这个过程中确立正确的方向，克服重重的困难，《邓小平》已经提供了答案。

经典记忆

《邓小平》的第十集《心系统一》中，展现了一幕非常动人的场景：1992年1月20日，在深圳国贸中心大厦楼顶的旋转餐厅里，邓小平深情地望着香港，那是他五次去过的地方，这一年，他88岁。他心里要说的，也就是他多次表达过的：我要活到1997年，中国恢复行使对香港的主权后，到香港去看一看，哪怕坐着轮椅，也要到这块中国的土地上走一走。画面中，邓小平的眼神是如此的慈祥与深情。遗憾的是，五年后的2月19日，在距离香港回归祖国还有一百多天的时候，邓小平与世长辞了，他最终没能实现自己生前曾多次提起的心愿，那一刻深情的眺望，也成为他与香港最后的告别。

相关链接

1. 纪录电影《小平，您好》，中央新闻纪录电影制片厂2004年出品，是为纪念邓小平诞辰一百周年而作。该片着重表现了邓小平的个人风采和情感世界，荣获2004年中国电影华表奖优秀纪录片。
2. 电视纪录片《百年小平》，中央电视台摄制，共6集，用口述历史的方式，通过105位亲历者的口述，全面展示了邓小平博大精深的政治思想、传奇的人生经历和丰富的情感世界，被称为国内第一部口述历史纪录片。

（王　琦）

《周恩来外交风云》：通过纪录抵达历史真实

中央新闻纪录电影制片厂，1998年出品

编导：傅红星

摄影：刘典、吴琦、新影摄影队

剪辑：张慧敏

解说词：傅红星

片长：92分钟

获奖：1998年第5届北京大学生电影节最佳纪录片、最受大学生欢迎的影片；1998年第18届中国电影金鸡奖最佳纪录片

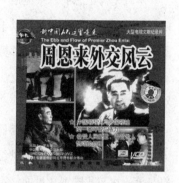

专家推荐

　　《周恩来外交风云》描写了这位伟人数十年为中华民族的独立和崛起，在外交战线上的卓越贡献，展示了他令人折服的风度智慧和感人至深的人格胸怀，同时从一个独特的角度再现了新中国外交的风雨历程。

　　这是一部经典的文献纪录片。文献纪录片，顾名思义就是历史影像资料的汇编，本片同样是基于历史影像资料的创作，这种创作坚守了真实的品质，导演也在影片叙述和结构上力求突破。其结果是让我们看到了一部真实、客观却不乏温情、细腻的文献纪录片。因而，这部影片也让人更深刻地感受到周恩来总理的卓越的外交才能和独特的人格魅力，也带领观众重新回顾新中国成立后的一段艰难曲折却灿烂辉煌的外交历史。

　　除了宏大的历史叙事，影片还埋下了一条细腻动人的情感线。影片展示了周恩来总理和夫人诚挚的爱情，和越南胡志明主席的深厚友情，他对革命与祖国人民的爱，对世界人民的爱交织在一起，点点滴滴，风雨与共，绵延了半个多世纪，充分体现了决断于外交领域之外周恩来总理的深情、大德。

中国传媒大学新闻传播学部教授　何苏六

剧情简介

本片是为纪念周恩来诞辰一百周年而拍摄的大型文献纪录片，由中央新闻纪录电影制片厂摄制。这部影片以丰富翔实的历史影片资料和新近采访制作的纪实性镜头，以及特意从国外购买的部分资料影片，真实生动地展现了新中国成立初期一段艰难曲折而又灿烂辉煌的外交历程，形象地展示了周恩来的外交风采和新中国的外交成就。

影片中出现了斯大林、赫鲁晓夫、艾森豪威尔、尼克松、肯尼迪、尼赫鲁等一大批与周恩来同时活跃在20世纪国际政治外交舞台上的风云人物，其中许多资料都将是第一次与我国观众见面。影片还有相当部分的新拍内容，其中有摄制组采访基辛格、班达拉奈克夫人等镜头。

影片解读

周恩来总理的生平事迹，通过历史课本的讲述和各类影视作品的介绍，我们可能并不陌生。但是，作为一部纪录电影，《周恩来外交风云》选取了比课本更为生动的影像为载体来重现这位伟大人物的生平事迹，而通过纪实的历史影像资料来重述历史，也有着与其他影视作品不同的表现力和震撼力。这部人物纪录电影里，没有布景，没有特型演员，这是周恩来总理"自己出演自己"，影片用了92分钟的时间，1800个镜头，讲述了30个故事，影像的拍摄时间跨越了六十年时间，采访对象包括时任国家主席的江泽民同志，还有对中国外交史有过重大贡献和影响的国际政治人物。从制作规模和内容的分量来看，毫不逊色于时下所流行的"大片"。

这部周恩来百年诞辰的献礼片，没有讲述周恩来的一生，而是撷取其一生中极有风采的外交生涯。导演傅红星曾表示，之所以选择周恩来的外交事业来重现人物的个人魅力，是因为"只有在外国人面前，只有在这种和世界各民族的精英的交往中，才能最充分展示出周恩来身上的全部人格魅力"；选择在新中国的外交史背景下讲述人物事迹，直面伟人的伟大之处，而不是采用当时文艺作品中流行的将伟人生活化、平凡化的表现方式，是因为创作者认为"伟人之所以伟大，是因为他们曾生活在惊天动地的时代风云中而不迷航"。因此，这是一部毫不避讳讲述人物之伟大，讲述大人物的"大片"。

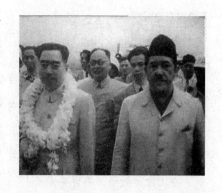

制作于20世纪90年代末的这部影片，在影片总体风格上追求客观、真实的叙述，运用历史资料编剪出一部具有强烈现代感的影片。在选题和叙事特性上，本片延续了文献纪录片的基本风格和特色，在叙述方式上却有所突破。文献纪录片是基于历史影像素材的再创作，过去以人物为主的文献纪录片，往往是以时间先后为序架构整部影片，叙事方式平庸，节奏平淡。这部影片打破了单一叙事的方式，从人物的生平经历中选取了许多细节放在大历史背景下来叙事，不失客观和细腻。影片中有一处细节，讲的是周恩来总理参加斯里兰卡人民的国庆盛会，突逢大雨，却坚持不打伞，淋雨向群众亲切致意，影片中采用了特写镜头，记录周恩来鼻尖上滴下了水珠……

宏观的把握与细微的刻画相结合，让观众在为周恩来总理在外交工作中的果断决策叹服的同时，也为他对爱人、对朋友、对祖国、对人民所流露出的深厚情怀而感动。当然，重新温习这段历史和周恩来总理所经历的这段外交风云，除了叹服和感动，留给我们的东西还有很多很多。

周恩来总理是新中国外交的创始人与奠基人，他在外交领域所做出的贡献是极为突出的。他的外交思想、外交实践，以及他所倡导和体现的新中国外交风格，都是我们宝贵的精神财富。时光不可逆转，这些宝贵的精神财富如果没有适当的传承载体，总会在时间的洗涤中褪色。那些惊心动魄的历史，那些光辉灿烂的伟人故事，最后变成如同"传说"一般的存在，进而让后来人产生一种疏离感甚至是不真实感。值得庆幸的是，有纪录片这种传播载体的存在，能够带我们打破时间的隔阂，穿越时空，重新回到历史现场，和伟人同行，重新经历那些重要的历史瞬间。如此说来，这部影片也算是一部穿越时空的"大片"。再次推介这部影片，距离其上映又是十五年的时间，不妨让我们沿着纪录片架构出的这条时光隧道一起重新经历新中国外交风云。

经典记忆

　　新中国成立后,周恩来总理曾长期主持外交工作,参与制定并创造性地贯彻了我国独立自主的和平外交政策,为我国的外交事业做出了卓越的贡献。他所经历的外交风云,表现的外交风格,积累的外交工作经验,都值得我们认真了解、总结和学习,这对我们在当今纷繁复杂的国际形势下,努力开创我国外交工作的新局面有重要意义。

这是影片的开头,时任国家主席的江泽民同志的一段讲话,这是江泽民同志专门抽空接受制作团队采访录制的,使这部影片有一种空前的、中国电影没有过的规格。

相关链接

1. 文献纪录片,西方称为汇编纪录片,一般是指利用以往拍摄的资料片(有时辅以适当的新拍摄的素材)编辑而成的纪录片,以表现历史事件为主。英文中,纪录片这个词的根本含义就是档案、文献和证据。凡是利用以往拍摄的新闻片、纪录片、影片素材以及相关的真实文件档案、照片、实物等作为素材进行创作,或加上采访当事人或与当时的任务和事件有联系的人,来客观叙述某一历史时期、历史事件或历史任务的纪录片都称为文献纪录片。

2. 傅红星,曾任中国电影艺术研究中心主任,中国电影资料馆馆长,党委书记。主要作品有《周恩来外交风云》(编剧、导演)、《共和国主席刘少奇》(编剧、导演)、《雪域明珠》(编剧、导演)等,影片多次获奖,并被译成多种语言,在三十六个国家放映。

(韩柳洁)

《越过太平洋——江泽民主席97访美纪行》：跨越时空的握手

中央电视台和中央新闻纪录电影制片厂，1998年出品

编导：姜英杰

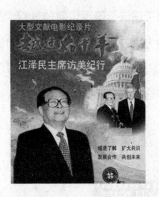

专家推荐

这部电视纪录片讲述的是中美外交史上极为重要的一次国事访问，片中展示了美国政府和人民对中国国家领导人的热情欢迎和隆重接待，这样的接待凸显了中国日益增长的国家实力和不断提高的国际地位；又以众多充满情趣的镜头展示了中国领导人的外交风采，并进一步展现了中国和平友爱的国家魅力。本片既向观众介绍了我国的对外政策，又展现了我国的国家形象；既带领观众回顾了历史，又引发人们反思当下，使人看完后心中激荡着浓浓的使命感、真切感、历史感和自豪感。

这部纪录片没有按照时间顺序罗列江主席行程的每一件事，而是采用倒叙、插叙的方式，用形象、事实和细节说话。领导人的个性在普通观众的印象中总是难以捉摸的，然而本片抛弃了江主席访美行程中正式、严肃的高峰会谈，将镜头聚焦于江主席一次次展现出的"惊喜"上，以往在荧屏上不苟言笑的领导人瞬间就充满了人情味。

中国传媒大学新闻传播学部教授　何苏六

剧情简介

影片记录了1997年10月26日至11月初，江泽民主席应美国总统克林顿的邀请，对美国进行国事访问的过程。为期八天的行程在中美关系史上是一个"里程碑"，为中美关系发展起到了良好的推动作用，受到了国际舆论的高度评价。江泽民主席代表中国全体人民，通过高屋建瓴的外交手腕及机智幽默的个人风采，向美国社会传达了"有朋自远方来"的友好态度，并向世界展示了中国以崭新的姿态迈向新世纪的大国形象。

影片解读

影片开篇就谈到"中美两国虽然分属两个半球，远隔重洋，但是随着中美两国关系的逐步发展，距离的遥远已不再使人感到陌生。"为了加深对彼此的了解，1997年10月26日时任中国国家主席的江泽民应美国总统克林顿的邀请，对美国进行国事访问。历时八天的行程，经过了檀香山、威廉斯堡、华盛顿、费城、纽约、波士顿、洛杉矶等七个城市，江主席参加了四十多场活动，发表了三十次演讲，广泛接触美国各界人士。江主席一行犹如传递友好的使者，带去了中国人民最热情友善的问候，其谈笑风生的外交风度、学识渊博的学者风范、平易近人的人格魅力得到了国际社会的高度评价，这次访问也达到了最初期望实现"中美两国增进了解，扩大共识，发展合作，共创未来"的目的。

中美关系是当今世界上最重要的大国关系之一，中美两国的情谊源远流长，早在第二次世界大战中，两国就是亲密合作的战友；20世纪30年代，美国记者斯诺深入延安，用他富有洞察力的报道将中国革命的真实情况传达给世界；1979年，中美两国建交，国际社会上流传着一段以小球推动大球的"乒乓外交"的佳话；而广大华人华侨更是遍布美国各行各业，为美国的发展做出了万千贡献。然而历经种种曲折才缓和的中美关系，却在20世纪90年代因"冷战"局势而一度僵化。冷战结束后，中美两国领导人都认识到中美两国关系对世界局势和两国利益的重要性，因此也就有了1997年和1998年两国元首相互进行正式国事访问一事。

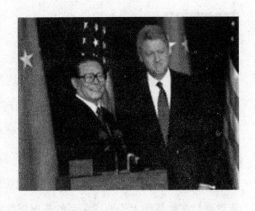

在"太平洋上的珍珠"夏威夷，头戴花圈身着草裙的孩子们，伴着充满太平洋风情的音乐尽情起舞，吸引了在一旁观看的江主席加入其中，这一刻即使在语言上存有差异，伴随着音乐和舞蹈，大家的心凝聚在了一起。长久以来众多华人华侨在他乡用自己的方式为推动中美友好而努力着。在南加州会见各界华人华侨时，江主席改用广东话和上海话向大家传达了来自家园故土的问候，更在致辞完毕后为大家即兴清唱京剧《捉放曹》。在费城参观时，江主席前去探访旧时恩师的举动更是感动了美国百姓。在访问期间江主席曾用多种语言发表讲话，引经据典、博古论今，向美国人民展示了中华文化的博大精深与独特魅力。

10月29日，在白宫南草坪，克林顿总统为江泽民主席的到来举行了盛大的欢迎仪式，并在之后进行首脑会谈，签署了《中美联合声明》，双方高瞻远瞩，从中美两国的共同利益出发，决心"共同致力于建立面向21世纪的建设性战略伙伴关系"。"来而不往非礼也"，继此次江主席访美之后，克林顿总统于1998年对中国进行了回访，如此一来一往，中美两国的关系得到了长足的发展。这一切都是中国国力日渐强盛的最好证明，看完这部片子一股自豪之情油然而生。

自改革开放以来，中国的综合国力不断发展，如今已经成为世界第二大经济体，作为中国人，这是值得国人骄傲的事情，但是得意之时，不能忘记任何成就都不是闭门造车能够取得的。在当前全球化趋势日益加剧的背景下，中国仍需要和世界上更多的国家展开友好往来，共同为推动自身发展和实现"和谐世界"的梦想而不断努力。

经典记忆

1998年6月25日，美国总统克林顿抵达西安，开始对中国进行为期九天的正式访问，这是他入主白宫五年之后第一次访问中国。27日，在北京人民大会堂东门外广场，国家主席江泽民主持仪式欢迎克林顿来访。

克林顿总统访华，是继1997年10月江泽民主席访美之后，中美关系又一件大事。如果说江泽民访美为中美关系的跨世纪进程确立了战略框架的话，那么克林顿访华则是在此基础上为两国关系的进展提供新的动力。

相关链接

1. 乒乓外交指1971年期间中华人民共和国与美国两国乒乓球队互访的一系列事件。乒乓外交实际上推动了20世纪70年代的中美两国的外交恢复。

2. 冷战指的是从1947年至1991年之间，以美国为首的西方资本主义国家，与以苏联为首的社会主义国家之间的长期政治和军事冲突。美国和苏联同时为当时世界上的两个"超级大国"，为了争夺主导世界的霸权，美苏两国及其盟国展开了数十年的对立。在这段时期双方都尽力避免导致世界范围的大规模战争爆发，采取"相互遏制，却又不诉诸武力"的对抗模式，因此称之为"冷战"。1991年苏联解体，冷战结束。美国成为世界上唯一的超级大国。

（方亦圆）

《故宫》：一场历史文化的盛宴

中央电视台、故宫博物院，2005年出品

出品人：赵化勇

总监制：罗明、李文儒、孙冰川、程宏

制片人：梁建增、罗琴　赵微

总策划：赵微、章宏伟

总编导：周兵、徐欢

执行总编导：郑志标　　**总导演**：周兵

摄影指导：赵小丁、胡玮、赤平勉

摄影：连克、李建明等　　**片长**：12集

获奖：2005年第8届四川国际电视节最佳长篇纪录片金熊猫奖、最佳摄影；2006年第23届中国电视金鹰奖最佳长篇纪录片、纪录片单项奖、最佳编导、最佳摄像；2007年第6届中国金唱片奖影视原创音乐奖；1987—2007中国文献纪录片二十年经典纪录片；2008年第1届中国出版政府奖音像电子网络出版物奖

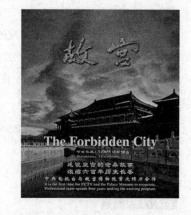

专家推荐

这是一部最瑰丽的中国皇家宫殿的典藏记忆，也是触摸历史脉搏、感受源远流长的中华历史文化的绝佳体验。由中央电视台与故宫博物院历时两年联合摄制的大型历史纪录片《故宫》，从宫殿建筑艺术、宫殿文物的使用功能、各类的馆藏文物和故宫的历史沿革诸方面，艺术地再现了故宫六百年的沧桑历史，立体、全景展现了故宫的真实面貌。《故宫》2005年10月26日在中央电视台一套黄金时间播出后，受到了社会各界的广泛赞誉。该片制作精良，场面宏大、动画逼真、展现了源远流长的中华文明，具有很高的历史文化价值。

(续)

《故宫》是一部具有大国气度、大台风范的优秀记录片，是近年来中国纪录片发展过程中的一座丰碑。该片无论在节目制作、故事讲述、历史表达、文化蕴涵、场景呈现还是视觉效果上，都给予观众震撼的视听享受和很好的文化熏陶，融知识性、历史性、科学性、趣味性于一体，是一部展现我国悠久历史和灿烂文明的好教材。

中国传媒大学新闻传播学部教授　何苏六

剧情简介

12集大型历史文献纪录片《故宫》，从建筑艺术、使用、馆藏文物和从皇宫到博物院等四个方面，全面展示了故宫辉煌瑰丽、神秘沧桑的宫廷建筑和馆藏文物，讲述了宫闱内不为人知、真实鲜活的人物命运、历史事件和宫廷生活。触摸历史跳动的脉搏，感悟众多精英人物的命运，传承源远流长的中华文明，见证了故宫百年大修的整个历史过程。

影片解读

这是一场历史文化的盛宴，12集纪录片《故宫》以鸿篇巨制的方式展现了神秘故宫背后的瑰丽、磅礴、辉煌与伟大，它凝聚着近六百年的宫廷变迁和人世沧桑，积淀了几千年的文化诉说和生命智慧，折射出了中华民族灿烂辉煌的艺术、哲学、政治文化传统，也以其厚重的历史文化内涵，成为中华民族文化、艺术和社会、历史的里程碑。

开篇第一集《肇建紫禁城》第一次展示了紫禁城是如何被建造起来的经过，第一次用三维动画展示了紫禁城在建造过程中从未见过的壮观场面，完整地讲述了紫

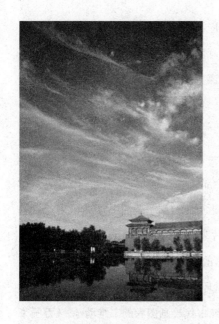
禁城宫殿建成后的传奇经历。随后的《盛世的屋脊》、《指点江山》、《家国之间》、《故宫藏瓷》、《故宫书画》、《故宫藏玉》等剧集则将故宫在历经百年的规划、设计与修建过程中，所伴随的激烈的政治斗争和重大的历史震荡一一展现在我们眼前。当第一历史档案馆中的皇家档案，如镶嵌了历史珍藏的画卷一一展开，让我们从中体味到神秘故宫的无穷魅力。

《盛世的屋脊》一集开场以6岁的顺治皇帝为视角，讲述了他当年随母亲从盛京搬家至北京紫禁城初次见到紫禁城的情景，故事的切入点小而具体，把皇帝作为普通人物将其故事娓娓道来，并真实再现了顺治登基时的场景，令人回味无穷。《家国之间》中则将神秘的皇宫生活一一讲述，珍妃井的故事、太子读书、选秀女、光绪大婚、慈禧太后的日常生活为我们揭开了宫廷生活的神秘面纱，呈现出紫禁城中真实的生活点滴，让人看得津津有味。

《故宫》的两大特色之一在于成功地运用了"真实再现"的手法，用多种多样的"真实再现"的手段和影像，模拟故宫当年的历史，如皇帝上朝、宫廷政治礼仪和日常生活，虚实结合，一个个还原历史的符号和角色增强了片子的真实感，让我们在观赏片子的同时随着故事的娓娓道来，自然地进入历史，又从历史中回到现实。

这部片子的解说词精确而美好，如第八集《故宫藏玉》中对故宫玉器珍宝的描述，"凝结着大自然千年万载点滴孕育的精华，跨越了人世间从古到今纷繁变化的沧桑，它们像是生活在这座宫殿里的精灵，在这些古老的殿堂里散发着历久弥新的光芒。它们在静默中等待，等待着今人和后人在心灵的深处，细细倾听它们无言的诉说。"令人不禁咀嚼、回味，遐想联翩。

在视觉效果上，作为我国第一部全部采用高清电视技术制作的大型电视纪录片,《故宫》全程使用的是索尼高清数字摄像机，纯3D制作，把技术手段与画面构图进行巧妙结合，精确的打光、延时拍摄效果应接不暇，运用轨道、斯坦尼康等多种技术手段拍摄的画面富有动态感和历史感，画面层次更丰富，宫殿内的建筑也更有立体感，充分展示了故宫厚重的历史沧桑、深刻的文化内涵。云、太阳、宫门这些意向蒙太奇的运用，意喻了岁月时空的变换，也让我们沉浸在故宫漫长的历史甬道里，洋溢在充满诗意的氛围中。

《故宫》中大量的三维动画特技呈现是另一大特色，故宫的修建过程、康乾盛世时的故宫原貌、场面浩大的典礼仪式等部分全部采用三维动画技术进行制作，对这些场景做了逼真的还原，整个片中的动画制作近五十分钟。这部片子由国内顶尖的动画制作公司负责动画后期制作，对一个纪录片来说也是一次"开山之作"。第一集开篇就运用了全三维的方式真实再现了当年故宫的建造是按照天上紫微星的星云布局格式与故宫建造的时空变化以及北京城市的位置环境与变迁，拍摄故宫馆藏文物时候的动画实景合成，具有中国特色水墨画效果的纯古代绘画图卷的二维动画、《万国来朝图》及《乾隆帝八旬万寿图》等绘画图卷里面的人物与旗帜动起来等等效果令人惊奇，大量的电脑特技和动画的运用，也让《故宫》呈现出了一场视觉盛宴。

在华丽、沧桑和神秘背后，故宫里那丰富多彩的文物瑰宝，那重大的历史变迁、鲜为人知的人物命运和神秘莫测的宫廷生活，瞬间变得如此生动、真实和鲜活。品宫史，赏珍藏，让我们在时空漫步中，探索和了解了中国最浓郁的紫禁城宫廷文化，也让我们感受了一个可以观赏、可以倾听、可以玩味、可以思想的故宫。总之，《故宫》是一部传承民族文化经典的高质量的纪录片之作。

经典记忆

主题曲《永远的故宫》恢弘大气颇为震撼，由著名作曲家苏聪创作，他曾因电影《末代皇帝》的配乐而荣获奥斯卡最佳音乐奖。"捕捉六百年故宫独有的声音"，是《故宫》声音上的最大特色。《故宫》中的主题音乐部分作为片中声音的主要元素，复活了已经消失的宫廷音乐，让我们感受了那些久远而神秘的曾经响彻于皇宫的礼乐。

《盛世的屋脊》中经过了故宫前朝的核心宫殿恢弘大气的风格讲述之后进入后廷的故事介绍,其音乐的节奏也从阳刚的高潮段落,进入了阴柔委婉的慢板。而最后一集《永远的故宫》配以现代时尚的音乐,动感活泼、充满时尚色彩,也体现了古老的故宫在新的时代用新的变化不断给人们带来惊喜。故宫的主题音乐不仅仅是画面的配乐和气氛的渲染,更有悠远的历史感和人文意义。

相关链接

北京故宫博物院建立于1925年10月10日,是在明朝、清朝两代皇宫及其收藏的基础上建立起来的中国综合性博物馆,也是中国最大的古代文化艺术博物馆,其文物收藏主要来源于清代宫中旧藏。故宫博物院位于北京故宫即紫禁城内。北京故宫是第一批全国重点文物保护单位、第一批国家5A级旅游景区,1987年入选《世界文化遗产名录》。整个紫禁城宫殿建筑是中国现今保存最完整、规模最宏伟的古代宫殿建筑群。故宫博物院是国家一级博物馆,2012年单日最高客流量突破18万人次,全年客流量突破1500万人次,可以说是世界上接待游客最繁忙的博物馆。

(马 云)

《郑和下西洋》：再现中国的海洋传奇

中华文化发展促进会、中共南京市委、中共江苏省委宣传部联合摄制，2005年出品

出品人：周天江、鲍立衔　　**总编导**：吴建宁

撰稿：时平、李杭育等

编导兼摄影：吴江、蒋童、蔡开发等

剪辑：夏凌云、王茜　　**作曲**：宋继勇　　**片长**：8集

获奖：2006年中国十佳纪录片；2008年中国文献纪录片二十年精品节目

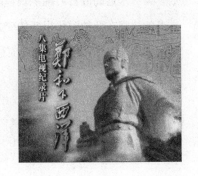

> **专家推荐**
>
> 8集电视纪录片《郑和下西洋》通过优美的画面、丰富的史料、平实的语言，记录华夏先祖文明踪迹，讲述郑和七下西洋的传奇故事。
>
> 距今六百多年前，中国明代伟大的航海家郑和率领两百多艘船舶组成的庞大船队，两万多人，在二十八年间七下西洋，遍访三十多个国家和地区，历经艰险，传递和平，泛海近三十万公里，其影响深远，独领风骚，堪称人类历史上的伟大壮举。本片万里追踪郑和的足迹，沿着郑和下西洋的航线一路走来，中国大地、印尼、马来西亚、文莱、菲律宾、新加坡等东南亚国家；澳洲大陆；印度、斯里兰卡等南亚国家；也门等阿拉伯国家；肯尼亚、南非等非洲印度洋沿岸国家；还有西班牙、葡萄牙、意大利等西方航海家的故国，异国情调扑面而来，外国风情浓郁醇厚，一路发现，一路惊喜：
>
> 印尼前总统瓦希德的祖先是随郑和第五次下西洋的成员，郑和在海外立的"布施碑"成为斯里兰卡国家博物馆的镇馆之宝，也门的"拔火罐"医术来自郑和船队医生的传授，遥远的肯尼亚拉穆群岛上繁衍着郑和船队海难逃生船员的后裔……
>
> 本片故事生动，细节丰富，让人目不暇接，真实性与想象力交互辉映，突出文献价值和戏剧力量，堪称中国电视纪录片的经典之作。
>
> 北京师范大学艺术与传媒学院教授　张同道

剧情简介

15世纪，人类社会进入了大航海时代。郑和以大明钦差总兵正使太监的身份，统率一支庞大的船队，从1405年到1433年，历时二十八年，经东南亚、印度洋到达红海及非洲东海岸，遍访亚非三十多个国家和地区，其气势之恢弘、影响之深远、航海技术之先进，堪称中华民族历史乃至世界航海史上的伟大壮举。

全片沿着郑和的航迹寻访，拍摄十七个国家和地区，寻觅郑和遗风，挖掘郑和精神，在历史与现实中穿梭往返，拍摄了大量散佚海内外的有关郑和的历史遗存，挖掘出许多鲜为人知的郑和故事，其中许多是揭秘性的首次发现，第一次向外界披露。

除此，全片采访、拍摄了印尼前总统瓦希德、菲律宾前总统阿基诺及亚非欧多国政要和一批国内外著名的专家学者，用纪实的方法、历史的遗迹、考古的发现、文献档案的证据，对郑和下西洋的目的、规模、国家关系、对外贸易、宗教信仰、民俗风情、天文地理、水文气象、航海科技等方面进行了全面解读，真实呈现了郑和下西洋的历史面貌。

影片解读

《郑和下西洋》作为大投入、大制作的经典电视纪录片，充分展示了人类15世纪大航海时代的波澜壮阔、中华民族勇于开拓敢为天下先的精神品质和热爱和平的民族秉性，使人增长见识，开阔视野，留下思考，回味无穷。

全片在结构上，使用逻辑法编排铺陈，将历史与现实的两端拉起来，大开大合，纵横驰骋，通过世界的眼光，讲述中国的故事，以严谨的科学态度，求证历史的真实，层层推进，引人入胜，显示出恢弘的气势和宏大的历史情怀。

郑和下西洋，是六百多年前的往事，没有老影片、老照片可依托利用，甚至连郑和的历史画像也没有，并且由于明中叶以后朝中反对力量的增长，几乎销毁了郑和下西洋的全部资料，在这么一个时间久远、材料缺乏、内容复杂的特别困难的条件下，全片紧紧抓住郑和航海的蛛丝马迹，将现实发现向历史纵深延伸，成功解决了视觉形象的表达难点，没有使用许多历史题材纪录片惯用的"情景再现"方式来表现历史，从而大大提升了《郑和下西洋》的文献价值，8集篇幅，每集45分钟的时长，以创新性的劳动做出新意，令人折服，真实可信。

全片叙事的开头特别引人入胜，第一集"走出大陆"从云南泸沽湖摩梭人的男女对唱情歌开始，在抒情的歌声中把人带入这片多民族人民和睦生活的红土地，正是这种多元文化滋养了郑和，从大陆走向海洋，成就为一位伟大的航海家，一位和平友好的使者；第三集"礼仪之邦"从非洲原始丛林中悠闲行走的长颈鹿切入，这种温顺、高雅的动物惹人喜爱，在郑和下西洋期间，成为非洲国家送给中国皇帝的礼物，一下子将两个万里之遥的国家拉在了一起，呈现出和平的情意。

《郑和下西洋》的叙事方式故事化，处理得特别引人入胜，印尼前总统瓦希德和菲律宾前总统阿基诺的祖先是中国人的故事；印度可钦中国江南渔网的故事；锡兰王子在中国的故事；中国"拔火罐"医术在也门的故事；勃泥国国王、苏禄国国王托葬中华的故事；郑和船队船员后裔在肯尼亚落地生根的故事；海峡两岸"郑和舰"的故事；郑和家族后人在泰国的故事等，都给人留下深刻印象，成为中华民族爱好和平与人为善的佳话。

全片优美画面扑面而来，从中华大地到东南亚赤道；从澳洲大陆到印度半岛；从阿拉伯国家到南非好望角、欧洲大陆，不同文化相互交融，不断碰撞，立体呈现了郑和下西洋的波澜壮阔。

经典记忆

纪录片主题歌《船从东方启航》歌词（节选）

船从东方启航，亚细亚黄色土壤，

沐浴着赤道风雨，呼吸那热带奇香；

船从东方启航，驶向遥远的地方，

使者来自中国，长城下礼仪之邦。

《船从东方启航》由著名作家邓海南作词，著名作曲家宋继勇作曲，著名歌唱家韩磊演唱。歌曲旋律优美，气势磅礴，唱出了海的宽广，海的胸怀，海的豪迈，衬托出郑和下西洋的千古伟业。

相关链接

1. 1405年（明永乐三年），明成祖命太监郑和率领两百多艘海船、两万七千四百名船员的庞大船队，拜访了三十多个在西太平洋和印度洋的国家和地区，加深了明王朝和南海（今东南亚）、东非的友好关系。郑和的船队每次都由苏州浏家港出发，一共远航了有七次之多。最后一次，1433年（宣德八年）回程到印度古里时，郑和在船上因病过世。明代故事《三宝太监西洋记通俗演义》和明代杂剧《奉天命三保下西洋》将他的旅行探险称之为"三保太监下西洋"。郑和的航行之举远远超过将近一个世纪的葡萄牙、西班牙等国的航海家，如麦哲伦、哥伦布、达伽玛等人，堪称是"大航海时代"的先驱，也是唯一的东方人。他更早迪亚士五十七年远赴非洲。郑和下西洋是中国古代规模最大、船只最多、海员最多、时间最久的海上航行，比欧洲多个国家航海世界多几十年，是中国明朝强盛的直接表现。

2. 吴建宁，中国纪录片导演，担纲总编导的纪录片作品曾三次获得全国精神文明建设"五个一工程"奖，三次获得中国电视金鹰奖纪录片"最佳作品奖"及"国际反恐和平奖"、"亚洲制作奖"、"评委特别奖"等国内外奖项。代表作品有《风雨钟山路》、《新中国重大决策纪实》、《血脉》、《邓颖超》、《重读南京》等。

（吴建宁）

《再说长江》：流淌的记忆

中央电视台，2006年出品

总制片人：刘文

总导演：李近朱、刘文

片长：33集

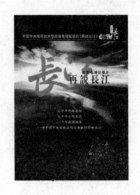

专家推荐

《再说长江》是1983年首播的中央电视台摄制的《话说长江》的续篇，通过两者的对比，长江、其沿岸风土民俗，以及20年间经济社会的变迁，尽收眼底。同时也折射出纪录片理念的创新和摄制理念的革新。

《再说长江》不仅描绘长江两岸风光、文化历史，还把镜头对准了沿岸的普通人，通过他们人生命运的变迁来反映时代的变化。有为建设三峡大坝而迁徙他乡的移民故事，也有为保护流域生态而奋斗在一线的战士，还有更多普通人的故事：手艺精湛的木雕工艺师、保护古迹的武当山道士、南京长江大桥的灯光工程师……

人，成为记录的主体。长江沿岸各色人等的故事宛如一串串散落的明珠，被时间这条主线穿起。二十年，弹指一挥间。当初在跨江大桥上晨跑的孩童，已成长为国之栋梁；当初在江边放羊的农人，拥有了自己的养殖场。《再说长江》用发展的眼光来关照历史，以平和的语调来讲述人生。时间就像滚滚东去的江水，逝者如斯，我们所能探寻的，只有记忆里的那个瞬间，用影像来定格。

中国传媒大学新闻传播学部教授　何苏六

剧情简介

作为二十年前《话说长江》的续篇,《再说长江》是中国电视史上规模最大的一次记录长江行动。《再说长江》以纯纪实手法讲故事,片中有很多《话说长江》的镜头重现,通过长江沿岸风光地貌、风土人情及片中人物命运的嬗变来反映中国二十年的经济建设所带来的巨变。

影片解读

20世纪80年代,大型电视纪录片《话说长江》一经推出便备受瞩目。曾在"央视"创下40%的高收视率,至今无人超越。二十年之后,中央电视台派摄制组重返故地,推出33集的《再说长江》,向经典致敬。《再说长江》摄制组在注重表现长江两岸的旖旎风光的同时,把目光更多地投向长江的历史、风土人情,关注长江沿岸普通百姓的命运变迁。通过一个个真实的个体故事,反映二十年间社会的巨大变化。

君住长江头,我住长江尾。长江宛如母亲一般,用甘甜的乳汁浸润着生活在两岸的人们。《再说长江》摒弃了说教的语调,改用故事的叙述手法,把一个个长江儿女的命运娓娓道来。如《水火山城》一集中,用对比的手法将《话说长江》中晨跑孩童的影像和二十年后李曦的晨跑影像剪辑在一起。从世事懵懂的儿童到健硕稳重的成年人,岁月的痕迹透过影像诉说开来。长大后的李曦从事着与绘制重庆市地图有关的工作,纪录片以此为切入口,通过介绍李曦的生存现状完成对重庆飞速发展的讲述。

这种通过一个普通人二十年间变化的记录来表现城市的成长的例子还有很多。如在《时速上海》一集中,以一对老年夫妇历时四十八年记录的45本家庭收支账本为样本,作为反映上海市民生活巨变的形象印证。又如在《江海交汇的地方》里,二十年前《话说长江》影像中的挤奶工范明关,现已变成负责管理监督的队长。影像选取的这些细微之处,看似普通,却深入生活。

曲径通幽,对细节的巧妙捕捉,既丰富了影像内容,也具有极强的亲近感和可看性。在第三集《生命的高原》中,开片是一个藏族僧人在朝圣之路上的叩拜。僧

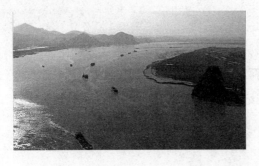

人极其虔诚，一招一式散发着威严之光。镜头拉远，渺小的身躯便融入在苍茫的青藏高原之中。如果观看仔细的话，观众会发现二十年前影像里的青藏公路慢慢叠化成青藏铁路。影像用这一细节比对，来完成二十年间青藏高原巨变的宏达叙事。

  人，渺小宛如沧海一粟。在长江江畔伫立，逝者如斯夫，不变的只有滚滚东去的江水和千古来浸润在华夏土地里的文化。在《天生赤水》一集中，酒文化和长江的历史被提上了案头。全片没有繁复累述源远流长的长江文明，而是选取了赤水河这一典型支流，讲述了驰名中外的茅台酒和郎酒的企业文化，反映出长江两岸优质的生态环境和这一地区厚重的历史文化。通过故事的方式来叙述，使片子充满了层次和可看性，同时也深入挖掘了主题，增添了知识趣味，一举多得。

  技术使得影像的优势更加突出。《再说长江》摄制组动用了台里最先进的高清影像设备进行拍摄，并用直升机航拍长江源头以及全流域，使观众有机会像飞鸟一样俯视长江，给我们带来极大的视觉震撼。技术的发展使情景再现更加方便可行。《再说长江》通过大量的考古资料来探寻长江文明，并用再现的手法重现远古人们的生存场景，给观众以非比寻常的视觉体验，拓展了想象空间。

  在解说词方面，《再说长江》很多场景采用同期录制的声音，用长镜头拍摄真实画面的同时，也记录下真实的人物对话声、嘈杂的环境声，增添了真实感。同时弱化解说情绪，娓娓道来，给观众以亲切之感。

经典记忆

纪录片主题歌《长江之歌》歌词（节选）
  你从雪山走来，春潮是你的风采；
  你向东海奔去，惊涛是你的气概。

你用甘甜的乳汁，哺育各族儿女；
你用健美的臂膀，挽起高山大海。
我们赞美长江，你是无穷的源泉；
我们依恋长江，你有母亲的情怀。

《长江之歌》是借曲写词。借用纪录片《话说长江》的主题音调，"央视"向全国征集歌词，为原来的主题曲配上了歌词，才有了《长江之歌》。1984年元旦，刚过而立之年的胡宏伟通过邮寄明信片参加《话说长江》的歌词征集，从数千件作品中脱颖而出。胡宏伟是一个"主旋律"的作家，他非常擅长写大主题的歌，胡宏伟擅长美声、民族风格的作品，很少写通俗的歌曲。

《长江之歌》歌词已被收入几个版本的语文课本中。作词家把长江比作祖国母亲，前半段从空间来描写长江，赞颂它从雪山奔流至东海，一泻千里，极富生命力；后半段以时间为线索，赞颂长江不辞辛苦，孜孜不倦地哺育两岸儿女，并感叹时间流逝，逝者如斯夫。

相关链接

1. 《再说长江》是《话说长江》的续篇。25集的《话说长江》是中央电视台80年代最受欢迎的电视纪录片，以40%的收视率创下国内纪录片最高收视率。纪录片以长江为蓝本，由虹云和陈铎两位老艺术家担任解说，第一次向观众介绍了国家人文地理。

2. 刘文，安徽芜湖人，中央电视台高级编辑，原中文国际频道（四套）副总监，现任中央电视台纪录频道总监。创办《中华医药》、《走遍中国》栏目，著有《电视摄影创作》、《再说长江》、《香港十年》、《中华医药——我的健康我做主》等书。从业至今创作电视片百余集，作为总编导、总制片人率队摄制了大型电视纪录片《再说长江》、《香港十年》、《澳门十年》等"电视大片"。

（张丽洁）

《圆明园》：万园之园的美丽重现

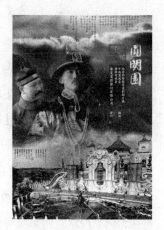

北京科学教育电影制片厂、广西电视台联合摄制，2006年出品

出品人：薛继军、黄著诚

导演：薛继军、金铁木　　**编剧**：金铁木

摄影指导：温德光　　**照明指导**：贾永杰

作曲：戚小源

片长：90分钟

获奖：2007年第12届中国电影华表奖优秀科教片

专家推荐

　　纪录片《圆明园》，以讲故事的方式，将清朝皇位的传承、皇帝的个人爱好、生活等与圆明园的修建、扩建结合在一起，凸显出很强的故事性和趣味性。全片使用数字特效手法，将一座恢弘壮阔的圆明园呈现出来，让观影者产生游历其中的视觉体验。

　　影片开始从外国传教士郎世宁的视角切入，通过外国朋友的日记、书信和旁白来作为辅助的历史材料，同时在拍摄中，影片采用搬演的方式，重现历史场景。如"三皇聚会牡丹台"、"乾隆为妃子置景"、"落马桥之战"等这些情节段落，都以演员搬演的方式重现历史，最终呈现出"像故事片一样的纪录片，像纪录片一样的故事片"的全新美学形态。正是这种介于历史真实和艺术想象之间的情节，把死气沉沉的"圆明园"建筑复活了，为特效构筑的视觉奇观注入了生气，使之区别于传统人文电视纪录片，而带有更多电影艺术的特性。

北京师范大学艺术与传媒学院教授　张同道

剧情简介

郎世宁是意大利传教士，他花费了七年的时间，学习到中国绘画手法，开始了他为康、雍、乾三朝服务五十年的御用画师生涯，他也见证了圆明园的发迹及三次扩建。圆明园在康熙生前是以畅春园为主体的帝王离宫。因为满人入关后不适应气候的炎热，紫禁城极不适合居住，康熙在因多湖而号称海淀的北京西北角修建了畅春园。而在畅春园西侧牡丹台雍正、康熙、乾隆的相聚也成为历史上仅有的三皇相聚。康熙去世后，雍正亲自完成了圆明园的景观设计；乾隆为蒙古妃子还原西部景观，命令在园内施行大水法；咸丰时期，八国联军占领圆明园，进行分赃买卖，最后将园林付之一炬。

影片解读

《圆明园》既不同于故事片，也不同于传统的纪录片，而是一部独树一帜的史诗电影。从画面上来看，《圆明园》大规模地使用了电脑仿真动画技术，将一个瑰丽辉煌的圆明园重新带到观众面前，全片制作了大量实景拍摄和电脑动画合成的镜头，真实地再现了大清帝王家族隐秘的生活。

从叙事手法来看，该影片是用故事片的制作方式来运作纪录片，所以选择了康熙、雍正、乾隆和咸丰这四位公众所熟知的皇帝，淡化圆明园的建筑史，在保留主干历史的前提下，强调皇帝的家族秘史，从而使得影片具有足够的趣味点和娱乐因素，例如将康熙刻画成天文爱好者，科学狂人，有西洋仪器收藏癖好；将雍正刻画成外表冷静但内心狂野的形象，热衷角色扮演，时常化妆成文人、喇嘛、耕夫、渔子，晚年沉溺于炼丹；将乾隆刻画成一个颇为自负的文人偶像和完美主义者，可以用任何方式表达他对一个女人的感情；将咸丰刻画成颓唐懦弱的享乐主义者，除了抽大烟就是洗洗花瓣浴。对于大多数观众而言，在欣赏完圆明园的盛世奇观之后，一窥皇帝们的私人生活显然也要比琢磨楼台亭阁的建筑史更有吸引力。无论是紫禁城还是圆明园，皇家的深宫后庭对于世人而言，永远充满了神秘的诱惑。而也正是

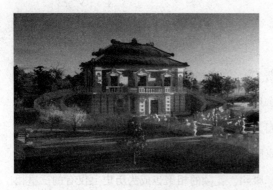

这样的视点选择，有效地平衡了主流话语和民间趣味之间的裂隙。

全片有三条叙事线索，一条是近代史，一条是圆明园的建筑史，再一条是皇帝的家族史。因为最后一条线索的故事性最强，最具有表现的空间，因而也就成为《圆明园》最为倚重、所占篇幅最大的情节线，其中重点、具有表现力的场景都进行了大规模的再现。如"雍正炼丹"，为了表现晚年雍正皇帝颓唐消沉的精神状态，不惜搭建了昏暗阴森的炼丹场景；再如"火烧圆明园"，作为全片的高潮段落，为了表现八国联军的野蛮粗暴，《圆明园》没有采用图片等资料性手段，而是直接进行演出，让演员把事件真实地演出来、呈现出来。此外，如"三皇聚会牡丹台"、"乾隆为妃子置景"、"落马桥之战"等都是片中非常出彩的再现段落。

从解说词来看，影片的旁白采取主客观结合的解说词的叙述手法，主要的解说词其实是传教士郎世宁和随军牧师麦基的主观叙述，通过两位传教士的亲身经历，纪录片的真实性更得到保障。而且这种抛去了单一的主创者的旁白，丰富了解说内容，可以明显地增强现场和记录感，更有形式感。

经典记忆

请您用大理石、汉白玉、青铜和瓷器建造一个梦。用雪松做骨架，披上绸缎，注满宝石，这儿盖神殿，那儿建后宫，放上神像，放上异兽，饰以琉璃，饰以黄金，施以脂粉。请诗人出身的建筑师建造《一千零一夜》的一千零一个梦，添上一座座花园，一方方水池，一眼眼喷泉。请您想象一个人类幻境中的仙境，其外貌是宫殿，是神庙。

这是法国浪漫主义作家的代表人物维克多·雨果1861年给法军巴勒特上尉回

信的时候写下的,也是电影《圆明园》开头的篇章。这封信选自《雨果文集》第11卷,程增厚译。同时也被选入人教版八年级上册第4课和鲁教版七年级下册第5课,很多学生读起来应该觉得不陌生。

"在地球上某个地方,曾经有一个世界奇迹,它的名字叫圆明园。""这个奇迹现已不复存在。一天,两个强盗走进了圆明园,一个抢掠,一个放火。""多么伟大的功绩!多么丰硕的意外横财!这两个胜利者一个装满了口袋,另一个装满了钱柜,然后勾肩搭背,眉开眼笑地回到了欧洲。这就是两个强盗的故事。我们欧洲人自认为是文明人,而在我们眼里,中国人是野蛮人,可这就是文明人对野蛮人的所作所为。"

法军巴勒特上尉对联军在中国的"收获"甚是满意,询问雨果对他有什么高的评价,雨果直言称呼这是一场强盗的行为。

相关链接

1. 《圆明园》整个剧组的人员配备,除了金铁木外,其他所有人都是中国电影圈里的工作人员。《圆明园》的服装、化妆、道具、制景等几乎都是张艺谋拍《黄金甲》时候的班子,主要拍摄地点也选定在故事片的拍摄基地,绝大部分的部门和操作模式都是按照故事片来进行。正是在团队配置上全方位地利用中国故事片的资源,使得《圆明园》突破了电视纪录片和科教片的创作模式,形成一种全新的纪录电影美学形态。

2. 影片采用了当前最先进的"数字中间片"技术,创造了一个如梦如幻的影像世界。《圆明园》的影像由三部分构成:实拍镜头;实拍+特效的合成镜头;纯粹的三维动画镜头;这三部分再通过"数字中间片"技术融合在一起,制成最后放映的胶片。

(贺幸辉)

《美丽中国》：江山如此多娇

别名：锦绣中华

中央电视台、英国广播公司国家历史频道联合摄制，2008年出品

导演：Phil Chapman、Gavin Maxwell

获奖：第30届"艾美奖新闻与纪录片大奖"最佳自然历史纪录片摄影奖、最佳剪辑奖、最佳音乐与音效奖

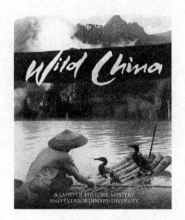

专家推荐

　　作为一个有着五千年文明史的古老国度，我们从不缺乏艺术创作的题材，不过在众多艺术作品中，没有哪一件能像《美丽中国》这般视角独特。即便从表面看来它更像是个依靠高科技支撑的片子，但毋庸置疑的是，《美丽中国》成功地表现了古老中国的另一种美丽——原始、质朴，还带着些许神秘。

　　虽然不像电影那样情节紧凑，也不像动画片那样风趣幽默，但纪录片自有真实的力量。影片导演通过使用航拍、红外、高速、延时和水下等先进摄影技术，捕捉到了许多平时难得一见的生动的画面。当"Wild China Theme"的音乐在影片中反复响起，它带给我们的震撼和感动，丝毫不逊色于好莱坞大片。正如影片开头所说的，"这是一次史无前例的探索之旅，通过那些奇异罕见的物种，多姿多彩的美景，我们将感慨思考，生活在这里的人们，是如何与万物生灵相互依存，共同成就这美丽的中国"。

中国传媒大学新闻传播学部教授　何苏六

剧情简介

《美丽中国》是一部表现中国自然与人文景观的纪录片。在长达四年的时间里，导演Phil Chapman 和Gavin Maxwell带领他们的摄制组从长江以南的鱼米之乡出发，走过了酷热的西双版纳雨林、极寒的珠穆朗玛峰、万里长城、中华文化发源地黄河和蜿蜒曲折的一万八千公里海岸线，以独特的视角展现了一个古老而生机勃勃的中国。从繁华都市到寂静山林，从塞外草原到大漠孤烟，从层峦叠嶂到一马平川，从苍茫大地到碧海蓝天……《美丽中国》在小小荧屏的尺寸之间，呈现出了一份"天人合一"的融洽。

影片解读

面对一个拥有九百六十万平方公里土地的文明古国，要想描绘出它的全貌着实是件困难的事情，大概连土生土长的中国人也很难有勇气去尝试描绘整个国度的风土人情。当英国广播公司和中央电视台开始一次大胆的尝试时，这部纪录片就已经超越了它本身的意义。《美丽中国》的拍摄历时四年，共分为《锦绣华南》、《云翔天边》、《神奇高原》、《风雪塞外》、《沃土中原》、《潮涌海岸》6集，想要在短短的几十分钟之内将中国的风土人情表现出来，编导几乎是一花一世界，每一集片子都是一扇通向不同世界的大门，丰富多姿而又风格迥异。

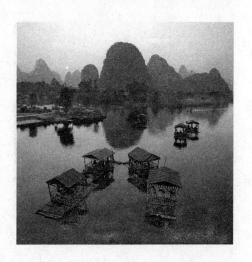

与大多数影片不同的是，《美丽中国》的结构并不那么紧凑，更像是一篇散文。导演用不紧不慢的节奏讲述着一个个故事，由塞外到关内，由西南边陲到东部沿海，任凭思绪在中国版图上信

马由缰，将这些时空相距甚远的故事剪辑到一起。或许这样做的唯一理由，仅仅是因为它们属于美丽中国的一部分，也正是它们，一砖一瓦构建起了一个美丽的中国。

然而，影片的意义还不仅限于此，它不仅将中国的秀美山川、奇珍异兽搬上了荧屏，还带给我们许多思考。如果从字面上理解，"wild"一词带有"野生"的意思，这也恰好符合了本片主角们的形象。在《美丽中国》的镜头中，我们很难看到有什么动物是被关在动物园的笼子里供游人玩赏，幕天席地几乎是它们共同的生活方式。在不得不面对种种生存危机的同时，上天也赐予了它们惊人的生命力，这是最接近自然的力量，哪怕生命再弱小，也足以让人心生敬畏。

除了拍摄野生动物，摄制组也没有忘记把镜头对准身为万物之灵的人类。在远离城市的边边角角，这个迅速崛起的国家还带着一点农耕时代的尾巴。同样的黄皮肤黑眼睛，有人西装革履，也有人身着长袍，有人将拥有一部私家车作为社会地位和财富的象征，也有人沿着溜索在江面上飞驰而过。东部沿海的渔民们用上了现代化的捕鱼设施，内陆的渔民们还在延续着先辈们与鸬鹚建立的合作关系。在保持着这种古老关系的同时，他们也将几千年来世代相传的勤劳和善良延续了下来。

从某种意义上说，中国的美丽绝不仅仅是几座高山几条河流，也不仅仅是几种珍稀动物的影像拼凑。在一个国家中人与自然能够和谐共处，不同的文化能够和谐

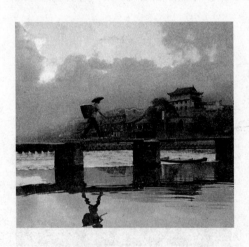

共处，这本身就是包容的美丽。《美丽中国》并不是一部以深度见长的片子，它只是用最形象的语言告诉我们——世界上有这样一个国家，在这个国家的某些地方，人与自然相处得这样融洽。

当现代化城市饕餮般扩张自己领土的时候，当高楼间各色霓虹灯亮起来的时候，或许《美丽中国》所记录的一切，正是天边最后的晚霞。

经典记忆

《美丽中国》主题曲"Wild China Theme"出自英国人巴纳比·泰勒（Barnaby Taylor）之手，同许多优秀的作曲家一样，他极具创造性地将西洋管弦乐器与中国传统的民族乐器结合在了一起。小提琴的优雅，笛子的灵动，加上管弦乐合奏的大气磅礴，使得这一曲《美丽中国》远远超出了音乐本身这一形式。对于聆听者而言，它更像是一幅巨幅画卷。

巴纳比·泰勒的主题音乐婉转大气，不流于俗套，既充满生机又不失平和、神秘，旋律清雅悠扬，如行云流水，完美地捕捉到了属于中国的味道。

相关链接

英国广播公司（英文简称BBC）成立于20世纪20年代，从广播时代至电视及网络时代，一直在英国传媒中占据核心地位，并是全球最大的跨国电视台之一。英国广播公司重视教育和科学内容由来已久，最大特色是自行摄制的科普电视片，尤以自然历史题材见长。

（王 烁）

《人民至上》：为人民服务

中央新闻纪录电影制片厂，2009年出品

导演：陈真

撰稿：秦晓鹰

摄影：刘大良、徐方方、杨林、郝亚、任燕群

录音：荣湘、纪明元

片长：98分钟

获奖：2009年第13届中国电影华表奖优秀纪录片

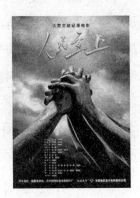

专家推荐

　　《人民至上》是庆祝新中国成立六十周年60部献礼影片之一，这部纪录电影用丰富而翔实的影像素材，对2008年四川汶川大地震的抗震救灾工作进行了全景式的回顾与展现，通过一个个生动的镜头、一幅幅真实的画面，讴歌了灾区人民坚强镇定、坚韧不拔的抗震精神，表现了各级党组织和政府在大灾面前统筹规划、科学行动、想人民所想、急人民所急的服务意识，赞扬了全国人民一方有难、八方支援、众志成城的时代风尚。

　　对于抗震救灾这样的主题，也许没有比新闻纪录片更好的表现方式了，真实时间、真实地点发生的真人真事，即使不附加任何解说，也可以深深地震撼人心。在科技日益发达的今天，新闻工作者们几乎可以在最短的时间内赶到灾区，纪录第一手的素材，通过对大量素材的精挑细选，最终呈献给观众的，就是这样一部充满现场感的作品，这是电影故事片和电视剧所无法实现的效果。

北京大学艺术学院教授　彭吉象

剧情简介

2008年5月12日2时28分，四川汶川发生了里氏8.0级特大地震，面对这场突如其来的巨大灾难，党中央、国务院迅速决策，在第一时间展开抗震救灾工作。中共中央总书记、国家主席胡锦涛做出重要批示，国务院总理温家宝当天就抵达灾区视察，人民子弟兵争分夺秒进入受灾最严重的地区展开救援，各专业救援团队和志愿者纷纷向灾区集结，各大媒体在第一时间向外界传递灾区的信息，全国人民通过各种方式捐款捐物。天灾无情，人间有爱，在巨大的苦难面前，中华儿女表现出了空前的凝聚力和行动力，让全世界看到了中华民族生生不息的精神力量。

影片解读

纪录片虽然也是以取自现实生活的真人真事为素材的，但是它和新闻不同，并不刻意追求时效性，而往往是在事件发生一段时间以后，通过对大量信息进行收集和整理，对某个事件或人物进行全方位的、深入的描写和刻画，并向观众传达某种观念。

《人民至上》是一部典型的新闻纪录片，主创团队在接到影片的制作任务后，用很长的时间对所有能够找到的影像、图片、声音和文字素材进行了充分的解读，在此基础上，梳理出了一条主线，以时间为轴，以事件为纲，以人物为点，将全片划分为几个大的段落，然后再将典型的素材进行分类集中，经过几个月漫长的努力，终于在2009年国庆前夕完成了这样一部全面生动又感人至深的作品。

影片在叙事上有着非常清晰的段落层次，作为一部以表现抗震救灾为主题的影片，当然不能缺少对灾难本身的表现，所以影片开篇用几段极具冲击力的画面向观众展示了灾难发生时的景象，但是这并不是影片的核心内容，中国人民在大灾面前万众一心、众志成城、齐心协力、重建家园的顽强精神才是影片表现的主旨。所以影片迅速转入正题，从各个侧面表现抗震救灾行动。首先是表现党和国家领导人的

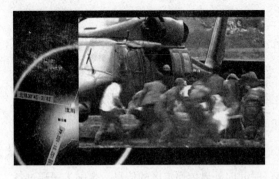

决策行动，在这一段落，一方面用大量事实证明了中央领导的高效与果断，另一方面着力刻画了领导同志平易近人、一心为民的公仆本色。其次表现了解放军、武警官兵不怕牺牲、舍己为民，在第一时间深入重灾区抢险救援的事迹，在这一段落，叙事节奏明显加快，充分展现出了人民子弟兵来之能战、战之能胜的优良作风。在表现灾区人民临危不乱、有序自救的时候，又用温暖的笔触描写了互帮互助、风雨同舟的人间真情。在表现全国人民积极行动，用各种方式支援灾区的时候，又以一种铿锵有力的方式展现中华民族一方有难、八方支援的宝贵品质。通过多个侧面的共同展现，最终形成了一幅全景式的画卷，让观众对汶川地震的抗震救灾工作有了全方位的了解。

影片在制作层面上的一大亮点就是数字技术的广泛应用。在影视制作技术高度发达的今天，纪录片的制作已经不能仅仅停留在原始影像的排列组合层面，有好的内容，更需要用好的方式去展现，《人民至上》在这方面就进行了有益的尝试。大量电脑特技、3D动画和数字合成画面的运用，让这部影片呈现出不同于以往的纪录电影的现代气息，从而极大地拉近了电影与观众的距离。特别是在表现汶川地震各个灾区的具体方位时，将三维特技动画与实景画面相结合，既提升了画面的观赏性，又增强了影片的现场感，做到了艺术与技术的完美结合。这说明了纪录片完全可以运用多种手法实现对主题的生动表达。过去很多观众对纪录片有一种固执的偏见，认为纪录片一定就是刻板的、枯燥的，这是对纪录片的误读，在21世纪的今天，纪录片一样可以很好看。

经典记忆

2008年5月23日上午，国务院总理温家宝来到在四川绵阳市区内设立的北川中学临时学校视察，看望汶川地震的受灾学生，当他走进高三一班的临时教室时，同学们正在上课，于是温总理走上讲台，对同学们说："你们都是高三学生了。这是人生中的一个重要时期，你很快就要参加高考，国家已经考虑到这里的灾情，将四川地震灾区的高考时间往后推迟。我们一定要创造条件，让你们复习功课，准备高考。"随后，温总理拿起粉笔，在黑板上写下了"多难兴邦"四个字。

很多时候，一个动作，一个表情，胜过千言万语，温家宝总理用沉稳的笔触缓缓地在黑板上写下"多难兴邦"这四个字时所表现出来的坚毅与从容，足以感染每一位心系灾区的中华儿女，而纪录片将这段画面展现给观众的时候，影像的力量又胜过了千言万语。

相关链接

本片导演陈真是中国著名纪录片导演，曾长期担任中央电视台《百姓故事》栏目制片人，执导过《布达拉宫》、《你好，香港》、《仰望星空》等多部优秀纪录片。

（王　琦）

《仰望星空》：九天揽月从头始

中央新闻纪录电影制片厂，
2012年出品
导演：陈真

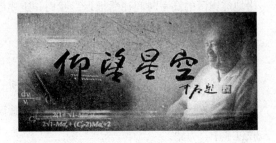

> **专家推荐**
>
> 《仰望星空》是为纪念一代科学巨擘钱学森的百年诞辰，由"中国新纪录片运动"的领军人物陈真导演精心创作的一部大型人物传记电影。影片全方位展现了一位享誉海内外的杰出科学家的卓越一生，展现了他"坎坷的经历、纯净的心灵、独特的个性和卓越的科学思想"。影片所反映的以钱学森为代表的一代仁人志士，他们无私奉献的爱国情怀和艰苦努力无不令人震撼和敬仰，对于我们当代中国知识分子和广大青少年塑造人生价值、构建民族核心精神力量具有光辉典范作用。《仰望星空》"既是中国一段重要历史的真实记录，也是弘扬民族精神的壮丽篇章"。
>
> 影片以钱学森经历的百年历史为主线，在大历史大背景下，通过穿插亲历者特别是钱学森夫人蒋英及其儿子钱永刚的共同生活里的回忆，首次披露了许多不为人知的故事，打开了科学家丰富的内心世界。真实的史料，深情的讲述，分明让人感到一泓人文关怀的清泉在影片中汩汩流淌。
>
> 中国传媒大学新闻传播学部教授　何苏六

剧情简介

2011年深秋的天空,划过了一道中国人的美丽轨迹,"天宫一号"与"神舟八号"顺利对接,中国航天事业又实现了新的突破。此时正值一位科学家的百年诞辰,他的名字叫钱学森。影片主要从钱学森夫人及儿子的视角,向我们娓娓道出了一个睿智、个性而卓越的钱学森。

百年中国,风云际会,年轻的钱学森在海外学业有成、事业如入中天之际,毅然冲破重重阻扰,历经坎坷,回到百废待兴一穷二白的祖国。为民族复兴,为科学强国,九天揽月从头始。"以工作为重,以家为轻",奋发图强,呕心沥血,终于成就"两弹一星"功勋和中国航天事业的奠基人,为中国航天事业和国防建设做出了巨大的贡献。

影片解读

20世纪初叶,中华民族可谓内忧外患、满目疮痍。近代先进知识分子面对严峻残酷现实反思后开始觉醒,"科学救国"、学习自然科学这时早已成为一股思潮,在知识分子中蔓延。钱学森早年受过良好教育,接触文化知识比一般人都要早。从小在钱家做过钱学森妹妹的夫人蒋英在电影《仰望星空》开篇里说:"我不喜欢这位哥哥,他不跟小妹妹玩。他有自己的玩意儿……"钱学森从小沉默寡言,习惯独往独来,是否那时就忧国忧民还是天性孤僻不得而知。1929年18岁的钱学森以优异成绩考进交通大学,攻读铁路机械专业。1932年的"一二·八"时钱学森亲眼见到日本驻军的飞机在学校的上空飞过,肆意轰炸上

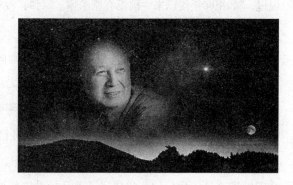

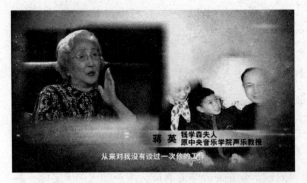

海。当时中国空军几近虚无。于是，钱学森交大毕业那年便投考了公费赴美留学生，并且考取了唯一的航天专业名额。1938年取得加州理工博士学位后留校任教并从事火箭研究，曾经还做过航空工程和空气动力学研究。1947年国民政府欲召回钱学森服务当局，钱学森因国共内战和国民政府腐败而不愿供职，却意外在国内和夫人蒋英佳偶天成，婚后一同回美国继续任教和研究工作。1950年响应共产党新中国政府召唤，开始争取回国，却遭到美国政府迫害失去自由，直到1955年10月才最终回到祖国。

回国后的钱学森得到党和国家的高度重视和信任，多次受到毛泽东、周恩来等中央领导的接见，谈论的最主要话题就是在中国研制可实施远程打击的尖端武器的可能性。抗美援朝后，美帝国主义甚至叫嚣对我国进行核武打击等武力威胁和核讹诈。影片中有一钱学森回忆片段说，当时解放军副总参谋长陈赓大将找到钱学森，当面问：中国人搞导弹行不行？钱学森回答说：怎么不行？外国人能做的中国同样能做！以毛泽东主席为核心的第一代党中央领导集体，为维护国家安全和社会主义建设等考虑，高瞻远瞩，果断决策独立自主研制"两弹一星"。在当时国力薄弱、物资和技术贫乏等艰苦条件下，靠自力更生，突破了"两弹一星"等尖端技术，取得了遏制威胁、增强国威的辉煌成就！第二代中央领导、改革开放总设计师邓小平说过，"如果60年代以来中国没有原子弹、氢弹，没有发射卫星，中国就不能叫有重要影响的大国，就没有现在这样的国际地位"。

所以，中国共产党和政府对钱学森给予了准确而崇高的评价："人民科学家钱学森始终将个人前途命运深深融入国家、民族发展之中，始终保持着对党的事业的高度忠诚、对祖国和人民的无限深情，他的事迹对于弘扬以爱国主义为核心的民族精神和以改革创新为核心的时代精神，推进社会主义精神文明建设具有重要意义。"

导演陈真在拍摄《周恩来》时与钱学森相识，在搜集大量的有关材料和遍布全国的足迹寻访后，创作完成了这部弘扬爱国精神和民族力量的《仰望星空》。

影片中使用了大量的影像资料，还运用了数字电影技术，制作了大量的三维动画效果，"是一部融会宏大历史场景和细腻情感表达、令人震撼并感动不已的精品力作"。

经典记忆

美国海军部次长丹尼尔-金贝尔：钱学森比得上五个师的兵力，他掌握着火箭武器的重大机密。

  美国审讯官问：你忠于什么国家的政府？
  钱学森：我是中国人，忠于中国人民！

  美国审讯官问：你现在要求回中国大陆，那么，你会用你的知识，去帮助共产党政权吗？
  钱学森：知识是我个人的财产，我有权要给谁就给谁！

《超级工程》：超级国际 超级温暖

别名：中国战略性新兴产业巡礼

中央电视台出品，2012年出品

出品人：胡占凡　　**总监制**：罗明

总制片人：陈晓卿　　**总编导**：李炳

摄像：戈跃平、许红军等

剪辑：戈飞、胡博等

片长：5集

获奖：2013年第19届上海电视节"白玉兰奖"

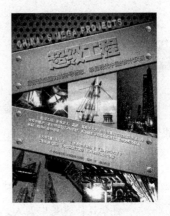

专家推荐

　　奇妙的大自然总能带给人类叹为观止的力量，因此人类敬畏自然，但与此同时，人类也希望改变自然，超越自己的极限，在这个星球上建筑起独一无二的风景线。《超级工程》就是这样的风景线，它带着优化人们生活环境、服务人们日常起居的使命，建造超越人本身体型和力量数倍的庞大工程。对于普通观众来说，除了熟知北京地铁、上海中心大厦等名字，他们对于超级工程的源起、计划和实施一无所知。当陌生的事物带来的新鲜感和纪录影像的真实魅力相结合，这些日常不为人们熟知的恢弘杰作在电视屏幕上活跃起来，人们终于可以了解到围墙内、千里外的此时此刻我们的国家正在悄悄发生着怎样翻天覆地的变化。

　　《超级工程》用生动鲜活的语言代替了数字的冰冷，表达更加直观，也更贴近生活。它有专业知识的深度，也有人情的温度，人们在惊叹人类智慧伟大的同时，也期待着在中国诞生一个又一个超级奇迹。

中国传媒大学新闻传播学部教授　何苏六

剧情简介

《超级工程》共制作播出五集，分集讲述了港珠澳大桥、上海中心大厦、北京地铁网络、海上巨型风机和超级LNG船五个超级工程的策划、设计、施工全过程，时间跨度几十年，沟通过去和未来，展现了当前中国经济飞速发展下中国工程的巨大变化。这部纪录片囊括了全新的理念和表达方式，为观众呈现出震撼的视听效果、戏剧性的叙事和国际化的品质。作为工程类纪录片，影片摆脱了叙事生硬的藩篱，通俗易懂，同时还关注了普通人的生活细节和情绪变化，拉近了超级工程和观众的关系。

影片解读

走进国际视野，引起国际关注，打开国际市场，纪录片《超级工程》自播出以来获得了许多赞誉。一直以来，中国纪录片人眼见国际市场日益开疆拓土，却不知该如何拍出具有国际价值的优秀国产纪录片。2012年，《舌尖上的中国》和《超级工程》的热映，使中国纪录片一夜之间迎来举世瞩目，而在当年的戛纳电影节上，《超级工程》的呼声甚至超过了名动四方的《舌尖上的中国》。

因为"像国家地理、Discovery这些制作纪录片的国际大型机构都曾拍摄过中国工程类纪录片，但我们自己却没拍，确实比较遗憾"，总导演李炳要拍摄中国人自己的工程类纪录片，在时间的变迁中见证中国的成长。李炳团队并没有选择"歌颂和自我倾诉式的表达方式"，而是站在客观真实的立场上，向观众展示了一个个超级工程从梦想蓝图到跨海大桥，到通天大厦，到地下巨网……的变化过程。大量炫目的运动镜头，不同机位的巧妙设置和高速剪辑手法，CGI（电脑三维技术）形象的模拟场景，这部堪称"国际范儿"十足的影片承载着中国纪录片人的梦想。

《超级工程》的创作理念中有两大亮点——生态和开放包容的态度，这是它能够实现国际化的重要原因。

《港珠澳大桥》强调突破重重挑战寻找一种使海洋遭受最少污染和最少生态破

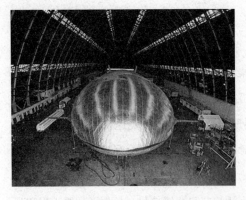
坏的造桥方式。《上海中心大厦》则成为绿色环保的经典之作，24个空中花园，合理的632米高度，"我们不是最高的建筑，我们是最高的绿色建筑"。《北京地铁网络》重视对文物古迹的保护，工程师们倾尽心血在拥堵复杂的交通环境中找到两全的办法。《海上巨型风机》利用风能，清洁环保高效，是一次特别的尝试。《超级LNG船》利用人类最熟悉的液化天然气解决能源危机，船上设计了双燃料锅炉燃烧系统，既能消除安全隐患又能节约运输燃料，一举两得。这些超级工程代表了中国最前沿的成就和世界最先进的理念，可以说是拥有"中国心"的"国际范儿"。

在每一集影片的结尾，尚未完工的工程仍在紧密建设，创作者借此传达超级工程未完待续、中国正在崛起的观念。《超级工程》叙写当下的点滴变化，但绝不止于当下，未来任重道远。难能可贵的是，《超级工程》能够允许争议话题的存在。比如《上海中心大厦》中对于超高层建筑合理性的叙述，十分冷静客观，尽管建造者声称这栋大厦将是绿色环保的典范，但舆论对于超高层的争议一直未停歇。没有一味地歌颂和拔高，影片站在更高的高度去传播自己的思想，也使观众从中获得启迪。

尽管《超级工程》着眼于"超级"，李炳团队甚至在遴选拍摄对象时提出了四点"超级"要求，但"超级"只是这部纪录片的风格，在浩大工程、恢弘叙事下掩藏着的，是普通人忙忙碌碌、柴米油盐的真实生活。

穿过冷冰冰的城市水泥森林，创作者们用纪录片与生俱来的真实美感建筑了一座浩大的超级纪录工程。毫无温度的数字参数，天书一样密密麻麻的图纸和纸上谈兵的机械帝国，被幻化成形象生动的解说和平凡的人们。《超级工程》讲述了很多普通人的故事，盾构机工人高锐轩有时候想"不如卷铺盖回家算了"，但当他走出隧道眯起眼睛、身上洒满晨光时，观众似乎能够感受到阳光的温度；闹钟打破宁静，拉开窗帘，迅速梳妆，上班族薛婕忙碌的一天开始了；技术精湛的中国第一代殷瓦女焊工周丽芬，梦想着通过自己的努力把孩子接来上海团聚……这些人就像在我们身边经历着喜怒哀乐，千人千面而又万众一心，于是，那些复杂而庞大的超级工程好像突然离我们很近，很近。

有品质，有知识，有冷暖，这就是中国纪录片人的《超级工程》。在影片每集的结尾，镜头总是停留在施工现场，总是有灿烂的笑容和美好的祝福，《超级工程》当然不会结束，它会给中国和世界带来更多的惊喜和神奇。

经典记忆

《北京地铁网络》一集中一段回忆20世纪60年代北京开挖第一条地铁的黑白纪录影像。解说词在这段黑白色的影像记忆中娓娓道来：

> 上世纪60年代初，北京开始修建中国最早的地铁。由于当时的地面建筑面积稀少，而且地铁只修建在地下10米的位置，所以一律采用的是开膛明挖的方式。没有先进的机械设备帮忙，几乎完全靠人工挖掘，那样的速度在今天的北京显然是无法接受的。

伴随着当年的影像是在60年代电影中耳熟能详的激昂音乐，随着最后一句的话音落定，画面马上切入涌入色彩斑斓的大城市的车水马龙，音乐也突然变得急迫紧张。那样静静的记忆和这样华丽的现实对比之下，勾起了人们对于过去的回想。

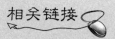

在现有的工程类纪录片中，BBC、探索频道、国家地理等国外机构做得比较成熟，鸟巢、水立方、杭州湾大桥……中国的工程类纪录片多数已经被它们收入囊中，中国亟须具有国际水准的工程类纪录片。

（李 楠）